令和6年 甲辰三碧木星 年方位図

前田龍徳

恵方（歳徳神）は

三碧木星生まれの人
九紫の方位吉
二黒、六白、七赤、八白の方位凶

赤金星生まれの人
二黒、六白の方位吉
九紫の方位凶
七赤は本命殺凶
八白は本命的殺凶

九紫火星生まれの人
二黒、八白の方位吉
七赤の方位凶
九紫は本命殺凶
六白は本命的殺凶

二黒土星生まれの人
六白、七赤、八白、九紫の方位吉
二黒は本命殺凶

一白水星
生まれの人
六白、七赤の
方位吉
二黒、八白、
九紫の方位凶

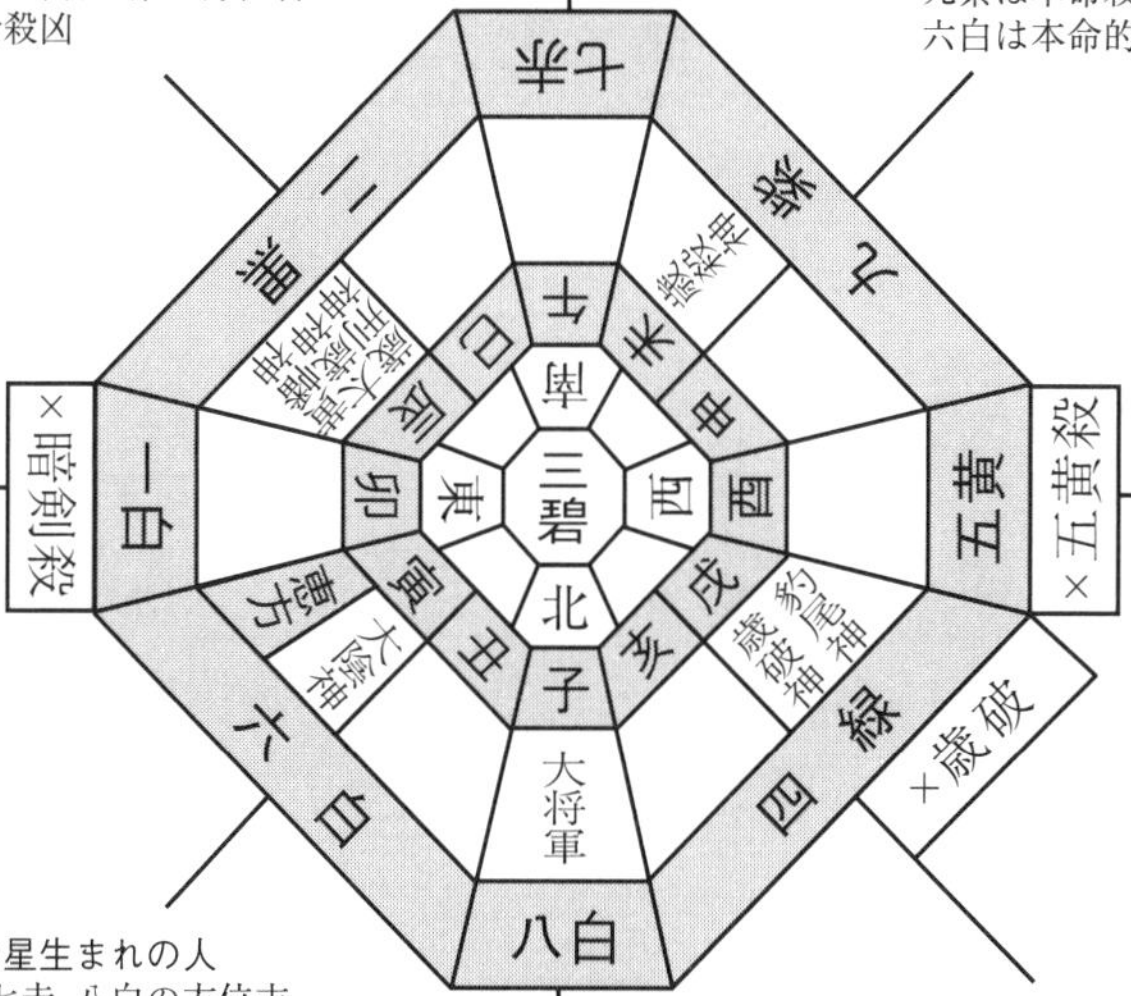

五黄土星
生まれの人
二黒、六白、七赤、
八白、九紫の方位吉

六白金星生まれの人
二黒、七赤、八白の方位吉
六白は本命殺凶
九紫は本命的殺凶

四緑木星まれの人
九紫の方位吉
六白、七赤、八白の方位凶
二黒は本命的殺凶

八白土星生まれの人
二黒、六白、九紫の方位吉
八白は本命殺凶
七赤は本命的殺凶

×五黄殺・暗剣殺・歳破の方位は、誰にでも大凶方位です。

令和6年 甲辰三碧木星 略暦

民間行事

節分	2月3日(土)
旧正月	2月10日(土)
初午	2月12日(月)
桃の節句	3月3日(日)
春の彼岸	3月17日(日)
花まつり	4月8日(月)
メーデー	5月1日(水)
端午の節句	5月5日(日)
母の日	5月12日(日)
父の日	6月16日(日)
七夕	7月7日(日)
お盆	7月15日(月)
月遅れお盆	8月15日(木)
旧お盆	8月18日(日)
重陽の節句	9月9日(月)
十五夜	9月17日(火)
秋の彼岸	9月19日(木)
七五三	11月15日(金)
クリスマス	12月25日(水)

国民の祝祭日

元日	1月1日(月)
成人の日	1月8日(月)
建国記念の日	2月11日(日)
天皇誕生日	2月23日(金)
春分の日	3月20日(水)
昭和の日	4月29日(月)
憲法記念日	5月3日(金)
みどりの日	5月4日(土)
こどもの日	5月5日(日)
海の日	7月15日(月)
山の日	8月11日(日)
敬老の日	9月16日(月)
秋分の日	9月22日(日)
スポーツの日	10月14日(月)
文化の日	11月3日(日)
勤労感謝の日	11月23日(土)

二十四節気と雑節

小寒	1月6日(土)
大寒	1月20日(土)
立春	2月4日(日)
雨水	2月19日(月)
啓蟄	3月5日(火)
春分	3月20日(水)
清明	4月4日(木)
穀雨	4月19日(金)
八十八夜	5月1日(水)
立夏	5月5日(日)
小満	5月20日(月)
芒種	6月5日(水)
入梅	6月10日(月)
夏至	6月21日(金)
半夏生	7月1日(月)
小暑	7月6日(土)
大暑	7月22日(月)
立秋	8月7日(水)
処暑	8月22日(木)
二百十日	8月31日(土)
白露	9月7日(土)
秋分	9月22日(日)
寒露	10月8日(火)
霜降	10月23日(水)
立冬	11月7日(木)
小雪	11月22日(金)
大雪	12月7日(土)
冬至	12月21日(土)

社日	己巳	庚申	甲子	土用入り	彼岸入り
3月25日(月)	1月6日(土)	2月26日(月)	1月1日(月)	1月18日(木)	3月17日(日)
9月21日(土)	3月6日(水)	4月26日(金)	3月1日(金)	4月16日(火)	9月19日(木)
	5月5日(日)	6月25日(火)	4月30日(火)	7月19日(金)	
	7月4日(木)	8月24日(土)	6月29日(土)	10月20日(日)	
	9月2日(月)	10月23日(水)	8月28日(水)		
	11月1日(金)	12月22日(日)	10月27日(日)		
	12月31日(火)		12月26日(木)		

三伏日	八専	十方暮	天一天上	天赦日
初伏 7月15日(月)	2月18日(日)	1月21日(日)	1月30日(火)	1月1日(月)
中伏 7月25日(木)	4月18日(木)	3月21日(木)	3月30日(土)	3月15日(金)
末伏 8月14日(水)	6月17日(月)	5月20日(月)	5月29日(水)	5月30日(木)
	8月16日(金)	7月19日(金)	7月28日(日)	7月29日(月)
	10月15日(火)	9月17日(火)	9月26日(木)	8月12日(月)
	12月14日(土)	11月16日(土)	11月25日(月)	10月11日(金)
				12月26日(木)

6年大安吉日表

月	大安吉日
1月	6(土)・22(月)・16(火)・28(日)
2月	3(土)・14(水)・26(月)・9(金)・20(火)
3月	3(日)・13(水)・25(月)・9(土)・19(火)・31(日)
4月	6(土)・17(水)・29(月)・11(木)・23(火)
5月	5(日)・15(水)・27(月)・9(木)・21(火)
6月	2(日)・12(水)・24(月)・6(木)・18(火)・30(日)
7月	11(木)・23(火)・17(水)・29(月)
8月	8(木)・20(火)・14(水)・26(月)
9月	1(日)・12(木)・24(火)・6(金)・18(水)・30(月)
10月	5(土)・17(木)・29(火)・11(金)・23(水)
11月	2(土)・14(木)・26(火)・8(金)・20(水)
12月	1(日)・13(金)・25(水)・7(土)・19(木)

●もくじ

●編集委員

災難は予期せぬ時に起きるもの

―暦を開いて事前に予知し対策を―

日本占術協会会長
富塚崇史

二〇一九年から中国を発生源とする新型コロナウイルス感染症が全世界を瞬く間に飲み込み、地球規模の災害になって猛威を振るいました。更に、それに追い打ちをかけるように、二〇二二年二月二四日にロシアのプーチン大統領が隣国ウクライナに攻撃を仕掛けました。しかし、当初の計画通りに侵攻は進まず、泥沼の様相を呈しています。今、世界はこれまでの秩序から新しい枠組みを求めて、軋轢《あつれき》と地殻変動を誘発しているようです。

この攻撃を、九星気学で方位学的に分析してみると、ロシアの首都モスクワからウクライナの首都キーウは南西方位で「裏鬼門」に当たります。ウクライナの首都キーウからモスクワは北東方位の「表鬼門」になります。攻撃が始まった時は壬寅《みずのえとら》五黄土星の中宮《ちゅうぐう》の年ですので、混乱と破壊の連鎖が起こりやすい年といえます。また、南西方位には二黒土星と歳破《さいは》が回座《かいざ》していました。

〈2022年の年盤〉

方位学は物事が始まった時や出合った時を基準としますので、ロシアが攻撃を始めた二月の方位吉凶がその「時」に当たり、その後の成り行きと吉凶を示すことになります。当時の二月は北東方位が五黄殺《ごおうさつ》、南西方位に

〈2022年２月の月盤〉

は八白土星の暗剣殺《あんけんさつ》と月破《げっぱ》が同居していました。そのような悪い方位の時にプーチン大統領は、ウクライナへ攻撃を仕掛けたわけです。当初は快進撃を続けて順調であったかに見えた戦況が、暗剣殺の抵抗にあって徐々に狂いが生じ、凶神《きょうしん》の作用で事故や思わぬ誤算が生じて攻めの姿勢から守勢に転じて来ております。

　ウクライナ側から見ると表鬼門から五黄殺の暴君が襲いかかって来たようなものです。五黄殺は混乱と腐敗と破壊をもたらすので、ウクライナ全土がミサイルやドローンの攻撃により破壊され、国民生活が混乱と苦難のどん底に突き落とされました。しかし、ウクライナ国民は、大地の如く揺るぎない精神で国難を乗り切ることと思います。それは黙々と自己の務めを果たし、無から有を生ずる母なる大地の象意を持つのが裏鬼門だからです。ロシアは暗剣殺に戦いを仕掛けたので、勝つことが困難で大きな痛手を被る結果になるでしょう。

　このように突然の災難が身に降り掛かることは、誰にでも起こり得ることです。ピンチを迎えた時には、暦を開いて災難から逃れるヒントを探り掴み取ってください。

　西洋の占星学と東洋の運命学に必要な要素が網羅されているのが『東西開運暦』の特長です。

　誰にでも運・不運の波が訪れます。人生の好・不調の中で幸多い人生を歩む道標として、〝自然の時〟を教えてくれる東西開運暦を身近に置いて活用してください。幸運は自然を上手に感じ取り、味方につける人に微笑むでしょう。

剛の戦争より柔の平和
新たな国際秩序に動く

福田有宵

●世界の大勢

本卦《ほんか》　䷐　随《ずい》（坤坎坎離離艮）
之卦《しか》　䷘　无妄《むもう》

近年の世界は見えない混迷の時代。国際情勢は混沌とし未来の展望が分からないまま急激に変化しています。

令和四年二月二四日、ロシアのウクライナ侵攻で世界を震駭《しんがい》させた暴挙は東西対決の様相となり、世界大戦を危惧するものでした。

随卦の辞に、元《おお》いに亨《とお》る貞《ただ》しきに利《り》あり。咎《とが》なし。元亨利貞は徳目であり、易経に示されている本義です。

さて随卦は内卦の陽剛震は、外卦の陰柔兌に随うというところから、柔よく剛を制するので、戦争より柔の平和を望むところです。

世界各地には内戦分裂の紛争国、その一部に休戦などの朗報を得られるのは、五～六月に期待されます。

国際情勢は米中を軸とし、グローバル・サウス（アジア、アフリカ）の三極構造型に移行し、新たな国際秩序の確立に動き出すでしょう。

九月、十月と秋深くなる頃に、主食の小麦不足問題が注目されたり、冬期の欧州ではエネルギー高騰傾向の深刻さが再来しやすい。

之卦の无妄は地球温暖化の対策として、主役ではなく二の次に追われる傾向です。

ロシアの対ウクライナ終結
本卦　䷚　頤《い》（震離坤離離坎）
之卦　䷔　噬嗑《ぜいごう》

頤は両国対峙の象であり、勃発後三年に入り、三年目において噬嗑となるので拍車を掛けるだけ加熱、停戦への妥協策の妙手がありません。持久戦型で応じて七月、八月に変事があり、新兵器使用の懸念されるが核戦術ではありません。

米国の国運　䷔。　噬嗑の六三
腊肉《せきにく》を噛《か》みて毒《どく》に遇《あ》う。小吝《しょうりん》。

大統領選のため内政重視、景気維持が重要策で利上げあり。外交は強気で押すが大統領選の凄まじさが国内を二分するため、舌禍と暴露の応酬となるでしょう。

米国の大統領選　䷓。　観《かん》の九五
九五は我が生《せい》を観る君子咎《とが》なし。
九五は上位の尊位《そんい》を示し、その地位を守るとするので再選の道が開いています。

ロシアの国運　䷍。　大有《たいゆう》の初九
治国のため新法規をつくり、法網《ほうもう》で縛るプーチン体制を固守。ウクライナ戦で核は恫喝だけで、核兵器の使用はないものです。

中国の国運　☴☷。　観の六三

国家の安定度は非常に高い。過去は上海問題で自由が強制束縛で押さえ付け、ゼロコロナ以来は厳しさが増している。外交上の事件は海洋問題ですが、済《な》し崩しで処理です。経済は今までの高成長に翳《かげ》りが窺え、米中貿易の影響が主になります。

●国内の動向

本卦　予《よ》（巽離艮坤坤離）
之卦　恒《こう》

新型コロナ禍のため社会生活がすっかり変わり四年目、終息宣言はないが半分位の程度で一息つく。

さて予卦が示すのは将来の課題で、まず経済。消費者物価の高騰がどこまで続くかでは、上半期の飲食品、日用雑貨品、加工品には工賃増しで騰勢《とうせい》、下半期には生産者物価の繰入《くりい》れが求められるでしょう。

国策の少子高齢化問題では親子関係の老後扶養、結婚と離婚など悩ましく、貧困家庭の経済などは心に針を刺す深刻な世相でもあります。

テロ事件　☴☲。　家人《かじん》の六二

家人は和を大事にするので、治安を乱す暴挙はなく安全といえます。

衆議院の解散　☴☳。　益《えき》の六四

早期の解散はなく内政、外交が一段落する一年の半ばとなる夏気配のころと予想されます。

対米関係　☴☴。　巽《そん》の九三

爻《こう》辞は頻《しき》りに巽《そん》す、吝《りん》。米主《しゅ》日従《じゅう》の如《ごと》しで春三月あたりに不利益の用心。その後の下半期は協力関係が密になるので安定です。

対中関係　☳☴。　恒《こう》の初六

外交、経済は曲折があるので要慎重。軋轢《あつれき》が懸念されるのは尖閣諸島ですが大事には至りません。

対露関係　☶☷。　剥《はく》の初六

剥は何でも削り取る意味があり、諸事に不利益で歩み寄りがなし。

対韓関係　☴☵。　渙《かん》の九五

旧来の賠償問題を一応処理し、外交の協調で経済なども前進です。

対北朝鮮　☱☷。　萃《すい》の六三

常軌を逸する核兵器開発は、六三では未だ成就は厳しいが騒ぎは続く。

●天象の推移

☵☱。　節《せつ》の九二

冬の豪雪と夏の猛暑が恒例とする季節感は、四季の趣が変わりつつあり。夏の旱魃《かんばつ》、秋台風の脅威に注意と、線状降水帯の大雨や洪水の苛烈さには備えと早めの避難が必要。

自然災害　☲☴。　鼎《てい》の九三

大地震の恐れがなく安心。東海沖、海南トラフなど平穏。全体に頻発地に中震が起きやすい。火山灰は舞うが無難な処理です。（七月一日 笠）

星の入宮が多い第九ハウス、貿易や海外旅行、法律や宗教に注目

アイラ・アリス（ルネ・ヴァン・ダール研究所）

2024年 日本国 春分図

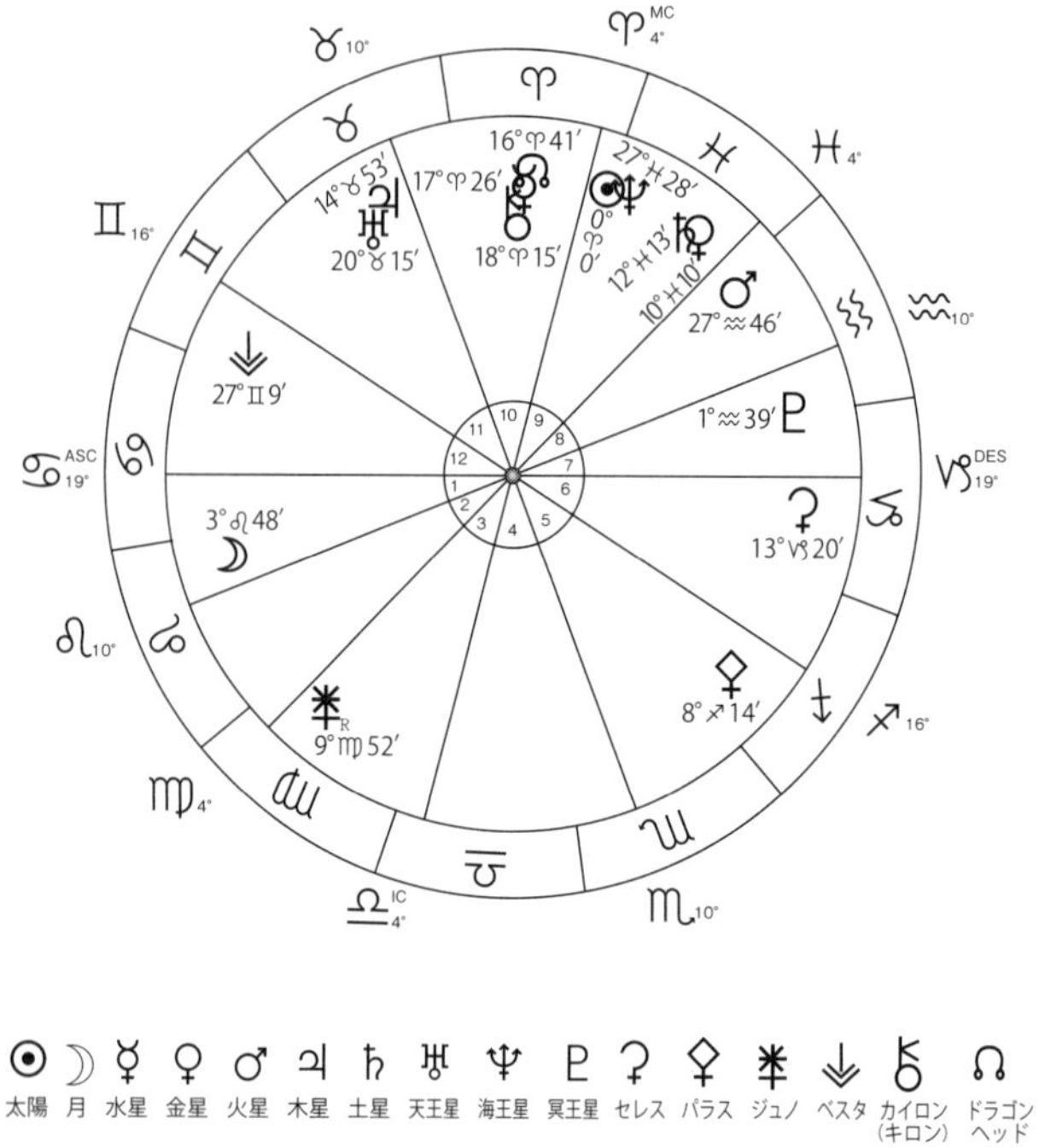

［資料提供］ルネ・ヴァン・ダール研究所

★総論★

冥王《めいおう》星が宝瓶《ほうへい》宮へと再入宮して始まる令和六年。アセンダントは巨蟹《きょかい》宮にあります。国民そのものや国のムードを表す第一ハウスには、その守護星である月も入宮。私たちの心は刻々と形を変える月のように移ろいやすく、常に何かに対して不安を感じるような状況です。第九ハウスの太陽、海王星とトラインを形成し、第七ハウスの冥王星とはオポジションを形成していることを考えると、主に海外からもたらされる政治不安やエネルギー問題、テロなどの可能性が動揺を招くのかもしれません。

そして、それらの不安を紛らわすため何かに依存したり、宗教やスピリチュアルな世界に関心を持つ人も増える傾向にあるでしょう。そんな中、女性や母親の社会での活躍には期待が持てます。

さて、今年最も星の入宮が多いのは第九ハウスで、太陽、金星、土星、海王星の四つが滞在しています。貿易や海外旅行、法律や宗教といったことがテーマになる場所ですので、それらに関する事柄は活性化したり、注目を集めることになるでしょう。金星と土星が重なっていますから、節度を持って楽しむ、一定のルールに従いながら発展する、という方向になりそうです。

★社会★

政府を表す太陽は、第九ハウスに。政治の関心ごとは外交に集中しそうです。第七ハウスに冥王星があることから、戦争や核の問題がいよいよ対岸の火事ではなくなる可能性があります。太陽が海王星と接近しているのはここ数年の傾向ですが、国際政治の中で日本が存在感を示すことは今年もなかなか難しく、主張がぼやけたり、二転三転してしまうことも。政治と宗教との問題が再び話題になる気配もあります。

また、国のリーダーを表す第十ハウスには水星が。ドラゴンヘッド、カイロンと重なっていますが、その他に目立ったアスペクトはありません。政府はメディアをうまく活用し、国民の意識を操作しようと考える可能性がある一方で、逆にスキャンダルや失言などで足元をすくわれる政治家も相変わらず多いでしょう。

景気を表す第二ハウスに星の入宮はなく、カスプ（境界線）の守護星は太陽。弱いながらも回復傾向が見られ、特に輸出産業や医療、映画などの分野ではうれしいニュースが聞けるかもしれません。

★流行★

春分図上の木星は第十一ハウス、金牛宮《きんぎゅう》にあります。天王星と近い位置にありますので、飲食産業での新しい試み、ちがうジャンルとのコラボレーションなど、エンターテインメントとしての「食」には注目が集まりそうです。また、ファッションやアートの分野でもカリスマと呼ばれる存在が生まれる可能性が。

木星は5月末には次の双児宮《そうじ》へ移動します。斬新なアイデアが打ち出され、硬直した業界に風穴を開けることがあるでしょう。特に旅行や生涯学習などをテーマとしたものは、活況を呈する兆しが。

★天候★

国土や天候を表す第四ハウス、I《アイ》C《シー》付近にも特に天体はありません。カスプの守護星は金星で、土星とともに双魚宮《そうぎょ》に。雨や雪は多い傾向ですが、季節や場所によっては渇水の兆しもあり、今年も極端な天候に備える必要があるでしょう。

九星開運暦とは

九星とは、一白から九紫までの星を指すものですが、なぜ、このように分けてあるのでしょうか？

私たちがお母さんのお腹からこの世に生まれた瞬間に、赤ちゃんは初めて大気、すなわち胎内以外の空気を吸うことになります。これを運命学では「気を受ける」といいます。私たちの細胞は、生まれ出たその年月日、時間によって、酸素性・窒素性などのように、九つの種類に分けられた「気」を受けます。つまり、一人ひとり細胞のニュアンスが違ってくるわけです。

人間は天と地の間に生存している生物の一つです。天と地の間には「時間」と「空間」があります。九星ではこの時間を「数」に当て、空間を「色」に当てて表現しました。そして、宇宙の森羅万象を五元素である「五行」に当てました。

この三つを組み合わせてそれぞれ一白水星、二黒土星、三碧木星、四緑木星、五黄土星、六白金星、七赤金星、八白土星、九紫火星と名づけました。したがって、生まれた年の「気」を「本命星」といい、生まれた月の「気」を「月命星」といいます。細かくいうと、日にも時間にももちろん「気」があるわけですが、気学としては本命・月命を主にしてその性格や吉凶を判断していくのです。

次に方位について。「気」が合わない大気が回っている方位、方角に行きますと、私たちの細胞が持っている気が低下します。つまり、乱れたり活発性がなくなるために、ついうっかりしたり、思わぬマイナスを受けやすく、年・月と気が合わない凶方位になります。

逆に、相性のいい大気が回っている方位、方角に行けば、細胞の気が活発になり働く意欲が増してくるというわけです。本命星と月命星が合う方角へ行くのが吉としたのが、年・月と気が合う吉方位になります。

●九星の基本と暦の基礎知識

この暦の運勢判断は、大部分が九星気学（方位を含む）によって作られています。また、太陰暦を使っていたころの生活の知恵からできたものなので、耳慣れない用語がたくさんあります。

ここでは暦を正しく理解し活用していくために、ぜひとも知っておきたい「九星の基本」と「暦の基礎知識」について簡単に説明しておきます。

九星とは、実際の空の星とは何の関係もなく、西洋占星術に対する東洋の占星術である九星の九つの「気」のことです。一から九の数字に、白、黒、碧、緑、黄、赤、紫の七色と、木、火、土、金、水の五行を組み合わせてできたもので、次の九つをいいます。

一白《いっぱく》水星《すいせい》
二黒《じこく》土星《どせい》
三碧《さんぺき》木星《もくせい》
四緑《しろく》木星《もくせい》
五黄《ごおう》土星《どせい》
六白《ろっぱく》金星《きんせい》
七赤《しちせき》金星《きんせい》
八白《はっぱく》土星《どせい》
九紫《きゅうし》火星《かせい》

九星は、十干十二支の循環と同じく、一定の規則で循環し、その生まれ年や生まれ月によって運勢が変わるとされています。

九星の大きな特徴は、持って生まれた星「本命星」で先天運や先天的性格を示すと同時に、十干十二支や易《えき》の思想を導入して、そのときどき（月や年）の吉凶の方位を決める運命学となっている点です。この方位開運法を気学といいます。さらに、木星、火星、土星、金星、水星の五星は、それぞれ次の気質を持っています。

木星―樹木が成長、発育する性質。
火星―火のような灼熱の性質。
土星―万物を育成、保護する性質。
金星―金属のように冷徹、堅固、確実な性質。
水星―生命の泉で、母体と霊性を兼ね備えた性質。

この五星の間には相生（助け合う良い組み合わせ）と相剋（反発し合う悪い組み合わせ）があります。

○干支とは

●六十干支――十干と十二支を組み合わせて六十組を一周期としました。日を数えたり（暦に書いてある、きのえ戌、きのと亥などのこと）、月や年を記すのにも使われます。

満六十歳を還暦というのは、六十一年目に干支が元に戻り、生まれた年と同じになるからです。東洋運命学では日取りや方位、人事諸般を占うのに大切です。

●十干――古代中国では「一日、二日、三日」というかわりに「甲日、乙日、丙日」といった漢字で表し、一ヵ月を三等分した旬（上旬・中旬・下旬）をそれぞれ、甲乙丙丁戊己庚辛壬癸の十字を当てはめて呼びました。

●十二支――一年十二ヵ月の月名として生まれたもので、一日十二刻にも当てはめられて、時刻を表したり方角にも用いられていました。

甲（コウ）＝木の兄（きのえ）
乙（オツ）＝木の弟（きのと）
丙（ヘイ）＝火の兄（ひのえ）
丁（テイ）＝火の弟（ひのと）
戊（ ボ ）＝土の兄（つちのえ）
己（ キ ）＝土の弟（つちのと）
庚（コウ）＝金の兄（かのえ）
辛（シン）＝金の弟（かのと）
壬（ジン）＝水の兄（みずのえ）
癸（ キ ）＝水の弟（みずのと）

中国では陰陽思想（天地自然の万物を陰と陽に分ける）や五行思想（万物を木火土金水の五つに分ける）という考え方があります。この陰陽五行観に十干を当てはめて日本風に呼ぶと前頁表のようになります。

そして、子（ね）は動物の鼠のことではなく、丑も牛ではありません。この読み方は、大昔に字の読めない人のために考え出されたものです。それぞれに深い意味があります。

子《ね》

分解すると「了」と「一」になり「終わりで初め」のこと。孳が「いつくしむ」を示すように、種が土の下で育まれる状態を示すの意。

丑《うし》

糸ヘンをつけると紐の字。まだグニャグニャしていて真っすぐ伸び切れないけれど、育ち始めた種が大きくなろうとする努力期の意。

寅《とら》

虫ヘンをつけると螾の字になるように、本来「うごめく」の意味。種子がやっと地上に芽を出そうとして、うごめいている状態。

卯《う》

卯の字は「双葉」の象形文字。やっと地上に芽を出したものの、まだ根が浅く、しっかりしていない不安定さが残る双葉の姿を示す。

辰《たつ》

手ヘンをつけると振の字になるように、双葉が若葉になって振れ動きながら成長してゆく状態を示す意。勢いよく育つ若葉の姿。

巳《み》

字の形は蛇が鎌首をもちあげた姿で、若葉がさかんな成長のあと、頂点に達する直前で静止したさまを示す。力をためている状態。

午《うま》

時間なら正午、季節に当てはめると夏の盛り、草木なら開ききった花であり、頂点を示す。陽と陰の境目で忤「さからう」の意。

未《ひつじ》

日ヘンをつけると昧になり「見えず、暗し」の意ですが、花盛りが終わり実を結ぼうとしている時。しかし、まだ実が見えない状態。

申《さる》

木の実が形づいてきて食べられる一歩手前の状態を示す。口ヘンをつけると呻「うめく」の意で、味が今一つつかない苦しさの時。

酉《とり》

醸の字で表されるように「かもす」意がある。すっかり熟して、おいしい木の実を食べて楽しむ、実りの季節のさまの表現。

戌《いぬ》

じゅつ、たもつ、まもるとも読み、熟しきって落ちた木の実を種の保存のために守る意味。納めて守る、種属保存の状態を表す。

亥《い》

木ヘンがつき核「種の中心」、門構えに入って閡「とじる」の意となり、守られた種子を土の中にしまう状態。発芽への準備の様子。

吉の相性（十二支と九星による相性のよい組み合わせ）

子の一白◎丑の三碧、丑の六白 ○辰の三碧、辰の六白

卯の一白◎戌の三碧、戌の六白 ○未の三碧、未の六白

午の一白◎未の三碧、未の六白 ○戌の三碧、戌の六白

酉の一白◎辰の三碧、辰の六白 ○丑の三碧、丑の六白

寅の二黒○午の七赤、戌の六白、戌の九紫

巳の二黒○酉の七赤、丑の六白、丑の九紫

申の二黒○子の七赤、辰の六白、辰の九紫

亥の二黒○卯の七赤、未の六白、未の九紫

丑の三碧◎子の一白、子の四緑 ○酉の一白、酉の四緑

辰の三碧◎酉の一白、酉の四緑 ○子の一白、子の四緑

未の三碧◎午の一白、午の四緑 ○卯の一白、卯の四緑

戌の三碧◎卯の一白、卯の四緑 ○午の一白、午の四緑

子の四緑◎丑の九紫、丑の三碧 ○辰の九紫、辰の三碧

卯の四緑◎戌の九紫、戌の三碧 ○未の九紫、未の三碧

午の四緑◎未の九紫、未の三碧 ○戌の九紫、戌の三碧

酉の四緑◎辰の九紫、辰の三碧 ○丑の九紫、丑の三碧

寅の五黄○午の七赤、戌の九紫、戌の六白

巳の五黄○酉の七赤、丑の九紫、丑の六白

申の五黄○子の七赤、辰の九紫、辰の六白

亥の五黄○卯の七赤、未の九紫、未の六白

丑の六白◎子の一白、○酉の一白、巳の二黒、巳の五黄、巳の八白

辰の六白◎酉の一白、○子の一白、申の二黒、申の五黄、申の八白

未の六白◎午の一白、○卯の一白、亥の二黒、亥の五黄、亥の八白

戌の六白◎卯の一白、○午の一白、寅の二黒、寅の五黄、寅の八白

子の七赤○丑の六白、申の二黒、申の五黄、申の八白

卯の七赤○戌の六白、亥の二黒、亥の五黄、亥の八白

午の七赤○未の六白、寅の二黒、寅の五黄、寅の八白

酉の七赤○辰の六白、巳の二黒、巳の五黄、巳の八白

寅の八白○戌の九紫、戌の六白、午の七赤

巳の八白○丑の九紫、丑の六白、酉の七赤

申の八白○辰の九紫、辰の六白、子の七赤

亥の八白○未の九紫、未の六白、卯の七赤

丑の九紫○酉の四緑、巳の五黄、巳の二黒、巳の八白

辰の九紫◎酉の四緑、○申の五黄、申の二黒、申の八白

未の九紫◎午の四緑、○卯の四緑

戌の九紫◎卯の四緑、○午の四緑、寅の二黒、寅の五黄、寅の八白

●凶方（きょうほう）

五《ご》黄《おう》殺《さつ》 五黄星のいる方位。五黄星は本来、中宮に定位して徳は大きいが、中宮を出ると凶方に変わる。凶意の現れ方はゆるやかだが、不摂生から病気、自宅から出火など、主に自分から生じる凶事が起きる。土を動かすことは特に大凶。

暗《あん》剣《けん》殺《さつ》 五黄殺の反対側の方位。凶意は強く早く現れ、盗難、ケガなど他動的な凶意が多い。

本《ほん》命《めい》殺《さつ》 自分の本命星の方向。思い違いや優柔不断のため失敗したり、健康面では大病を患う。

本《ほん》命《めい》的《てき》殺《さつ》 本命殺の反対側。概して、他動的作用ばかりでなく、自分の考え違いや、出しゃばりから大失敗する。交通事故やケガなどにも要注意です。

歳《さい》破《は》 九星の年盤に記された、その年の十二支の反対側の方位。すべてに破れる作用が働き挫折や破綻、病気を患ったりする。

月《げっ》破《ぱ》 九星の月盤で、その月の十二支の反対側の方位。歳破と同じように破れを意味し、災いを招来する。

●吉方（きっぽう）・吉神（きっしん）

太《たい》歳《さい》神《じん》 凶神である八将軍の一つでもあるが、万事を育成する神で、本来は吉神というべきとする説もあります。破壊ごと、もめごと（談判）には悪

いが、建築、移転、縁談など建設的なことによく、特に体によい影響を与えるとされています。

歳徳神《さいとくじん》

この方位は「明《あけ》の方」、「恵方」ともいい、建築、修理、結婚、旅行、事業と、すべてに良い方角です。

歳禄神《さいろくじん》

その年の大吉方位とされ、旅行、移転、結婚、開店、談判など、すべてに吉の方位。

年の吉方

天地自然の順理の方向である天道、日の神である天徳、月の神である月徳などは、共に万物の成長に徳を持ち、すべてに大吉の方位です。

●凶神（きょうしん）

太歳神《たいさいじん》

その年の十二支の方位におり、普請、移転、縁談などにはよいが、木を切ることや取り壊し、話し合いなどにはよくないとされている。

大将軍《だいしょうぐん》

建築、移転、伐採、井戸掘り、結婚と出産、葬儀など、すべて忌む方位を表す。

大陰神《だいおんじん》

学問や芸術などに関することにはよいが、結婚や出産をこの方向に向かってするのは凶とされている。

歳刑神《さいけいじん》

地神ともいい、耕作、種まき、木の植え替え、土を動かすことなどが凶とされる。

歳破神《さいはじん》

太歳神の反対側の方位。建築や結婚、旅行はいけないが、取り壊しや闘いには吉方。

歳殺神《さいさつじん》

建築、旅行、結婚、雇い入れ、金談などが凶とされている。

黄幡神《おうばんじん》

建築や移転、金銭的な問題がとくに凶とされている。

豹尾神《ひょうびじん》

不浄を嫌う神で、この方位での大小便や、家畜を求めることなどは凶意とされる。

●男と女の厄年（やくどし）

古くは中国から伝わった陰陽道によって、男女ともに13歳・25歳・37歳・49歳・61歳・73歳・85歳・99歳が「人の一生、厄に遭うべし」とする年とされていました。これらはすべて数え年ですから、満年齢では一年を引いた年となり、99歳を除くと全部、12の倍数であることがわかり、干支でいうとちょうど自分のえとに戻ってきた年にあたります。

後世になって、男は25歳・42歳・61歳、女は19歳・33歳・37歳（すべて数え年）というふうになり、33歳・42歳を大厄というようになりました。現代でも、十三参りといって虚空蔵菩薩を拝んだり、60歳の還暦祝いや男女の大厄払いなどの通過儀礼が行われます。

厄年には前年の大晦日やその年の年頭・節分・初午の日などに、神仏に参ったり、知人を招いて共同飲食することによって厄を分担してもらう、厄落としの行事をします。

《令和6年》の厄年に当たる男女は次の生まれの人。
男＝平成12年生まれ、昭和58年生まれ、昭和39年生まれ。
女＝平成18年生まれ、平成4年生まれ、昭和63年生まれ。

●二十四節気（にじゅうしせっき）

旧暦は、月の満ち欠けで一ヵ月を決める太陰暦でした。日付は太陽の位置、つまり季節とは無関係なので、毎年の「暖暑涼寒」にズレが生じました。これをカバーするために、太陽の位置に合わせて二十四の季節を決め、一年の気候の推移が正しくつかめるようにしたものが「二十四節気」です。太陽の黄道（通り道）360度を24等分した位置ごとに季節を設けたのです。

立《りっ》春《しゅん》
季節的には冬の盛りだが「春の気が立つ」時です。節分の翌日で、旧暦では正月になり、毎年2月4、5日頃。

雨《う》水《すい》
雪より雨が多くなり、氷が解けて水に変わるころで、草木に萌芽の兆しがみられます。2月18、19日頃。

啓《けい》蟄《ちつ》
冬籠りしていた虫たちが春の暖かさを感じて穴から這い出してくることを表します。3月5、6日頃にあたる。

春《しゅん》分《ぶん》
太陽が黄経0度に達した時刻が春分で、地球上の昼夜が等しくなる。この日から夜は短く昼は長くなっていく。彼岸の中日で3月20、21日頃。

清《せい》明《めい》
温暖になり、草木が萌え出るころで、清浄明潔なすがすがしさが肌に感じられます。4月4、5日頃にあたる。

穀《こく》雨《う》
春雨が多くなり、植物が成長する時期で、4月20、21日頃。

立《りっ》夏《か》
野山は新緑に覆われて、夏の気が立ちます。5月5、6日頃で、この日から立秋までが旧暦の夏になる。

小《しょう》満《まん》
野山の緑は実をつけはじめ、万物が徐々に満ちる時。5月21、22日頃。

芒《ぼう》種《しゅ》
麦のとり入れ、そして田植えが始まります。芒《のぎ》のある穀物（イネ科の植物）の種をまく季節で、6月5、6日頃。

夏《げ》至《し》
太陽が黄経90度にきた日が夏至で、一年中でもっとも昼が長く夜が短くなる日です。6月21、22日頃にあたる。

小《しょう》暑《しょ》
日照時間は短くなっていくが、暑さが次第に増してくる時期。7月7、8日頃。

大《たい》暑《しょ》
ようやく梅雨も明けて、本格的な夏の暑さの到来です。7月22、23日頃。

立《りっ》秋《しゅう》
実際にはまだまだ残暑の厳しい時ですが、夏の土用も明けて暦の上では秋に入ります。8月7、8日頃にあたる。

処暑《しょしょ》　暑さもおさまり収穫期が近づきます。天候も台風など秋型へ変わり、8月22、23日頃。

白露《はくろ》　秋の気も強まり、野草に露が宿って白く見える時期です。9月7、8日頃。

秋分《しゅうぶん》　秋の彼岸の中日で、太陽が赤道上にあり、昼と夜の長さが同じになる日。この日を境に夜が長く昼が短くなってゆく。9月23、24日頃。

寒露《かんろ》　秋も深まり、野草の露が霜に変わり、朝夕は肌寒さを感じる。10月8、9日頃。

霜降《そうこう》　秋も終わりに近づき、時折降りる霜が冬の近いことを知らせる。10月23、24日頃。

立冬《りっとう》　日差しも弱くなり、北国からはもう雪の便りが届くころで、この日から暦は冬になる。11月7、8日頃にあたる。

小雪《しょうせつ》　寒い北風が吹き始め、日によっては雪の降ることも。11月22、23日頃。

大雪《たいせつ》　山などは雪に覆われて、野や街には風花が舞うこともしばしば。12月7、8日頃。

冬至《とうじ》　太陽が南半球の最も遠くに位置し、北半球の昼は最も短くなる。この日から日脚が延びる。12月22、23日頃にあたる。

小寒《しょうかん》　冬も本格的となり、強い北風に雪が吹き荒れるころ。1月6、7日頃。

大寒《だいかん》　雪よりも寒さの厳しい時期。そんな中で春の足音を待つ。1月20、21日頃。

●雑節（ざっせつ）

二十四節気のほかに、雑節と呼ばれる暦上の特別日があります。これは、生活中心の月日の区切りで、農業や信仰に根づいたものがほとんどです。

節分《せつぶん》　立春の前日で、旧暦では一年の最後の日となる。俗に年越し、年とり、追儺《ついな》といい、豆をまいて邪気を祓う行事が行われます。2月3、4日頃。旧暦を基準としている東洋占術では、この日までが前年度の生まれに入ることになります。

初午《はつうま》　2月第一の午の日が初午、次いで二の午、三の午です。初午の日は稲荷神社の縁日とされています。

上巳《じょうし》の節句《せっく》　3月3日のお雛祭りの「桃の節句」。昔は3月初の巳《み》の日に雛人形を祭ったもので、女児の誕生と幸せを祈るための日です。

彼岸《ひがん》　春分と秋分の前後三日ずつ計七日間が「春の彼岸」「秋の彼岸」です。その初日は彼岸の「入り」、当日が「中日」、最後の日が「明け」と呼ばれ、墓参りをして先祖の霊を供養し善を心掛ける日。

八十八夜《はちじゅうはちや》　立春から数えて88日目で、現在の5月2〜3日頃。「八十八夜の別れ霜」といって、植物の種まきに最もよい時期とされます。

端午《たんご》の節句《せっく》

5月5日の節句で「菖蒲の節句」といいます。端ははじめ、午は午の日の意味。邪気を除くといわれる菖蒲を家の軒に挿したり、菖蒲湯に入ったり、五月人形を飾り柏餅を食べて、男児の出世を祈った日です。現在の「子どもの日」。

入《にゅう》梅《ばい》

かつては二十四節気の芒種の後の壬（みずのえ）を暦上の入梅とし、30日後の壬を梅雨明けとしたもの。しかし最近では、東京天文台が、太陽が黄経80度に達する日を暦の「入梅」と決定しており、だいたい6月11日頃に当たります。正確な入梅の日取りは気象庁の梅雨入り宣言によるのが一般的。

半《はん》夏生《げしょう》

半夏という名の薬草ができる時期の意味で、田植えも終わり南国は梅雨も明けようとする7月2～7日頃。

七夕《たなばた》祭《まつり》

五節句の一つ。7月7日の七夕を祭る日で、女子の裁縫や習字のお稽古ごとの上達を願って、五色の短冊を笹につるしたり、地方によっては祭りの行事も行います。

盂《う》蘭《ら》盆《ぼん》

ふつうは盆、お盆と略されて呼ばれ、7月13～16日に、墓参りや迎え火、送り火、棚経などの仏事が行われます。地方によっては月遅れで8月13～16日のところもあります。

《令和6年の年回忌表》

一周忌……令和5年亡
三回忌……令和4年亡
七回忌……平成30年亡
十三回忌……平成24年亡
十七回忌……平成20年亡
二十三回忌…平成14年亡
二十五回忌…平成12年亡
二十七回忌…平成10年亡
三十三回忌…平成4年亡
三十七回忌…昭和63年亡
五十回忌……昭和50年亡
七十回忌……昭和30年亡
百回忌……大正14年亡
百五十回忌…明治8年亡
二百回忌……文政8年亡

中《ちゅう》元《げん》

今では、お中元といえば贈り物のことですが、もとは旧暦の7月15日をいい、中国の道教では1月15日の上元、10月15日の下元とともに、人間の贖罪《しょくざい》の日としました。

土《ど》用《よう》

二十四節気による四季（立春・立夏・立秋・立冬）の終わりの18～19日間が「土用」で、土を動かしたり、鍼灸したりを忌む習慣があります。現在では夏の土用だけがクローズアップされますが、これは夏が過ごしにくい季節なのと、夏と秋のみ「火剋金」と五行で相剋関係にあるからです。土用期間中の虫干しや、夏の土用には丑の日に鰻を食べてスタミナをつけるのも古人の知恵といえるでしょう。

二百《にひゃく》十日《とうか》

立春から数えて２１０日目をさし、9月1日ごろ。台風が多く農家の厄日です。

二百《にひゃく》二十日《はつか》

立春から数えて220日目をさします。同じく台風が多くて農家の厄日です。

菊《きく》の節句《せっく》

重陽《ちょうよう》の節句、九月節句ともいい、旧暦9月9日の節句のことです。菊の花をお酒に入れて飲み、不老長寿を祝います。

酉《とり》の日《ひ》

新暦11月の酉の日で一回目を一の酉、二回目を二の酉、三回目を三の酉とした、お酉様の日。鷲（おおとり）神社の祭りで商売繁盛を祈り、酉の市がたちます。

大《おお》祓《はらい》

6月30日、12月31日の半年ごとの晦日《みそか》に罪や穢れを祓う日です。12月31日は年越祓い、師走の大祓いと言い一般的です。

●選日（せんじつ）

日の吉凶を見て選ばれた日のことです。暦上、昔から伝わる特殊な日があり、その多くは六十干支の組み合わせによって吉凶の判断を占いました。

一粒万倍日《いちりゅうまんばいび》

一粒の種が万倍にも実る、という吉日です。仕事始めや開店、種まき、お金を出すなど、すべてのスタートにいいが、物を借りるにはいけない日です。

不成就《ふじょうじゅ》日《び》

万事が調いにくい日です。結婚、開店、子どもの命名、移転、契約など、事を始めるのによくない不浄日です。

八《はっ》専《せん》

もともとは軍事上の忌日で、築城や出陣を避けたものでした。今では仏事、結婚、家の造作などに悪い日とされます。

三隣亡《さんりんぼう》

十二支の活動状態が悪くなる日とされ、普請、棟上げ、移転、土起こしなど建築関係はとくに忌む日です。

天一《てんいち》天上《てんじょう》

戦闘を司る天一神が地上を離れ天上に帰っている期間をいう。みずのと巳～つちのえ申までの16日間。この間はどこへ行っても自由だが、お産や交渉、争い事は凶です。

天赦《てんしゃ》日《び》

字の如く、天が許すから何を行ってもよく、暦のうちの大吉日です。ことに結婚や開業などのスタート、発明や研究の発表に最適です。

土《ど》用《よう》

立春、立夏、立秋、立冬の前の18～19日間が土用です。この間に土を動かす土木工事は凶とされます。

十方暮《じっぽうぐれ》

干と支の相性が悪いための凶日で、結婚や交渉ごとはすべてまとまりを見ず、旅行も凶とされます。きのえ申から10日間です。

三伏《さんぷく》日《び》

夏至後の第三の庚（かのえ）の日を初伏、次の庚を中伏、立秋後最初の庚を末伏といい、合わせて三伏です。種まきから結婚、旅行など和合することはすべてによくない日です。

大《おお》土《つち》・小《こ》土《づち》

かのえ午から七日間が大つち、つちのえ寅から七日間を小つちといい、木や竹を切ってはいけない日です。

土公《どこう》神《じん》

土を守る神です。春は台所、夏は門、秋は井戸、冬は庭にさわることが凶です。

社《しゃ》日《にち》

春分とか秋分に最も近い戊（つちのえ）で、春には五穀の種を神前に供えて豊作を祈り、秋口には初穂を供えて収穫を感謝する日です。春は春社、秋は秋社と呼ばれます。

●六曜（ろくよう）

六輝ともいい、もともと時刻の吉凶占いでしたが、単に日の吉凶を知るのに用いるようになりました。

先《せん》勝《しょう》

「先んずれば勝つ」で、急ぐ願いごと、急用や訴訟、勝負ごとによく吉です。「八つより暮六つまで悪し」といい午後は凶になります。

友《とも》引《びき》

「進まず引かず」勝負がつかない暗示で、午前中と夕刻と夜は小吉です。ただし、昼は凶。弔事は凶で、結婚などめでたいことは吉です。

先《せん》負《ぶ》

「先んずれば負け」で、出しゃばらず静かにして吉です。午前が凶で、午後が吉ともいい、公用や急用は避ける日です。

仏《ぶつ》滅《めつ》

物滅ともいい「物を失う」凶の日で、仏教とは関係ない。移転、開店など事を始めるのに悪く、この日に病気すれば長びくという。

大《たい》安《あん》

「大いに安んず」で大安吉日です。陰陽道で移転、旅行、結婚など吉事を運んで、すべてが吉の日です。

赤《しゃっ》口《こう》

赤口神が衆生を悩まし、新しい事始めなどは多くの障害を招いて凶です。月替わりの正午は吉。時刻で午前9時から午後3時までは吉です。

六曜の記載順序は左記に示すように、「旧暦による各月の朔日（一日）からは、何からはじまる」という具合に定められています。

旧暦1月と7月の一日からは、いつでも「先勝」で始まる。
旧暦2月と8月の一日からは、いつでも「友引」で始まる。
旧暦3月と9月の一日からは、いつでも「先負」で始まる。
旧暦4月と10月の一日からは、いつでも「仏滅」で始まる。
旧暦5月と11月の一日からは、いつでも「大安」で始まる。
旧暦6月と12月の一日からは、いつでも「赤口」で始まる。

●十二直（じゅうにちょく）

十二客（かく）、十二建（けん）、あるいは江戸時代の暦で中段ともいいます。

真北を十二支の子として、各方位に十二支を配置し、北斗七星の様子と組み合わせて十二種の日の吉凶を占うことです。

たつ（健）最吉日。祭祀、結婚、開店、移転、旅行、新規事業はすべてに吉です。土を動かすこと、蔵開きは凶です。

のぞく（除）百凶を除き、神事、種まき、医師にかかるなど一切の吉日です。結婚と土を動かすことは凶になります。

みつ（満）万事が充満する吉日です。建築、結婚、移転、祝いごと、土を動かすこと、金銭ごともすべて吉です。

たいら（平）平安の意で地固め、旅行、種まき、結婚、祝いごと、すべてに吉です。池や穴掘りは凶となります。

さだん（定）必定の日で、建築、移転、結婚、開店、種まきなどが吉。特に規則の制定や人事、任命に吉。訴訟、旅行、樹木の植え替え凶。

とる（執）物を受けとる日で、物質の受け入れ、祝いごと、建築など万事が吉です。ただし、金銭の出し入れ、財産整理は凶となります。

やぶる（破）破壊の日です。訴訟、談判などの争いごとは吉ですが、結婚や祝いごとは破れて凶となります。

あやぶ（危）険悪の日で、すべて控えめが吉です。旅行、登山、高所や木を切ることは大凶です。酒造りのみ吉。

なる（成）物ごとが成就する日で、種まき、仕込み、願かけ、開店など、新規ごとすべてに吉です。訴訟、談判は凶になります。

おさん（納）宝を蔵にしまう日で、結婚、商品の買い入れなどが吉です。ただし、物を出すことは凶です。

ひらく（開）法蔵が扉を開ける日で、蔵開き、建築、移動、結婚などすべて吉です。葬式などの不浄ごとは凶になります。

とず（閉）法蔵に鍵をかけ、すべて閉鎖する意の日で、金銭収納、建墓などにはよいが、結婚、開店など出すものは凶です。

●二十八宿（にじゅうはっしゅく）

古代中国の天文学で、月がおよそ二十八夜で恒星の間を一周することに基づき、一夜ごとに宿する位置を区別して表示したものが二十八宿です。

各星宿は青龍、玄武、白虎、朱雀の四宮（四神）に分け、それぞれを七分割して二十八宿とし、日月を配して吉凶を占いました。

「干支」「九星」「六曜」など、占いの吉凶が日によって矛盾した現れ方をする日もあります。何をしてよしとするかは、各自の判断でよいかと思います。

二十八宿吉凶表

宮	東方蒼竜七宿
宿	吉凶
角《かく》	衣類の仕立て、普請造作、結婚などは吉です。不祝儀は凶。
亢《こう》	物品購入、結納などは吉です。建築に関することは凶。
氐《てい》	新規に事を始めるのは吉です。衣類購入、着初めは凶。
房《ぼう》	結婚、移転、建造物、旅行などが吉です。
心《しん》	神仏の祭祀、移転、旅行は吉です。結婚、葬式、建造は凶。
尾《び》	結婚、開店開業などが吉です。衣類に関することは凶。
箕《き》	衣類購入や着初め、建造改造、新計画は大吉。不祝儀事凶。

宮	北方玄武七宿
宿	吉凶
斗《と》	井戸や土掘りの土木関係、建造事は特に吉です。
牛《ぎゅう》	神仏への参詣、供養が大吉。できるだけ早めに進めること。
女《じょ》	芸事が大吉です。建造、移転、結婚、着初め、葬式は凶。
虚《きょ》	建造物、相談、契約など積極的に行うことは、すべて凶。
危《き》	造作や土を動かすこと吉。結婚、衣類の着初めや裁ち初め凶。
室《しつ》	建造、特に屋根の修繕、結婚などの祝い事すべてに吉。
壁《へき》	土地の購入、衣類の着初め、婚儀、不祝儀などすべて吉。

宮	西方白虎七宿
宿	吉凶
奎《けい》	井戸掘り、植木植え替え、芸事開始、開店などすべて吉。
婁《ろう》	建造、庭園や門の造作、結婚、相談事などが吉です。
胃《い》	開店開業、求職、結婚など吉です。建造や修理事は凶。
昴《ぼう》	神仏参詣、相談事、新規事業などすべて吉です。
畢《ひつ》	棟上げ、屋根替えなど建造事が特に吉です。
觜《し》	芸事や学問の開始と終了、建造物も吉。仕立物と着初め凶。
参《さん》	結婚、仕立物、建造改造は吉です。旅行だけは凶。

宮	南方朱雀七宿
宿	吉凶
井《せい》	神仏祭祀、種まき、建造は吉です。不祝儀事は凶。
鬼《き》	一般に大吉日。建造、開店、旅行など特に大吉。婚儀だけ凶。
柳《りゅう》	修繕ごとは吉です。結婚、開店、蔵造りは凶。
星《せい》	馬の乗初め、トイレの増改築は吉。結婚、葬式など儀式事凶。
張《ちょう》	建造、移転、新事業開始、結婚などすべてに吉です。
翼《よく》	耕作、樹木の植え替えは吉です。儀式事は凶。
軫《しん》	養子縁組み、結婚、移転、土地購入、田畑いじりなど吉。

一月の暦

睦月《むつき》

乙丑《きのとうし》六白金星の月

五		破
5	1	3
4	6	8
9	2	7
		ア

新暦	七曜	干支	九星	暦の行事	旧暦	六曜	十二直	廿八宿	星の運行	満潮	干潮
1日	月	甲子	一白	◉元日 陽遁 初詣 恵方参り 天赦日 初甲子(大黒天) 一粒万倍日	十一月廿日	赤口	たつ	畢	☉ 0:00 太陽 やぎ座09度39分	8・23 19・14	1・44 13・55
2日	火	乙丑	二黒	初荷 初夢 書初め 不成就日	廿一日	先勝	のぞく	觜	☿ 12:09 水星D いて座22度	8・54 20・00	2・16 14・36
3日	水	丙寅	三碧	初寅(毘沙門天) 三隣亡	廿二日	友引	みつ	参	☽ 9:48 月 てんびん座	9・27 21・04	2・48 15・31
4日	木	丁卯	四緑	◑下弦一二時三〇分 官庁御用始め	廿三日	先負	たいら	井	♂ 23:59 火星 やぎ座	10・03 22・35	3・25 16・57
5日	金	戊辰	五黄	初水天宮	廿四日	仏滅	さだん	鬼	☽ 21:41 月 さそり座	10・43	4・18 18・30
小寒 五時四九分				六十七候/芹《せり》栄う 六十八候/泉水温を含む 六十九候/雉《きじ》初めて鳴く 1日の日の出6・50 日の入16・38							
6日	土	己巳	六白	小寒 六日年越し 初己巳(弁財天) 東京消防出初式	廿五日	大安	さだん	柳		0・38 11・30	5・46 19・32
7日	日	庚午	七赤	七草(七草粥) 七日正月 松納め 大つち始 三隣亡	廿六日	赤口	とる	星		2・45 12・26	7・15 20・20
8日	月	辛未	八白	◉成人の日 初薬師 初鬼子母神	廿七日	先勝	やぶる	張	☽ 6:10 月 いて座	3・48 13・28	8・24 21・03
9日	火	壬申	九紫	宵えびす 学校始業	廿八日	友引	あやぶ	翼		4・30 14・28	9・21 21・47
10日	水	癸酉	一白	初金比羅 十日えびす 一一〇番の日 不成就日	廿九日	先負	なる	軫	☽ 10:34 月 やぎ座	5・08 15・21	10・11 22・32
11日	木	甲戌	二黒	●朔二〇時五七分 鏡開き・蔵開き	十二月一日	赤口	おさん	角		5・45 16・08	10・57 23・17
12日	金	乙亥	三碧	初亥(摩利支天) スキー記念日	二日	先勝	ひらく	亢	☽ 12:02 月 みずがめ座	6・22 16・52	11・40
13日	土	丙子	四緑	初虚空蔵 大つち終 一粒万倍日	三日	友引	とず	氐		6・58 17・36	0・01 12・21
14日	日	丁丑	五黄	十四日年越し	四日	先負	たつ	房	☽ 12:30 月 うお座 ☿ 11:51 水星 やぎ座	7・33 18・21	0・43 13・02

15日	月	戊寅	六白	小正月 小豆がゆ どんど焼き 全国緑化キャンペーン 小つち始	五日	仏滅	のぞく	心		8・07 19・09	1・23 13・44
16日	火	己卯	七赤	藪入り えんま詣 親鸞聖人忌 不成就日 一粒万倍日	六日	大安	みつ	尾	☽ 13:50 月 おひつじ座	8・38 20・02	2・00 14・29
17日	水	庚辰	八白	防災とボランティアの日	七日	赤口	たいら	箕		9・08 21・07	2・35 15・22
18日	木	辛巳	九紫	**土用** ◐上弦一二時五三分 初観音 旧事八日・針供養	八日	先勝	さだん	斗	☽ 17:13 月 おうし座	9・37 22・28	3・08 16・29
19日	金	壬午	一白	三隣亡	九日	友引	とる	牛		10・10	3・43 17・55
大寒				**二三時七分** 七十候／蕗《ふき》の薹《とう》花咲く 七十一候／水沢厚く堅し 七十二候／鶏鳥屋に就く 21日の日の出6・48 日の入16・56							
20日	土	癸未	二黒	大寒 二十日正月 えびす講	十日	先負	やぶる	女	☽ 22:59 月 ふたご座 ⊙ 23:08 太陽 みずがめ座	0・41 10・52	4・42 19・14
21日	日	甲申	三碧	初大師 十方暮始 小つち終	十一日	仏滅	あやぶ	虚	♇ 11:36 冥王星 みずがめ座	3・40 11・59	6・53 20・18
22日	月	乙酉	四緑	黙阿弥忌 飛行船の日 ジャズの日	十二日	大安	なる	危		4・23 13・41	8・34 21・12
23日	火	丙戌	五黄		十三日	赤口	おさん	室	☽ 6:52 月 かに座 ♀ 17:51 金星 やぎ座	4・52 14・55	9・41 21・59
24日	水	丁亥	六白	初地蔵 初愛宕 不成就日	十四日	先勝	ひらく	壁		5・18 15・44	10・28 22・41
25日	木	戊子	七赤	初天神 法然上人忌 一粒万倍日	十五日	友引	とず	奎	☽ 16:38 月 しし座	5・42 16・23	11・04 23・19
26日	金	己丑	八白	○望二時五四分 文化財防火デー 道元禅師誕生会	十六日	先負	たつ	婁		6・06 16・57	11・36 23・53
27日	土	庚寅	九紫	国旗制定記念日	十七日	仏滅	のぞく	胃	♅ 16:36 天王星D おうし座19度 ☽ 4:12 月 おとめ座	6・28 17・29	12・04
28日	日	辛卯	一白	初不動 一粒万倍日	十八日	大安	みつ	昴		6・51 18・00	0・24 12・32
29日	月	壬辰	二黒		十九日	赤口	たいら	畢		7・13 18・33	0・52 13・00
30日	火	癸巳	三碧	天一天上始 十方暮終	廿日	先勝	さだん	觜	☽ 17:05 月 てんびん座	7・35 19・08	1・18 13・29
31日	水	甲午	四緑	晦日正月 三隣亡	廿一日	友引	とる	参		7・59 19・48	1・43 14・00

二月の暦

如月《きさらぎ》

4	9	2	破
3	5	7	
8	1	6	

丙寅《ひのえとら》五黄土星の月

新暦	七曜	干支	九星	暦の行事	旧暦	六曜	十二直	廿八宿	星の運行	満潮	干潮
1日	木	乙未	五黄	不成就日	十二月 廿二日	先負	やぶる	井	⊙ 0:00 太陽みずがめ座11度13分	8・23 20・38	2・07 14・37
2日	金	丙申	六白		廿三日	仏滅	あやぶ	鬼	☽ 5:38 月 さそり座	8・50 21・43	2・31 15・25
3日	土	丁酉	七赤	◑下弦八時一八分 節分（豆まき）	廿四日	大安	なる	柳		9・21 23・26	2・58 16・43
立春 一七時二七分				一候／東風《こち》凍を解く 二候／うぐいす鳴く 三候／魚氷に上がる					10日の日の出6・34 日の入17・17		
4日	日	戊戌	八白	立春	廿五日	赤口	なる	星	☽ 15:29 月 いて座	10・00	3・37 18・25
5日	月	己亥	九紫	三隣亡	廿六日	先勝	おさん	張	☿ 14:11 水星 みずがめ座	3・18 10・59	6・16 19・42
6日	火	庚子	一白		廿七日	友引	ひらく	翼	☽ 21:10 月 やぎ座	3・59 12・39	8・09 20・44
7日	水	辛丑	二黒	北方領土の日 一粒万倍日	廿八日	先負	とず	軫		4・30 14・17	9・20 21・37
8日	木	壬寅	三碧	事八日・針供養	廿九日	仏滅	たつ	角	☽ 23:01 月 みずがめ座	5・00 15・19	10・10 22・26
9日	金	癸卯	四緑	不成就日	卅日	大安	のぞく	亢		5・30 16・09	10・53 23・11
10日	土	甲辰	五黄	●朔七時五九分 旧正月 旧甲辰年	一月 一日	先勝	みつ	氐	☽ 22:44 月 うお座	6・00 16・55	11・31 23・53
11日	日	乙巳	六白	[●]建国記念の日 文化勲章制定記念日	二日	友引	たいら	房		6・29 17・39	12・09
12日	月	丙午	七赤	振替休日 菜の花忌（司馬遼太郎忌） 初午 不成就日 一粒万倍日	三日	先負	さだん	心	☽ 22:27 月 おひつじ座	6・56 18・23	0・30 12・46
13日	火	丁未	八白		四日	仏滅	とる	尾	♂ 15:06 火星 みずがめ座	7・21 19・09	1・04 13・23
14日	水	戊申	九紫	バレンタインデー 天一天上終	五日	大安	やぶる	箕		7・44 19・58	1・35 14・02

日	曜	干支	九星	行事	旧暦	六曜	十二直	二十八宿	月・惑星	満潮	干潮
15日	木	己酉	一白	涅槃会	六日	赤口	あやぶ	斗	☽0:03 月 おうし座	8・06 20・53	2・02 14・45
16日	金	庚戌	二黒	旧七草　日蓮聖人誕生会	七日	先勝	なる	牛		8・28 22・04	2・24 15・39
17日	土	辛亥	三碧	◐上弦〇時一分　三隣亡	八日	友引	おさん	女	☽4:41 月 ふたご座　♀1:06 金星 みずがめ座	8・50	2・35 16・59
18日	日	壬子	四緑	禁煙運動の日　エアメールの日　八専始	九日	先負	ひらく	虚		9・16	18・41

雨水　一三時一三分　四候／土が潤い起こる　五候／霞《かすみ》初めてたなびく　六候／草木萌え動く　20日の日の出6・23　日の入17・27

日	曜	干支	九星	行事	旧暦	六曜	十二直	二十八宿	月・惑星	満潮	干潮
19日	月	癸丑	五黄	雨水　万国郵便連合加盟記念日　一粒万倍日	十日	仏滅	とず	危	☽12:26 月 かに座　☉13:14 太陽 うお座	4・41 10・10	6・50 20・04
20日	火	甲寅	六白	歌舞伎の日　不成就日	十一日	大安	たつ	室		4・28 13・59	9・21 21・05
21日	水	乙卯	七赤		十二日	赤口	のぞく	壁		4・41 15・06	10・00 21・53
22日	木	丙辰	八白	世界友情の日	十三日	先勝	みつ	奎	☽22:42 月 しし座	4・58 15・48	10・28 22・31
23日	金	丁巳	九紫	**[●]天皇御誕生日**	十四日	友引	たいら	婁	☿16:30 水星 うお座	5・16 16・22	10・55 23・05
24日	土	戊午	一白	○望二一時三〇分　二の午　旧小正月　一粒万倍日	十五日	先負	さだん	胃	☽10:39 月 おとめ座	5・35 16・53	11・21 23・35
25日	日	己未	二黒	斎藤茂吉忌	十六日	仏滅	とる	昴		5・53 17・24	11・46
26日	月	庚申	三碧	初庚申（帝釈天）	十七日	大安	やぶる	畢	☽23:31 月 てんびん座	6・11 17・54	0・02 12・11
27日	火	辛酉	四緑		十八日	赤口	あやぶ	觜		6・30 18・27	0・28 12・36
28日	水	壬戌	五黄	坪内逍遙忌　不成就日	十九日	先勝	なる	参		6・49 19・01	0・52 13・02
29日	木	癸亥	六白	旧二十日正月　八専終　三隣亡	廿日	友引	おさん	井	☽12:10 月 さそり座	7・09 19・38	1・14 13・28

この暦に示してある日の出・日の入の時刻は東京におけるものです。

二十四節気、月の朔・弦・望の時刻と共に、海上保安庁の資料によっています。

また、満潮・干潮の時刻は東京・晴海における数値で、海上保安庁書誌第781号「令和6年潮汐表」の資料より引用いたしました。

各地の時刻が必要な時は、その地域をカバーしている機関へお問い合わせ下さい。

三月の暦

弥生《やよい》

丁卯《ひのとう》四緑木星の月

3	8	1
2	4	6
7	9	5

ア　破　五

新暦	七曜	干支	九星	暦の行事	旧暦	六曜	十二直	廿八宿	星の運行	満潮	干潮
1日	金	甲子	七赤	甲子　春の全国火災予防運動	一月廿一日	先負	ひらく	鬼	☉0：00 太陽 うお座10度30分	7・30 20・22	1・37 13・58
2日	土	乙丑	八白	一粒万倍日	廿二日	仏滅	とず	柳	☽22：57 月 いて座	7・52 21・18	1・58 14・35
3日	日	丙寅	九紫	桃の節句（雛祭り）	廿三日	大安	たつ	星		8・18 22・54	2・18 15・32
4日	月	丁卯	一白	◑下弦〇時二三分	廿四日	赤口	のぞく	張		8・49	2・29 17・18
啓蟄　一一時二三分　七候／巣籠《すごもり》の虫戸を開く　八候／桃初めて咲く　九候／菜虫蝶と化す　1日の日の出6・11　日の入17・36											
5日	火	戊辰	二黒	啓蟄	廿五日	先勝	のぞく	翼	☽6：16 月 やぎ座	3・40 9・44	5・48 19・12
6日	水	己巳	三碧	己巳	廿六日	友引	みつ	軫		3・46 12・29	8・29 20・29
7日	木	庚午	四緑	消防記念日　大つち始　不成就日	廿七日	先負	たいら	角	☽9：40 月 みずがめ座	4・08 14・22	9・24 21・26
8日	金	辛未	五黄	国際女性デー	廿八日	仏滅	さだん	亢		4・33 15・21	10・03 22・14
9日	土	壬申	六白	記念切手記念日	廿九日	大安	とる	氐	☽10：05 月 うお座	4・58 16・09	10・38 22・56
10日	日	癸酉	七赤	●朔一八時〇分　一粒万倍日	二月一日	友引	やぶる	房	☿13：04 水星 おひつじ座	5・23 16・54	11・13 23・34
11日	月	甲戌	八白	パンダ発見の日　不成就日	二日	先負	あやぶ	心	☽9：20 月 おひつじ座	5・48 17・38	11・48
12日	火	乙亥	九紫		三日	仏滅	なる	尾	♀6：52 金星 うお座	6・11 18・22	0・09 12・23
13日	水	丙子	一白	大つち終	四日	大安	おさん	箕	☽9：29 月 おうし座	6・33 19・07	0・40 12・58
14日	木	丁丑	二黒	ホワイトデー	五日	赤口	ひらく	斗		6・54 19・53	1・09 13・35

日付	曜日	干支	九星	行事	旧暦	六曜	十二直	二十八宿	天象		
15日	金	戊寅	三碧	所得税確定申告締切日　小つち始　**天赦日**　三隣亡　一粒万倍日	六日	先勝	とず	牛	☽12:17 月 ふたご座	7・13 20・45	1・33 14・15
16日	土	己卯	四緑	国立公園指定記念日	七日	友引	たつ	女		7・32 21・55	1・52 15・02
17日	日	庚辰	五黄	◐上弦一三時一一分　彼岸入り　旧事八日・針供養	八日	先負	のぞく	虚	☽18:42 月 かに座	7・49	1・57 16・14
18日	月	辛巳	六白		九日	仏滅	みつ	危		7・59	18・04
19日	火	壬午	七赤	ミュージックの日　旧初午　不成就日	十日	大安	たいら	室		4・00	19・41
春分				**一二時六分**　十候／雀初めて巣くう　十一候／桜初めて開く　十二候／雷声を出す　21日の日の出5・43　日の入17・54							
20日	水	癸未	八白	◙ **春分の日**　上野動物園開園記念日	十一日	赤口	さだん	壁	☽4:34 月 しし座　⊙12:08 太陽 おひつじ座	3・53 14・08	9・34 20・45
21日	木	甲申	九紫	弘法大師忌　十方暮始　小つち終	十二日	先勝	とる	奎		4・04 15・02	9・47 21・31
22日	金	乙酉	一白	放送記念日　一粒万倍日	十三日	友引	やぶる	婁	☽16:43 月 おとめ座	4・20 15・40	10・09 22・07
23日	土	丙戌	二黒	世界気象デー　彼岸明け	十四日	先負	あやぶ	胃	♂8:48 火星 うお座	4・36 16・13	10・32 22・39
24日	日	丁亥	三碧	旧涅槃会	十五日	仏滅	なる	昴		4・53 16・44	10・57 23・08
25日	月	戊子	四緑	○望一六時○分　社日　電気記念日	十六日	大安	おさん	畢	☽5:39 月 てんびん座	5・10 17・16	11・21 23・35
26日	火	己丑	五黄		十七日	赤口	ひらく	觜		5・28 17・48	11・45
27日	水	庚寅	六白	京都表千家利休忌　不成就日　三隣亡　一粒万倍日	十八日	先勝	とず	参	☽18:04 月 さそり座	5・45 18・21	0・01 12・10
28日	木	辛卯	七赤	京都裏千家利休忌	十九日	友引	たつ	井		6・04 18・56	0・26 12・35
29日	金	壬辰	八白	八百屋お七の日	廿日	先負	のぞく	鬼		6・24 19・34	0・51 13・02
30日	土	癸巳	九紫	天一天上始　十方暮終	廿一日	仏滅	みつ	柳	☽4:53 月 いて座	6・45 20・18	1・15 13・31
31日	日	甲午	一白	炉塞ぎ　会計年度末日　復活祭（イースター）　旧二の午	廿二日	大安	たいら	星		7・08 21・17	1・39 14・08

四月の暦

卯月《うづき》

五破

2	7	9
1	3	5
6	8	4

ア

戊辰《つちのえたつ》三碧木星の月

新暦	七曜	干支	九星	暦の行事	旧暦	六曜	十二直	廿八宿	星の運行	満潮	干潮
1日	月	乙未	二黒	新学年 新会計年度 エイプリルフール	二月 廿三日	赤口	さだん	張	☉ 0:00 太陽おひつじ座11度22分 ☽ 13:06 月やぎ座	7・33 23・09	2・06 15・02
2日	火	丙申	三碧	◑下弦一二時一五分	廿四日	先勝	とる	翼	☿ 7:16 水星Rおひつじ座27度	8・03	2・45 16・41
3日	水	丁酉	四緑	隠元禅師忌 一粒万倍日	廿五日	友引	やぶる	軫	☽ 18:09 月みずがめ座	2・21 9・11	6・36 18・43
清明				一六時二分 十三候／つばめ来たる 十四候／雁北に帰る 十五候／虹初めて見る 10日の日の出5・15 日の入18・10							
4日	木	戊戌	五黄	清明 不成就日	廿六日	先負	やぶる	角		2・58 12・47	8・27 20・05
5日	金	己亥	六白		廿七日	仏滅	あやぶ	亢	☽ 20:14 月うお座 ♀ 13:01 金星おひつじ座	3・24 14・18	9・05 21・03
6日	土	庚子	七赤	一粒万倍日 春の全国交通安全運動	廿八日	大安	なる	氐		3・49 15・15	9・40 21・50
7日	日	辛丑	八白	世界保健デー	廿九日	赤口	おさん	房	☽ 20:26 月おひつじ座	4・14 16・04	10・14 22・31
8日	月	壬寅	九紫	花まつり（灌仏会） 高浜虚子忌	卅日	先勝	ひらく	心		4・38 16・50	10・48 23・09
9日	火	癸卯	一白	●朔三時二一分 不成就日 一粒万倍日	三月 一日	先負	とず	尾	☽ 20:24 月おうし座	5・02 17・35	11・23 23・43
10日	水	甲辰	二黒	女性の日（婦人参政記念日） 駅弁の日	二日	仏滅	たつ	箕		5・25 18・20	11・59
11日	木	乙巳	三碧	メートル法公布記念日 旧桃の節句	三日	大安	のぞく	斗	☽ 22:00 月ふたご座	5・48 19・06	0・16 12・35
12日	金	丙午	四緑	世界宇宙飛行の日 三隣亡	四日	赤口	みつ	牛		6・10 19・53	0・45 13・12
13日	土	丁未	五黄	虚空蔵十三詣り 水産デー 啄木忌	五日	先勝	たいら	女		6・32 20・45	1・13 13・52
14日	日	戊申	六白	天一天上終	六日	友引	さだん	虚	☽ 2:46 月かに座	6・54 21・54	1・38 14・38

日	曜	干支	九星	行事・暦注	旧暦	六曜	十二直	二十八宿	天象	時刻	時刻
15日	月	己酉	七赤	科学技術週間　みどりの月間	七日	先負	とる	危		7・16	2・05　15・42
16日	火	庚戌	八白	土用　◐上弦四時一三分	八日	仏滅	やぶる	室	☽ 11:25 月 しし座	0・19　7・31	2・59　17・16
17日	水	辛亥	九紫	不成就日	九日	大安	あやぶ	壁		2・18	18・51
18日	木	壬子	一白	発明の日　八専始　一粒万倍日	十日	赤口	なる	奎	☽ 23:12 月 おとめ座	2・45　13・41	8・49　20・00
穀雨 二三時〇分				十六候／葭《あし》初めて生ず　十七候／霜やみ苗生ず　十八候／牡丹《ぼたん》花咲く　20日の日の出5・02　日の入18・19							
19日	金	癸丑	二黒	穀雨	十一日	先勝	おさん	婁	⊙ 23:01 太陽 おうし座	3・06　14・39	9・11　20・49
20日	土	甲寅	三碧	郵政記念日	十二日	友引	ひらく	胃		3・25　15・21	9・35　21・29
21日	日	乙卯	四緑	一粒万倍日	十三日	先負	とず	昴	☽ 12:09 月 てんびん座	3・44　15・58	10・00　22・03
22日	月	丙辰	五黄	清掃デー　アースデー（地球の日）	十四日	仏滅	たつ	畢		4・03　16・33	10・25　22・35
23日	火	丁巳	六白	こどもの読書週間	十五日	大安	のぞく	觜		4・22　17・08	10・51　23・05
24日	水	戊午	七赤	○望八時四九分　三隣亡	十六日	赤口	みつ	参	☽ 0:21 月 さそり座	4・41　17・43	11・17　23・34
25日	木	己未	八白	国連記念日　不成就日	十七日	先勝	たいら	井	☿ 21:55 水星Dおひつじ座16度	5・02　18・18	11・44
26日	金	庚申	九紫	庚申	十八日	友引	さだん	鬼	☽ 10:38 月 いて座	5・25　18・56	0・03　12・12
27日	土	辛酉	一白		十九日	先負	とる	柳		5・48　19・38	0・32　12・43
28日	日	壬戌	二黒		廿日	仏滅	やぶる	星	☽ 18:39 月 やぎ座	6・14　20・27	1・02　13・18
29日	月	癸亥	三碧	●昭和の日　春の叙勲　八専終	廿一日	大安	あやぶ	張	♀ 20:32 金星 おうし座	6・42　21・33	1・36　14・01
30日	火	甲子	四緑	甲子　図書館記念日　一粒万倍日	廿二日	赤口	なる	翼		7・15　23・07	2・19　14・59

四月二十九日は昭和時代は「天皇誕生日」の祝日でした。昭和天皇崩御に伴い「みどりの日」という祝日になり、平成十九年より「昭和の日」に。「みどりの日」はそれまで「国民の休日」だった五月四日に移されました。

五月の暦

皐月《さつき》

		ア
1	6	8
9	2	4
5	7	3
五		破

己巳《つちのとみ》二黒土星の月

新暦	七曜	干支	九星	暦の行事	旧暦	六曜	十二直	廿八宿	星の運行	満潮	干潮
1日	水	乙丑	五黄	◑下弦二〇時二七分 八十八夜 メーデー	三月廿三日	先勝	おさん	軫	⦿0：00太陽おうし座10度44分 ☽0：21月みずがめ座 ♂0：34火星おひつじ座	8・05	3・38 16・24
2日	木	丙寅	六白	郵便貯金の日	廿四日	友引	ひらく	角		0・44 10・11	6・17 18・05
3日	金	丁卯	七赤	⊡**憲法記念日** 不成就日 一粒万倍日	廿五日	先負	とず	亢	☽3：53月うお座 ♇2：44冥王星Rみずがめ座02度	1・42 12・39	7・43 19・26
4日	土	戊辰	八白	⊡**みどりの日**	廿六日	仏滅	たつ	氐		2・20 14・04	8・28 20・26
立夏	九時一〇分			十九候／蛙初めて鳴く 二十候／みみず出ずる 二十一候／たけのこ生ず					10日の日の出4・40 日の入18・35		
5日	日	己巳	九紫	⊡**こどもの日** 立夏 己巳 端午の節句 児童福祉週間	廿七日	大安	たつ	房	☽5：42月おひつじ座	2・51 15・06	9・07 21・16
6日	月	庚午	一白	**振替休日** 大つち始	廿八日	赤口	のぞく	心		3・20 15・59	9・44 22・00
7日	火	辛未	二黒		廿九日	先勝	みつ	尾	☽6：43月おうし座	3・48 16・48	10・21 22・40
8日	水	壬申	三碧	●朔一二時二二分 世界赤十字デー	四月一日	仏滅	たいら	箕		4・15 17・36	10・59 23・18
9日	木	癸酉	四緑	アイスクリームの日	二日	大安	さだん	斗	☽8：22月ふたご座	4・43 18・22	11・37 23・54
10日	金	甲戌	五黄	日本気象協会創立記念日 愛鳥週間	三日	赤口	とる	牛		5・12 19・07	12・16
11日	土	乙亥	六白	萩原朔太郎忌 不成就日 三隣亡	四日	先勝	やぶる	女	☽12：14月かに座	5・40 19・53	0・29 12・55
12日	日	丙子	七赤	母の日 海上保安の日 看護の日 大つち終	五日	友引	あやぶ	虚		6・10 20・41	1・03 13・37
13日	月	丁丑	八白		六日	先負	なる	危	☽19：37月しし座	6・41 21・34	1・40 14・22
14日	火	戊寅	九紫	小つち始	七日	仏滅	おさん	室		7・17 22・38	2・24 15・15

15日	水	己卯	一白	◐上弦二〇時四八分　Jリーグの日　沖縄本土復帰記念日　一粒万倍日	八日	大安	ひらく	壁		8・09　23・48	3・36　16・20
16日	木	庚辰	二黒	一粒万倍日	九日	赤口	とず	奎	☽6:34 月 おとめ座　☿2:06 水星 おうし座	10・18	6・00　17・37
17日	金	辛巳	三碧	世界情報社会・電気通信日	十日	先勝	たつ	婁		0・49　12・37	7・34　18・49
18日	土	壬午	四緑	国際親善デー　ことばの日	十一日	友引	のぞく	胃	☽19:24 月 てんびん座	1・33　13・59	8・17　19・49
19日	日	癸未	五黄	不成就日	十二日	先負	みつ	昴		2・07　14・56	8・50　20・38
小満　二二時〇分				二十二候／蚕《かいこ》起きて桑を食う　二十三候／紅花栄う　二十四候／麦秋至る　20日の日の出4・32　日の入18・43							
20日	月	甲申	六白	小満　東京港開港記念日　ローマ字の日　十方暮始　小つち終	十三日	仏滅	たいら	畢	☉22:01 太陽 ふたご座	2・35　15・42	9・20　21・20
21日	火	乙酉	七赤		十四日	大安	さだん	觜	☽7:35 月 さそり座	3・02　16・24	9・49　21・58
22日	水	丙戌	八白		十五日	赤口	とる	参		3・29　17・02	10・18　22・34
23日	木	丁亥	九紫	○望二二時五三分　三隣亡	十六日	先勝	やぶる	井	☽17:25 月 いて座	3・56　17・40	10・49　23・09
24日	金	戊子	一白		十七日	友引	あやぶ	鬼	♀5:31 金星 ふたご座	4・25　18・19	11・22　23・45
25日	土	己丑	二黒		十八日	先負	なる	柳		4・55　19・00	11・57
26日	日	庚寅	三碧		十九日	仏滅	おさん	星	☽0:37 月 やぎ座　♃8:16 木星 ふたご座	5・27　19・44	0・21　12・35
27日	月	辛卯	四緑	不成就日　一粒万倍日	廿日	大安	ひらく	張		6・01　20・34	0・59　13・17
28日	火	壬辰	五黄	堀辰雄忌　ゴルフ記念日　一粒万倍日	廿一日	赤口	とず	翼	☽5:46 月 みずがめ座	6・40　21・30	1・42　14・04
29日	水	癸巳	六白	エベレスト登頂記念日　呉服の日　天一天上始　十方暮終	廿二日	先勝	たつ	軫		7・29　22・29	2・35　14・58
30日	木	甲午	七赤	文化財保護法公布記念日　消費者の日 **天赦日**	廿三日	友引	のぞく	角	☽9:34 月 うお座	8・41　23・25	3・46　16・01
31日	金	乙未	八白	◑下弦二時一三分　世界禁煙デー	廿四日	先負	みつ	亢		10・27	5・22　17・15

六月の暦

水無月《みなづき》

五

9	5	7
8	1	3
4	6	2

破 ア

庚午《かのえうま》一白水星の月

新暦	七曜	干支	九星	暦の行事	旧暦	六曜	十二直	廿八宿	星の運行	満潮	干潮
1日	土	丙申	九紫	衣替え 鮎の日 気象記念日 電波の日	四月廿五日	仏滅	たいら	氐	☉0:00 太陽ふたご座10度38分 ☽12:29 月おひつじ座	0・15 12・14	6・46 18・32
2日	日	丁酉	一白	横浜港開港記念日 危険物安全週間	廿六日	大安	さだん	房		1・00 13・45	7・43 19・39
3日	月	戊戌	二黒	測量の日	廿七日	赤口	とる	心	☽14:56 月おうし座 ☿16:38 水星ふたご座	1・40 15・00	8・31 20・37
4日	火	己亥	三碧	歯と口の健康週間 不成就日 三隣亡	廿八日	先勝	やぶる	尾		2・20 16・01	9・14 21・28
芒種	一三時一〇分	二十五候/かまきり生ず	二十六候/腐草蛍となる	二十七候/梅の実黄ばむ	9日の日の出4・25	日の入18・56					
5日	水	庚子	四緑	芒種 世界環境デー	廿九日	友引	やぶる	箕	☽17:37 月ふたご座	2・59 16・54	9・57 22・16
6日	木	辛丑	五黄	●朔二一時三八分 楽器の日	五月一日	大安	あやぶ	斗		3・37 17・41	10・39 23・00
7日	金	壬寅	六白	三隣亡	二日	赤口	なる	牛	☽21:42 月かに座	4・15 18・24	11・21 23・42
8日	土	癸卯	七赤		三日	先勝	おさん	女		4・52 19・03	12・03
9日	日	甲辰	八白		四日	友引	ひらく	虚	♂13:36 火星おうし座	5・29 19・41	0・21 12・45
10日	月	乙巳	九紫	入梅 時の記念日 商工会の日 不成就日 一粒万倍日	五日	先負	とず	危	☽4:30 月しし座	6・05 20・18	0・59 13・25
11日	火	丙午	一白	一粒万倍日	六日	仏滅	たつ	室		6・43 20・56	1・37 14・04
12日	水	丁未	二黒		七日	大安	のぞく	壁	☽14:40 月おとめ座	7・26 21・34	2・18 14・44
13日	木	戊申	三碧	天一天上終	八日	赤口	みつ	奎		8・20 22・13	3・08 15・27
14日	金	己酉	四緑	◐上弦一四時一八分	九日	先勝	たいら	婁		9・37 22・55	4・18 16・17

15日	土	庚戌	五黄	弘法大師誕生会	十日	友引	さだん	胃	☽3：13 月 てんびん座	11・16 23・37	5・52 17・21
16日	日	辛亥	六白	父の日　ケーブルテレビの日　和菓子の日	十一日	先負	とる	昴		12・59	7・05 18・32
17日	月	壬子	七赤	八専始	十二日	仏滅	やぶる	畢	☽15：39 月さそり座 ♀15：21 金星かに座 ☿18：08 水星かに座	0・22 14・28	7・54 19・37
18日	火	癸丑	八白	海外移住の日　不成就日	十三日	大安	あやぶ	觜		1・07 15・32	8・34 20・33
19日	水	甲寅	九紫	桜桃忌（太宰治忌）　三隣亡	十四日	赤口	なる	参		1・52 16・19	9・11 21・23
20日	木	乙卯	一白	世界難民の日	十五日	先勝	おさん	井	☽1：33 月 いて座	2・36 17・00	9・48 22・08
夏至	五時五一分			二十八候／乃東《なつかれくさ》枯れる　二十九候／菖蒲《しょうぶ》花咲く　三十候／半夏《はんげ》（薬草）生ず　19日の日の出4・25　日の入19・00							
21日	金	丙辰	二黒	夏至	十六日	友引	ひらく	鬼	⊙5：52 太陽 かに座	3・18 17・39	10・27 22・51
22日	土	丁巳	三碧	○望一〇時八分　一粒万倍日	十七日	先負	とず	柳	☽8：10 月 やぎ座	3・59 18・18	11・07 23・34
23日	日	戊午	四緑	沖縄慰霊の日　オリンピックデー　一粒万倍日	十八日	仏滅	たつ	星		4・40 18・58	11・50
24日	月	己未	五黄	林檎忌（美空ひばり忌）	十九日	大安	のぞく	張	☽12：15 月 みずがめ座	5・21 19・39	0・16 12・33
25日	火	庚申	六白	庚申　住宅デー	廿日	赤口	みつ	翼		6・04 20・19	0・58 13・17
26日	水	辛酉	七赤	国連憲章調印記念日　不成就日	廿一日	先勝	たいら	軫	☽15：09 月 うお座	6・51 20・59	1・42 14・00
27日	木	壬戌	八白		廿二日	友引	さだん	角		7・46 21・38	2・29 14・43
28日	金	癸亥	九紫	貿易記念日　林芙美子忌　八専終	廿三日	先負	とる	亢	☽17：53 月 おひつじ座	8・53 22・15	3・25 15・28
29日	土	甲子	九紫	陰遁　◑下弦六時五三分　甲子　ビートルズの日　滝廉太郎忌	廿四日	仏滅	やぶる	氐		10・14 22・52	4・32 16・20
30日	日	乙丑	八白	夏越大祓い	廿五日	大安	あやぶ	房	☽21：01 月 おうし座 ♄4：08 土星Rうお座19度	11・47 23・33	5・49 17・25

環境省と気象庁は熱中症対策として、①湿度、②日射・輻射、③気温を考慮した指標「暑さ指数」を採用、熱中症警戒アラートとして発表することにしました。

七月の暦

文月《ふづき》

ア

8	4	6
7	9	2
3	5	1

破 五

辛未《かのとひつじ》九紫火星の月

新暦	七曜	干支	九星	暦の行事	旧暦	六曜	十二直	廿八宿	星の運行	満潮	干潮
1日	月	丙寅	七赤	半夏生 海山開き 国民安全の日 銀行の日 愛の血液助け合い運動 三隣亡	五月廿六日	赤口	なる	心	⊙ 0:00 太陽 かに座09度18分	13・37	6・59 18・44
2日	火	丁卯	六白	ユネスコ加盟記念日	廿七日	先勝	おさん	尾	☿ 21:51 水星 しし座 ♆ 19:43 海王星Rうお座29度	0・21 15・17	7・58 20・01
3日	水	戊辰	五黄		廿八日	友引	ひらく	箕	☽ 0:51 月 ふたご座	1・19 16・20	8・51 21・08
4日	木	己巳	四緑	己巳 米国独立記念日 不成就日 一粒万倍日	廿九日	先負	とず	斗		2・22 17・05	9・40 22・07
5日	金	庚午	三碧	栄西禅師忌 大つち始 一粒万倍日	卅日	仏滅	たつ	牛	☽ 5:53 月 かに座	3・19 17・43	10・28 22・56
小暑 二三時二〇分 三十一候／温風至る 三十二候／蓮初めて開く 三十三候／鷹技を習う 9日の日の出4・33 日の入18・59											
6日	土	辛未	二黒	小暑 ●朔七時五七分 サラダ記念日	六月一日	赤口	たつ	女		4・08 18・16	11・13 23・37
7日	日	壬申	一白	七夕	二日	先勝	のぞく	虚	☽ 12:57 月 しし座	4・49 18・46	11・55
8日	月	癸酉	九紫	一粒万倍日	三日	友引	みつ	危		5・28 19・15	0・14 12・33
9日	火	甲戌	八白	森鷗外忌	四日	先負	たいら	室	☽ 22:49 月 おとめ座	6・04 19・42	0・48 13・07
10日	水	乙亥	七赤	国土建設記念日	五日	仏滅	さだん	壁		6・41 20・09	1・20 13・39
11日	木	丙子	六白	大つち終 不成就日	六日	大安	とる	奎		7・21 20・36	1・54 14・10
12日	金	丁丑	五黄	人間ドックの日 草市の日	七日	赤口	やぶる	婁	☽ 11:08 月 てんびん座 ♀ 1:20 金星 しし座	8・06 21・04	2・31 14・40
13日	土	戊寅	四緑	お盆迎え火 日本標準時刻制定記念日 小つち始	八日	先勝	あやぶ	胃		9・03 21・34	3・15 15・12
14日	日	己卯	三碧	◐上弦七時四九分 パリ祭	九日	友引	なる	昴	☽ 23:54 月 さそり座	10・14 22・08	4・14 15・52

15日	月	庚辰	二黒	● **海の日** お盆（盂蘭盆会） 初伏	十日	先負	おさん	畢		11・49 22・46	5・34 16・56
16日	火	辛巳	一白	お盆送り火 藪入り えんま詣	十一日	仏滅	ひらく	觜		14・10 23・35	6・48 18・31
17日	水	壬午	九紫	あじさい忌（石原裕次郎忌） 三隣亡 一粒万倍日	十二日	大安	とず	参	☽ 10:26 月 いて座	15・36	7・47 19・53
18日	木	癸未	八白		十三日	赤口	たつ	井		0・40 16・21	8・37 21・00
19日	金	甲申	七赤	**土用** 十方暮始 小つち終 不成就日	十四日	先勝	のぞく	鬼	☽ 17:15 月 やぎ座	1・54 16・58	9・26 21・55
20日	土	乙酉	六白	勤労青少年の日 一粒万倍日	十五日	友引	みつ	柳		2・58 17・33	10・13 22・44
21日	日	丙戌	五黄	○望 一九時一七分 自然公園の日	十六日	先負	たいら	星	☽ 20:44 月 みずがめ座 ♂ 5:44 火星 ふたご座	3・51 18・07	11・00 23・27

大暑 一六時四四分 三十四候／桐花を結ぶ 三十五候／土潤い蒸し暑し 三十六候／大雨時々降る 19日の日の出4・39 日の入18・55

22日	月	丁亥	四緑	大暑	十七日	仏滅	さだん	張	⊙ 16:46 太陽 しし座	4・38 18・40	11・45
23日	火	戊子	三碧	ふみの日	十八日	大安	とる	翼	☽ 22:24 月 うお座	5・23 19・13	0・08 12・27
24日	水	己丑	二黒	地蔵盆 河童忌（芥川龍之介忌）	十九日	赤口	やぶる	軫		6・08 19・44	0・48 13・06
25日	木	庚寅	一白	中伏	廿日	先勝	あやぶ	角	☽ 23:53 月 おひつじ座	6・56 20・14	1・28 13・43
26日	金	辛卯	九紫	パリ2024夏季オリンピック開会式	廿一日	友引	なる	亢	☿ 7:43 水星 おとめ座	7・49 20・42	2・09 14・17
27日	土	壬辰	八白	不成就日	廿二日	先負	おさん	氐		8・48 21・09	2・55 14・51
28日	日	癸巳	七赤	◑下弦 一一時五二分 天一天上始 柘榴忌（江戸川乱歩忌） 十方暮終	廿三日	仏滅	ひらく	房	☽ 2:24 月 おうし座	9・57 21・37	3・49 15・24
29日	月	甲午	六白	**天赦日** 三隣亡 一粒万倍日	廿四日	大安	とず	心		11・29 22・11	4・59 16・06
30日	火	乙未	五黄	明治天皇崩御日	廿五日	赤口	たつ	尾	☽ 6:29 月 ふたご座	14・34 22・59	6・21 17・43
31日	水	丙申	四緑		廿六日	先勝	のぞく	箕		16・00	7・35 19・52

八月の暦

葉月《はづき》

五

7	3	5
6	8	1
2	4	9

破 ア

壬申八白土星の月《みずのえさる》

新暦	七曜	干支	九星	暦の行事	旧暦	六曜	十二直	廿八宿	星の運行	満潮	干潮
1日	木	丁酉	三碧	水の日 一粒万倍日	六月廿七日	友引	みつ	斗	☉ 0:00 太陽 しし座08度53分 ☽ 12:20 月 かに座	0・34 16・35	8・39 21・20
2日	金	戊戌	二黒	学制発布記念日	廿八日	先負	たいら	牛		2・23 17・03	9・34 22・16
3日	土	己亥	一白		廿九日	仏滅	さだん	女	☽ 20:11 月 しし座	3・26 17・29	10・23 22・56
4日	日	庚子	九紫	●朔二〇時一三分	七月一日	先勝	とる	虚		4・11 17・53	11・05 23・29
5日	月	辛丑	八白		二日	友引	やぶる	危	☿ 13:57 水星R おとめ座04度 ♀ 11:24 金星 おとめ座	4・49 18・15	11・41 23・59
6日	火	壬寅	七赤	広島平和記念日 不成就日	三日	先負	あやぶ	室	☽ 6:18 月 おとめ座	5・24 18・37	12・14
立秋 九時九分 三十七候／涼風至る 三十八候／ヒグラシ鳴く 三十九候／濃い霧昇降す 8日の日の出4・54 日の入18・38											
7日	水	癸卯	六白	立秋 鼻の日	四日	仏滅	あやぶ	壁		5・57 18・58	0・27 12・43
8日	木	甲辰	五黄		五日	大安	なる	奎	☽ 18:33 月 てんびん座	6・31 19・20	0・55 13・10
9日	金	乙巳	四緑	ながさき平和の日	六日	赤口	おさん	婁		7・08 19・41	1・24 13・35
10日	土	丙午	三碧	旧七夕 井原西鶴忌	七日	先勝	ひらく	胃		7・48 20・04	1・54 13・59
11日	日	丁未	二黒	◉山の日 一粒万倍日	八日	友引	とず	昴	☽ 7:35 月 さそり座	8・35 20・29	2・27 14・23
12日	月	戊申	一白	**振替休日** 君が代記念日 天一天上終 **天赦日**	九日	先負	たつ	畢		9・33 20・56	3・08 14・48
13日	火	己酉	九紫	◐上弦○時一九分 月遅れお盆迎え火	十日	仏滅	のぞく	觜	☽ 19:02 月 いて座	10・56 21・29	4・07 15・18
14日	水	庚戌	八白	専売特許の日 末伏 不成就日	十一日	大安	みつ	参		14・52 22・15	5・37 17・16

15日	木	辛亥	七赤	太平洋戦争終戦記念日 月遅れお盆 三隣亡	十二日	赤口	たいら	井	☿ 9:17 水星 しし座	15・46 23・40	7・05 19・38
16日	金	壬子	六白	月遅れお盆送り火 八専始 一粒万倍日	十三日	先勝	さだん	鬼	☽ 2:52 月 やぎ座	16・15	8・14 21・01
17日	土	癸丑	五黄		十四日	友引	とる	柳		1・42 16・43	9・12 21・54
18日	日	甲寅	四緑	太閤忌（豊臣秀吉忌） 旧お盆	十五日	先負	やぶる	星	☽ 6:46 月 みずがめ座	2・57 17・11	10・03 22・37
19日	月	乙卯	三碧		十六日	仏滅	あやぶ	張		3・50 17・40	10・50 23・15
20日	火	丙辰	二黒	○望三時二六分 藤原定家忌	十七日	大安	なる	翼	☽ 7:53 月 うお座	4・37 18・07	11・32 23・52
21日	水	丁巳	一白	献血の日	十八日	赤口	おさん	軫		5・22 18・34	12・10

処暑 二三時五五分 四十候／綿のはなしべ開く 四十一候／天地初めて寒し 四十二候／禾《こくもつ》実る 18日の日の出5・02 日の入18・27

22日	木	戊午	九紫	処暑 島崎藤村忌 不成就日	十九日	先勝	ひらく	角	☽ 8:03 月 おひつじ座 ☉ 23:56 太陽 おとめ座	6・07 18・59	0・28 12・45
23日	金	己未	八白	一粒万倍日 一遍上人忌	廿日	友引	とず	亢		6・54 19・23	1・05 13・18
24日	土	庚申	七赤	庚申 月遅れ地蔵盆	廿一日	先負	たつ	氐	☽ 9:01 月 おうし座	7・44 19・45	1・43 13・47
25日	日	辛酉	六白		廿二日	仏滅	のぞく	房		8・39 20・07	2・24 14・13
26日	月	壬戌	五黄	◑下弦一八時二六分	廿三日	大安	みつ	心	☽ 12:05 月 ふたご座	9・45 20・30	3・13 14・34
27日	火	癸亥	四緑	旧地蔵盆 八専終 三隣亡	廿四日	赤口	たいら	尾		11・41 20・55	4・19 14・35
28日	水	甲子	三碧	甲子 道元禅師忌 一粒万倍日 パリ２０２４夏季パラリンピック開会式	廿五日	先勝	さだん	箕	☽ 17:49 月 かに座	21・34	5・52
29日	木	乙丑	二黒		廿六日	友引	とる	斗	☿ 6:15 水星D しし座21度 ♀ 22:24 金星 てんびん座	16・05	7・24 20・56
30日	金	丙寅	一白	不成就日	廿七日	先負	やぶる	牛		1・06 16・21	8・34 21・43
31日	土	丁卯	九紫	二百十日	廿八日	仏滅	あやぶ	女	☽ 2:10 月 しし座	2・42 16・39	9・28 22・14

九月の暦

長月《ながつき》

6	2	4
5	7	9
1	3	8

五 破 ア

癸酉《みずのととり》七赤金星の月

新暦	七曜	干支	九星	暦の行事	旧暦	六曜	十二直	廿八宿	星の運行	満潮	干潮
1日	日	戊辰	八白	関東大震災記念日 防災の日 健康増進普及月間	七月廿九日	大安	なる	虚	☉0:00 太陽 おとめ座08度41分	3・31 16・58	10・11 22・42
2日	月	己巳	七赤	己巳 宝くじの日	卅日	赤口	おさん	危	☽12:50 月おとめ座 ♅0:18 天王星 Rおうし座27度 ♇5:36 冥王星やぎ座	4・09 17・17	10・47 23・09
3日	火	庚午	六白	●朔一〇時五六分 大つち始	八月一日	友引	ひらく	室		4・42 17・35	11・19 23・35
4日	水	辛未	五黄	クラシック音楽の日 不成就日 一粒万倍日	二日	先負	とず	壁		5・15 17・54	11・48
5日	木	壬申	四緑		三日	仏滅	たつ	奎	☽1:13 月てんびん座 ♂4:47 火星かに座	5・47 18・12	0・01 12・14
6日	金	癸酉	三碧	悠仁親王御誕生日	四日	大安	のぞく	婁		6・20 18・31	0・26 12・39
7日	土	甲戌	二黒	白露 吉川英治忌 泉鏡花忌	五日	赤口	のぞく	胃	☽14:20 月さそり座	6・55 18・50	0・52 13・03
8日	日	乙亥	一白	平和条約調印記念日	六日	先勝	みつ	昴		7・33 19・11	1・19 13・25
9日	月	丙子	九紫	世界占いの日（一社・日本占術協会） 重陽の節句 救急の日 大つち終	七日	友引	たいら	畢	☿15:51 水星おとめ座	8・15 19・32	1・47 13・47
10日	火	丁丑	八白	二百二十日	八日	先負	さだん	觜	☽2:27 月いて座	9・08 19・56	2・22 14・07
11日	水	戊寅	七赤	◐上弦一五時六分 小つち始 三隣亡 秋篠宮皇嗣妃御誕生日	九日	仏滅	とる	参		10・33 20・24	3・10 14・23
12日	木	己卯	六白	宇宙の日 不成就日 一粒万倍日	十日	大安	やぶる	井	☽11:39 月やぎ座	21・07	4・37
13日	金	庚辰	五黄	世界の法の日	十一日	赤口	あやぶ	鬼		15・27 23・22	6・33 20・06
14日	土	辛巳	四緑	メンズバレンタインデー	十二日	先勝	なる	柳	☽16:54 月みずがめ座	15・48	7・57 21・06

白露 一二時一一分 四十三候／草露白し 四十四候／せきれい鳴く 四十五候／つばめ去る 7日の日の出5・18 日の入18・00

15日	日	壬午	三碧	老人の日	十三日	友引	おさん	星		1・49 16・11	8・57 21・43
16日	月	癸未	二黒	⊡ **敬老の日** 日本中央競馬会発足記念日	十四日	先負	ひらく	張	☽ 18:40 月 うお座	2・56 16・35	9・47 22・18
17日	火	甲申	一白	十五夜（中秋の名月） 若山牧水忌 十方暮始 小つち終 一粒万倍日	十五日	仏滅	とず	翼		3・46 17・00	10・30 22・53
18日	水	乙酉	九紫	○望 一一時三四分	十六日	大安	たつ	軫	☽ 18:25 月 おひつじ座	4・33 17・24	11・09 23・27
19日	木	丙戌	八白	彼岸入り 正岡子規忌	十七日	赤口	のぞく	角		5・18 17・48	11・46
20日	金	丁亥	七赤	動物愛護週間 空の日 不成就日	十八日	先勝	みつ	亢	☽ 18:04 月 おうし座	6・03 18・11	0・03 12・19
21日	土	戊子	六白	秋の全国交通安全運動 社日	十九日	友引	たいら	氐		6・50 18・33	0・39 12・50
秋分	二一時四四分	四十六候／雷声収む 四十七候／蟄虫《むし》戸に閉す 四十八候／水初めて涸る	17日の日の出5・25 日の入17・45								
22日	日	己丑	五黄	⊡ **秋分の日**	廿日	先負	さだん	房	☽ 19:25 月 ふたご座 ⊙ 21:45 太陽 てんびん座	7・39 18・54	1・16 13・18
23日	月	庚寅	四緑	**振替休日** 川柳忌 三隣亡	廿一日	仏滅	とる	心	♀ 11:37 金星 さそり座	8・34 19・14	1・57 13・42
24日	火	辛卯	三碧	結核予防週間 清掃の日 南洲忌（西郷隆盛忌） 一粒万倍日	廿二日	大安	やぶる	尾	☽ 23:51 月 かに座	9・44 19・34	2・44 14・01
25日	水	壬辰	二黒	◑下弦三時五〇分 彼岸明け	廿三日	赤口	あやぶ	箕		19・51	3・49
26日	木	癸巳	一白	天一天上始 十方暮終	廿四日	先勝	なる	斗	☿ 17:10 水星 てんびん座	15・24	5・27
27日	金	甲午	九紫	世界観光の日	廿五日	友引	おさん	牛	☽ 7:48 月 しし座	15・26	7・07 21・10
28日	土	乙未	八白	パソコンの日 不成就日	廿六日	先負	ひらく	女		1・35 15・41	8・17 21・27
29日	日	丙申	七赤	クリーニングの日 曹洞宗両祖忌 一粒万倍日	廿七日	仏滅	とず	虚	☽ 18:43 月 おとめ座	2・40 15・58	9・06 21・51
30日	月	丁酉	六白		廿八日	大安	たつ	危		3・22 16・15	9・45 22・16

秋分の日は昼と夜の長さが同じですが、日の出は太陽が地平線から顔を出し始めた瞬間で、日の入は太陽が地平線に沈みきった瞬間を指します。

十月の暦

神無月《かんなづき》

五

破		
5	1	3
4	6	8
9	2	7

ア

甲戌《きのえいぬ》六白金星の月

新暦	七曜	干支	九星	暦の行事	旧暦	六曜	十二直	廿八宿	星の運行	満潮	干潮
1日	火	戊戌	五黄	衣替え 共同募金 労働衛生週間	八月廿九日	赤口	のぞく	室	☉0:00 太陽てんびん座07度56分	3:58 16:32	10:19 22:41
2日	水	己亥	四緑		卅日	先勝	みつ	壁	☽7:21 月てんびん座	4:32 16:50	10:49 23:06
3日	木	庚子	三碧	●朔三時四九分 不成就日	九月一日	先負	たいら	奎		5:05 17:08	11:18 23:31
4日	金	辛丑	二黒	里親デー	二日	仏滅	さだん	婁	☽20:23 月さそり座	5:38 17:26	11:44 23:56
5日	土	壬寅	一白	達磨忌 三隣亡	三日	大安	とる	胃		6:11 17:45	12:10
6日	日	癸卯	九紫	国際文通週間 一粒万倍日	四日	赤口	やぶる	昴		6:46 18:05	0:22 12:35
7日	月	甲辰	八白		五日	先勝	あやぶ	畢	☽8:35 月いて座	7:23 18:26	0:48 12:59
寒露	四時〇分	四十九候／雁来たる 五十候／菊花開く 五十一候／キリギリス戸に在り	7日の日の出5・41 日の入17・16								
8日	火	乙巳	七赤	寒露 国立公園制定記念日	六日	友引	あやぶ	觜		8:06 18:48	1:17 13:23
9日	水	丙午	六白	世界郵便デー 三隣亡 一粒万倍日	七日	先負	なる	参	☽18:39 月やぎ座 ♃16:06 木星Rふたご座21度	9:02 19:12	1:52 13:49
10日	木	丁未	五黄	目の愛護デー 釣りの日	八日	仏滅	おさん	井		10:39 19:39	2:41 14:24
11日	金	戊申	四緑	◐上弦三時五五分 不成就日 天一天上終 **天赦日**	九日	大安	ひらく	鬼		13:44 20:27	4:03 17:28
12日	土	己酉	三碧	芭蕉忌 一粒万倍日	十日	赤口	とず	柳	☽1:32 月みずがめ座 ♇10:12 冥王星Dやぎ座29度	14:32 23:53	6:02 20:06
13日	日	庚戌	二黒	日蓮聖人忌 さつまいもの日	十一日	先勝	たつ	星		14:59	7:30 20:44
14日	月	辛亥	一白	⦿**スポーツの日** 鉄道の日	十二日	友引	のぞく	張	☽4:56 月うお座 ☿4:25 水星さそり座	1:46 15:24	8:31 21:17

15日	火	壬子	九紫	グレゴリオ暦制定記念日　八専始	十三日	先負	みつ	翼		2・48 15・48	9・20 21・51
16日	水	癸丑	八白		十四日	仏滅	たいら	軫	☽ 5:35 月 おひつじ座	3・40 16・12	10・03 22・25
17日	木	甲寅	七赤	○望二〇時二六分　貯蓄の日	十五日	大安	さだん	角		4・27 16・37	10・42 23・01
18日	金	乙卯	六白	統計の日	十六日	赤口	とる	亢	☽ 5:01 月 おうし座　♀ 4:29 金星 いて座	5・14 17・01	11・19 23・37
19日	土	丙辰	五黄	不成就日	十七日	先勝	やぶる	氐		6・01 17・26	11・53
20日	日	丁巳	四緑	土用　上皇后御誕生日　えびす講	十八日	友引	あやぶ	房	☽ 5:08 月 ふたご座	6・48 17・50	0・15 12・26
21日	月	戊午	三碧	三隣亡　一粒万倍日	十九日	先負	なる	心		7・38 18・14	0・54 12・56
22日	火	己未	二黒	中原中也忌	廿日	仏滅	おさん	尾	☽ 7:51 月 かに座	8・33 18・39	1・35 13・26

霜降　七時一五分　五十二候／霜初めて降る　五十三候／小雨時々降る　五十四候／紅葉蔦《つた》黄ばむ　17日の日の出5・49　日の入17・03

23日	水	庚申	一白	霜降　庚申　電信電話記念日	廿一日	大安	ひらく	箕	⦿ 7:16 太陽 さそり座	9・43 19・04	2・23 13・59
24日	木	辛酉	九紫	◑下弦一七時三分　国連の日　一粒万倍日	廿二日	赤口	とず	斗	☽ 14:25 月 しし座	11・39 19・27	3・24 15・01
25日	金	壬戌	八白		廿三日	先勝	たつ	牛		13・36	4・49
26日	土	癸亥	七赤	原子力の日　八専終	廿四日	友引	のぞく	女		14・15	6・22 20・26
27日	日	甲子	六白	甲子　読書週間　不成就日	廿五日	先負	みつ	虚	☽ 0:49 月 おとめ座	1・12 14・40	7・33 20・51
28日	月	乙丑	五黄	速記記念日	廿六日	仏滅	たいら	危		2・19 15・01	8・25 21・17
29日	火	丙寅	四緑		廿七日	大安	さだん	室	☽ 13:31 月 てんびん座	3・06 15・22	9・06 21・44
30日	水	丁卯	三碧	香りの記念日　尾崎紅葉忌	廿八日	赤口	とる	壁		3・45 15・42	9・42 22・10
31日	木	戊辰	二黒	ハロウィン　世界勤倹デー	廿九日	先勝	やぶる	奎		4・22 16・01	10・15 22・36

十一月の暦

霜月《しもつき》

破

4	9	2
3	5	7
8	1	6

乙亥《きのとい》五黄土星の月

新暦	七曜	干支	九星	暦の行事	旧暦	六曜	十二直	廿八宿	星の運行	満潮	干潮
1日	金	己巳	一白	●朔二一時四七分 己巳 新米穀年度 計量記念日 自衛隊記念日 教育・文化週間	十月一日	仏滅	あやぶ	婁	⊙0:00 太陽 さそり座08度40分 ☽2:30 月 さそり座	4:57 16:22	10:46 23:02
2日	土	庚午	九紫	北原白秋忌 大つち始 三隣亡 一粒万倍日	二日	大安	なる	胃		5:32 16:43	11:16 23:29
3日	日	辛未	八白	⊡文化の日 秋の叙勲	三日	赤口	おさん	昴	☽14:21 月 いて座 ☿4:19 水星 いて座	6:07 17:06	11:45 23:57
4日	月	壬申	七赤	振替休日 消費者センター開設記念日 不成就日	四日	先勝	ひらく	畢	♂13:11 火星 しし座	6:43 17:29	12:13
5日	火	癸酉	六白	世界津波の日 一の酉 一粒万倍日	五日	友引	とず	觜		7:22 17:55	0:27 12:42
6日	水	甲戌	五黄	宝井馬琴忌	六日	先負	たつ	参	☽0:18 月 やぎ座	8:08 18:22	1:00 13:14
立冬 七時二〇分				五十五候／椿咲き初む 五十六候／地初めて凍る 五十七候／キンセンカ香し 6日の日の出6・08 日の入16・41							
7日	木	乙亥	四緑	立冬 炉開き ロシア革命記念日 三隣亡	七日	仏滅	たつ	井		9:07 18:53	1:40 13:53
8日	金	丙子	三碧	世界都市計画の日 大つち終	八日	大安	のぞく	鬼	☽7:59 月 みずがめ座	10:29 19:34	2:31 14:57
9日	土	丁丑	二黒	◐上弦一四時五五分 太陽暦採用記念日 一一九番の日 秋の全国火災予防運動	九日	赤口	みつ	柳		12:03 21:09	3:42 17:20
10日	日	戊寅	一白	技能の日 十日夜（収穫祭） 小つち始	十日	先勝	たいら	星	☽13:01 月 うお座	13:08 23:49	5:18 19:16
11日	月	己卯	九紫	世界平和記念日 介護の日 サッカーの日	十一日	友引	さだん	張		13:50	6:46 20:05
12日	火	庚辰	八白	不成就日	十二日	先負	とる	翼	☽15:27 月 おひつじ座 ♀3:27 金星 やぎ座	1:29 14:22	7:52 20:43
13日	水	辛巳	七赤	うるしの日	十三日	仏滅	やぶる	軫		2:38 14:52	8:45 21:21
14日	木	壬午	六白	パチンコの日	十四日	大安	あやぶ	角	☽16:00 月 おうし座	3:35 15:22	9:31 21:58

日	曜	干支	九星	行事	旧暦	六曜	十二直	宿	天象		
15日	金	癸未	五黄	七五三	十五日	赤口	なる	亢	♄ 23:21 土星Dうお座12度	4・27 15・51	10・14 22・37
16日	土	甲申	四緑	○望六時二九分 録音文化の日 十方暮始 小つち終	十六日	先勝	おさん	氐	☽ 16:10 月 ふたご座	5・16 16・21	10・54 23・16
17日	日	乙酉	三碧	将棋の日 二の酉 一粒万倍日	十七日	友引	ひらく	房		6・03 16・52	11・32 23・57
18日	月	丙戌	二黒	一粒万倍日	十八日	先負	とず	心	☽ 17:51 月 かに座	6・50 17・23	12・09
19日	火	丁亥	一白	農協記念日 一茶忌 三隣亡	十九日	仏滅	たつ	尾		7・36 17・54	0・38 12・45
20日	水	戊子	九紫	旧えびす講 旧誓文払い 不成就日	廿日	大安	のぞく	箕	☽ 22:52 月 しし座 ♇ 8:43 冥王星 みずがめ座	8・24 18・27	1・21 13・23
21日	木	己丑	八白	歌舞伎座開業記念日 一休禅師忌	廿一日	赤口	みつ	斗		9・16 19・03	2・06 14・07
小雪 四時五六分				五十八候／虹隠れて見えず 五十九候／北風木の葉を払う 六十候／橘黄ばむ 16日の日の出6・18 日の入16・34							
22日	金	庚寅	七赤	小雪 近松門左衛門忌	廿二日	先勝	たいら	牛	⊙ 4:58 太陽 いて座	10・15 19・51	2・56 15・11
23日	土	辛卯	六白	[●] 勤労感謝の日 ◑下弦一〇時二八分	廿三日	友引	さだん	女	☽ 8:02 月 おとめ座	11・18 21・38	3・54 17・15
24日	日	壬辰	五黄		廿四日	先負	とる	虚		12・17	5・05 19・13
25日	月	癸巳	四緑	憂国忌（三島由起夫忌） 天一天上始 十方暮終	廿五日	仏滅	やぶる	危	☽ 20:21 月 てんびん座	0・09 13・04	6・20 20・02
26日	火	甲午	三碧	ペンの日	廿六日	大安	あやぶ	室	☿ 11:43 水星Rいて座22度	1・44 13・42	7・24 20・37
27日	水	乙未	二黒	ノーベル賞制定記念日 更生保護記念日	廿七日	赤口	なる	壁		2・48 14・14	8・17 21・07
28日	木	丙申	一白	税関記念日 不成就日	廿八日	先勝	おさん	奎	☽ 9:22 月 さそり座	3・36 14・43	9・01 21・37
29日	金	丁酉	九紫	三の酉 一粒万倍日	廿九日	友引	ひらく	婁		4・17 15・12	9・41 22・06
30日	土	戊戌	八白	秋篠宮皇嗣御誕生日 カメラの日 一粒万倍日	卅日	先負	とず	胃	☽ 20:54 月 いて座	4・55 15・40	10・17 22・36

太陽暦は明治五年から採用。多くの行事は太陰暦を基に受け継がれてきましたが、近年、祭りなどは特定の日から近日の土日祝日への移行が多くなりました。

十二月の暦

師走《しわす》

丙子《ひのえね》四緑木星の月

破

ア	3	8	1
	2	4	6
	7	9	5

五

新暦	七曜	干支	九星	暦の行事	旧暦	六曜	十二直	廿八宿	星の運行	満潮	干潮
1日	日	己亥	七赤	●朔一五時二一分 歳末助け合い運動 映画の日 鉄の記念日 三隣亡	十一月一日	大安	たつ	昴	⊙0:00 太陽 いて座08度53分	5・31 16・08	10・52 23・08
2日	月	庚子	六白	日本人宇宙飛行記念日	二日	赤口	のぞく	畢		6・06 16・38	11・26 23・41
3日	火	辛丑	五黄	障害者週間	三日	先勝	みつ	觜	☽6:10 月やぎ座	6・43 17・09	12・00
4日	水	壬寅	四緑	人権週間	四日	友引	たいら	参		7・23 17・42	0・17 12・36
5日	木	癸卯	三碧	納め水天宮 不成就日	五日	先負	さだん	井	☽13:22 月みずがめ座	8・07 18・18	0・56 13・15
6日	金	甲辰	二黒		六日	仏滅	とる	鬼		8・57 19・00	1・38 14・02
大雪 〇時一七分 六十一候／空寒く冬となる 六十二候／熊穴に籠《こも》る 六十三候／鮭魚群がる 6日の日の出6・36 日の入16・28											
7日	土	乙巳	一白	大雪	七日	大安	とる	柳	☽18:50 月うお座 ♂8:34 火星R しし座06度 ♀15:14 金星みずがめ座	9・50 19・58	2・24 15・03
8日	日	丙午	九紫	納め薬師 成道会 事八日・針供養	八日	赤口	やぶる	星	♆8:45 海王星Dうお座27度	10・45 21・29	3・18 16・31
9日	月	丁未	八白	◐上弦〇時二七分 皇后御誕生日 夏目漱石忌	九日	先勝	あやぶ	張	☽22:39 月おひつじ座	11・36 23・23	4・24 18・09
10日	火	戊申	七赤	納め金比羅 世界人権デー 天一天上終	十日	友引	なる	翼		12・23	5・43 19・17
11日	水	己酉	六白	沢庵禅師忌	十一日	先負	おさん	軫		1・08 13・08	7・01 20・08
12日	木	庚戌	五黄	児童福祉法公布記念日	十二日	仏滅	ひらく	角	☽0:56 月おうし座	2・36 13・51	8・06 20・53
13日	金	辛亥	四緑	正月事始 煤払い 不成就日 一粒万倍日	十三日	大安	とず	亢		3・43 14・34	9・02 21・37
14日	土	壬子	三碧	八専始 一粒万倍日	十四日	赤口	たつ	氐	☽2:23 月ふたご座	4・38 15・16	9・53 22・20

15日	日	癸丑	二黒	○望一八時二分　年賀郵便取扱開始	十五日	先勝	のぞく	房		5:25 15:57	10:39 23:03
16日	月	甲寅	一白	電話創業の日　三隣亡	十六日	友引	みつ	心	☽4:22 月かに座　☿5:58 水星Dいて座06度	6:07 16:36	11:22 23:47
17日	火	乙卯	九紫		十七日	先負	たいら	尾		6:47 17:14	12:02
18日	水	丙辰	八白	納め観音　東京駅落成記念日	十八日	仏滅	さだん	箕	☽8:40 月しし座	7:24 17:51	0:28 12:40
19日	木	丁巳	七赤		十九日	大安	とる	斗		7:59 18:28	1:08 13:17
20日	金	戊午	六白		廿日	赤口	やぶる	牛	☽16:38 月おとめ座	8:33 19:07	1:46 13:56
冬至		一八時二一分		六十四候／冬生じ夏枯る　六十五候／鹿角おつる　六十六候／雪下りて麦のびる　16日の日の出6・44　日の入16・29							
21日	土	己未	五黄	冬至（ゆず湯）　納め大師　儒家年筮　不成就日	廿一日	先勝	あやぶ	女	⊙18:22 太陽やぎ座	9:08 19:54	2:23 14:42
22日	日	庚申	四緑	庚申	廿二日	友引	なる	虚		9:44 21:00	3:00 15:43
23日	月	辛酉	三碧	◑下弦七時一八分　上皇御誕生日	廿三日	先負	おさん	危	☽4:09 月てんびん座	10:22 22:38	3:42 17:18
24日	火	壬戌	二黒	納め地蔵　クリスマスイブ	廿四日	仏滅	ひらく	室		11:05	4:39 18:49
25日	水	癸亥	一白	納め天神　クリスマス　与謝蕪村忌　八専終　一粒万倍日	廿五日	大安	とず	壁	☽17:07 月さそり座	0:43 11:51	5:58 19:46
26日	木	甲子	一白	**陽遁**　甲子　**天赦日**　プロ野球誕生の日　一粒万倍日	廿六日	赤口	たつ	奎		2:36 12:43	7:16 20:28
27日	金	乙丑	二黒	官庁御用納め	廿七日	先勝	のぞく	婁		3:39 13:35	8:19 21:05
28日	土	丙寅	三碧	納め不動　三隣亡	廿八日	友引	みつ	胃	☽4:48 月いて座	4:22 14:24	9:11 21:41
29日	日	丁卯	四緑	不成就日	廿九日	先負	たいら	昴		4:57 15:08	9:56 22:18
30日	月	戊辰	五黄	証券取引所大納会	卅日	仏滅	さだん	畢	☽13:38 月やぎ座	5:31 15:48	10:37 22:56
31日	火	己巳	六白	●朔七時二七分　己巳　大晦日・大祓い　除夜の鐘　年越しそば	十二月一日	赤口	とる	觜		6:04 16:27	11:15 23:35

一白《いっぱく》水星《すいせい》

小吉運

八面六臂
獅子奮迅

令和6年 甲辰三碧木星
方位盤

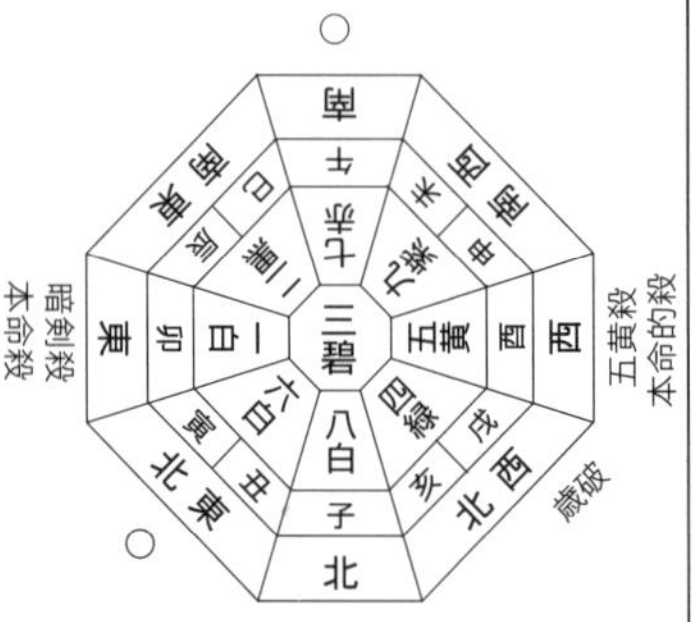

吉方→南・北東
凶方→東・西・北西

「**南**」を吉方として活用すると、非常に社交運が活発になり出会いのチャンスが膨らみます。同じ趣味や嗜好の方とご縁がありそうです。また、営業成績と学力が向上するので、有効に活用する事をお勧めします。

「**北東**」は、貯蓄の面で大きな転機を迎えることが出来ます。金銭のやり繰りが上手になり、日に日にお金が貯まっていきます。また、大きなバックアップを受けて、人生、職業を良い方向に変えることが可能になります。

性格と人生

辛抱強く我慢強い性質で、必ずしも積極的とは言えず、大胆に行動することは少ないでしょう。しかし、本質的には陽気さを持っています。自分から他人に本音を打ち明けることが少ないので誤解を招きやすい一面がありますが、人を見る目を持ち、真の友を得られるでしょう。また、表立って目立つタイプではありませんが、芯が強く、やさしさや冷静な思考力を持っています。マイナス面としては、苦労性で細かいことにこだわりが強く、秘密主義。不平不満が多くなりがちです。

全般的な運の流れとしては、若い頃には思うようにいかないことが多いのですが、目標を絞り忍耐強さと才知ある処世術を生かして流れに乗っていけば、苦労と努力の甲斐ある後半生を送ることが出来るでしょう。

周囲に対して意識して心を開いていくように心掛けましょう。時に応じ環境に従う水のように、順応性を発揮していくこと。こだわりを手放す決断が開運の秘訣です。情にもろいので、酒色の問題には注意が必要です。

一白水星生まれ

平成29年丁酉
〃 20年戊子
〃 11年己卯
〃 2年庚午
昭和56年辛酉
〃 47年壬子
〃 38年癸卯
〃 29年甲午
〃 20年乙酉
〃 11年丙子

2月4日以前生まれの人は二黒生まれで見ます

あなたの今年の運勢　一白水星

エネルギーが満ちあふれるので何事にもポジティブ思考で前進しましょう。実現出来なかった計画を実行に移す事で相応の成果が期待出来ますが、勇み足には要注意。

◎商売運……昨年来の頑張りが漸《ようや》く脚光を浴びる時。予め準備してきた事はよいパフォーマンスが華々しい状態に。ただし、産業スパイのターゲットにならぬよう注意。

◎職場運……華々しい活動にスポットライトがあたり、顕現作用の影響を受けて、相応の成果が期待出来ますが、目立ち過ぎると出る杭が打たれるので用心しましょう。

◎家庭運……隠し事が露見の憂き目に。最大級の警戒が必要です。普段から秘密を持たぬ事が肝心。日頃の感謝を込めて家庭サービスに徹して。家内安全が一番です。

◎恋愛運……何事もアグレッシブに頑張りましょう。普段より積極策を用いて強気で攻めてみましょう。家族や友達からの強烈なパスを受けゴールを目指し頑張ろう。

◎金　運……生活面が派手になるので出費が嵩《かさ》みそう。大きな買い物ほど、念入りにチェックを。詐欺にご用心。

◎健康運……激痛を伴う病気、痛風、リウマチ、神経痛、肝臓病に用心。登山やレジャー先での怪我に注意。

子の一白の運勢／**16歳**は、何事も積極的でよいが人間関係のトラブルの暗示があるので、軽はずみな言動で友情が薄れるので要注意。**52歳**は、心身共に若返り、気力も充実して強勢の年回りに。これまで修練を重ねてきた実力を遺憾なく発揮しましょう。

卯の一白の運勢／**25歳**は、思い立ったが吉日の行動は折角の運を損なう結果に。自己研鑽を心掛け、身内の意見に耳を傾ける事が大切。**61歳**は、何かと性急過ぎて浮沈が生じやすい。人間関係の円滑を図り、口先だけでなく実行力が伴えば人気を博す。

午の一白の運勢／**34歳**は、エネルギッシュに行動しましょう。自分のプランニング通り進めていく事で夢が実現へ。ただし、最後まで全力投球。**70歳**は、家族の意見に耳を傾けて。あまり強情すぎると四面楚歌に。車の運転は普段から超安全運転を心掛けて。

酉の一白の運勢／**7歳**は、自分の好きな事に無中になるので、時間割を作る事。**43歳**は、好調運の後押しを受けて活躍が期待されます。日頃の活動の集大成です。万事、消極策より積極策を用いて。**79歳**は、階段の上り下りに気をつけ、新種の詐欺に注意。

一白

1月の運勢⦶小吉運

吉　方↓なし
小吉方↓東
乙丑六白金星の月

吉方○東＝小吉方。一年の発展と良縁を願って初詣で。**凶方**●北西＝交通機関トラブルやケガ。金銭に関する争い事。南東＝風邪をこじらせる。婚活が停滞。南西＝世話苦労が多い。ヤル気を失い怠惰になる。南＝視力低下。内証事が明るみに。北＝仲間に邪魔され頭打ち。

運勢／新年。一年の目標を高く掲げて気持ちを新たに。学びや技芸の向上にも好機。夢と現実が乖離しないよう手堅い目標設定を。信頼できる周囲の人との協力体制が吉。金銭面は予算立て必須。収入支出を記帳し堅実に。体調不良に素人判断は禁物。視力低下や頭痛注意。

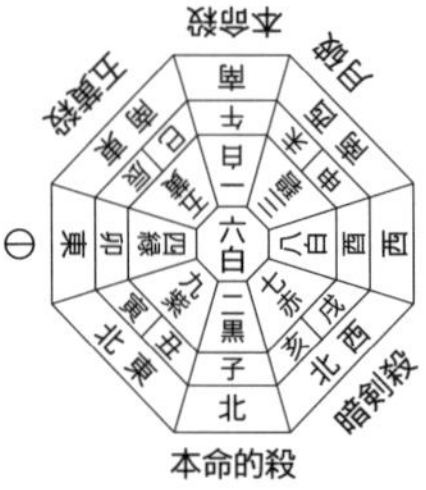

歳破→西
年で暗剣殺→南東
年で五黄殺→北西
年で本命殺→南西
年で本命的殺→北東

1 ㊊ ◐おせち料理を囲んで家族が和む
2 火 ◎初夢大吉希望膨らませ一年の計
3 水 ⦶自我を抑えて仲間と会話楽しむ
4 木 ○仕事始め今年も周りと調和して
5 金 ●お正月の暴飲暴食で体調不良に
6 土 ○我慢の成果あり発展のチャンス
7 ㊐ ◐ヘソクリ家族にばれない工夫を
8 ㊊ ⦶上手な自己コントロールが鍵に
9 火 ◐事業投資独断決行は後にリスク
10 水 ◐上司の意見に従って穏便が得策
11 木 ○失敗は次のステップへの登竜門
12 金 ⦶人の口車に乗らず真実を見極め
13 土 ⦶自信過剰は禁物評価を落とす元
14 ㊐ ●夫婦喧嘩早めに陳謝し仲直りを
15 月 ○困難に負けずに努力を光が差す
16 火 ◐不動産購入は無理のない計画を
17 水 ⦶グループ旅行足並みを揃え出発
18 木 ●予想外の大きな買い物困窮の元
19 金 ◐長期休暇で人生の酸欠状態解消
20 土 ◎取引は慎重な対応が幸運を掴む
21 ㊐ ○失敗恐れず新風入れて気分一新
22 月 ○迷いは禁物己を信じて行動して
23 火 ●体力を過信病気のサイン見逃す
24 水 ○重要書類の管理に万全を期して
25 木 ◐親戚の揉め事より家庭の団結を
26 金 ⦶家族旅行は温泉でリフレッシュ
27 土 ◐借金の依頼は断る勇気で難回避
28 ㊐ ◐目上の誘い断り禁酒日を貫いて
29 月 ◎口先より実行に移し態度で示す
30 火 ⦶信用は努力の成果が実る副産物
31 水 ⦶短気を抑え焦らずマイペースで

一白

2月の運勢◐自重運

吉　方→なし
小吉方→南東
丙寅五黄土星の月

吉方○南東＝小吉方。良縁に恵まれる。新規取引先を獲得。婚活の見通しが立つ。**凶方**●南西＝気持ちがだらけて怠けグセがつく。ご近所といざこざに。北＝健康に波あり体調不良。だまされて意気消沈。南＝見え張りの言動で周りから孤立。カード支払い予算オーバー。

運勢／先々の見通しが立たずに気持ちが滅入るばかり。焦って動くとかえって悩み深く。腹を据えてまずは地道に足元を固めて。人の意見に耳を傾け着実に前進を。金銭面は倹約第一でムダな出費をなくして。冷えは万病の元。睡眠を十分に足元の冷えや血行不良に注意。

1木　●オーバーワーク健康管理が大事
2金　◎虚栄心捨て謙虚な態度で運上昇
3土　◐節分の豆を食べ心の中の鬼払う
4㊐　⦶お喋《しゃべ》り周囲の迷惑にも気配りを
5月　⦶車の購入ローン返済緻密に計算
6火　◐ストレスを溜め込む前に解消を
7水　◎思い叶う順風日浮かれ過ぎ注意
8木　⦶小言を少なく褒め言葉を習慣に
9金　⦶出しゃばりに注意脇役に徹して
10土　●免疫力アップして冷え性を改善

歳破→北西
年で暗剣殺→東
年で五黄殺→西
年で本命殺→東
年で本命的殺→西

11㊐　○シルバー運転安全確認を最優先
12㊊　◐先祖を敬う心が家族に以心伝心
13火　○控えめな女性は好感度がアップ
14水　⦶チョコレートがキューピッド役
15木　◐悩み事独りで抱えず周りに相談
16金　○火難に注意を火元を再確認して
17土　⦶欲張らず損して得取る心構えで
18㊐　⦶思わぬ損失事業を見直して再建
19月　●高望み捨て坐禅で精神修養の日
20火　○カフェで至福の時間自分に褒美
21水　◐焦らず先を見据えた行動を取る
22木　○がむしゃらより自然体が好結果
23㊎　◐古傷の痛み感じたら早期治療を
24土　◐不意を突かれても平常心を保つ
25㊐　◎信用を重視しチャンスを確実に
26月　◐独り善《よ》がりな行動は失敗を招く
27火　⦶弁解よりも誠実な態度を見せて
28水　●周囲に気配りボランティア精神
29木　○派手な振る舞い誤解を招く恐れ

一白水星　☆めくっておみくじ【七十五番】――**凶**　波が荒く向こう岸に渡れず。強腰は叩かれる、無理をしないで柔軟に。

☆めくっておみくじ【三十九番】――**吉**　長い間の悩みが消えていく。日々の家計は遣り繰り上手でうまくいく。

一白

3月の運勢○吉運

吉　方→なし
小吉方→なし
丁卯四緑木星の月

吉方○小吉方ともになし。旅行はその方位が吉になる人のリードに従って安心。

凶方●南東＝詐欺商法の被害に遭う。信用を傷つけられる。北西＝気が荒くなり目上と関係悪化。西＝出費がかさみ金運低下。南西＝身近な人間関係の悩み発生。北東＝親戚関係との争い事。

運勢／日常生活を大切に奇をてらわずにコツコツと積み重ねる。責任感ある姿勢が好感度大。サポート側に回り名より実を取る心掛けで堅実策をとって。金銭面は衝動買い警戒。やりくり上手に予算を守る。おふくろの味的食生活で胃腸ケア。消化器系や再発病に注意。

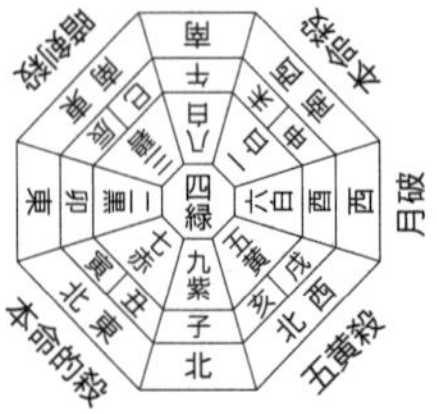

歳破→北西
年で暗剣殺→東
年で五黄殺→西
年で本命殺→東
年で本命的殺→西

1 金 ◐家族のトラブル早めに和解して
2 土 ○昇格ニュースが舞い込む幸運日
3 ㊐ ○雛人形の澄まし顔に心奪われる
4 月 ◐冷静にバランス感覚を磨くとき
5 火 ○ストレートに思い伝え関係改善
6 水 ⦶無理難題も仲間との協力がカギ
7 木 ◎新年度に向け一年の計画を立案
8 金 ●用事を早めに済ませ余裕を持つ
9 土 ○背伸びせず自然な態度が長続き
10 ㊐ ◐法事で集う楽しい食事団欒の和
11 月 ⦶親の意見を素直に受け入れる日
12 火 ⦶慌てず急がず準備万端にて実行
13 水 ◐気温の変化衣服で調整体調管理
14 木 ○理想と現実を埋める努力が必要
15 金 ⦶余計な口出しおせっかい最小限
16 土 ◎努力の積み重ねが幸運をゲット
17 ㊐ ●低迷運気から頭を切り替え脱出
18 月 ○ＳＮＳで人脈広げ趣味の増加に
19 火 ◐腐れ縁断捨離で見直し人脈整理
20 ㊌ ◐浪費に注意し買い物前に下調べ
21 木 ⦶メンタル強化し困難を克服する
22 金 ◐部屋の空気を入れ替え開運招く
23 土 ○新しい事に挑戦し自分を変える
24 ㊐ ⦶新規プロジェクトが始動する日
25 月 ◎旧友と再会して予期せぬ喜びが
26 火 ●愛よりも現実を受け入れて行動
27 水 ○先輩のアドバイスで結果が良好
28 木 ⦶桜も開花家族で楽しい夜桜見物
29 金 ⦶宝くじ購入して当選の夢を見る
30 土 ◐年に一度レントゲン検査を受診
31 ㊐ ◐口車に乗らず真実を見極める事

一白

4月の運勢⦶小吉運

吉　方→南・北東
小吉方→なし
戊辰三碧木星の月

吉方○南＝趣味や芸事で活躍できる。話し上手になる。人気が出て注目される。
凶方●東＝盗難に遭う。軽率な行動でケガをする。西＝異性関係のいざこざに巻き込まれる。口内炎。舌禍を招く。北西＝目上との信頼関係にひびが入る。多忙な割に成果が上がらない。

運勢／やる気満々でスタートするが先々の見通しが立たない。強引な急発進はカラ回りや中途挫折のもと。一歩一歩を慎重に。うまい話には落とし穴あり。冷静な判断を。忘れ物しないよう事前準備を怠りなく。使途不明金に警戒。飲酒は程々。足元やストレス注意。

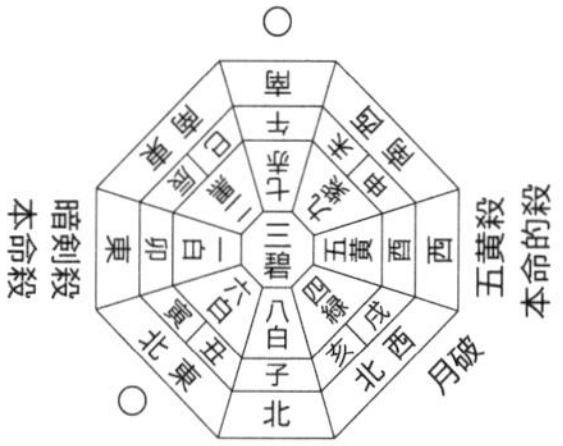

歳破→北西
年で暗剣殺→東
年で五黄殺→西
年で本命殺→東
年で本命的殺→西

1月　○人の言葉に左右されず決断して
2火　⦶約束ドタキャンは信用がダウン
3水　○臆せず困難な課題にチャレンジ
4木　●ネガティブ思考を止め前向きに
5金　○派手な交際を控えて自滅を防止
6土　⦶素直に先輩や目上の力を借りる
7㊐　⦶交際は割り勘で対等に付き合う
8月　◐親のお金あてにせず自助努力を
9火　◐趣味を見つけてストレスを解消
10水　◎南東より縁談の朗報やってくる
11木　●逸《はや》る気持ち抑え念には念を入れ
12金　○仕事の改善点早めに見つけ修正
13土　●新入社員プレッシャーを味方に
14㊐　◎仲間とキャンプでリフレッシュ
15月　⦶早めに帰宅し家族サービス励む
16火　⦶買い物は無理をせず予算と相談
17水　◐見込み違い早めに気づき難逃れ
18木　◐花粉症対策を早めに準備し軽症
19金　◎好きな人に積極的にアタックを
20土　◐自信過剰で浮かれると落とし穴
21㊐　○人と競い合うより地固めを優先
22月　●家庭円満の秘訣は思いやりの心
23火　○アタック精神旺盛で好奇心増加
24水　◐一獲千金みる夢は夢の中だけで
25木　⦶人との付き合いも断る勇気持つ
26金　⦶車の運転は安全第一を心掛けて
27土　◐新入社員栄養ドリンクを活力に
28㊐　⦶思い切った決断で幸福呼び込む
29㊊　◐目先の事に走らず対策を練って
30火　⦶実力隠し努力する姿に光が差す

一白　5月の運勢◎大吉運

吉　方↓南
小吉方↓北
己巳二黒土星の月

吉方○南＝認められて引き立てを得る。昇進する。北＝小吉方。副収入など金銭面でツキあり。恋愛運上昇。
凶方●南西＝仕事で壁にぶつかり困窮する。家庭内に波風立つ。北東＝我欲を張ってトラブル招く。北西＝準備不足からうっかりミス。南東＝信頼を失い立場悪化。

運勢／培《つちか》ってきた努力が実を結び信頼の輪が広がる。良きご縁と人脈に恵まれて順風満帆。余計な深入りを慎み和を乱さぬよう。関係維持に留意する。旅行や交際と出費増。金銭面は予算を立てて交際経費は分相応を心掛ける。腸の健康大切。野菜を十分に。風邪に注意。

歳破→北西
年で暗剣殺→東
年で五黄殺→西
年で本命殺→東
年で本命的殺→西

1水 ◐筋トレで足を強化し転倒を防止
2木 ○やり繰り上手で欲しい物ゲット
3㊎ ◐瞑想で自分の内面見いだす時を
4㊏ ○身勝手な振る舞い仲間が遠のく
5㊐ ◐天泳ぐ鯉のぼり孫の成長夢見る
6㊊ ◐遊び過ぎが見えぬ倦怠感に連動
7火 ◎人間関係も仕事も順調に進む日
8水 ⦶結論を急がぬ胆力を養い努力を
9木 ⦶人の噂話に加われば自分に戻る
10金 ●五月病予防森林浴でパワー充電
11土 ◎上司に声掛けられ嬉しい事あり
12㊐ ◐親子喧嘩意地を張らず先に謝る
13月 ○交際は女性のデリカシーに配慮
14火 ⦶事業成功の鍵周りの意見参考に
15水 ◐風邪は万病の元早めの休養大事
16木 ◎好調な時ほど冷静な判断で幸運
17金 ⦶強気な姿勢で勝負運引き寄せて
18土 ⦶こだわり捨て柔軟な対応が得策
19㊐ ●自分の体は自分で守る健康自立
20月 ○運気好調欲しい物発掘の幸運日
21火 ◐マイペース家族の中で不協和音
22水 ○社交センスを磨き出会いを掴む
23木 ⦶一歩一歩着実に進む心掛け必要
24金 ◐気分をリセットし誤り訂正して
25土 ◎ダイエット地道な努力効果でる
26㊐ ⦶自己表現力を高め注目度が上昇
27月 ⦶社会の評価は日々の自己鍛錬で
28火 ●寝不足は美容と健康にも悪影響
29水 ○直感冴えクジ運強めラッキー日
30木 ◐不動産は慎重に選んで悔いなし
31金 ○アウトドア気の合う仲間と満喫

☆めくっておみくじ【五十九番】——**凶**　何事も用心に勝るものなし。思い当たらぬ誤解や陰口などに不快さあり。

一白

6月の運勢◐自重運

吉　方→北東
小吉方→南西
庚午一白水星の月

吉方○北東＝婚活や縁談に嬉しい新展開。南西＝小吉方。職場環境や対人関係が良好に。飲食関係の楽しみ。**凶方**●北＝投資やギャンブルで失敗し損失を抱える。過労でダウン。乗り物の事故やケガ。南＝判断ミスで評価を落とす。思考力が低下し勉強や仕事にダメージ。

運勢／頼まれると嫌とは言えず無理をしがち。過去を蒸し返す問題に関わると身動き取れず。上手く回避する知恵を持つ。周囲と連携し目上からの忠告に耳を傾けて。生活面で変化を求めたくなるが安全策を取り用意周到に。金銭は倹約を。貸借不可。慢性疾患に注意。

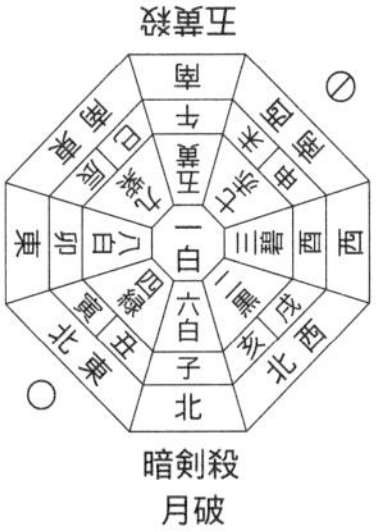

歳破→北西
年で暗剣殺→東
年で五黄殺→西
年で本命殺→東
年で本命的殺→西

1土 ◐家族の健康に感謝して先祖供養
2㊐ ◐ウオーキングでイライラを解消
3月 ○人の出入りが多い日上手に対応
4火 ⦶一人目立つ発言注意周りと歩調
5水 ○仕事仲間と飲み会ミーティング
6木 ●研究行き詰まり上司の知恵拝借
7金 ○明るいファッションで気分転換
8土 ◐転職は衝動的でなく時機を待つ
9㊐ ⦶ママ友会言動控えめで楽しんで
10月 ◐知らない事は経験者に教え乞う
11火 ●音楽鑑賞で脳と体をリラックス
12水 ◎信用度アップ人脈増え商売繁盛
13木 ⦶もう一歩の頑張り余力を残して
14金 ○仕事バイタリティーの強化必要
15土 ●多忙を忘れて家族とグルメ三昧
16㊐ ○行楽後でモチベーション上がる
17月 ◐気持ちを素直に伝え誤解を解く
18火 ⦶こだわり捨てて新たな出会いを
19水 ⦶自己に投資スキルアップ目指す
20木 ◐肩の力抜き深呼吸気持ちを楽に
21金 ◎積極的に行動し運気上昇を願う
22土 ⦶値上げの連続には節約を即実行
23㊐ ○急ぐ行動ミス招く約束を再確認
24月 ●梅雨のじめじめカラオケで発散
25火 ◎おだてに乗らずマイペース貫く
26水 ◐先輩や年配者の体験談を参考に
27木 ◐人の話は最後まで聞き失敗防ぐ
28金 ○夢や希望は揺るがぬ信念を持つ
29土 ⦶スポーツで流す汗明日の活性剤
30㊐ ⦶会えない人との再会を楽しんで

☆めくっておみくじ【七十九番】——**吉**　年老いても若返りの勢い、一歩踏み出したいときの準備を進めておく。

一白

7月の運勢◐自重運

吉　方→なし
小吉方→南西
辛未九紫火星の月

吉方○南西＝小吉方。生活に張りが出る。仕事が安定。
凶方●南＝書類関係のミス。悪い噂をたてられる。北＝表沙汰に出来ない腐れ縁の関係に悩む。北東＝新規計画が頓挫。神経痛。北西＝不遜な態度で目上の怒りを買う。南東＝取引先ともめ、交渉不成立。縁遠くなる。

運勢／意欲的に取り組める時。頑張りの甲斐あり結果が期待できる。ただし自己過信は禁物。チームワークを大切に目上との連携を図って。謙虚な言動が信頼につながる。気が大きくなりがち金銭面は無駄を省いて。投機事は慎重に。過労やストレスに注意。睡眠十分に。

歳破→北西
年で暗剣殺→東
年で五黄殺→西
年で本命殺→東
年で本命的殺→西

1	月	◐不動産甘い言葉や誘いに裏あり
2	火	○人は人今日のおしゃれは自分で
3	水	●危険なことを回避して遠回りを
4	木	⦶備えあれば憂いなし準備万端で
5	金	⦶望み事大ぶろしき広げ過ぎずに
6	土	◎旧友との再会に思い出の花咲く
7	㊐	◐子供と一緒に星空に願いを託す
8	月	○さりげない一日一善に喜びあり
9	火	⦶多くを望まない事で幸福が到来
10	水	◐仕事は柔よく剛を制する方法も
11	木	⦶慣れないことは焦らず一歩一歩
12	金	●疑心暗鬼で軽はずみな行動危険
13	土	⦶自信ない仕事は上司に協力仰ぐ
14	㊐	⦶試練の波は粘り強さでクリアを
15	㊊	◎義理ある人に真心込めてお中元
16	火	◐口難を避け家族の温もり大切に
17	水	○趣味より本業しっかり果たして
18	木	⦶地道な勉強こそが確かなる一歩
19	金	◐即断即決より再度チェックして
20	土	○リラックスして養生健康に感謝
21	㊐	●家族旅行子供とはぐれぬように
22	月	○可愛いペット飼ったら最後まで
23	火	○冷たいレモンジュースも栄養源
24	水	◎土用の丑夏バテ防止に鰻で補給
25	木	◐秘密事バレぬうちに早めの対策
26	金	⦶今日の服装流行追うより個性を
27	土	⦶郷里の手土産持参も作戦のうち
28	㊐	◐突然の来訪者も和やかな対応を
29	月	○実力才能あるも表に出さぬ工夫
30	火	●交際費は予算内に抑え散財防止
31	水	○チームワーク優先し仕事運上昇

一白

8月の運勢○吉運

吉　方↓南
小吉方↓南東・北
壬申八白土星の月

吉方○南＝先見の明あり頭角を現す。南東＝小吉方。社交性あり人脈が広がる。北＝小吉方。異性運あり。恋愛や結婚のチャンス掴む。**凶方**●北東＝親戚知己との相続や不動産問題。南西＝勤労意欲を失い怠惰に。西＝酒色で身を持ち崩す。東＝強気の言動で行き詰まる。

運勢／行楽や趣味事が楽しいとき。開放的な気分になりわがままに暴走しがち。口舌のトラブルに警戒して気配り上手に。オンとオフのけじめをつけてメリハリある生活を。金銭は娯楽費など負担増。予算を立ててやりくり上手に。夏バテ用心。暴飲暴食や食あたりに注意。

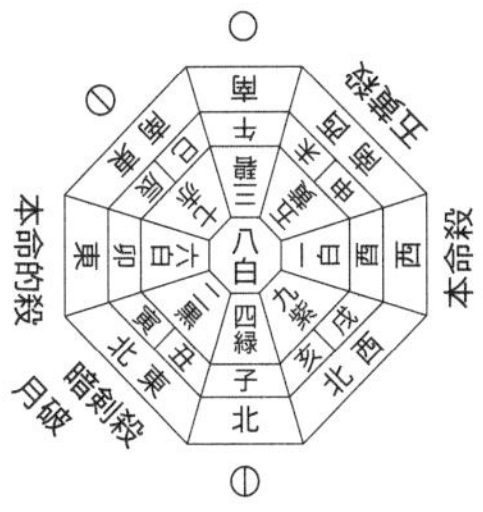

歳破→北西
年で暗剣殺→東
年で五黄殺→西
年で本命殺→東
年で本命的殺→西

1 木 ⦶冷房タイマー設定温度を再確認
2 金 ○足裏のツボ押しが意外な効果に
3 土 ●ネガティブな人とは距離おいて
4 ㊐ ○吉方位で求めた名水で喉を潤す
5 月 ◐ネットのやり過ぎが眼精疲労に
6 火 ◐リーダー役辞退し補佐役に徹す
7 水 ○準備万全ぬかりなく用心が吉に
8 木 ●メール依存症にならぬ予防策を
9 金 ○熟年者のお知恵拝借で奮闘努力
10 土 ⦶旬の果物を食べて力をチャージ

11 ㊐ ◎夏山や崖登り安全なコース選択
12 ㊊ ◐目上のアドバイスを有効に活用
13 火 ○交渉事は仲介を頼んで吉祥の日
14 水 ◐サングラスで紫外線をブロック
15 木 ⦶入るより出費を抑える心掛けで
16 金 ⦶車外に出る時は貴重品を忘れず
17 土 ●思わぬ助け船で安泰得られそう
18 ㊐ ⦶膝関節にヒアルロン酸注射検討
19 月 ⦶レポート提出は締切日にご注意
20 火 ◎チームリーダーの素質十分発揮
21 水 ◐明日への活力しっかりと睡眠を
22 木 ○お洒落《しゃれ》者の本領発揮は八分目で
23 金 ⦶リサイクル品を創意工夫で活用
24 土 ◐聞く事は早く話す事ゆっくりと
25 ㊐ ○カーナビで見知らぬ土地も楽々
26 月 ●大言壮語はトラブル生じるもと
27 火 ○太陽光発電夏でしっかり売電を
28 水 ⦶階段の上り下りが足腰の鍛錬法
29 木 ◎焦るより粘り強さで能力が倍増
30 金 ◐クーラーでの冷えが万病の原因
31 土 ⦶厳しい残暑炎天下の運動に注意

一白水星　☆めくっておみくじ【四十八番】――**小吉**　山海の珍味を前に食べられず。欲しいものを我慢して人の助けを待つこと。

一白　9月の運勢◐自重運

吉　方→なし
小吉方→南東・北
癸酉七赤金星の月

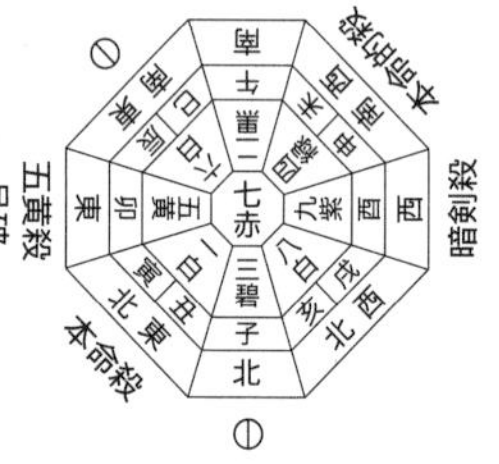

歳破→北西
年で暗剣殺→東
年で五黄殺→西
年で本命殺→東
年で本命的殺→西

吉方○南東＝小吉方。目上の人との人脈繋がる。引き立てあり。北＝小吉方。後輩や若者との絆強く結ばれ。
凶方●西＝口は災いの元。発言は慎重に。東＝新規事の見通しがつかず落胆する。北東＝方向性が二転三転して諸事不調に。南西＝気迷いが多く根気が続かない。

運勢／周囲の変化に気持ちが落ち着かない。思い切って生活を切り替えたくなるが強気な行動は禁物。十分な資金や人的支援が無ければ手堅く現状維持を。意地や短気を慎んで周囲と協調策を取って。金銭は蓄財メーンに。義理出費は見え不要。腫れ物や関節痛に注意。

1 ㊐ ⦶美術館見学で感性が磨かれそう
2 月 ◐思い出を肴《さかな》にし明日への活力源
3 火 ○今日のメーク少し明るくし外出
4 水 ●ドタキャンは一気に信用が失墜
5 木 ◎才能や努力が開花するチャンス
6 金 ⦶ダイエットには早朝マラソンを
7 土 ○積善を心掛けて余慶を授かる日
8 ㊐ ●油断大敵詰めが甘く逆転の気配
9 月 ◐占者のアドバイスで相性に満足
10 火 ◐ケチと言われても節約方針貫く
11 水 ◐近所付き合い大事にする心掛け
12 木 ○欲しくても今の物で我慢をして
13 金 ●小銭でも不意の出費に役に立つ
14 土 ○母の手料理でなごむ団欒大切に
15 ㊐ ⦶物価高やりくり上手が妻の腕前
16 ㊊ ◎お年寄りに優しい言葉と贈り物
17 火 ◐嫌味や皮肉も水に流す度量大事
18 水 ⦶メールより直接会って問題解決
19 木 ⦶耳の痛い忠告を受け入れて前進
20 金 ◐株式投資は分散しリスク減らす
21 土 ⦶コンパではうっかりボロ出さず
22 ㊐ ●先祖供養は子の務め墓前で合掌
23 ㊊ ○熱意がものをいう全力を出そう
24 火 ⦶インテリア配置を変え気分一新
25 水 ◎農業もビジネスとして活気出る
26 木 ◐気紛れな衝動買い控えれば安泰
27 金 ⦶上司の厳しさ感謝の心で応えて
28 土 ⦶仕事は背伸びするより基礎固め
29 ㊐ ◐おごりを避け万事に腹八分目で
30 月 ○意のある人に打ち明け思い叶う

　☆めくっておみくじ【九十九番】――**大吉**　朝日がわが家に輝くので順調。身近なところから恵みをいただく。

一白

10月の運勢○吉運

吉方→なし
小吉方→南西
甲戌六白金星の月

吉方○南西＝小吉方。潤いのある生活。ご近所との交流関係良好。勤労意欲湧く。
凶方●北西＝投資で失敗。突発的な事故やケガ。南東＝取引が解消。婚活や縁談が不調。南＝隠し事がバレて立場が悪くなる。訴訟問題に悩む。北＝目下と仲違いする。へそくり紛失する。

運勢／これまでの努力や実績が日の目を見て評価が上がる。勉強や芸術分野にも大いに発展の機運。持ち上げられても見えを張ったりうぬぼれることなく誠実第一に。金銭は交際費を抑えて。高額品購入は計画的に。カード支払い額確認。生活リズムを整えて健康管理を。

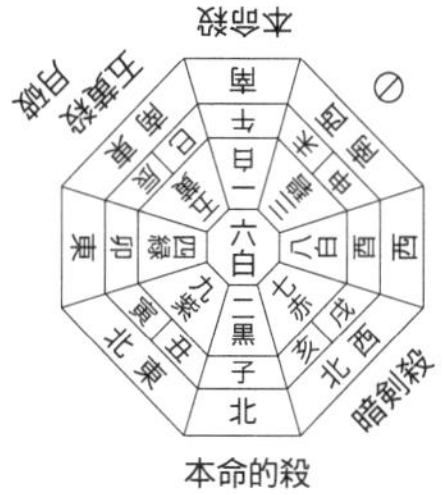

歳破→北西
年で暗剣殺→東
年で五黄殺→西
年で本命殺→東
年で本命的殺→西

1 火 ◐赤い羽根小さな善意が大きな輪
2 水 ○殻を破り得意分野以外でも活躍
3 木 ⦶すぐ諦めず別の方法を模索して
4 金 ◎自分へのご褒美と思って奮発日
5 土 ◐家事分担は家族と相談して改善
6 ㊐ ○雰囲気のいい店でデート楽しむ
7 月 ○クラッシックの曲で気分ＵＰを
8 火 ◐ハードなことへ挑戦もスリルが
9 水 ○友と新たにランチのお店を開拓
10 木 ●命令口調よりお願い口調が無難
11 金 ○仕事と趣味のオンオフ切り替え
12 土 ⦶日頃の疲れお家で巣ごもり解消
13 ㊐ ○ローン繰り上げ返済も検討して
14 ㊊ ◐スポーツの日汗を流し気分爽快
15 火 ⦶好きな音楽で心身を癒して休息
16 水 ⦶体力強化は柔軟体操から始めて
17 木 ◐カードでの買い物支払いに暗雲
18 金 ○鏡を磨き上げ自らの運気をＵＰ
19 土 ●専門外のことは謙虚に辞退して
20 ㊐ ○動物との触れ合い癒し効果絶大
21 月 ⦶仕事は午後と午前の配分考えて
22 火 ◎今までの努力うれしい形で結実
23 水 ◐ノルマのストレスで胃痛に注意
24 木 ⦶歯科検診は早期治療で虫歯対策
25 金 ⦶グルメや果物で秋の味覚を満喫
26 土 ◐悩みは上司の力を借りて解決へ
27 ㊐ ⦶噂話は聞くのも言うのもやめる
28 月 ●健康に注意メタボの危険信号が
29 火 ○指示するより空気読み自ら動く
30 水 ⦶勝ち目がないことはスルーして
31 木 ◎相手への褒め言葉が新たな励み

☆めくっておみくじ【七十番】――凶　落雷や失火など災いには用心のこと。怒らず騒がず人間関係にモメないで。

一白

11月の運勢●警戒運

吉　方→なし
小吉方→なし
乙亥五黄土星の月

吉方○小吉方ともになし。急な所用で出かけるときは寄り道などせず帰宅して。居心地の良い我が家にツキ。

凶方●南東＝信用を落として活動が縮小。迷いが多く決断出来ない。北＝策略にはまり困難を抱える。泌尿器系の悩み。南＝親しい人との離別。法的なトラブル。

運勢／運気が停滞中。先の見えない閉塞感にもやもやが募る。焦って進もうとするほど空回りする。今が辛抱のしどころ。基礎固めには好機。人をうらやむことなく守りに徹して力を蓄えて。金銭は節約第一。塵も積もれば山になる。冷え警戒。膝痛や聴力低下に注意。

歳破→北西
年で暗剣殺→東
年で五黄殺→西
年で本命殺→東
年で本命的殺→西

1金　●うっかりの失言でトラブル招く
2土　⦶歩け歩けで足の鍛錬が健康促進
3㊐　⦶紅葉見物のプランは旅情そそる
4㊊　◐意見嫌でも子を思う親心理解し
5火　⦶実力あればこそ腰低くして賢く
6水　●腐れ縁きっぱり断ち切る勇気を
7木　○老いては子に従うムードが無難
8金　⦶冬に向けて風邪対策しっかりと
9土　◎スピーチは簡単明瞭が好印象に
10㊐　●外出時の運転注意一秒怪我一生
11月　◐浮き世の義理は見えより分相応
12火　◐心も体もアクティブになれそう
13水　◐たとえ理不尽な事でも辛抱して
14木　○失敗を糧に出来れば運気は上昇
15金　●パワー不足の金曜日早めに就寝
16土　○損して得とれ精神で陰徳を積む
17㊐　⦶どっちつかずの返事が誤解の元
18月　○上司の協力で仕事がスムーズに
19火　◐スキルアップのため勉強は大事
20水　⦶髪型や髪色を変えリフレッシュ
21木　◐食道楽は胃腸と財布の負担増に
22金　◐首肩の疲労蓄積プロの技を頼る
23㊏　○予定なくてもエコバッグ持参を
24㊐　●ケガやアクシデントに注意して
25月　○初対面の人でも自分からご挨拶
26火　⦶ルームシューズも冬仕様に変更
27水　◎脱マンネリのアイデアで高評価
28木　◐極端なダイエットは身体に負担
29金　⦶老後資金や保険の内容を見直す
30土　◐ディナーを奮発して贅沢に満足

一白 12月の運勢○吉運

吉　方→なし
小吉方→なし
丙子四緑木星の月

吉方○小吉方ともになし。外出は慣れた道や交通費のかからない手段を選んで。
凶方●南東＝詐欺に遭う。嫌がらせ受け口論に。北西＝投機事で大損失。休む暇なく体調不良。南＝連帯保証で法的トラブル。南西＝家庭内に波風が立つ。北東＝縁故関係の金銭問題発生。

運勢／年末。世話事多く雑事に休む暇なし。一年の締めくくりは手堅いプラン立てれば安心。わが家のしきたりを守り周囲と協力体制で年越し準備を。旧式の物も手入れをして使う心掛けを大切に。金銭面は見えを張らず分相応に。火の始末注意。胃炎や慢性病に注意。

歳破→北西
年で暗剣殺→東
年で五黄殺→西
年で本命殺→東
年で本命的殺→西

1㊐ ⦶キムチ鍋料理で家族の和を図る
2月 ○交差点左右を必ず確かめて通行
3火 ◐玄関は運の入口靴の整理整頓を
4水 ○目上や長老の助言は黄金と同じ
5木 ⦶旅は道連れ世は情けでも程々に
6金 ◎苦労の後に大きな喜びありそう
7土 ◐週末断食で胃腸の調子リセット
8㊐ ○ポイントのW取り得意技を発揮
9月 ⦶親友でも保証の押印断る勇気を
10火 ◐体の不調感じたらまず受診する
11水 ⦶待ち合わせ場所と時間は正確に
12木 ●交際中の人とのケンカは致命的
13金 ○忘年会への出席数は自己調整を
14土 ⦶初めての外国旅行下調べが大切
15㊐ ◎以心伝心思う人からメールあり
16月 ◐悪友の誘い断って距離を広げて
17火 ⦶今のポジションより上を目指す
18水 ⦶時短レシピで家事の能率を図る
19木 ◐スマホは半日休んで目の休息を
20金 ○食生活アプリ使いカロリー計算
21土 ●ゆず湯に浸かり禊《みそぎ》の効果味わう
22㊐ ○お世話になった人にプチギフト
23月 ⦶ライバルと組んで良い流れ掴む
24火 ○大切な人と楽しいイブ過ごそう
25水 ◐仕事上のルールをきちんと守る
26木 ◐シチューを多めに作り冷凍保存
27金 ◎御用納め締めくくりはしっかり
28土 ⦶大掃除女性主役の座に従い行動
29㊐ ○里帰り渋滞避け早めに出発して
30月 ●照明器具LEDにし電気代節約
31火 ○家族一同で健康に感謝除夜の鐘

一白水星　☆めくっておみくじ【五十番】――吉　目的を達したら次の目標に更新するとき。内容の改善が出来れば成就する。

二黒《じこく》土星《どせい》

◎

大吉運

天下泰平
上昇気流

令和6年 甲辰三碧木星
方位盤

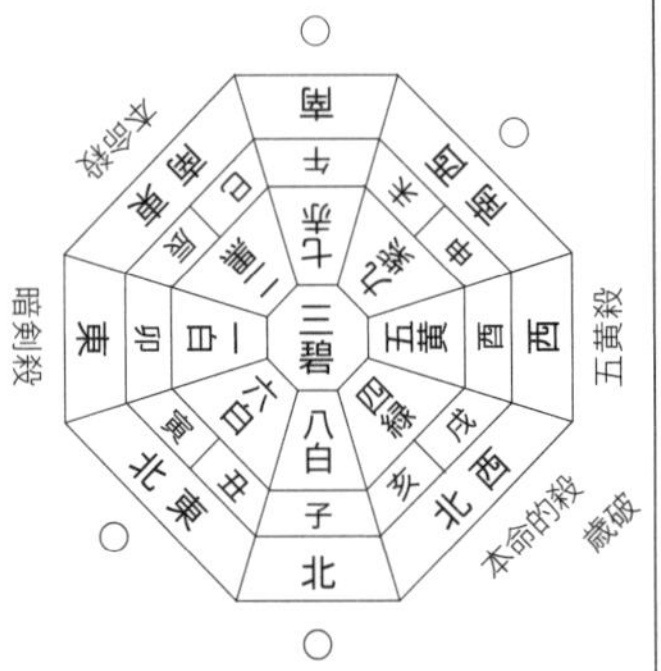

吉方→南西・南・北東・北
凶方→東・西・北西・南東

「南西」を吉方で活用すると内臓が丈夫になり身体が元気になります。勤労意欲がアップして仕事に対する取り組む姿勢が変わり、辛抱強く対処する事が出来ます。

「南」は社交的になって非常に明るくなります。頭の回転が良くなるので斬新なアイデアが浮かび活躍が可能に。

「北東」は経済観念に目覚め、金銭に対する考え方が変わります。良き出会いに恵まれ想像以上の躍進が可能。

「北」生活環境が整い疎遠だった兄弟の仲が修復へと。

性格と人生

二黒土星生まれ

平成28年丙申
〃 19年丁亥
〃 10年戊寅
〃 元年己巳
昭和55年庚申
〃 46年辛亥
〃 37年壬寅
〃 28年癸巳
〃 19年甲申
〃 10年乙亥

2月4日以前生まれの人は三碧生まれで見ます

堅実で真面目な性格で、陰ひなたなくコツコツと働くタイプです。奉仕精神があり、頼りになる補佐役として必要とされることが多いでしょう。温和で他人を押しのけても自分が出ていくようなことはありませんが、現実的な地に足のついた安定感を大切にするので、欲が強いと思われてしまうこともあります。しかし、決して利己主義的な欲ではなく、社会生活を営んでいく上で必要な欲と言えるでしょう。マイナス面としては、ときに依存心が強く決断力に欠ける場合があります。また、運気により、事なかれ主義的な一面が強まります。

全般的な運の流れとしては、小を積んで大を為《な》す精神の粘り強い努力から、徐々に大成します。早くから芽が出るタイプではありませんが、しっかりと根差して上昇運に乗るでしょう。太陽の恵みを受けて育み育てる大地のように、人を立てて支えていく中で自らの土台を築いていくことができます。自分と他人を引き比べて焦ることなく、地道に歩んでいきましょう。

あなたの今年の運勢　二黒土星

前年からの好調な運気を更にレベルアップさせ、社会的な信用を勝ち取る事が可能に。ここでの迷いや優柔不断は折角の運を損なうので何事も見極めが肝心です。

◎商売運……取引業務を拡大して更に信用が得られる機運。時には二者択一を迫られる事もありますが、臆することなく自信をもって選択して前に進みましょう。

◎職場運……周りから頼りにされる時なので依頼事が増えそう。イニシアチブを取って奮闘。ただ、あまりいい顔ばかりし過ぎると手に負えなくなるので注意して。

◎家庭運……外出の機会が増え、長い間温めていたプランが実現可能になります。この機会に少し遠出を楽しんでみましょう。温故知新の精神がポイントになります。

◎恋愛運……非常に好調です。再会を切っ掛けにブレークする可能性が大きい。恋人未満の方は、勇気を持ち告白。一度目が駄目でも二度目で念願が叶いそうです。

◎金　運……おしゃれや身だしなみにお金がかかりますが、自分をアピールするためです。有効的に活用を。

◎健康運……感染症、皮膚病、アレルギー性疾患、やけどに注意し、更に熱中症対策は例年以上に対応が重要。

寅の二黒の運勢／**26歳**は、恋愛運が好調です。普段より御粧《おめか》しをして出掛けてみましょう。自分を上手にアピールする事で宿願叶う。**62歳**は、整う作用が大きいので、今までなかなか身体に合わなかった薬や名医に巡り合うチャンス到来。念願が叶う。

巳の二黒の運勢／**35歳**は、動いた分だけ成果が期待出来ます。日々努力の賜物。やがて大きな信用に変わっていき、自信になります。**71歳**は、好調な運気の後押しを受けて多忙になるので、暑さ対策を万全にして。また、保険の見直しにも良い時期です。

申の二黒の運勢／**8歳**は、興味がある事に積極的にチャレンジしよう。**44歳**は、より良い人間関係が構築出来そうです。更に今後の人生の伸びしろの行方は、情報収集が最大限の鍵になります。**80歳**は、寒暖差からくるヒートショックに注意しましょう。

亥の二黒の運勢／**17歳**は、我がままな面が全面に出てしまいそう。自我を上手にコントロールしていけば学力の向上にも繋がります。**53歳**は、心身共に快適に過ごせそうですが、食生活のバランスを図り、飲み過ぎ食べ過ぎに注意し、定期検診を怠らずに。

二黒

1月の運勢◐自重運

吉　方→北東
小吉方→なし
乙丑六白金星の月

吉方○北東＝家屋や不動産関連の新計画が波に乗る。
凶方●北西＝株や投資で失敗して大損失。不注意でケガ。南東＝驕りから出すぎた言動で信用失う。南西＝意欲を失い生活が怠惰になる。北＝健康不安。友情にひびが入る。南＝勘違いや考え方の違いでトラブルに。

運勢／新春。何事も始めが肝心。気持ちを新たに一から始める心構えで。親しい友人や家族との心の通い合う集まりに心満たされる。目上や専門家の助言に成長のヒント発見。謙虚に耳を傾けて。異性運あり慎重に。金銭は慎ましく分相応の出費を。泌尿器系や冷え注意。

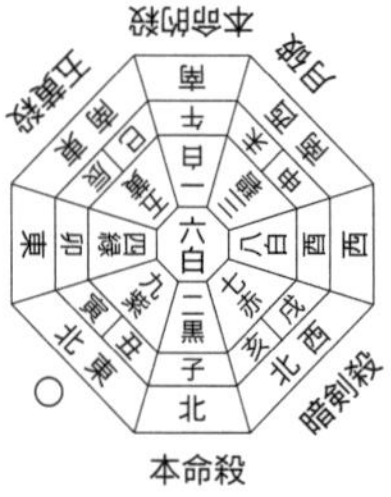

歳破→西
年で暗剣殺→南東
年で五黄殺→北西
年で本命殺→東
年で本命的殺→西

1㊊ ⦶明るい笑顔で七福を招く一年に
2火 ◐開運は一家揃い氏神様へ初詣で
3水 ◎人のため努力と謙虚が評価され
4木 ○何事も急がず欲出さず現状維持
5金 ○低姿勢で幸せの恵みがありそう
6土 ●焦らず相手のペースで計画立て
7㊐ ○規則正しい生活で健康を保とう
8㊊ ●足腰の痛み無理せず早めに治療
9火 ⦶失敗したらやり方を変えてみる
10水 ◐良好な人間関係に感謝の心大切
11木 ◐気持ちに余裕を持ち安全運転を
12金 ○恋の出会いは積極的行動にあり
13土 ○気難しい相手でも短気起こさず
14㊐ ⦶表立つ行動より縁の下の力持ち
15月 ●思うままの展開ならず関係悪化
16火 ○インターネット活用能率アップ
17水 ◐時には方針を変えることも必要
18木 ⦶口先だけの約束しない心掛けを
19金 ⦶苦あれば楽あり後に好機訪れる
20土 ◐運気アップは黄色系を活用して
21㊐ ◎笑顔の対応と言葉の優しさが吉
22月 ⦶短気は損気と根気よく諦めずに
23火 ○地道な努力が今後の発展になる
24水 ●誤解され出る杭打たれる警戒日
25木 ⦶親や目上の力を借りて問題解決
26金 ◐障害あっても心にゆとりを持つ
27土 ⦶円満な人間関係会話がポイント
28㊐ ⦶投資は専門家の知恵活用し安泰
29月 ◐コツコツ努力した結果が花開く
30火 ◎遠方よりの縁談話は見込みあり
31水 ○短気と焦りを抑えれば無難な日

二黒　2月の運勢⦶小吉運

吉　方↓南
小吉方↓なし
丙寅五黄土星の月

吉方○南＝発想豊かで良きアイデアが湧く。学問や芸事に吉。法律上の利益あり。**凶方**●南西＝努力の甲斐なく意欲を喪失して生活が荒れる。共同作業が行き詰まる。北東＝親戚知己と我の張り合いで関係が悪化する。転職活動など転機を生かせず暗転。貯蓄が目減りする。

運勢／結果を急いでイライラしやすいが焦らず慎重に進めること。コツコツとまじめに積み上げて吉。職場や家庭での独り善《よ》がりな言動が雰囲気微妙になり孤立する。日々の日常生活を大切に対話を重視し協調策を。カード類の管理を再確認。皮膚炎や胃腸疾患に注意。

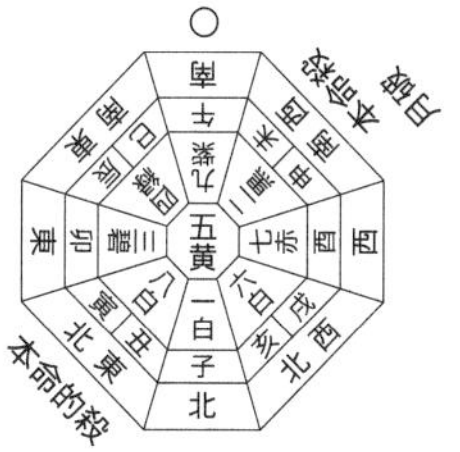

歳破→北西
年で暗剣殺→東
年で五黄殺→西
年で本命殺→南東
年で本命的殺→北西

1 木 ○母の献身あればこそ家庭が幸せ
2 金 ●会社に嫌な人は必ずいると心得
3 土 ○豆まきで厄除け家族の幸せ願う
4 ㊐ ◐運気の変わり目慎重な行動が吉
5 月 ⦶口先だけでなく実行力が試され
6 火 ⦶短気を起こせば信用も水の泡に
7 水 ◐平凡でも安全方針で過ごすとき
8 木 ◎情報網活用し新企画に取り組む
9 金 ○成り行きに任せて様子を見守る
10 土 ○気負わず目標に向けてアタック
11 ㊐ ●つまらない噂話に動揺しないで
12 ㊊ ○外見飾るより中身の充実が先決
13 火 ◐心配事は独り悩まず友に相談を
14 水 ⦶虫歯に日頃から注意し歯科検診
15 木 ⦶他人の思惑など気にせず前進を
16 金 ◐馬鹿になるのもリーダーの役目
17 土 ◎譲り合いの精神が和やかさ増す
18 ㊐ ○人の世話を嫌がらず陰徳を積む
19 月 ⦶自己主張は頑固過ぎずに程々に
20 火 ●腹の立つ事でもじっと我慢して
21 水 ○おだてに乗れば後悔先に立たず
22 木 ◐迷わず守るべき立場を見極めて
23 ㊎ ⦶友達と茶飲み会でストレス発散
24 土 ⦶真面目な努力が目標達成の近道
25 ㊐ ◐必ずうまく行くと信じて頑張る
26 月 ◎相手の意見を受け入れて前進を
27 火 ⦶元気の源バランス良い食事から
28 水 ○自分の意見気持ちハッキリ表現
29 木 ●苦手なことも努力を積み重ねて

二黒土星　☆めくっておみくじ【九十三番】――**半吉**　魚は水があって生き、人は家業と技に打ち込む。中の位で満足を。

二黒

3月の運勢○吉運

吉　方→南・北・北東
小吉方→なし
丁卯四緑木星の月

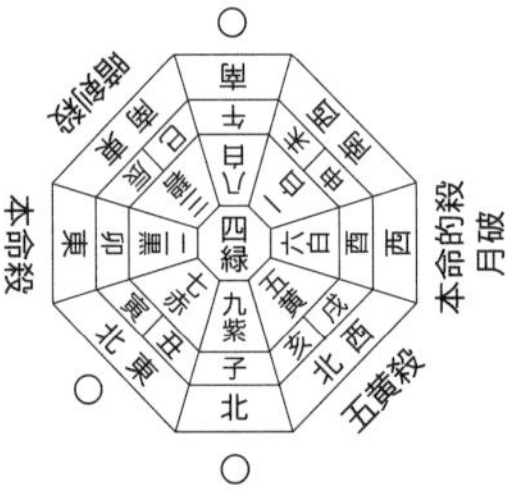

歳破→北西
年で暗剣殺→東
年で五黄殺→西
年で本命殺→南東
年で本命的殺→北西

吉方○南＝発想の転換が評価される。北＝新たな交友関係のご縁が。北東＝親戚知己からの金銭的援助得る。**凶方**●南東＝親しい人に裏切られる。口車に乗せられる。北西＝慢心が失敗を招く。西＝気が大きくなりムダな出費が増大。東＝新規計画が頓挫して見通し暗く。

運勢／積極策が吉と出るが独り合点の暴走心配。これまで計画を進めてきたことを実行に移すチャンスあり。周囲と足並み揃えて軽挙妄動を慎む。秘密事はバレやすい。気を引き締めて身辺整理。金銭面は衝動買いに警戒。落とし物用心。アレルギー疾患やストレス注意。

1金　○争わず速やかな対応が好結果に
2土　◐身内のトラブル早い処置が最善
3㊐　⦶不足思うより有るものに感謝を
4月　⦶期待のし過ぎがプレッシャーに
5火　◐無理せず何事もペース落として
6水　◎笑顔と笑い声は脳の疲れを解消
7木　○円満な人間関係会話がポイント
8金　○気迷いあったら力まず自然体で
9土　●辛いこと乗り切ってこそ喜びが
10㊐　○同じ失敗を二度繰り返さぬ努力
11月　◐進むも退くもタイミングが大事
12火　⦶言い過ぎはまず謝ることが先決
13水　⦶気乗りしない儲け話は注意して
14木　◐積極策より一歩退いて静観が鍵
15金　◎情報を生かせば信用が増大する
16土　○良き運気と安心せず努力を積む
17㊐　○忙しくてうっかりミス起きる日
18月　●一人に話せば噂話いずれ伝わる
19火　○公私共目上に従う安全策が賢明
20㊌　◐墓参り先祖供養で我が家に徳を
21木　⦶礼儀と言葉遣い丁寧が好印象に
22金　⦶少し待つ心のゆとりが運を招く
23土　◐我欲を捨てれば万事が追い風に
24㊐　○勝ち目のない競争避けるが無難
25月　◎身の程知って行動する意識大切
26火　⦶平凡に過ごせる有り難さを実感
27水　●過去の失敗乗り越え再びトライ
28木　○逸《はや》る気持ち抑えるには深呼吸を
29金　◐ご近所付き合いは付かず離れず
30土　⦶相手は鏡笑顔で接し笑顔が返る
31㊐　⦶目上の引き立てあり重用される

二黒

4月の運勢◎大吉運

吉方→南西・南・北・北東
小吉方→なし
戊辰三碧木星の月

吉方○南西＝意欲的になり生活に弾みがつく。職場の評価が上がる。南＝金銭面で喜びあり。魅力アップ。北＝へそくり貯金が増える。北東＝起死回生へ支援得る。
凶方●東＝難癖がつき挫折。西＝遊興で身を持ち崩す。北西＝目上の援助を失う。南東＝優柔不断で発展せず。

運勢／春風に乗って順風満帆。培《つちか》ってきた信用と実績で更なる人脈作りが期待できる。チームワーク大切に懸命に努力を。連絡のやり取りや情報収集は携帯やネットを上手く取り入れて。金銭は世話事や交際費で予想外の出費警戒。寒暖差に用心。風邪や腸疾患に注意。

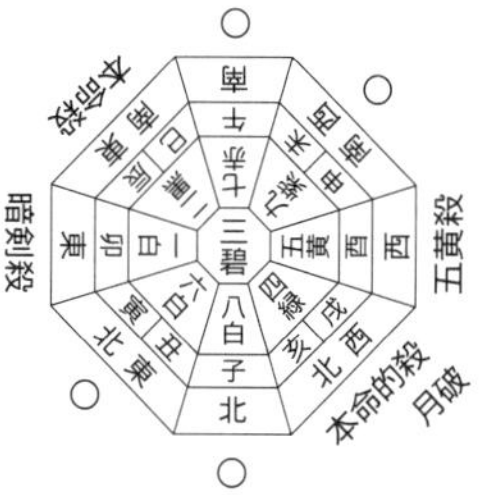

歳破→北西
年で暗剣殺→東
年で五黄殺→西
年で本命殺→南東
年で本命的殺→北西

1 月 ⦶物事に拘らず視野を広く持って
2 火 ◎気力と体力が充実迷わず前進を
3 水 ⦶読書や音楽鑑賞で心が安らかに
4 木 ○焦らずに地道な姿勢が好結果に
5 金 ●注意力低下の日で運転に注意を
6 土 ○人の好き嫌い表に出さずスルー
7 ㊐ ◐軽率な行動は目上の誤解を招く
8 月 ⦶悩まず口に出せば進展する気配
9 火 ⦶自分らしい素直さで信用アップ
10 水 ◐忠告は言い過ぎると敵をつくる
11 木 ◎笑いが免疫力を高める特効薬に
12 金 ○才能の発揮にはまず充電が必要
13 土 ○決めた事は確実に進むのが大切
14 ㊐ ●油断大敵意外な落とし穴に警戒
15 月 ○アウトドアで家族とリラックス
16 火 ◐一喜一憂せず心にゆとりを持つ
17 水 ⦶考えに迷い生じた時は動かずに
18 木 ⦶今後を賢者に相談して活気増す
19 金 ◐人の短所を批判して墓穴を掘る
20 土 ◎嬉しい喜び事がある幸運気の日
21 ㊐ ○安請け合い控えれば信用を得る
22 月 ○足元を固めながら着実に進もう
23 火 ●外出は混雑を避ける行動が無難
24 水 ○早とちりに注意し事実の確認を
25 木 ◐公私共に何かと気が重い事あり
26 金 ⦶余計な口出しせずに静観が無難
27 土 ⦶自我を抑え柳に風と受け流して
28 ㊐ ◐誤解はこじれる前に釈明が大事
29 ㊊ ○趣味を通じて良い話が得られる
30 火 ◎人脈をフルに活用して営業拡大

二黒土星　☆めくっておみくじ【十二番】――**大吉**　春になると柳は緑で百花は匂うごとし、好機到来の時でしょう。

二黒

5月の運勢◐自重運

吉　方↓南・北
小吉方↓なし
己巳二黒土星の月

吉方○南＝引き立てや名誉を得る。公的活動に援助あり弾みがつく。昇進する。北＝仲間と飲食の喜びあり。異性運あり恋愛のチャンス。**凶方**●南西＝親戚身内に波風が立つ。嫁姑問題。北東＝家や不動産関係で損失。北西＝勇み足的な言動から目上との関係が悪化する。

運勢／頼まれ事が多くせわしない。自分の事は後回しになりやすくストレス溜めぬように。煽《おだ》てられても無理をせず分相応に。余計な深入りを避けて消極策で。周囲にも協力を仰ぎ連携を図って。金銭は倹約第一。周りにつられて無駄出費に警戒。過労や再発病に注意。

歳破→北西
年で暗剣殺→東
年で五黄殺→西
年で本命殺→南東
年で本命的殺→北西

1 水　⦶地道な行動が成果に繋がるとき
2 木　●自然に任せたほうが難を逃れる
3 ㊎　○上下和合して親しみ安泰を得る
4 ㊏　◐勢いの中に問題の芽が注意して
5 ㊐　⦶われも行く道お年寄りを大切に
6 ㊊　⦶頑張れば最後は良い結果になる
7 火　◐身内のトラブル冷静に対応して
8 水　◎素敵な異性との出会いに期待大
9 木　⦶ラッキーチャンスに一歩前進を
10 金　○母からの贈り物故郷の味に感謝
11 土　●人の心に裏表があると痛感する
12 ㊐　⦶情報内容の真偽を確かめること
13 月　◐自分のペースを守れば成就する
14 火　⦶口は立派でも行動が伴わない日
15 水　⦶強硬策慎み余裕を持つこと大事
16 木　◐こだわり捨て発想の転換を図る
17 金　◎外見を飾るより自然体で勝負を
18 土　○元気な挨拶ツキ呼び込む福運日
19 ㊐　○おしゃべり楽しくても程々が吉
20 月　●能力以上の行動は慎重さが必要
21 火　○印鑑の押印は内容を十分に確認
22 水　◐新計画は出来ることから着手を
23 木　⦶自信のない事に口出しは無用で
24 金　⦶仲良く共同で事に当たり成功へ
25 土　◐苦労した割には実利の少ない日
26 ㊐　◎分相応を守り平常心で行動して
27 月　○プラス思考で状況を打開しよう
28 火　○根気よくやれば交渉は成立する
29 水　●意外なところに波乱の火種あり
30 木　○上司の意見に従って幸運を招く
31 金　◐優柔不断がチャンス逃す原因に

二黒

6月の運勢◯吉運

吉　方→南西
小吉方→なし
庚午一白水星の月

吉方○南西＝仕事も収入も安定し心が安らぐ。生活に潤いが出て飲食の喜びあり。
凶方●北＝パワハラやストレスで体調不良。乗り物の事故やケガ。南＝努力が日の目を見ない。北西＝自己過信から傲慢になり活躍の場を失う。南東＝縁談や婚活が不調。ライバルに悩む。

運勢／はつらつと公私共に好調の機運。リーダーシップを発揮できるが目上を立てて分をわきまえた行動が信頼を深める。仲間とのボランティア活動など輪が広がりやりがいがでる。金銭面は公私混同しないよう。見えを張らず浪費を防ぐ。交通事故や気力減退に注意。

歳破→北西
年で暗剣殺→東
年で五黄殺→西
年で本命殺→南東
年で本命的殺→北西

1土　⦶信用を守るには舌禍に注意して
2㊐　⦶尽くせば神仏の加護で報われる
3月　◐割り切り過ぎは冷たく見られ損
4火　○テンション高過ぎは部下が離反
5水　◎対人運アップ人脈作りに進展が
6木　○勇み足を注意すれば万事が順調
7金　●力不足は有能な友人の知恵拝借
8土　○人は変えられない自分を変える
9㊐　◐平常心失わぬ対応と行動が大切
10月　⦶一方的な物言いが反発のもとに
11火　⦶投資などは迷ったら見送り必要
12水　◐執着心を捨てて信じた道を進む
13木　◎交渉成立の鍵は誠意と笑顔重要
14金　⦶音楽鑑賞はストレス解消に効果
15土　○先頭に立たず人に従うのが良策
16㊐　●小さな徳の積み重ねやがて福に
17月　○良い情報も真偽を確認する習慣
18火　◐運気の変わり目速やかな対応を
19水　⦶甘い言葉に乗せられぬよう注意
20木　⦶何事も争いを避けて謙虚に対処
21金　◐ガーデニングで心身を癒やして
22土　◎才能発揮するにはまず充電から
23㊐　○積極的な行動がチャンスを掴む
24月　○地道な努力が好結果に繋がる時
25火　●苦あれば楽あり今日は耐える日
26水　○上昇志向はよいが実力をつけて
27木　◐迷いの心あるも節度守って待つ
28金　⦶他人と比較せず自分らしさ貫く
29土　⦶人助け言葉より行動が誠意の証
30㊐　◐身内の争いで家庭内不和に注意

☆めくっておみくじ【十五番】——**凶**　心得違いがあり不満・上下不和。体調不良など身辺の状況に注意。

二黒

7月の運勢⌽小吉運

吉　方→南西
小吉方→なし
辛未九紫火星の月

吉方○南西＝勤労意欲が湧き仕事に自信が出てくる。
凶方●南＝誤解から悪い噂を立てられて迷惑を被る。北＝悪い仲間との腐れ縁的関係が不運を招く。北東＝改革を焦り右往左往する。西＝借金問題が。口内炎。東＝口の災いでトラブルに。見通しが甘く中途挫折する。

運勢／開放的になり趣味や交友関係の楽しみを満喫できるとき。集まりや飲食の機会も多い。節操のない噂話にご用心。口を慎み親しき仲にも礼儀ある交際でトラブル回避。財布の紐を締め金銭は予算内に収める工夫を。口内ケアに留意して暴飲暴食に注意。腹八分で。

1月　⌽汗ばむ時期で水分補給を十分に
2火　●体の冷えに要注意くつ下で対策
3水　⌽夏野菜をたっぷり食べる事が吉
4木　○元気いっぱいの日で充実感あり
5金　◎ラッキーな事が起きる楽しい日
6土　◐思う動きが取れず迷いが生じる
7㊐　⌽相談事は目上の知恵を借り解決
8月　⌽友人との話し合いで学びを得る
9火　◐階段の上り下り足元に注意して
10水　○いつもと違う化粧で周り華やぐ

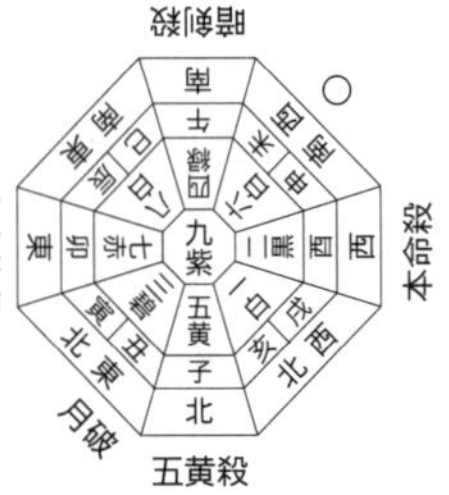

歳破→北西
年で暗剣殺→東
年で五黄殺→西
年で本命殺→南東
年で本命的殺→北西

11木　●ミス起こしやすく慎重な行動を
12金　⌽体の栄養補給には手料理が一番
13土　○カラオケや音楽で心に大輪の花
14㊐　◎パワースポットに出掛け絶好調
15㊊　◐要らない衣類を捨てて整理整頓
16火　◐先輩や上司とトラブル自重して
17水　⌽恋愛問題仲間と通じ盛り上がる
18木　◐家庭内で揉め事が起きそう注意
19金　○髪型を変えた話題から喜び事が
20土　●ノンビリするとチャンスを逃す
21㊐　○手作りの食事で一家団欒絆深め
22月　○ネットでの買い物でお得感満載
23火　◎流行に乗ったオシャレ気分上々
24水　◐嫌な事でも柔軟性を持ちトライ
25木　⌽ドライブに出掛けると気分良好
26金　⌽仲間と話に花が咲き時を忘れる
27土　◐家族で話し合う事があり慎重に
28㊐　⌽うまい話のお誘い考えて返事を
29月　●落ち着いて勉強すると身に付く
30火　○コツコツと努力する事が大切に
31水　○若い人との交流があり好感得る

二黒 8月の運勢◐自重運

吉　方→なし
小吉方→なし
壬申八白土星の月

吉方○小吉方ともになし。旅行は交通機関や目的地を事前に調べて綿密に計画を。ご先祖様に手を合わせ感謝。
凶方●東北＝金銭貸借や相続問題でごたごたして落ち着かない。貯蓄を崩す。
南西＝生活が乱れて能率低下。老人介護の問題。ご近所トラブルに巻き込まれる。

運勢／親戚や家庭の事情で予定変更が起きやすい。新規計画は十分に時間をかけタイミングを計る。無理やり強行突破しようとせず見通しが立つまで現状維持を。金銭は義理の出費増。身内絡みでも高額出費は要検討。見通しの悪い曲がり角や段差に注意。吹き出物に用心。

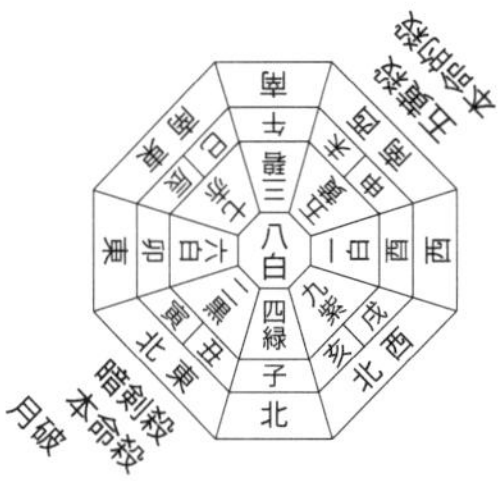

歳破→北西
年で暗剣殺→東
年で五黄殺→西
年で本命殺→南東
年で本命的殺→北西

1木　◎海外の品を身に着けて運気UP
2金　◐今日は八方塞がり無理をせずに
3土　⦶年上の体験に耳を傾けて参考に
4㊐　⦶相手のミス被りそう深入り危険
5月　◐親しき仲にも礼儀を弁《わきま》えて対応
6火　⦶日焼けの肌にはケアを忘れずに
7水　●体調不良にはホットドリンクを
8木　○対人交流はソフトムードで好転
9金　○カラオケで歌って発散気分爽快
10土　◎今後の期待に繋がる楽しい日に
11㊐　◐リサイクル店で掘り出し物発見
12㊊　⦶箪笥《たんす》の中を整理すると運気UP
13火　⦶友人と飲みに行き楽しく過ごす
14水　◐階段で足腰を痛めそうゆっくり
15木　⦶美術鑑賞は心豊かに笑顔を生む
16金　●冷房病の予防はうがいも効果的
17土　⦶腕を振るい家事をこなして充実
18㊐　○若人と話して有益な情報を得る
19月　○表現力と営業力が上昇し順調運
20火　◐なかなかやる気出ずも気合いで
21水　◐ウオーキング気晴らしと発見に
22木　⦶交際の輪が広がり恋愛運生じる
23金　●家庭での揉め事はまず一歩退く
24土　○仕事で期待されるが油断は禁物
25㊐　●相手をよく見て災いを最小限に
26月　○根菜類を食べると力の源になる
27火　○通勤の早歩き健康管理に効果的
28水　◎何をやっても楽しく気分が充実
29木　◐準備不足は空回り万全の準備を
30金　⦶仕事と趣味のバランス保ち快調
31土　◐友人に裏切られそう気を付けて

☆めくっておみくじ【六十三番】――凶　わが行く道に曲直あり。花に棘、人に不信の渦があるなど穏やかならず。

二黒土星　☆めくっておみくじ【八十五番】――**大吉**　初めより途中から地位向上、名誉、上級の試験など効果と成就の力あり。

二黒

9月の運勢○吉運

吉　方→なし
小吉方→なし
癸酉七赤金星の月

吉方○小吉方ともになし。遠出はその方位が吉方になる人のリードに従って吉。
凶方●西＝ケンカや離婚問題。口約束での金銭トラブル。東＝何をやっても打つ手なく先細りに。南＝判断力が低下して決断ができない。北＝うまい話で迷惑を被る。若者とトラブルに。

運勢／人気運あり。才能発揮して活躍が光るとき。各種試験や芸事にツキあり。あきっぽく好き嫌いが出やすい。縁の付き離れがある運気だが短気は損気。冷静な判断を心掛けて。生活が派手になりやすいとき。カード購入や投資は計画的に。歯の不具合や頭痛に注意。

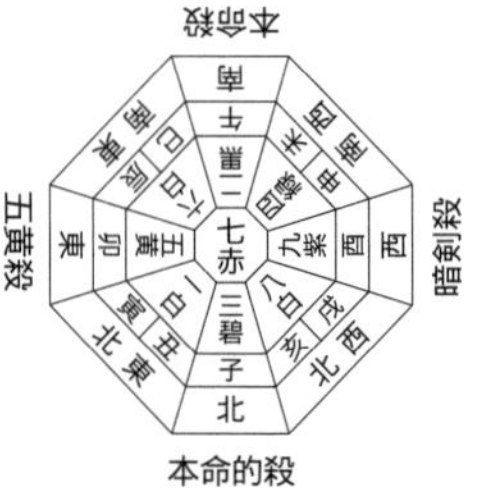

歳破→北西
年で暗剣殺→東
年で五黄殺→西
年で本命殺→南東
年で本命的殺→北西

1㊐　◐知人のグチ聞きアドバイス役に
2月　○流行の服を着こなし気分も上昇
3火　●勉強も仕事も慌てずにこなして
4水　⦶祖父母を囲んで一家団欒の夕食
5木　○自分の力を信じ実力発揮する日
6金　◎恋愛に発展の兆しがパワー全開
7土　◐悩みやトラブルに負けずに挑戦
8㊐　⦶父親とたまにはゆっくり親孝行
9月　⦶楽しくてレジャーでの発散が吉
10火　◐収納を整理し心も体もスッキリ
11水　○書類の押印はチェックを入念に
12木　●夏の疲れは睡眠と身体を小休止
13金　○細やかな動きで諸事スムーズに
14土　○アロマの香りで行動がパワフル
15㊐　◎家庭円満で楽しい事が目白押し
16㊊　◐何をやっても面白くないが克服
17火　○出る杭は打たれる脇役に徹して
18水　⦶笑う門には福来る笑顔で開運へ
19木　◐実力以上の事には手出しをせず
20金　○いつもより明るい服装がプラス
21土　●風邪を引きやすく胃腸に注意を
22㊐　⦶お彼岸は家族揃ってお墓参りに
23㊊　○柑橘類を食べ美容と健康を増進
24火　◎海外の流行を取り入れ注目の的
25水　◐休肝日設け胃腸を整え体を労る
26木　◐上司とぶつかりそう一息ついて
27金　⦶誘われたら素直に付いて行く事
28土　◐不調な流れに我が儘《まま》言わず抑え
29㊐　○伊達メガネお洒落《しゃれ》で掛けて開運
30月　●親しき仲も礼儀守り立場を尊重

二黒

10月の運勢●警戒運

吉　方→北東
小吉方→なし
甲戌六白金星の月

吉方○北東＝停滞していた問題が刷新されて状況好転する。貯蓄の新情報を得る。
凶方●北西＝口車に乗せられ投資で大損に。貴重品が盗難。南東＝不遜な態度で信用に傷がつき取引中止。北＝友達ともめてゴタゴタする。持病再発。南＝いじめや陰口で肩身が狭くなる。

運勢／物事が思うようにならず先々の見通しが立たない。無理を通すより時間が解決してくれるまで辛抱して待つのが得策。独りの時間を有意義に過ごして自己研鑽を。金銭面は小銭を貯めて節約を。発酵食品を摂り入れて食生活を見直して。便秘や腎臓泌尿器系に注意。

1 火　○ゆっくりと時が過ぎ行く充実感
2 水　○誠心誠意な対応が好印象を生む
3 木　◎喜び事あり気持ちが満たされる
4 金　●何事も人任せにせず自ら動いて
5 土　⦶人の意見に耳を傾けて結果良し
6 (日)　◐酒の飲み過ぎ浮かれず節度守る
7 月　◐牛肉を食して体力UPの近道に
8 火　⦶外に目を向け社交運を広げよう
9 水　●日常生活のマンネリ化にご用心
10 木　⦶規則正しい生活リズム崩さずに

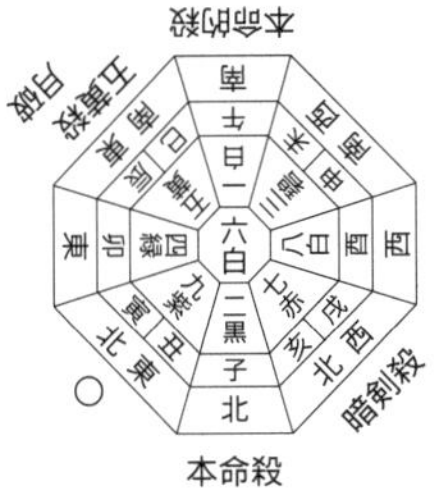

歳破→北西
年で暗剣殺→東
年で五黄殺→西
年で本命殺→南東
年で本命的殺→北西

11 金　○若い子との会話でプラス情報が
12 土　○同僚の知り合いを紹介され幸福
13 (日)　○仕事では補佐役に徹し結果待つ
14 (月)　◐森林浴に出掛け存分に英気養う
15 火　⦶言葉によるトラブルに注意して
16 水　◐足腰に気を付け階段にはご用心
17 木　⦶華やかな魅力が開花する良好日
18 金　●睡眠不足が記憶力低下の要因に
19 土　⦶心を込めて仕事をすると高評価
20 (日)　○友人に連絡はラインを活用して
21 月　○好奇心フルに発揮して活気運に
22 火　◐短気は損気を忘れずに気を長く
23 水　◐神社や仏閣お参りで悩みが解消
24 木　⦶夜飲みで仲間と語らい気分良し
25 金　◐貯蓄預金で安全確実に資産形成
26 土　⦶目移りしやすく買い物を控える
27 (日)　●何をやっても欲求不満出やすい
28 月　⦶母親や家族との口論を避けよう
29 火　◎陰日向なく誠実な働きが実績に
30 水　○運気良好な日やりたい事を実行
31 木　●ハロウィンにちなみお菓子配り

二黒

11月の運勢○吉運

吉方→南
小吉方→なし
乙亥五黄土星の月

吉方○南＝学びや試験の成果が上がる。才能を発揮。苦労が報われて評価される。
凶方●南東＝優柔不断な態度で信用失う。取引が中断。縁談や婚活が不調。南西＝仕事が安定しない。怠惰な生活態度に。嫁姑の問題。北東＝わがままな言動で親戚知己と不和に。相続問題。

運勢／堅実に時間をかけて取り組んできたことで明るい展望が。裏表ない態度が周囲からも評価される。横やりを入れられないよう和の心を持って。もうひと踏ん張り持久力大切。金銭はムダを省いて長期計画を。契約事は再度の確認必要。皮膚の乾燥や胃腸炎に注意。

歳破→北西
年で暗剣殺→東
年で五黄殺→西
年で本命殺→南東
年で本命的殺→北西

1金　◐お気に入りの装身具で好印象に
2土　⦶仲間同士でも言葉遣いに配慮を
3㊐　◐変化のある時で迷わずに頑張る
4㊊　○能力が認められて気分も上々に
5火　●判断力が低下し気持ち散漫注意
6水　○たまには会社に手作り弁当持参
7木　◎ありがとうの一言が幸運を招く
8金　○サービス精神で内面の充実図る
9土　◐物事が上手く運ばず停滞気味に
10㊐　⦶新しいジョギングシューズが吉
11月　◐余計な事を言わずやり過ごして
12火　◐家庭内で意思の疎通なく注意を
13水　○感情的になってはダメ笑顔大切
14木　●運気が低迷買い物で気分転換を
15金　○いつもより大人しい服装で外出
16土　◎何をしても楽しい時外食もＯＫ
17㊐　○感情に左右されぬ冷静さが必要
18月　◐自己主張は控え臨機応変に対応
19火　⦶先輩の意見を聞いて節度を守る
20水　⦶人との出会い進出の切っ掛けに
21木　◐友人のトラブルに巻き添え注意
22金　○仕事運良く周囲の評価も高まる
23㊏　●日頃の疲れを早寝して解消する
24㊐　○穏やかに過ごせて満足感を得る
25月　◎カラオケに行ってストレス発散
26火　○気の合う仲間とランチを楽しむ
27水　◐背伸びせずに等身大で行動する
28木　⦶変化求めず平凡に過ごせば安泰
29金　⦶クレジットカード使い過ぎ注意
30土　◐腰が痛くなりそう温める処置を

二黒

12月の運勢○吉　運

吉　方→北・北東
小吉方→なし
丙子四緑木星の月

吉方○北＝心の通う良き仲間に恵まれる。北東＝身内と関係良好。蓄財情報得る。**凶方**●南東＝詐欺に遭う。難癖を付けられ四苦八苦。北西＝頼りにしていた支援者を失う。南＝連帯保証で損失。書類のミス。東＝独断専行して大失敗。西＝分を弁えず散財して困窮する。

運勢／師走。率先して事に当たって吉。一年の締めくくりに労を惜しまず早めに準備対応を。肝心なことを見落として後悔することの無いよう周囲との打ち合わせ十分に。正月準備は家族を交えて計画を。鍵やカード類の紛失に警戒。戸締まり用心。過労や足元に注意。

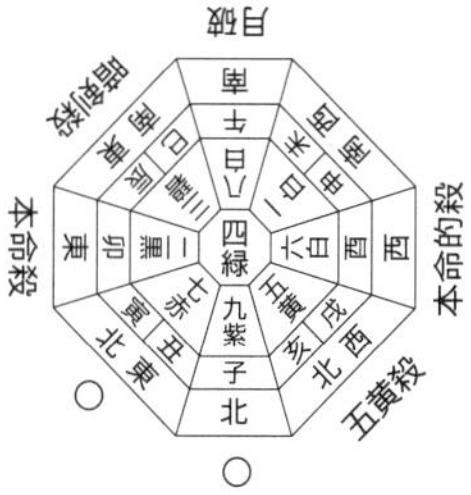

歳破→北西
年で暗剣殺→東
年で五黄殺→西
年で本命殺→南東
年で本命的殺→北西

1	㊐	○ヘアスタイルを変えて気分一新
2	月	●甘い話には裏がある一歩引いて
3	火	⦶年末の掃除を少しずつ始めよう
4	水	◎持ち前の気遣いで対人関係良好
5	木	○ラッキーな時流れを味方に好調
6	金	◐胃腸を守るには温かい味噌汁で
7	土	⦶目上の忠告で改善点の糸口掴む
8	㊐	⦶趣味仲間と会話を楽しむ時間を
9	月	◐本分を忘れず集中力を高め無事
10	火	○出会いを生かして自分を豊かに
11	水	●失敗をしてしまいそう注意必要
12	木	○他に頼り過ぎず協力体制が一番
13	金	○向上心高め苦手分野にも挑戦を
14	土	◐自重して対処すれば信用を得る
15	㊐	◎停滞を感じたら焦らず時を待つ
16	月	⦶上司と仲良く過ごし好感度ＵＰ
17	火	⦶飲み会シーズン体調整え自重を
18	水	◐友人や家族の話を聞いて励ます
19	木	○努力の成果が周囲からも高評価
20	金	●日頃の疲れお風呂でくつろいで
21	土	○甘味とお茶で楽しむ時間を持つ
22	㊐	○年下の人と出掛けて情報を共有
23	月	◎個性輝くとき社交性を発揮して
24	火	◐物事が思うように進まず苦労も
25	水	⦶父親とたまには一緒に酒を飲む
26	木	⦶年配者との食事会で得る事あり
27	金	◐効率よく部屋掃除に着手をする
28	土	○花を飾って気持ちも運気も上昇
29	㊐	◎年末年始の買い出しは手際よく
30	月	○正月準備は役割分担を決め作業
31	火	○一年を振り返り新年を心新たに

☆めぐっておみくじ【五十三番】――**吉**　ここ久しく心労が多かったが回復に至るので安心。月が変われば来福あり。

三碧《さんぺき》木星《もくせい》

自重運

明鏡止水
栄枯盛衰

令和6年 甲辰三碧木星
方位盤

吉方→南西
凶方→東・西・北西

「南西」を吉方で活用すると、勤労意欲が高まり、何事においても考え方がポジティブになります。リクルート中の方はぜひ活用してみましょう。良い就職先が見つかる可能性が高くなります。忍耐力と判断力が身に付くので営業成績や学業の成績が飛躍的に向上します。また、不動産運にも恵まれ念願のマイホーム購入の現実感が顕著に。引っ越し・転居・海外旅行・長期旅行は、三月節、四月節、九月節、十二月節の最大吉方がお勧めです。

性格と人生

明るく積極的な性質で、成長していく樹木のように元気よく活発なタイプです。好奇心旺盛で頭の回転が早く、人に先んじて進みます。親切ですが、潔癖で几帳面な一面も。自分のペースで進もうとするので、自我を出しすぎると対人面で波風を立てたり軽率な一面が出ることがあります。マイナス面としては、寂しがりやのくせに好き嫌いが激しく、無愛想で短気に接する一面が。周りの反感を買わぬように口の災いにも注意が必要です。

全般的な運の流れとしては、冒険心と若さ、行動力を持っているので、若いうちから好機を得て頭角を現します。早くから成功する人も多いでしょう。また、その一方で、一足飛びに成果を求めていくので運勢に好不調の波がはっきり出がちです。社会的には有能さが評価されて一目置かれますが、財より名を得ます。初年運タイプなので、四十七歳頃までに基礎を固める方針で後半生の安泰を図りましょう。

周囲との和を大切にして才能を開花させましょう。

三碧木星生まれ

令和 6 年甲辰
平成27年乙未
〃 18年丙戌
〃 9 年丁丑
昭和63年戊辰
〃 54年己未
〃 45年庚戌
〃 36年辛丑
〃 27年壬辰
〃 18年癸未

2月4日以前生まれの人は四緑生まれで見ます

あなたの今年の運勢　三碧木星

過去数年間の集大成とも言える年回り。プラスの面とマイナスの面が誇張されるので、一喜一憂の場面も。誘い水に乗りやすく余計な口出しは八方塞がりの状況に。

◎商売運……昨年来の成績がシビアに評価される。外見の派手さより内面の充実を心掛け、周囲の状況に目を配り、無思慮な行動を控え現状維持を得策としよう。

◎職場運……重荷を背負ったり、時には責任を問われる立場に立たされる状況に陥りそうです。当てにしていた事が裏目に出やすいので、些細な事でも油断大敵です。

◎家庭運……家庭内で揉め事がクローズアップしそう。ほんの些細な一言から大炎上になるので、深みにはまる前にこちらから頭を下げましょう。言葉選びを慎重に。

◎恋愛運……心寂しさから自分を見失い、望んでいない恋愛に飛び込みそう。自分のプライドをしっかり持って誤解を招く行動を控えましょう。焦らず妥協は禁物です。

◎金　運……贅沢をしなければ比較的安泰に過ごせそうです。養育費にシェアが集中するので予めの準備が大切。

◎健康運……持病の悪化に注意しましょう。特に夜間に発症する傾向が強いので連絡先のカード等の準備が○。

丑の三碧の運勢／**27歳**は、周囲との協調性が重要な時。一歩一歩着実に築き上げる事が大切。スキルアップのため日々の精進を欠かさず。**63歳**は、頼りにされる時なので、世話苦労が多い時。対応が良すぎても却って重荷になる場合は素直に断りましょう。

辰の三碧の運勢／**36歳**は、ケアレスミスに注意しましょう。慣れている仕事ほど気を引き締めて。慎重に対処していけば概ね安泰です。**72歳**は、ちょっとした不注意から事故に繋がる暗示が。乗り物で移動する時は慎重に。また、体調管理を怠らずに。

未の三碧の運勢／**9歳**は、外出先での怪我に注意し、我がままな面を封印しよう。**45歳**は、好調をキープ。今の頑張りが来年以降の更なる飛躍に繋がります。ただし、あまり調子に乗り過ぎないこと。**81歳**は、歩行中の転倒に注意。食中毒に気をつけて。

戌の三碧の運勢／**18歳**は、将来の進路に迷いが生じる事案も。独りで悩まず相談して解決の糸口を。初志貫徹を心掛け何事もプラス思考で。**54歳**は、価値観の相違から家族と対立しそう。特に子供の問題は時間をかけて慎重に対応していく事が大切。

三碧

1月の運勢⦶小吉運

吉　方→なし
小吉方→南・東
乙丑六白金星の月

吉方○南＝小吉方。地道な努力が結実し花開く。判断力がつく。東＝小吉方。遠方より良い知らせあり前進。
凶方●北西＝株やギャンブルで大損。ケンカやケガの恐れ。南東＝評判を落とし取引不調。縁談の破れ。南西＝家庭内がゴタゴタ。胃炎。北東＝蓄財を失う。

運勢／堅実に努力を積み重ねて背伸びせず。不平不満を慎み現実を見据えて目標を設定。誠実で裏表のない対応が人にも自分にもプラスに。家族や友人との心の絆を大切にアットホームに新年を祝って。金銭は不意の出費や雑費に備えて。暴飲暴食、胃腸や再発病注意。

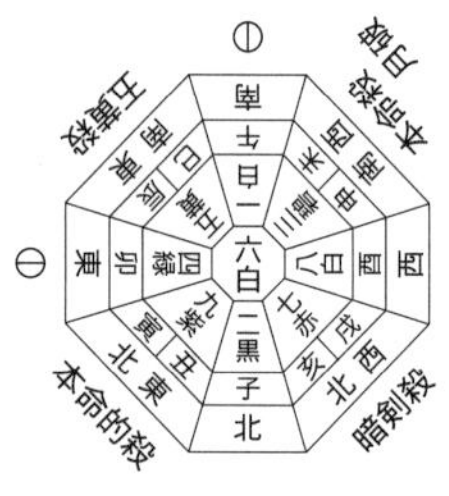

歳破→西
年で暗剣殺・本命殺→南東
年で五黄殺・本命的殺→北西

1㊊　⦶新年のご挨拶まず神棚へ拝礼を
2火　⦶時を超え繋がる楽しさ百人一首
3水　◐蟠《わだかま》りがお屠蘇《とそ》の効用で解消する
4木　○氏神様に参拝すませ仕事始めに
5金　◎友とランチで意欲上昇し開運へ
6土　○寒の入り早朝散歩で健康ゲット
7㊐　●七草がゆ家族と食する平和な日
8㊊　○新成人を祝いて思う歳月の流れ
9火　◐気候に負けず有酸素運動続ける
10水　⦶二面性を上手に使い分け好印象
11木　⦶鏡開き気分も新たに仕事に邁進
12金　◐気を抜くと追い越される停滞運
13土　○社交辞令でも心を込めて対応を
14㊐　◎読書に耽《ふけ》り英気を養う充足の日
15月　●プライドを抑えて関門を越える
16火　●子供同士の縁が導く人と人の輪
17水　○趣味生かし得た収入で雪見の旅
18木　◐努力して力不足は笑顔でカバー
19金　⦶大寒は明日から春へ向かう喜び
20土　⦶太陽と仲良くしてウイルス退散
21㊐　◐時には予定の無い休息を大切に
22月　○異性の甘い誘惑には注意しよう
23火　◎両親と歌舞伎鑑賞し心晴れやか
24水　○何ごともタイミングが重要な鍵
25木　●やる気ダウンでも気持ち確かに
26金　⦶言葉遣いの気配りが安全対策に
27土　◐魂のクリーンアップが大切な時
28㊐　⦶チャンスに乗り損ねても次回が
29月　⦶春期に備えて最新の準備を開始
30火　◐プレゼンで通らぬ夜は鍋で晩酌
31水　○晩年のため趣味を持つ事が大切

三碧

2月の運勢⦶小吉運

吉　方→なし
小吉方→南東・南・北
丙寅五黄土星の月

吉方○南東＝小吉方。交友関係広がり良縁との出会い。南＝小吉方。斬新な発想が生まれる。北＝小吉方。集中力が高まる。家族円満。
凶方●南西＝迷いが多く生活が落ち着かない。東＝不用意な失言で非難され中途挫折。西＝遊び惚けて浪費グセがつく。酒席で災難。

運勢／軽快な滑り出しも思わぬトラブルでつまずく。古い問題や情の絡む問題に足を取られて後悔する。自己過信せず慎重に。失言や失費がないよう冷静な立ち回りが不可欠。金銭は衝動買いに警戒。ウオーキングは靴を選んで。睡眠十分に。ストレス足元の冷えに注意。

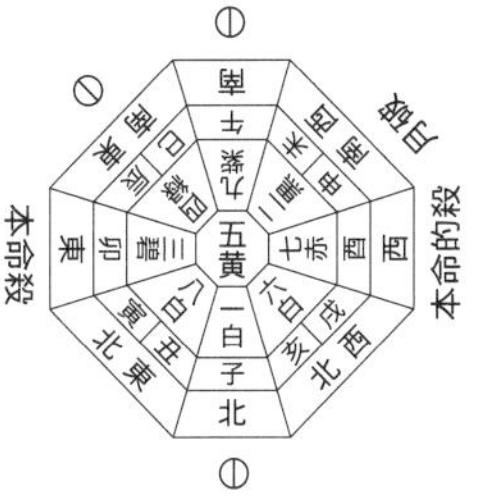

歳破→北西
年で暗剣殺→東
年で五黄殺→西
年で中宮

1 木 ◎手土産が功を奏し今後の発展に
2 金 ○無理を抑えて少しの力で継続を
3 土 ●福と鬼どちらも味方にして開運
4 ㊐ ⦶家庭内トラブルは花束と外食で
5 月 ◐単純作業もまじめさ認められる
6 火 ⦶育成力を活用し後継者を鍛えて
7 水 ⦶ランチタイムで気分転換しよう
8 木 ◐噂話は聞き流して心からスルー
9 金 ○溢れ出るアイデアは整理が必要
10 土 ◎旧友と再会し心身をカムバック
11 ㊐ ○世界唯一の元号を持つ事に誇り
12 ㊊ ●健康への不安解消には精密検査
13 火 ⦶経済知識は家計備蓄の重要条件
14 水 ◐伝わらぬ思いをチョコに託して
15 木 ⦶臨時収入少し使い残りは貯蓄へ
16 金 ⦶梅の香に英気を受け気分も開花
17 土 ◐悪い噂を聞いても触れぬのが愛
18 ㊐ ○直感を信じて進めば悩み解決へ
19 月 ○雛人形ようやく出番が巡る雨水
20 火 ⦶転居が必要なら早々に着手実行
21 水 ●平凡は目立つよりも価値ある事
22 木 ○連休の計画立ててリフレッシュ
23 ㊎ ◐悠久の歴史伝承の凛とした重み
24 土 ◐心変わりに驚くより自己反省を
25 ㊐ ⦶受験生そっと見守り食に気配り
26 月 ◐アバウトに構える方が運気上昇
27 火 ○お互いの立場を自覚し人生開拓
28 水 ◎恋愛は流れに乗ってゴールイン
29 木 ⦶ワンランク上を目指して猛勉強

☆めくっておみくじ【十九番】——**末小吉**　バラの花に棘あり、人は言葉の棘を慎む。急がば回れの方針が吉。

☆めくっておみくじ【八十九番】——**大吉**　玉磨かざれば光なし。志を高く学問を学べば努力で立身を得るでしょう。

三碧

3月の運勢○吉運

吉　方→南西
小吉方→北
丁卯四緑木星の月

吉方○南西＝勤勉になり生活が上向く。古い友人との縁が復活。北＝小吉方。プライベートの時間が充実。良きアドバイザーを得る。
凶方●南東＝誹謗中傷される。信頼を裏切られる。北西＝目上運を損ねて身の置き所がなくなる。西＝気が大きくなり無駄金を使う。

運勢／これまでの信頼関係や情報が頼りになる。欲が出て活動を広げたくなるが細やかな対人関係への配慮が不可欠なとき。節度ある言動でリスク回避。利害関係には関わらず噂話には立ち入らぬように。金銭は失費警戒。貸借関係は慎重に。アレルギーや腸疾患に注意。

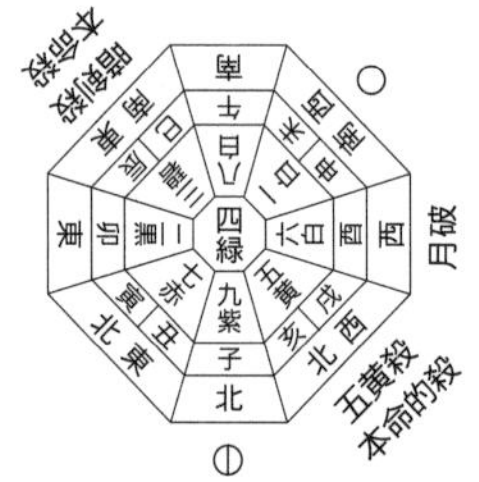

歳破→北西
年で暗剣殺→東
年で五黄殺→西
年で中宮

1 金 ●心が沈んだら好きな音楽が一番
2 土 ○高齢者の話を聞くゆとりが大切
3 ㊐ ◐幼時に戻り無心で雛祭り楽しむ
4 月 ⦶孤独を成長のステップアップに
5 火 ⦶話すより相手の話に耳を傾けて
6 水 ◐口論後は酒の助けを借り仲直り
7 木 ○導く立場になったら迷わず決断
8 金 ◎来年の飛躍を目標に知識深める
9 土 ○伴侶の助言で服を選び好印象に
10 ㊐ ⦶自室を整理整頓し心の塵も排除
11 月 ○目に見えぬ力に感謝をするとき
12 火 ○続けていた技芸が役立ち好転す
13 水 ⦶自らが成りたい姿を描いてみる
14 木 ◐恋人を最優先に一番大切な宝物
15 金 ◐越えるべき難関開くために努力
16 土 ○いつも行く神社お参り近況報告
17 ㊐ ◎ポジションの昇格告げられ歓喜
18 月 ○仲間と連携プレーで効率アップ
19 火 ●人生は修業と思って今を耐える
20 ㊌ ○故人が好きな花を持ちお墓参り
21 木 ◐先祖のご加護受けスランプ脱出
22 金 ⦶若さを賛美されたら運動を継続
23 土 ⦶プレゼントは無理のない予算で
24 ㊐ ◐真夜中に学び続けて資格を獲得
25 月 ○満月の月光浴で癒しパワー充電
26 火 ◎婚活で人生初のモテモテを体験
27 水 ⦶勇気を出して感謝を言葉にする
28 木 ●成果を振り返り反省する年度末
29 金 ○子供の旅立ち迎え悲喜こもごも
30 土 ◐白黒を付けないで円満に収める
31 ㊐ ⦶和気あいあいの心で繁忙期脱出

三碧

4月の運勢◐自重運

吉　方→南西
小吉方→なし
戊辰三碧木星の月

吉方○南西＝共同作業に弾みがつく。地域社会活動に貢献する。努力の甲斐あり仕事が波に乗り収入が安定。
凶方●東＝隠し事がバレて弁明に苦しむ。誤解や非難中傷を受ける。西＝華美な生活で身を持ち崩す。異性問題。北西＝意見の相違から支援者のサポートを失う。

運勢／勢いに任せて無理をしがち。自己過信から軽い気持ちで問題に首を突っ込むと身動きが取れなくなる。見込み違いを起こしやすいとき。お節介な口出しを控え先々を考え慎重に。金銭は交際費が増大。人に奢《おご》るも分相応の範囲で。ストレス過労や慢性疾患に注意。

歳破→北西
年で暗剣殺→東
年で五黄殺→西
年で中宮

1 月 ◐引き継ぎは細部までしっかりと
2 火 ◐ミスを的確に指摘され意気消沈
3 水 ○歓迎会までに名前と顔の一致を
4 木 ◎清々しい風と共に上昇運の好日
5 金 ○会社帰りに寄席でストレス解消
6 土 ●新しい職場で結果を急ぎ勇み足
7 ㊐ ○犬友の散歩仲間と楽しい交流日
8 月 ◐花まつり甘茶をかけて心を浄化
9 火 ⦶課題は全員の力を合わせて解消
10 水 ●ライバルを意識し過ぎて苦戦中
11 木 ◐転職を実力発揮の引き金にして
12 金 ○パステル調の服装で心も春模様
13 土 ◎久し振りに大いに笑い元気溌剌
14 ㊐ ○春爛漫そぞろ歩きで花を楽しむ
15 月 ●土用前に庭木の手入れ終了して
16 火 ⦶早起きし朝日を拝み健康に感謝
17 水 ⦶友人から温かな心遣い届きそう
18 木 ⦶睡眠のバイオリズムを崩さずに
19 金 ⦶叱るより褒め上手が効果を発揮
20 土 ◐季節の変わり目体調に注意して
21 ㊐ ○地元への奉仕が人の心をつなぐ
22 月 ◎思い切った行動がチャンスへと
23 火 ⦶昼休み公園でランチし春を満喫
24 水 ●目標を再確認し方向性の検討を
25 木 ⦶花粉症もピークを越えて一段落
26 金 ◐SNSの表現は細心の注意必要
27 土 ⦶イベントで趣味を生かしご満悦
28 ㊐ ⦶庭で家族や仲間とバーベキュー
29 ㊊ ◐昭和時代を顧みて友と温故知新
30 火 ○女子会の歓談でストレス解消を

☆めくっておみくじ【七十四番】——凶　おみくじに蛇と虎の交わり、牛の二尾など異例の驚事で、争いや損失に用心か。

三碧

5月の運勢◐自重運

吉　方→なし
小吉方→なし
己巳二黒土星の月

吉方○小吉方ともになし。旅行は事前に予定を立てて急な予定変更には慎重に。
凶方●南西＝親族間のもめ事から不動産関連のトラブルが浮上。老人介護問題。北東＝欲深さが災いし運が暗転。北西＝軽挙妄動で失敗。不注意からケガ。南東＝悪い噂で信用失う。破談。

運勢／風薫る五月。願望達成に勢いづくも思惑外れる。気紛れや迷いが多くエネルギッシュに活動するも実利が伴わない。勇み足的な暴走注意。焦らず騒がず周囲との信頼を失わないよう冷静に進める。金銭面が不安定。投機事は見合わせて安心。頭痛や交通事故に注意。

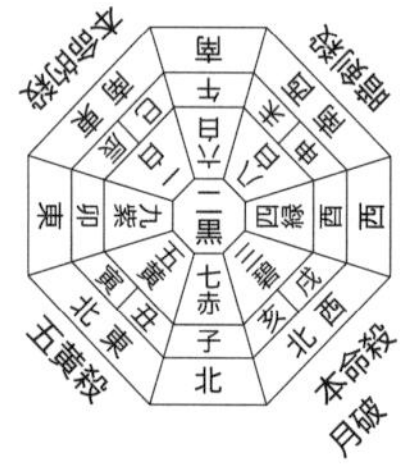

歳破→北西
年で暗剣殺→東
年で五黄殺→西
年で中宮

1 水 ◎的確な判断が評価を上げ好調日
2 木 ⦶周囲の提案採用し攻略法を実践
3 ㊎ ●憲法記念日は平和に感謝の心で
4 ㊏ ○植物園で自然に親しみ心安らぐ
5 ㊐ ◐子供らと菖蒲湯に入り邪気払う
6 ㊊ ⦶連休の支出超過を手弁当で補充
7 火 ⦶何事も優先順位を決め好展開へ
8 水 ◐イメージ一新し気分も軽やかに
9 木 ○ナンバー2を目指して正解の時
10 金 ◎閃きを商品に結び付け大ヒット
11 土 ○継続は力なりと心得て開く扉に
12 ㊐ ●感謝を込め母をディナーへ招待
13 月 ⦶スケジュール空白欄に休日確保
14 火 ◐身を引く謙虚さが評価を受ける
15 水 ◐長年の知識が役立ち大きな収穫
16 木 ◐年一度の健診を参考に生活改善
17 金 ◐連休を避け安価なツアー楽しむ
18 土 ○海辺をドライブして新風を吸収
19 ㊐ ◎新規事業は運気と方位で慎重に
20 月 ○近くの神社へ毎朝散歩しご挨拶
21 火 ●曖昧な対応が災いし孤立無援に
22 水 ⦶久しぶりの旧友と昔話が満開に
23 木 ◐満月ベランダで楽しむ初夏の宵
24 金 ⦶多忙でも恋人との時間は確保を
25 土 ⦶カードの買い物は小まめに確認
26 ㊐ ◐ストレスは家族の愛で元気回復
27 月 ○転職や転勤は受けて好転の兆し
28 火 ⦶個人より一致団結して力を発揮
29 水 ○導かれた場所で活躍し高評価を
30 木 ●気負わず人との繋がり重視して
31 金 ⦶運転は慎重にスピードは控えて

三碧

6月の運勢◐自重運

吉　方→なし
小吉方→南東・北東
庚午一白水星の月

吉方○南東＝小吉方。実力者との良縁あり。北東＝小吉方。膠着状態の運が好転する。良き仕事や情報を得る。親族からの支援を得る。
凶方●北＝目上と対立しパワハラ被害。乗り物事故。南＝判断力が低下しミス。西＝言葉の行き違いで不和。東＝見通し立たず方向転換。

運勢／人との交流が盛んになり飲食の機会も増える。悪ふざけや噂話は口論を招く。気分転換にと羽目を外し過ぎずに節度ある言動を。オンとオフをわきまえて怠惰にならぬよう生活リズムを整えて。金銭は浪費グセに警重に。異性運あり、慎戒。虫歯や口腔疾患注意。

1土　◐衣替えクールビズ適用して爽快
2㊐　⦶梅雨前は家周りを家族で清潔に
3月　⦶ストレスはカラオケで発散して
4火　◐夜遊びが発覚し居場所失い窮地
5水　○ボーナス前笑顔で激務をこなす
6木　◎雨が待ち遠しい新品ブランド傘
7金　⦶通信料金は家族単位で見直して
8土　●会議を積み重ねトラブルを回避
9㊐　○スポーツジムで健康と恋ゲット
10月　◐憂鬱な気分は激辛ランチで解消

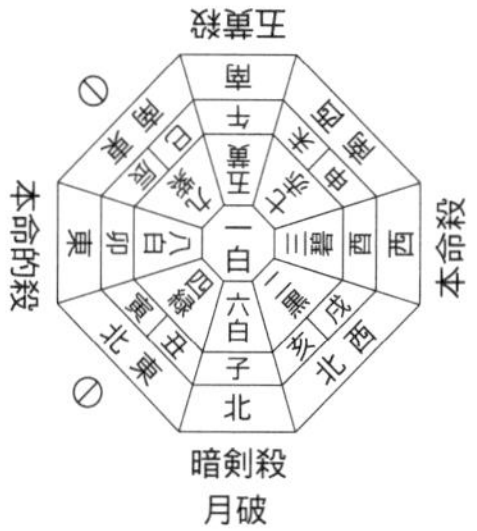

歳破→北西
年で暗剣殺→東
年で五黄殺→西
年で中宮

11火　⦶マンネリ化の打開策は新人登用
12水　⦶不動産投資の見学は天候に注意
13木　●冷えから来る持病再発に気配り
14金　○準備万全と安心せず再チェック
15土　◎アイデアが認められ商品化決定
16㊐　○ゴルフ仲間と過ごす時を大切に
17月　●興味引くネットビジネスに用心
18火　○お中元いつもの顔が目に浮かぶ
19水　◐夏風邪と軽く見ず病院で診察を
20木　⦶空き時間をスキルアップに活用
21金　◐夏至の朝日を浴びて心身を浄化
22土　◐アルコールゼロで難なく健康体
23㊐　○方向性を変えて自分の心を磨く
24月　◎コンサートで心癒し運気アップ
25火　○俳句ブーム自らも作句を楽しむ
26水　●天候も心も不調の日は家で瞑想
27木　⦶偏食改善の開始が影響し小食に
28金　⦶早寝早起きを実行し体調管理を
29土　◐運気の転換日新しい流れに便乗
30㊐　⦶半年分の垢を落とし断捨離デー

三碧

7月の運勢◐自重運

吉　方→なし
小吉方→なし
辛未九紫火星の月

吉方○小吉方ともになし。義理絡みの移動や移転は慎重に計画を立てて進めたい。**凶方**●南＝不名誉な問題で信用失墜。書類ミス。北＝不摂生から健康を害する。秘密の異性問題を抱える。北東＝見切り発車で失敗。後継者問題。南西＝努力が無駄になり勤労意欲が喪失。

運勢／気持ちが切り替わるとき。計画なく思い付きで急に動くのは自ら苦難を呼ぶようなもの。目先の利にとらわれず地道に進めて。周囲との軋轢《あつれき》を避けるため感情的にならずに余裕のある対応を。家や親族絡みの出費あり。程よい距離感で。体調の変化や腫れ物注意。

歳破→北西
年で暗剣殺→東
年で五黄殺→西
年で中宮

1月　●目上の女性には素直さが一番に
2火　○お喋《しゃべ》りとランチとセレブな主婦
3水　◎アートギャラリーで心弾みそう
4木　○強運日でも過去の善悪が出る日
5金　◐過食気味健康は腹八分で我慢を
6土　⦶蒸し暑く気持ち落ち着く行動を
7㊐　⦶七夕に願いを込めて笑顔大切に
8月　◐私の心を映す空模様変動するか
9火　⦶目を見開けば事の真相を知る日
10水　●不調な時こそ明日への備え大事
11木　○一枚ずつ古着を片付け夏に備え
12金　◎ＳＮＳで相談すれば悩み事解消
13土　○信用増せども誘惑事起きやすい
14㊐　◐人は様々腐れ縁には気を付けて
15㊊　◐予想外や予定外に振り回される
16火　⦶先祖様に感謝の墓参で心穏やか
17水　◐会食やおしゃべりで息抜き必要
18木　⦶着飾って出掛けると景色も違う
19金　●ダラダラ過ごさず部屋を片づけ
20土　○夏の日に母の笑顔が思い浮かぶ
21㊐　◎新規事に努力すれば希望が湧く
22月　⦶気持ちを伝えれば意外な展開に
23火　◐周りの支えで出来ることに感謝
24水　⦶東奔西走でも気持ちを楽にして
25木　⦶飲食や買い物は財布の紐緩めず
26金　◐変身事あっても時に身を任せる
27土　⦶スマホを置いて目を休めてみて
28㊐　●独り善がりせず静観も大事な日
29月　⦶雑用多くても一つ一つを大切に
30火　○メールのお知らせで思わず笑顔
31水　○遅れて来た風の便りに安堵する

三碧

8月の運勢⦶小吉運

吉　方↓なし
小吉方↓なし
壬申八白土星の月

吉方〇小吉方ともになし。夏旅シーズン。旅行はその方位が吉方の人に従って。**凶方**●北東＝親戚知己とのゴタゴタで四苦八苦。南西＝怠けグセがつく。嫁姑問題。職場環境が悪化。南＝勘違い見込み違いでトラブル。隠し事が露見。北＝交友関係が不調。体調悪化。

運勢／頭の回転が速くウィットに富むやり取りが注目を集める。うぬぼれて独走することなく周囲に配慮して協調の精神を忘れずに。相談事は専門家を頼り安泰。好き嫌いの感情を出さず謙虚な心で。スケジュール管理しっかり時間厳守。見え出費警戒。目や血圧注意。

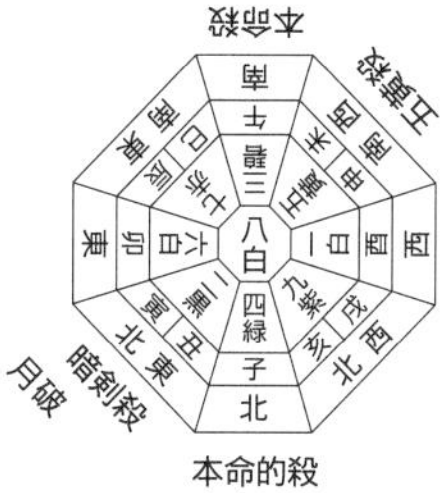

歳破→北西
年で暗剣殺→東
年で五黄殺→西
年で中宮

1 木 ●古い出来事片付けて次へと繋ぐ
2 金 ⦶役所の手続き専門家に依頼して
3 土 ⦶飲食時の軽率な振る舞い程々に
4 ㊐ ◐選択肢の判断に迷い上司に相談
5 月 ◯過去の成果や努力が報われそう
6 火 ●諸事心労多いが陰で実力蓄える
7 水 ◯焦らず動く前には綿密な計画を
8 木 ◎自信があればハッキリと伝えて
9 金 ◯無駄に動くと信用を失うことも
10 土 ◐私的内部の煩悶《はんもん》事多く自重大切
11 ㊐ ⦶実力を認められても謙虚さ大事
12 ㊊ ⦶不足を数えるより現状に感謝を
13 火 ◐万事予定を守り急な変更は慎む
14 水 ◯功名あれども次に備える大切さ
15 木 ●子供の心労事は前向きに対処を
16 金 ◯根気よく取り組んで成果を出す
17 土 ◎予想外な展開でも前進あるのみ
18 ㊐ ◯欲得に走らず信頼と繁栄を作る
19 月 ◐八方塞がり今日は充電の日なり
20 火 ◐全力で頑張れど気が重い一日に
21 水 ⦶口害を慎みて笑顔あれば福来る
22 木 ◐相続問題の解決は慌てず柔軟に
23 金 ◐文書メールは功を焦らずに対応
24 土 ●心配事が多い時こそ我慢が大切
25 ㊐ ◯雑務多くともコツコツと頑張れ
26 月 ◎心機一転慌てず進めば無事良好
27 火 ⦶腐れ縁でも良識ある判断が賢明
28 水 ◐これまでの肩の荷下ろして一息
29 木 ⦶実力発揮が信頼と出世を築く時
30 金 ⦶愚痴小言を慎めば喜び事が増す
31 土 ⦶予定変更を受け入れる優しさを

三碧木星　☆めくっておみくじ【七十七番】——**凶**　諸事停滞しているので飛躍は期待できない。小禍を大禍にしないこと。

☆めくっておみくじ【四十一番】――末吉　目的や方針が途中で変わりやすい。意外な所で損失を招くので足元用心。

三碧　9月の運勢●警戒運

吉　方→南西
小吉方→北東
癸酉七赤金星の月

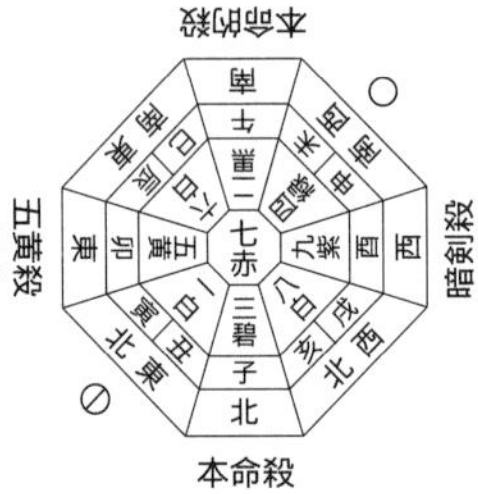

歳破→北西
年で暗剣殺→東
年で五黄殺→西
年で中宮

吉方○南西＝信頼できる仲間とチームワークで成果上がる。北東＝小吉方。知己の応援を得て良き道が開く。**凶方**●西＝派手な出費で後悔。ケンカや離別。東＝何をやっても挫折する。北＝目下や若者と仲違いする。南＝努力の甲斐なく結果残せず。同じミスを繰り返す。

運勢／行き詰まり感に気も滅入りがち。短気は損。流れに逆らわず辛抱強く時機を待つ。新規事は焦らず粛々と進めて。他をうらやまず将来に備え実力を養う。金銭は倹約第一に低予算でやり繰り。うまい話には安易に乗らない。異性関係用心。足腰や泌尿器系に注意。

1㊐ ⦶お出掛け時にはナビで確認して
2月 ●自分のペースを守り慌てないで
3火 ⦶毎日の地道な努力が結果を残す
4水 ◎慌てず心静かに過ごせば安泰に
5木 ○仲間からの連絡チェック忘れず
6金 ●古い問題は周囲と話し合い解決
7土 ⦶頑張る姿が仲間と家族の笑顔に
8㊐ ◐口先だけの指示は伝わりにくい
9月 ◐疲れたら家で一杯ゆっくり休息
10火 ⦶人の好き嫌い表に出さぬが肝要
11水 ●動かないで次への充電日にして
12木 ○慎重に行動して関係悪化を防ぐ
13金 ◎家族愛が心を満たしてくれそう
14土 ○周囲から横やりが入る懸念あり
15㊐ ◐長期的な視点で物事を判断する
16㊊ ⦶独断専行せず家族の協力に感謝
17火 ◐電話や訪問販売に十分注意して
18水 ◐思ったことは間を置いて話そう
19木 ⦶勘が冴え思わぬアイデアが出る
20金 ●受け身の構えで過ごすのが一番
21土 ○生活リズムが安定し地道に一歩
22㊐ ○固定観念に捉われずに前進する
23㊊ ○信頼できる仲間や先輩を大切に
24火 ◐無理してまで頑張ることは無し
25水 ◐チャンスあれども謙虚さ忘れず
26木 ◐衣食住の出費が増え家計は赤字
27金 ◐適度なストレッチで腰痛対策を
28土 ⦶自分にも原因が悪縁を断ち切る
29㊐ ●些細な事でも気を引き締め行動
30月 ⦶足元固めて転ばぬ先の杖で行動

三碧 10月の運勢⦶小吉運

吉　方→なし
小吉方→南
甲戌六白金星の月

吉方○南＝小吉方。これまでの積み重ねが認められる。隠れた才能が注目を集める。
凶方●北西＝勝負に出て失敗する。損失を抱え苦悩。南東＝駆け引きが裏目に出て信用を失う。南西＝余計な口出しで空回りする。急性胃炎。北東＝新規改革に失敗する。財産問題が公に。

運勢／生活に張りが出て意欲的に。仕事にも前向きに取り組み将来の見通しも明るい。これまでのまじめな努力を継続し堅実な取り組みを。調子づくにはまだ力不足。勝負事は自重して目上や慣習に従って。不意の出費多い。リサイクル活用して。胃腸や皮膚炎に注意。

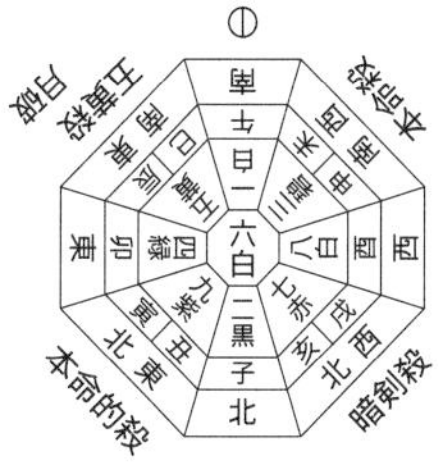

歳破→北西
年で暗剣殺→東
年で五黄殺→西
年で中宮

1火 ◎進むべき道を見つけたら行動を
2水 ⦶本業を守り不言実行がツキ呼ぶ
3木 ●バーベキューで楽しく過ごす日
4金 ⦶やる気が出て目標に向けて前進
5土 ◐話が弾んでも裏があること注意
6㊐ ⦶目移りせずにやる気が満々の日
7月 ⦶改革案が功を奏しチャンス到来
8火 ●短気は損気イライラは信用失墜
9水 ○生活の安定が家族の絆を深める
10木 ◎新陳代謝良く活気にあふれる日
11金 ○優柔不断ではチャンス逃すかも
12土 ◐人の話を聞く時は笑顔で対応を
13㊐ ⦶陰日向のない行動が信頼を得る
14㊊ ⦶スポーツ楽しんで元気に過ごす
15火 ◐周りに気遣い気分転換を上手に
16水 ⦶高価な買い物は財布と相談して
17木 ●たまには温泉に浸かりのんびり
18金 ○一人で動き回らず家族と一緒に
19土 ◎スキルアップで心身を若返らす
20㊐ ○旧友にメール発信をしてみては
21月 ◐他人と比べず自分流に考え行動
22火 ⦶先輩に悩み事相談するのが賢明
23水 ⦶趣味を生かし楽しく過ごす日に
24木 ◐日頃の挨拶で人間関係が良好に
25金 ⦶実績の評価で上司からの信頼が
26土 ●気苦労で意気消沈しても笑顔で
27㊐ ○何事も諦めず堅実な努力続ける
28月 ○細やかなアイデアが相手に届く
29火 ○悩み事から抜けられず疲れあり
30水 ◐即断即決せずに周りへ配慮して
31木 ◐過労から来る自動車事故に注意

三碧木星　☆めくっておみくじ【九十一番】――吉　願望が叶うのは古きを捨て改める。何事も先んじて早めに実行して勝つ。

三碧

11月の運勢◎大吉運

吉　方→なし
小吉方→南・北
乙亥五黄土星の月

吉方○南＝小吉方。善行が認められる。頭脳明晰になる。芸事が評価される。
北＝小吉方。親子や夫婦間の絆が強まる。異性運あり。
凶方●南東＝信用を失い契約事が不調。迷いが多く決められない。東＝発展性を失い尻つぼみ。西＝贅沢や遊興三昧で金運低迷。肺炎。

運勢／計画実行に向けて歩を進めるがせっかちは損をする。タイミングを見計らって。個人プレーは足を引っ張られる暗示あり。過去の経験を生かして慎重に。周囲と話し合って協調策を取る。金銭は無駄遣い注意。使途不明金でぬように。肝臓、神経痛やストレス注意。

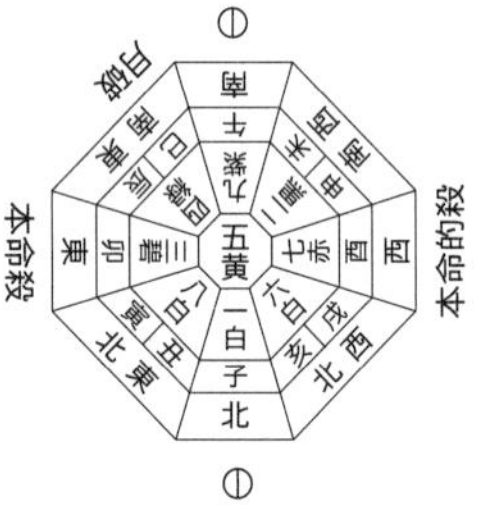

歳破→北西
年で暗剣殺→東
年で五黄殺→西
年で中宮

1金　⦶オブラートに包んだ話し方大切
2土　◐重い荷物にギックリ腰の暗示が
3㊐　○何事も傲慢にならず意見を聞く
4㊊　●寒気がしたら手当て早くし無事
5火　○実入り少なくとも儲け話に注意
6水　◎身近なところに幸運の兆しあり
7木　⦶感情を抑えて良好な人間関係を
8金　◐自分のミス他人に押し付けずに
9土　○親しい先輩に応援のチャンスが
10㊐　⦶異性との交際が良縁へと繋がる

11月　⦶焦らずタイミングを見計らって
12火　○横着せず予定立ててスムーズに
13水　●足腰の冷え油断せず体調管理を
14木　◎ゆっくりと慌てず準備を整えて
15金　◎ベストを尽くし悔いのない日に
16土　○周囲の意見に耳を傾け良き日に
17㊐　◐一歩退き謙虚に自然体で行動を
18月　⦶行うべき事は今日やり遂げよう
19火　⦶話し上手より笑顔の聞き上手に
20水　◐藪を突つかず控えめで身を守る
21木　○物事の白黒がハッキリ付きそう
22金　●サポート役に徹しゆとりの心で
23㊏　○不要不急の出費を抑え我慢の日
24㊐　◎焦らずに努力次第で成果が出る
25月　○筋を通せば商談も良好へと進む
26火　◐依頼事は早めの対応が功を奏す
27水　⦶活気あり上司との和が後に有利
28木　⦶多弁せずば人と交際楽しくなる
29金　◐意見の相違は柔軟さ忘れず対応
30土　○始め良くても終わり大切にして

三碧　12月の運勢○吉運

吉　方↓南西
小吉方↓北
丙子四緑木星の月

吉方○南西＝根気強くなる。家庭内が円満に。良縁に恵まれる。北＝小吉方。行き詰まっていた問題が解決に向かう。関係修復に道開く。
凶方●南東＝対外的活動に邪魔が入る。時期尚早で失敗。北西＝気が大きくなり投機事で損失。南＝実力が発揮できない。蓄財を失う。

運勢／一年の締めくくり。集まり事が多く楽しいながらも多忙を極める。余裕を持った計画と丁寧な取り組みで乗り切る。約束事はトラブル多い。振り回されぬよう確認怠らず。勧誘や詐欺に用心。金銭は急な出費に備えて予算を計上して。長引く風邪や腸疾患に注意。

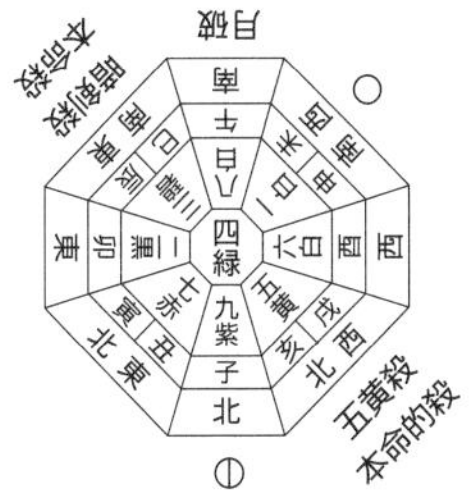

歳破→北西
年で暗剣殺→東
年で五黄殺→西
年で中宮

1 ㊐ ●年末に備え睡眠も栄養も十分に
2 月 ○勤勉と誠実な態度が評価受ける
3 火 ◎心の余裕は行動にゆとりを生む
4 水 ○能ある鷹は爪を隠して行動開始
5 木 ◐笑顔とユーモアで周り和ませる
6 金 ◐煽《おだ》てに乗らずに堅実に実行する
7 土 ⦶良いムード作りが成功への秘訣
8 ㊐ ◐焦らずアイデア絞り出し成果を
9 月 ○チャンスを生かし前進して達成
10 火 ●判断力が低下し足踏み状態へと
11 水 ○新規事は計画立て十分な準備を
12 木 ◎勘が冴えて先手必勝で進展あり
13 金 ⦶交際費は財布の紐を引き締めて
14 土 ◐何が大切なのかをよく見極める
15 ㊐ ⦶意欲的な行動が周囲の信頼得る
16 月 ⦶美食にあやかり語らいも楽しく
17 火 ◐つまらぬ事で意地を張らないで
18 水 ⦶的確な判断で焦らず対応して吉
19 木 ●イライラしても八つ当たりは損
20 金 ○年末は胃腸に優しいメニューを
21 土 ◎ゆず湯に浸かり心リフレッシュ
22 ㊐ ○見知らぬメールよく見て対応を
23 月 ◐大掃除はテキパキと早めに終了
24 火 ⦶穏やかな中にも筋を通して行動
25 水 ⦶意志薄弱でも丁寧な対応が大切
26 木 ⦶優しさと思いやりで事態が好転
27 金 ⦶来年こそと決意を秘め仕事納め
28 土 ◐背伸びせず合理的な対応で前進
29 ㊐ ○一年の反省と風邪の予防対策を
30 月 ○多忙な時こそ明日への礎になる
31 火 ○年越しの支度は慌てず新春迎え

四緑《しろく》木星《もくせい》

◐

自重運

不撓不屈
活溌溌地

令和6年 甲辰三碧木星
方位盤

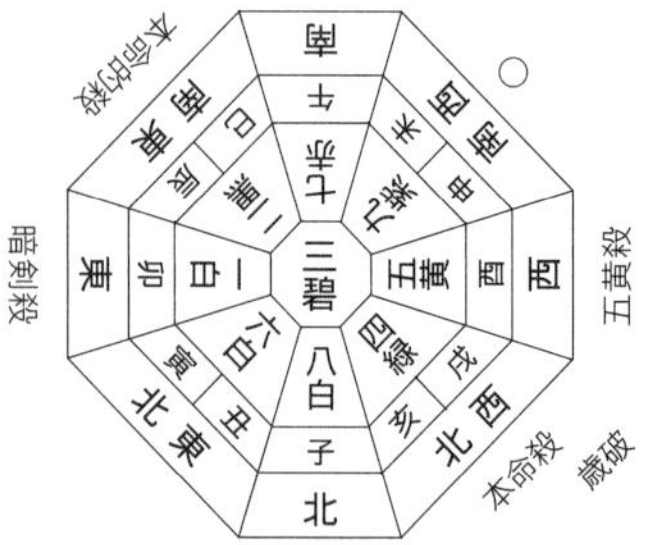

吉方→南西
凶方→東・西・北西・南東

「**南西**」を吉方で活用すると、内臓の働きが活発になり身体が丈夫になります。いつも活気に満ちあふれ、根気が続くようになり、物事を最後までやりぬく力を得る事が可能になります。それによって安定した生活が送れるようになります。土地、不動産に関わる良い物件の情報が入ります。また、持病を治してくれる名医との出合いがあります。転居・引っ越し・海外・長期旅行は、三月節、四月節、十月節、十二月節の最大吉方がお勧めです。

性格と人生

優しく温和で物腰も穏やか、周囲の人に好かれる性質です。交際範囲が広く、行動的。自分のことより他人のために努力することが多いでしょう。物事を取りまとめたり仲裁役的な役割に才能を発揮し、交際上手に社会的な信用を築いていきます。信用が財産になるタイプです。マイナス面としては、優柔不断な一面があり、決断力不足で好機を逃すことがあります、また、男性は少々覇気が弱い傾向があります。

全般的な運の流れとしては、若いときから芽を出して認められます。持ち前の人当たりの良さで世間一般の波をうまく泳いでいきます。他人のために尽くして奮闘した結果、得た信用や縁から自分が繁栄していくことができます。必要以上に求め過ぎることなく、現実を見据えた判断力と行動力が吉運を維持するポイントです。

ロマンチストですが夢を追い過ぎると迷いや不満が多くなり、結婚についてもまとまるのが遅れがち。地に足をつけた現実感覚を持ちましょう。

四緑木星生まれ

令和 5 年癸卯
平成26年甲午
〃 17年乙酉
〃 8 年丙子
昭和62年丁卯
〃 53年戊午
〃 44年己酉
〃 35年庚子
〃 26年辛卯
〃 17年壬午

2月4日以前生まれの人は五黄生まれで見ます

あなたの今年の運勢　四緑木星

自分の実力以上の事をしたがる傾向です。今年は歳破神が同体する影響で思わぬ落とし穴にはまる恐れがあるので細心の注意が必要。更に健康管理にも用心して。

◎商売運……一寸《ちょっと》したほころびが大きな傷となってダメージを受けそう。外面も大切ですが、内部統制に厳しい目を向ける事が肝要です。得意先への気配り怠らずに。

◎職場運……行き違いから長年の職場の仲間と相反する事に陥りそうです。あまり自分のペースに引き込まない事が肝要で、一歩譲る姿勢で物事が上手に進展します。

◎家庭運……公私共に忙しい状況ですので、家族との時間が疎かになりそうです。少ない時間でも一緒に過ごす事で良いコミュニケーションが図れ、絆が深まります。

◎恋愛運……友人からの紹介や旧友との再会から恋に発展しそう。旧跡などがラッキーポイントです。ただし、お金を無心するような相手なら深入りは避けて賢明です。

◎金　運……上手の手から水が漏れるように、気が付くと赤字傾向です。日頃より入出金チェックを怠らずに。

◎健康運……多忙な毎日が続き過労が心配されます。あまり体力を過信せず、適度に休息を取るように心掛けて。

子の四緑の運勢／**28歳**は、独身の方は理想の相手に出会えるチャンス到来。夢の実現に向けて漸《ぜん》進。もう一段階上の自分を目指そう。**64歳**は、リーダー的存在になるので周囲から慕われます。極力、対応に気をつけ、身の丈に合った協力に留めましょう。

卯の四緑の運勢／**37歳**は、上司や先輩のアドバイスを受けて、大きな成果が期待出来ます。昇進試験にもチャレンジしてみましょう。**73歳**は、日頃より身体を動かし体内年齢を若々しく保ちましょう。無理する事なく自分のペース配分が大切です。

午の四緑の運勢／**10歳**は、自己中心的になりがちなので時には厳しい指導も◎。**46歳**は、何事も地道な活動が功を奏する時。出世や栄転も可能。ただし、スタンドプレーは足をすくわれる結果に。**82歳**は、運動不足や食生活に気を付け過労に注意して。

酉の四緑の運勢／**19歳**は、努力が報われ周囲からのサポート力で更に発展を遂げられそうですが、自信過剰になり過ぎると逆運を招く。**55歳**は、旧友との再会に思わず青春時代を思い出す事も。懐かしい旧跡を訪れると、思わぬ再発見が期待出来ます。

☆めくっておみくじ【三番】――凶　チャンスと感じても時期尚早なり。賢者は慎重に準備を怠りなく。

四緑

1月の運勢○吉運

吉　方→なし
小吉方→南・北東
乙丑六白金星の月

吉方○南＝小吉方。日々の積み重ね開花。人気運上昇。北東＝小吉方。良き転機へ向かう。資産運用の好機。
凶方●北西＝目上との関係に亀裂。投機事で大失敗。南東＝口車に乗せられて取引不調。南西＝怠惰になる。東＝優柔不断でツキを逃す。西＝関節痛。欲張って損失。

運勢／希望に胸を膨らませ軽快にスタート。積極策が吉。新春の集いには進んで参加を。単独より仲間との活動は見通し明るい。和の心で足並みを揃えて。金銭は無計画な衝動的出費に警戒。質素がちょうど良い。酢の物や野菜類で健康増進。肝機能や足元に注意して。

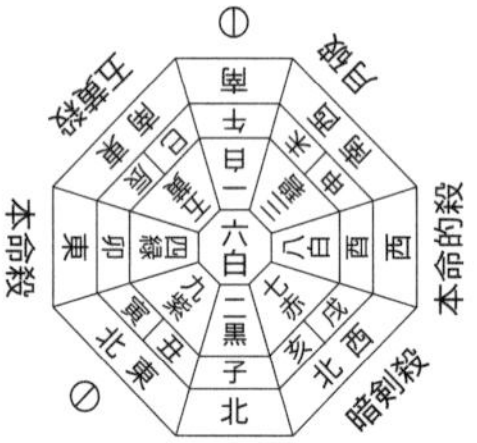

歳破→西
年で暗剣殺→南東
年で五黄殺→北西
年で中宮

1 ㊊ ⦶年始の良き伝統を次世代に伝言
2 火 ◐初参り願いを込めて一年の安寧
3 水 ⦶ビジネス用かるたで横文字学ぶ
4 木 ◐人気店の福袋でも予算を決めて
5 金 ◎お気に入りの曲をダウンロード
6 土 ○アプリを上手に活用して好結果
7 ㊐ ⦶時は金なりネットゲーム程々に
8 ㊊ ●儲け話は裏が損する覚悟が必要
9 火 ⦶上司との会話は丁寧な言葉遣い
10 水 ◐足元を冷やさないように対策を
11 木 ○平身低頭の精神で幸運呼び込む
12 金 ⦶入力ミス記入間違いに注意して
13 土 ◐値上げ対策は無駄を省く心掛け
14 ㊐ ◎ベストを尽くして達成感を得る
15 月 ○人の上に立つ人ほど配慮が必要
16 火 ⦶共働き家族の改革は協力と分担
17 水 ●曖昧模糊な態度では誤解を招く
18 木 ⦶寄せ鍋の具材を上手にアレンジ
19 金 ⦶長時間のパソコンで眼精疲労に
20 土 ○右往左往せず果報は寝て待とう
21 ㊐ ◐膝関節痛予防は日頃の鍛錬から
22 月 ◐火中の栗は拾わず一進一退の日
23 火 ○大人買いの太っ腹で楽しみ倍増
24 水 ◎先手必勝で自らチャンスを掴む
25 木 ⦶リフォーム計画は家族と相談を
26 金 ●冗談がハラスメントの一歩手前
27 土 ⦶話題の映画で時代の感性磨いて
28 ㊐ ◐ビタミンで肌荒れと風邪予防策
29 月 ○デパ地下グルメがオードブルに
30 火 ◐キックボードのスピードご用心
31 水 ◐分別ゴミ出しでマナーを守って

☆めくっておみくじ【四十五番】――**大吉** 世間を渡るには知恵と度胸がほしい。名を上げ地位を得るなど見込みあり。

四緑 2月の運勢◎大吉運

吉　方↓なし
小吉方↓南・北
丙寅五黄土星の月

吉方○南＝小吉方。学業や研究の成果が上がる。教養が身に付く。魅力がアップ。北＝小吉方。友人との関係が良好に。異性運が上がる。
凶方●南西＝生活がだらしなくなる。仕事が不安定。南東＝迷い多くツキを逃す。婚活が不調。北西＝目上から疎まれる。乗り物の事故。

運勢／外出の機会が増え人との出会い多くなる。社交性を発揮して人脈を広げて。協調性を生かした気配りで信頼関係がより強固に。過去の経験を振り返ると気づきあり。迷いは年長者からのアドバイスを参考に。金銭は交際費オーバー。予算内に。腸疾患や風邪に注意。

歳破→北西
年で暗剣殺→東
年で五黄殺→西
年で本命殺→北西
年で本命的殺→南東

1木 ◎気力が満ちて順風満帆な日々に
2金 ○試験勉強は段取り整え万全策で
3土 ⦶流行のサブスク上手に活用して
4㊐ ●軽挙妄動を慎み己の修練を積む
5月 ⦶職場でリーダーシップ発揮して
6火 ◐意地を張らず妥協して得を図る
7水 ○夫婦円満の秘訣こそ共通の趣味
8木 ⦶ネットの情報収集で難問クリア
9金 ◐心身の疲労回復は香りの風呂で
10土 ◎風水で環境整え良い気の流れを
11㊐ ○選ぶ楽しみ浮かぶ笑顔の贈り物
12㊊ ⦶仕事モードへの切り替えが大事
13火 ●小さなミスが命とりに再確認を
14水 ⦶ＳＤＧｓ職場で可能な改革目標
15木 ◐結果よりもプロセスを重視して
16金 ○先輩から有益な情報を得られる
17土 ○正式なテーブルマナーが役立つ
18㊐ ◐異性関係のこじれは嫉妬が原因
19月 ◎インスピレーションが冴える日
20火 ○才能やセンス認められ新展開に
21水 ⦶ドレスアップして心も軽やかに
22木 ●安易なストレス発散は効果なし
23㊎ ⦶投資や賭け事には上限を決めて
24土 ◐好奇心から電子マネー始めよう
25㊐ ○偶然の出会いで恋バナ咲きそう
26月 ⦶多忙中でも子供の話に聞く耳を
27火 ◐オンライン授業は賛否両論あり
28水 ○仕事が忙しくなり嬉しい悲鳴が
29木 ◎社交性を発揮して人脈を広げる

☆めくっておみくじ【三十六番】——末吉 初めは損をしても終わりに益するのを待つ。人に先を譲れば福が来る。

四緑 3月の運勢◐自重運

吉　方↓南西
小吉方↓北
丁卯四緑木星の月

吉方○南西＝勤勉になり生活が安定。身近な人間関係に喜び。北＝小吉方。思考力が深まる。出会い運あり。
凶方●南東＝悪い噂を立てられて良縁を失う。不評を買って信用失墜。北西＝支援を失い活動に支障をきたす。投資で失敗して破綻。西＝気が大きくなって散財。

運勢／何かと用事の多いとき。頼まれると断り切れずに人の面倒を見るハメに。自分を犠牲にしても骨折り損になりやすく疲労困憊。力量以上の事には立ち入らずに現状維持で。金銭は衝動買いを慎みやり繰り上手に。金銭貸借は不可。生活習慣病や過労ストレス注意。

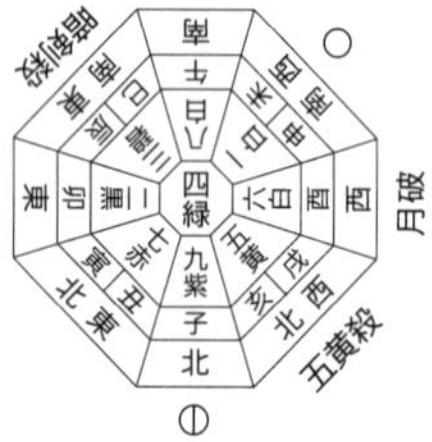

歳破→北西
年で暗剣殺→東
年で五黄殺→西
年で本命殺→北西
年で本命的殺→南東

1金 ⦶依頼事は優先順位を考えて行動
2土 ●中途半端に妥協せず志を貫いて
3㊐ ⦶雛祭りの行事に心癒されて和む
4月 ◐日頃から足腰を鍛え成人病予防
5火 ◐情に絡んだ判断では一知半解に
6水 ⦶業務過多でも手を抜かず万全策
7木 ◐プライド捨てて頭下げるも勇気
8金 ○交渉事成立で営業エリアが拡大
9土 ◎早めの行動がツキを呼び込む日
10㊐ ○人とは程良い距離感保ち円満に
11月 ●親族間トラブル冷静に判断して
12火 ⦶髪型を変えてイメージチェンジ
13水 ◐大局的にとらえれば難問も解決
14木 ◐不明なサイトにはアクセス不可
15金 ○アロマの香りが癒しの心理療法
16土 ◐部屋のＤＩＹ《ディーアイワイ》試行錯誤を重ねて
17㊐ ○休日は人気のライブを満喫して
18月 ◎仕事への信念を貫き願望が成就
19火 ○気さくな仲間とランチ楽しんで
20㊌ ●ひたすら隠忍自重の精神が必要
21木 ⦶ペットとの楽しい時間を大切に
22金 ⦶温度差から自律神経の乱れ注意
23土 ◐路上でおしゃべりご近所迷惑に
24㊐ ⦶望む望まぬに関わらず気分高揚
25月 ◐あれこれ手を出さず的を絞って
26火 ○お取り寄せ食材思いのほか美味
27水 ◎誠実な対応が次年度の礎となる
28木 ○子供から学ぶ事で目からうろこ
29金 ●発展性に乏しく前進が望めない
30土 ⦶ショッピングでストレスを発散
31㊐ ◐簡単レシピを工夫してグルメ味

四緑

4月の運勢◐自重運

吉　方↓南西
小吉方↓なし
戊辰三碧木星の月

吉方○南西＝堅実な取り組みで良き理解者に恵まれる。チームでの人間関係良好。
凶方●東＝新手の詐欺被害の恐れ。秘密が暴露される。西＝遊びほうけて身を持ち崩す。金回りが悪くなる。北西＝八方美人的言動で目上運を落とす。信頼を失う。南東＝精彩を欠き停滞する。

運勢／プライドを持ち一生懸命に。口先だけでなくやっただけの結果をきちんと出す覚悟で。そんな責任感と強気が波乱含みに。出すぎると誤解を招いて波風が。我を張らず目上を立てる心掛けで開運。株や投資など金銭トラブルに警戒。休息をとって過労やケガに注意。

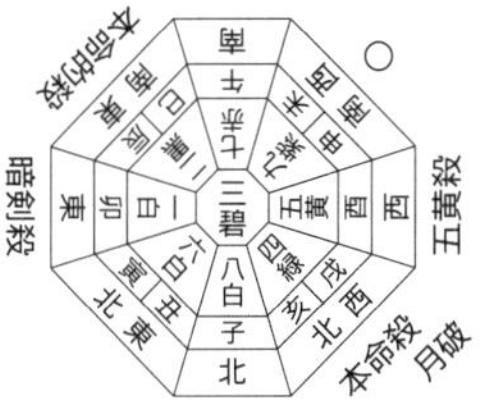

歳破→北西
年で暗剣殺→東
年で五黄殺→西
年で本命殺→北西
年で本命的殺→南東

1 月 ⦶桜吹雪の中で夢と希望の晴れ姿
2 火 ⦶女性のリードで大人の恋愛進む
3 水 ◐欲を持たず腹八分の精神で行動
4 木 ○何事も早めの対応を心掛けよう
5 金 ⦶チラシ広告の文字見落とし注意
6 土 ○行楽モードに誘われて心爽やか
7 ㊐ ●意地の張り合いが疲労困憊の元
8 月 ⦶AIメーク活用テレワーキング
9 火 ◐有為《うい》天変の相には油断せず用心
10 水 ○電子決済の利便性生かす買い物
11 木 ●現状維持で新規事に手出し無用
12 金 ◐旬の春野菜を食して英気を養う
13 土 ◎誘惑に負けないダイエット法を
14 ㊐ ○交際は好転の兆しチャンス到来
15 月 ○先輩のアシストが認められ満足
16 火 ●不用意に動くと収拾がつかずに
17 水 ⦶周りと歩調を合わせて能力発揮
18 木 ◐自我張らず周囲の意見も参考に
19 金 ○何事も築城三年落城一年の精神
20 土 ◐癒しスポットに出向き心穏やか
21 ㊐ ◐休日は趣味やスポーツ楽しんで
22 月 ◎芸術鑑賞で襟を正し気分転換を
23 火 ⦶条件が整うまで慎重に待機して
24 水 ◎上昇気流に乗れば好転の兆しが
25 木 ●仕事の業績思ったより伸び悩み
26 金 ⦶寛容な精神を持って物事に対処
27 土 ◐サプリメントより運動が効果大
28 ㊐ ○地域のボランティア活動に参加
29 ㊊ ⦶先方の出方次第で柔軟な対応策
30 火 ◐不摂生な食生活は体調に悪影響

☆めくっておみくじ**【八十八番】**――**凶**　万事に思うようにならないので我慢のこと。他人や夫婦の間に和が大切。

☆めくっておみくじ【十六番】――吉　家庭の安心は親子や孫と愛情深い対話から生まれる。数日先に朗報あり。

四緑

5月の運勢⦶小吉運

吉　方→なし
小吉方→なし
己巳二黒土星の月

吉方○小吉方ともになし。外出時は時間とスケジュールにゆとりを持った行動を。

凶方●南西＝嫁姑問題が悪化。職場の人間関係が不調。北東＝運が悪い方へ転がる。相続問題に巻き込まれる。北西＝勇み足で思わぬ失策。西＝付き合いで散財し困窮。東＝感情的になり判断ミス。

運勢／新緑の候。楽しみ多く気が緩みがち。噂話やお節介を控えて話題を選び周囲との調和を大切に。遊びグセ浪費グセ用心。オンとオフのケジメをつけて。周りにつられて不摂生をしないよう自己管理を。金銭は計画的に。口腔ケアに留意して。飲食過多や歯痛注意。

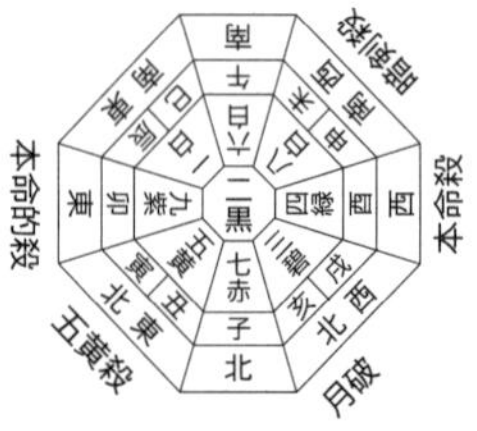

歳破→北西
年で暗剣殺→東
年で五黄殺→西
年で本命殺→北西
年で本命的殺→南東

1 水 ◎興味ある会合は積極的に参加を
2 木 ⦶暴飲暴食を慎みバランス保って
3 ㊎ ○子育て卒業で夫婦も上手に卒婚
4 ㊏ ●介護問題は独りで悩まず相談を
5 ㊐ ⦶熱中症は夏だけでなく水分補給
6 ㊊ ◐付和雷同せず強い信念で行動を
7 火 ⦶夏には豪華グランピングを計画
8 水 ◐親しき仲にも礼儀ありを心して
9 木 ◐自己改革は目標定めて一歩ずつ
10 金 ○遠方からの便りに光明を見出す
11 土 ○緑豊かな街並み歩き心も軽やか
12 ㊐ ⦶予期せぬプレゼントに一喜一憂
13 月 ●夜更かし夜遊びは健康を害する
14 火 ⦶人間関係の改善はプラス思考で
15 水 ◐片意地を張れば自分が損をする
16 木 ○早とちりや勘違いで失敗を招く
17 金 ◐挫折しても焦らず心機一転して
18 土 ◐待てば海路の日和あり慌てずに
19 ㊐ ◎高望みせず今ある幸せに感謝を
20 月 ○図鑑を開いて皆で楽しく学んで
21 火 ⦶変化を求めるも独断せず協調を
22 水 ●怒りを抑えて自己コントロール
23 木 ⦶友と楽しい語らいで絆が深まる
24 金 ◐何があっても動じぬ心を鍛えて
25 土 ○アウトドアで一汗かいて上機嫌
26 ㊐ ◐健康こそ明日へのバロメーター
27 月 ◐道路を渡る時は必ず横断歩道を
28 火 ◎良かれと思った行動が功を奏す
29 水 ○バランスの良い食事を心掛けて
30 木 ⦶トレーニング継続は己との戦い
31 金 ●忘れ癖と放置せず携帯メモ確認

四緑

6月の運勢◐自重運

吉　方→なし
小吉方→なし
庚午一白水星の月

吉方○小吉方ともになし。外出はその方位が吉方になる人のリードに従って。
凶方●北＝投資で損失を抱える。乗り物のトラブル。南＝思考力低下し判断ミス。降格される。北東＝優柔不断で方針変更を誤る。南西＝遊びグセがつき生活が不摂生に。家庭内で口論に。

運勢／気紛れな方向転換は先行き不透明に。独断で手を付ける前に慎重に検討して。正確な状況を把握することが後日の開運に。部屋の片付けや模様替えで気分転換。家や身内のために労力を惜しまず。金銭は無駄を省いて貯蓄に励む。腰痛など関節痛や腫れ物に注意。

歳破→北西
年で暗剣殺→東
年で五黄殺→西
年で本命殺→北西
年で本命的殺→南東

1土　⦶アプリを使い雨情報をチェック
2㊐　◐過去の失敗を教訓に多角的視点
3月　⦶良かれと思っても相手には迷惑
4火　◐一つのミスから負の連鎖反応が
5水　◐暗記するよりメモの習慣が大事
6木　◎小気味よく運気好転し諸事万端
7金　○パートナーに感謝の心を伝えて
8土　○部屋を整理整頓して気分爽快に
9㊐　●足元の段差に注意し転倒防いで
10月　⦶華やかファッションで人気上昇
11火　◐合理的な保険の見直しを考えて
12水　⦶飲み会で得る情報は確認が必要
13木　○自信が持てぬ依頼は断って無事
14金　◐素直な気持ち込めてアプローチ
15土　○愛情と金運に恵まれ発展の兆し
16㊐　◎自然に触れ自分らしさを考える
17月　○会話は弾んでも失言には要注意
18火　●白黒はっきりつけたい決意の日
19水　⦶サウナや岩盤浴で疲労回復して
20木　◐技術を磨き鍛練して時機を待つ
21金　⦶夏休み前に旅行するのは合理的
22土　◐実力以上の事に手を出さず対処
23㊐　◐古美術や絵画鑑賞で心を豊かに
24月　◎見えない精進が開花する幸運日
25火　○会話は相づち打って共感も必要
26水　○創意工夫して能力の幅を広げる
27木　●将来的見通し明るくも今は我慢
28金　⦶材料の無駄を省くレシピを考案
29土　⦶ユーモアの視点で苦手を克服す
30㊐　●見切り発車はやめて安全確認を

四緑

7月の運勢⦶小吉運

吉　方↓なし
小吉方↓なし
辛未九紫火星の月

歳破→北西
年で暗剣殺→東
年で五黄殺→西
年で本命殺→北西
年で本命的殺→南東

吉方○小吉方ともになし。遠出や旅行は事前にスケジュールをしっかり立てて交通機関の検討も怠りなく。

凶方●南＝迷いが多く決断できない。悪評を立てられて立場が悪くなる。北＝盗難や落とし物に用心。腐れ縁の悩み。北東＝余計な口出しから争いに。家庭不和。

運勢／周囲から一目置かれて気分も上々。名誉運もあるが持ち上げられて調子づくと思わぬ油断。好き嫌いの感情で動きがち。対人面での配慮と謙虚さが必要に。押印や書類の取り扱い慎重に。生活が華美になりやすく電子マネー決済の金額確認。火傷や目、頭痛に注意。

1月　○冷たい物の食べ過ぎに注意して
2火　○わがままも度を越すと口論の元
3水　◎忘れ物が多くなりがち要確認を
4木　◐明るく優しい性格で人気急上昇
5金　⦶頑張って来た事の成果が出る時
6土　⦶昔の知人友人に再会する同窓会
7㊐　◐笹の葉に吊るす短冊願い込めて
8月　●書き間違いがないかチェックを
9火　●朝夕の散歩で運動不足の解消を
10水　○予定が重ならないよう日程調整
11木　○強気になってもギャンブル回避
12金　◎過去の行動が高い評価を受ける
13土　◐人の出入り多く目の回る忙しさ
14㊐　⦶新たな発想生まれ活動も積極的
15㊊　⦶子供に関する事柄は夫婦で共有
16火　◐詐欺のニュースを頭に入れ行動
17水　⦶隠れていた問題が明るみに出る
18木　●秘密の恋は周囲の人間を不幸に
19金　○お金の使い方に注意して買い物
20土　⦶目上の話を正しく理解して行動
21㊐　⦶気持ちが緩み心乱れて迷い出る
22月　◐毎日の暑さ対策に水分補給必須
23火　⦶新鮮な気分で会話を弾ませる日
24水　⦶仕事より楽しみに偏っては駄目
25木　◐変化を求めて気持ちもソワソワ
26金　⦶白黒決める時は経験値を生かす
27土　●欲張ってばかりでは望み叶わず
28㊐　○調子の良い話は聞き流すスキル
29月　○日頃から細かな心遣い忘れずに
30火　◎他人の言葉より自分を信じる事
31水　◐手違いが起こらぬよう手順確認

☆めくっておみくじ【八十二番】——凶　猛火が天を焦がすのは人の怒りの姿。過去の古傷を断ってみると一安心。

四緑

8月の運勢●警戒運

吉　方→なし
小吉方→なし
壬申八白土星の月

吉方○小吉方ともになし。旅行は時間にゆとりを持ったスケジュールで行動を。忘れ物の無いよう要確認。
凶方●北東＝親族との争いに巻き込まれる。不動産トラブル。南西＝昔の問題が再燃。嫁姑問題。北＝交友関係の悩み。南＝文書上の過失。火傷。中傷される。

運勢／思うようにならない低迷月。新しいことを画策しても一向に進まず、現状維持で時を待つ。想定外の出来事にも知恵を絞って柔軟に対処を。家族や友人の支えが心に響く。絆を強く。異性運あるが慎重に見極めて。金銭は予算内で節約第一。足腰や泌尿器系に注意。

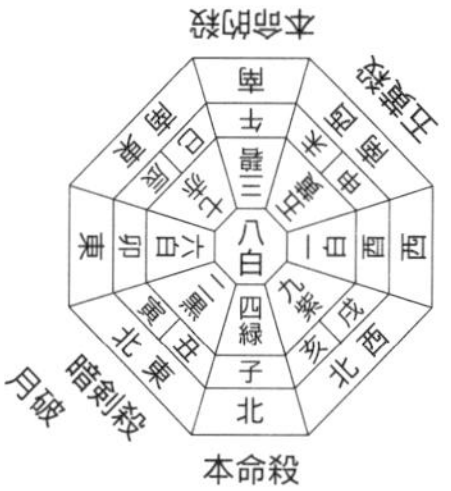

歳破→北西
年で暗剣殺→東
年で五黄殺→西
年で本命殺→北西
年で本命的殺→南東

1 木 ⦶上司の引き立て受けて発展する
2 金 ⦶無限の可能性を信じ正道を歩む
3 土 ◐身内や親戚関係で悩み事が発生
4 ㊐ ◐野心を出さず平常心で取り組む
5 月 ●暴飲暴食を慎んで体調を整える
6 火 ⦶うまい話は即答せず回答先送り
7 水 ○和気あいあいと心安らかな空間
8 木 ◎自分の意見や考えを大切にする
9 金 ●トラブルが起きやすい日慎重に
10 土 ⦶嫌がる事を強制しても成果なし
11 ㊐ ⦶知識を蓄えて山ガールデビュー
12 ㊊ ◐グループで協力して作業を開始
13 火 ◐良し悪し問わず隠し事が露呈す
14 水 ●財布の紐を引き締めて散財防止
15 木 ○櫓《やぐら》周り人の波先祖供養の盆踊り
16 金 ○相手を立てれば何事もスムーズ
17 土 ◎深入りせず立ち回り濡れ手に粟
18 ㊐ ◐余計な手出しが思わぬ損失招く
19 月 ⦶お茶会で楽しい会話を心掛けて
20 火 ○仕事を振り返りスランプを分析
21 水 ◐流れる水は濁らない社会も同様
22 木 ◐頭をフルに使い営業活動に励む
23 金 ●苦境に立っても地道に一歩ずつ
24 土 ○悪い時が過ぎれば良い時が来る
25 ㊐ ◐好きな音楽で気分転換を図って
26 月 ○自分から積極的に挨拶する習慣
27 火 ●思わぬ所に改革のチャンスあり
28 水 ⦶上司の力添えで精神的にも回復
29 木 ⦶恋人に接するよう家族に優しく
30 金 ◐今までの努力を無にしない行動
31 土 ◐古い殻を脱ぎ捨てて新しい風を

四緑

9月の運勢⦶小吉運

吉　方→なし
小吉方→北
癸酉七赤金星の月

吉方○北＝小吉方。若者が良き協力者に。仲間との会話から役立つ新情報を入手する。足元がしっかりする。

凶方●西＝見えを張って派手に散財する。痴話げんか。東＝見当違いの方向へ猛進して挫折する。南西＝仕事が打ち切られる。北東＝親戚知己との不和。関節痛。

運勢／共同事や地域活動での地道な取り組みが評価されて足元が固まる。周囲の協力もあり先々への見通しも明るい。縁の下の力持ち的気働きが家庭内や職場を居心地の良い環境に。金銭面は小を積みて大と為す。焦らずに日々の積み重ねを。胃腸や皮膚炎、肩こり注意。

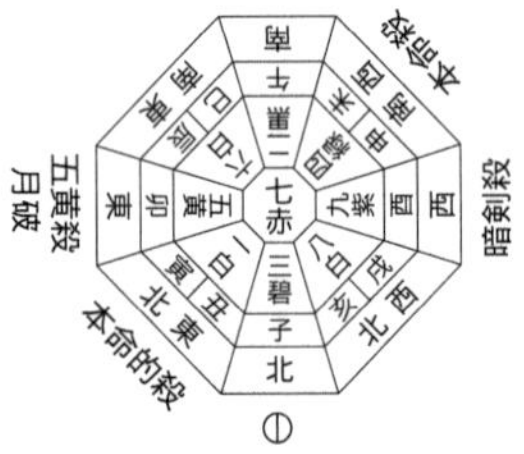

歳破→北西
年で暗剣殺→東
年で五黄殺→西
年で本命殺→北西
年で本命的殺→南東

1 ㊐ ●家回りの点検と確認をしっかり
2 月 ○余計な心配をせず率直な意見を
3 火 ○思わぬ人からの応援に感謝の心
4 水 ◎面倒な事態が再発しそうな気配
5 木 ◐軽口を叩いて周囲に迷惑かける
6 金 ⦶大らかな気持ちで非礼を許して
7 土 ⦶実家の用事を手早く片付け安心
8 ㊐ ◐自分を省みて課題をリカバリー
9 月 ◐重陽の節句菊花入れて酒を飲む
10 火 ●整理整頓して机の中をスッキリ
11 水 ⦶家計費の不足分は家族で協力を
12 木 ○敬意を持って意見に耳を傾ける
13 金 ◎退社後は仲間と楽しくカラオケ
14 土 ◐実力を発揮する下準備を整える
15 ㊐ ○甘い夢ではなく等身大の幸福を
16 ㊊ ⦶祖父母を囲み一家団欒の夕食会
17 火 ◐人よりも自身の問題に向き合う
18 水 ⦶先入観に縛られぬ柔軟な思考を
19 木 ●話し合いに第三者の存在不可欠
20 金 ○嬉しい出来事は親しい人に報告
21 土 ○相手を立てる配慮で交際も円満
22 ㊐ ◎念入りに掃除してご先祖に合掌
23 ㊊ ◐識者との交流深め勉強の刺激に
24 火 ⦶急がば回れ良い結果が残せそう
25 水 ⦶思い切り挑戦する姿にエールを
26 木 ◐義理と人情を欠いては後悔する
27 金 ⦶名誉や名声得る時にも控えめ吉
28 土 ●車の運転時は飛び出しに要警戒
29 ㊐ ○気候の良い季節は徒歩でデート
30 月 ⦶明るく楽しく元気よく前向きに

四緑

10月の運勢○吉運

吉　方→南西
小吉方→南・北東
甲戌六白金星の月

吉方○南西＝職場に活気が出る。家庭や近隣との交流が盛んに。南＝小吉方。思考力が増す。北東＝小吉方。停滞していた事が動き出す。**凶方**●北西＝生意気な言葉で目上の反感を買う。南東＝欲を出して信用を失う。東＝周りに振り回されて失敗。西＝高額品購入で金欠。

運勢／準備を進めてきたことを実現させる好機。隠し事があると思わぬ落とし穴が。身辺を身ぎれいにして堂々と進める。周囲の声に惑わされぬよう気持ちを強く持って。早寝早起き。就寝前に翌日の準備を。金銭貸借や裏取引など用心。ストレスや寝不足、足元注意。

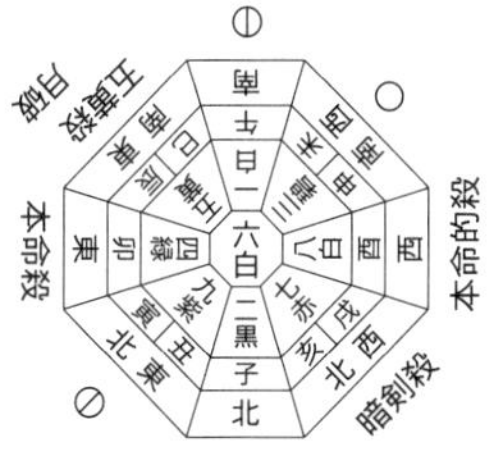

歳破→北西
年で暗剣殺→東
年で五黄殺→西
年で本命殺→北西
年で本命的殺→南東

1火 ○ぼんやりせずテキパキ処理して
2水 ◐まず自分を知る事が何より大事
3木 ⦶無理と思わず地道に務め忍耐を
4金 ⦶期待ばかりせず現状を把握して
5土 ◐異性間のトラブルで誤解が発生
6㊐ ⦶いい加減な気持ち何も成就せず
7月 ●平常心マイペースで鍛錬の蓄積
8火 ○金銭不足な時は支出を見直して
9水 ○低調な時の前向きさが一筋の光
10木 ◎目標を少し高めに設定して努力

11金 ◐外出先で転倒しないようご用心
12土 ○正しく理解せず動けば二度手間
13㊐ ⦶世代感覚を身に付け頭を柔軟に
14㊊ ⦶スポーツ取り入れた生活習慣を
15火 ◐神経質な発言が場の調和を乱す
16水 ●上手く誤魔化しても逆効果な時
17木 ⦶疲労気味の身体には十分な睡眠
18金 ○成果を得たら自身にもご褒美を
19土 ◎衣食住足りる生活に感謝し幸福
20㊐ ◐独りで悩むより目上に相談して
21月 ○大切な友人の言葉で問題を打開
22火 ⦶穏やかな口調で自己主張が大切
23水 ◐何事も不都合が多く稼働力低下
24木 ◐良いアイデアが浮かび心躍る日
25金 ●たとえ困難になっても継続は力
26土 ○焦りと怒りは状況を不利にする
27㊐ ○結果を考えながら手順を段取る
28月 ◎方針を固め同じ志でノルマ達成
29火 ◐集中し焦点を絞る実行力を学ぶ
30水 ○盛り上げ役に徹し雰囲気も最高
31木 ⦶正々堂々と正面からぶつかって

☆めくっておみくじ【六十二番】——**大吉**　吉事の喜びと安泰を願うとき。あまりに吉すぎて位負けの様子あり。

四緑　11月の運勢⦶小吉運

吉　方→なし
小吉方→南・北
乙亥五黄土星の月

吉方○南＝小吉方。美的センスアップ。頭の回転が早くなり学びのレベルもアップ。北＝小吉方。思慮深くなる。睡眠不足が解消する。
凶方●南東＝婚活不調や縁談が破談。信頼を失い取引に損失を抱える。北西＝身分不相応な態度で目上運を失う。相場で失敗し大損。

運勢／交友が広がり外出が増える。羽を伸ばし過ぎると糸の切れた凧に。目的意識を持って行動を。噂や情報に振り回されないよう用心。「人は人、自分は自分」と劣等感を持たずに信頼の輪を広げて。腐れ縁の関係やお付き合い的出費に警戒。流行り風邪や胃腸に注意。

歳破→北西
年で暗剣殺→東
年で五黄殺→西
年で本命殺→北西
年で本命的殺→南東

1 金　◐天災人災に備えて非常用品確保
2 土　⦶バランス感覚を身に付けるとき
3 ㊐　●美術館で絵画鑑賞する芸術の秋
4 ㊊　⦶閃きのヒントは日常生活の中に
5 火　⦶目上の引き立て裏切らずに貢献
6 水　○求めるより先に自分から与える
7 木　◐都合の良い理屈は世間に通らず
8 金　○口は災いの元と心得て人と交流
9 土　⦶同じ目線で話し合えば子も納得
10 ㊐　◐野菜でお腹を満たす料理を研究
11 月　⦶過ぎた事は忘れプラス思考で吉
12 火　●暴飲暴食が胃腸に負担をかける
13 水　○友人関係でも金銭の貸借は厳禁
14 木　◎日頃の積み重ねは必ず役に立つ
15 金　◎穏やかに育てと願う親子の笑顔
16 土　◐気持ちに余裕ができリラックス
17 ㊐　⦶強情は損失ばかりで一利もなし
18 月　○早合点しがちな時深呼吸で一息
19 火　◐雑談の中から役立つ情報ゲット
20 水　⦶良い悪いだけでなく本質を探る
21 木　●何もしなければ身に付く物なし
22 金　⦶勝手に決めず相手の都合を聞く
23 ㊏　○恵まれた生活を思い先人に感謝
24 ㊐　◎紅葉狩りを兼ね家族でドライブ
25 月　◐目移りしないように自身に集中
26 火　○有利な時を待って一気に決着を
27 水　○粗雑な生き方では運も味方せず
28 木　◐目標に届かなかった理由を検証
29 金　⦶親しい人と美味しいお酒を飲む
30 土　●変化を求めても時期尚早な環境

四緑

12月の運勢◐自重運

吉　方↓南西
小吉方↓北
丙子四緑木星の月

吉方○南西＝友人や家族との人間関係良好。小さな試みが根付いてくる。北＝小吉方。陰ながらの活動に光明。研究や執筆活動に弾み。
凶方●南東＝急ぎの案件に振り回される。誤解を受け非難中傷。北西＝張り切って活動するが相手にされず。南＝連帯保証人トラブル。

運勢／急な予定変更や用向きが多く落ち着かない。あれこれと外面良く世話事を引き受けると疲労困憊。一人で頑張らず皆に采配して作業分担を。周囲との相談密に連携して。金銭は親しい間柄でも貸借不可。体力温存しストレス溜めぬように。消化器系や慢性病注意。

歳破→北西
年で暗剣殺→東
年で五黄殺→西
年で本命殺→北西
年で本命的殺→南東

1 ㊐ ○急ぐと逆に損をする残り物に福
2 月 ○慌てず騒がず果報は寝て待って
3 火 ◎理屈っぽいと周囲の人から孤立
4 水 ◐教えを乞《こ》う時は真摯な姿勢大事
5 木 ⦶明るく元気な態度が良縁を呼ぶ
6 金 ⦶雑学や知識を実生活に役立てて
7 土 ◐陰日向なく地道な努力を忘れず
8 ㊐ ●思惑どおりの展開も油断は禁物
9 月 ●体を芯から温めて風邪予防実行
10 火 ○辛い体験は人間を成長させる糧
11 水 ⦶先を読んで計画を立てれば順調
12 木 ○多忙時の忘年会は年末の風物詩
13 金 ◐優先順位を考えて効率よく作業
14 土 ⦶可もなく不可もない平和な一日
15 ㊐ ⦶選択を誤らぬよう調査を厳格に
16 月 ◐不本意な事にも腐らず対処する
17 火 ⦶心して年末のご挨拶回りに赴《おもむ》く
18 水 ●仕事に身が入らず評価も下降線
19 木 ○他社競合の争いで一致団結して
20 金 ○賀状をリストアップし用意万端
21 土 ◎柚の香りの中で心身リラックス
22 ㊐ ●役割分担を決めて大掃除を開始
23 月 ⦶同僚と歩調を合わせる協調性を
24 火 ⦶心弾むケーキとご馳走を囲む夜
25 水 ◐子らの声プレゼント開け大騒ぎ
26 木 ◐細かい事にこだわり心身に疲労
27 金 ⦶お金の出入りに余裕を持たせて
28 土 ⦶正月準備で家の中も落ち着かず
29 ㊐ ◐人に煽《おだ》てられ調子に乗って失敗
30 月 ◎知恵絞れば名案浮かび運気上昇
31 火 ○大晦日心に染みる除夜の鐘の音

四緑木星　☆めくっておみくじ【五十八番】――**凶**　前途に邪魔者あり。強気の姿勢は進退が窮まりやすく、くれぐれも自重を。

五黄《ごおう》土星《どせい》

小吉運

有頂天外
梧《ご》桐《どう》一《いち》葉《よう》

令和6年 甲辰三碧木星
方位盤

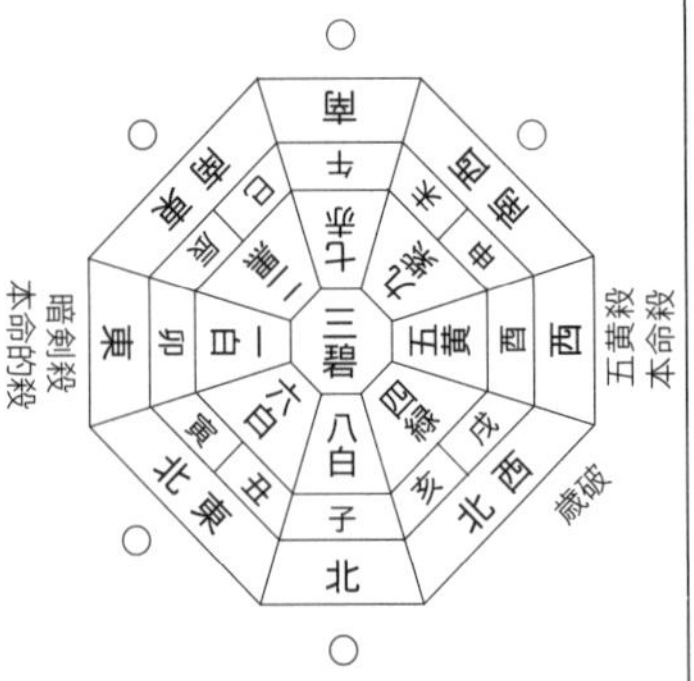

吉方→南西・南・北東・北・南東
凶方→東・西・北西

「南西」を吉方として活用すると、何事も思慮深くなりケアレスミスが無くなるので、学業・仕事の成績が格段に向上します。

「南」は、金融状態が良くなります。感覚が鋭くなって、感受性が豊かになり、素敵な方と巡り会う事が可能に。

「北東」は、目上からの支援があり、物事が順調に進展。

「北」は、身内との関係が良化し、何事も辛抱強くなる。

「南東」は、家庭的な方との良縁に巡り合えます。

性格と人生

人はいいのですが、気が強く負けず嫌いでお世辞を言うのが苦手なので、第一印象が悪く誤解されやすいタイプです。時に言動が荒っぽく強引に物事を推し進めるようなマイナス面がありますが、意外に情にもろいところがあり、頼まれごとが嫌とは言えません。そのため対人面で頼られたり相談事を持ち掛けられたりすることが多く、世話苦労が多いでしょう。女性は男勝りのタイプが多いです。時に争いごとに巻き込まれて、周りの責任を自分が背負って苦労することもあります。

全般的な運の流れとしては、上下の波があり、極端に運勢が分かれやすい傾向があります。しかし、運が落ち込んでも、生来の頭の良さと行動力、強い信念で立ち上がり復活する力強さを持っています。大小を問わず、グループのリーダー的立場になることが多いでしょう。晩年運タイプで、若年期に苦労をしても、一生懸命に努力をした結果、一国一城の主となれるような大器晩成型です。あきらめなければ最後に勝ちをつかみ取ります。

五黄土星生まれ

令和 4 年壬寅
平成25年癸巳
〃 16年甲申
〃 7年乙亥
昭和61年丙寅
〃 52年丁巳
〃 43年戊申
〃 34年己亥
〃 25年庚寅
〃 16年辛巳

2月4日以前生まれの人は六白生まれで見ます

あなたの今年の運勢　五黄土星

公私共に恵まれ充実感を得られる年。経済的にも恵まれるので運気の衰えを感じづらいが、後半にかけて徐々に運気が下り坂。解決すべき問題を先延ばしにしない事。

◎商売運……概ね順調に実利に恵まれますが、太陽が西に沈むように右肩下がりは否めない。今年から来年と転換期を迎えるが安易な策を用いず大局的に考えましょう。

◎職場運……交友の輪が広がり交際面が活発になります。チームワークも好調でよりよい人間関係が構築出来そうです。ただし、あまり自己主張が過ぎると口論の元に。

◎家庭運……グルメやレジャーの機会が増え、一家団らんで過ごせそうです。祝い事などの嬉しい便りが届き、より円滑化に尽力し、より家族愛を深めましょう。

◎恋愛運……社交運がアップするので、電撃的な出会いのチャンス到来。コンサートなどの鑑賞会やイベントに参加してみましょう。探し求めた恋に突き当たるかも。

◎金　運……生活面が派手になるので自然と出費が嵩む傾向。安易に金儲けをうたっている金融詐欺にご注意。

◎健康運……気力、体力の低下が感じられる。口内炎や歯周病、知覚過敏などの口腔疾患、神経痛の悪化に用心。

寅の五黄の運勢／**38歳**は、常に自己研鑽に励む事で周囲から高評価を得ます。ただし、趣味嗜好に走りすぎると顰蹙《ひんしゅく》を買いそうです。**74歳**は、体力面での無理は禁物。日頃から運動を習慣に。転倒に注意、口腔疾患、歯の激痛には早めの治療が必要です。

巳の五黄の運勢／**11歳**は、スケジュール管理を徹底し親子間の会話を増やす事。**47歳**は、酒席の機会が増えるので、飲み過ぎ食べ過ぎに注意し、ウェイト管理も重要。また健康診断を忘れる事なく。**83歳**は、詐欺に要注意。親子間で合言葉を考えておいて。

申の五黄の運勢／**20歳**は、恋愛運が好調なので出会いの機会が増えそうです。電撃的な出会いからロマンスに発展しそう、先手必勝。**56歳**は、日々の努力の成果が発揮できて、表彰されるような事案も。家族への感謝を忘れず、自分へのご褒美も要検討。

亥の五黄の運勢／**29歳**は、明確な目標を設定しましょう。少しハードルを高く設定してもクリア出来そう。独身者は恋愛の好機到来。**65歳**は、体力面での低下が顕著です。体力アップのため、身体を動かし、筋肉量を増やしましょう。朝の散歩がお勧め。

五黄

1月の運勢◎大吉運

吉　方→北東・北
小吉方→なし
乙丑六白金星の月

吉方○北東＝悪しき関係を断ち切り良縁を得る。低迷状態を脱して動き始める。北＝勤勉になり堅実に事に取り組む。後輩に恵まれる。
凶方●北西＝不用意な発言で目上と言い争いに。ケガや骨折。南東＝欲張りすぎて信用失墜。南西＝口先だけで実行力が伴わず停滞。

運勢／新春。好調なすべり出し。声を掛け合っての集いで人脈広がるが余計なひと言で信用を失わぬように。何事も計画性を持ち早めに準備を整えて吉。年頭の挨拶状に返信忘れず。予定外の出費あり交際費予算多めに。風邪は万病の元。アレルギーや神経性胃炎に注意。

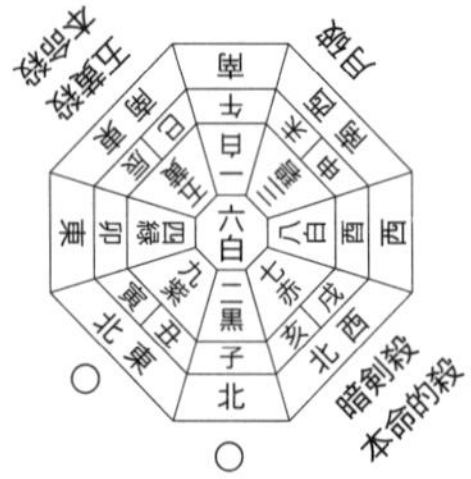

歳破→西
年で暗剣殺・本命的殺→南東
年で五黄殺・本命殺→北西

1	㊊	⦶おせちを囲む食卓で家族と団欒
2	火	◐家内安全を願い氏神様へ初参り
3	水	○美味しいお酒も嗜《たしな》む程度で我慢
4	木	○スイッチ切り替え仕事モードに
5	金	◐誤解が生じたのは謙虚さの欠如
6	土	◎優しい言葉が人間関係円滑の元
7	㊐	◎七草粥食べて胃腸の負担を軽く
8	㊊	⦶企画案が高い評価受け実力発揮
9	火	●出費が重なり家計が緊縮財政に
10	水	○手間を省かずWチェックが必須
11	木	◐対応が後手にならぬ創意工夫を
12	金	○美容に気を使って夜更かしNG
13	土	⦶調子に乗り口を滑らせぬように
14	㊐	◐下から支えて辛くても挫《くじ》けずに
15	月	◎友達と付き合って処世術を学ぶ
16	火	○慌てず一つ一つの業務に集中を
17	水	⦶偏らず双方の意見を聞く配慮を
18	木	●反抗的な部下へ順序立てて対処
19	金	○同僚と会話を弾ませる週末の夜
20	土	◐子供も参加して親子で料理教室
21	㊐	○ママ友からお買い得情報ゲット
22	月	⦶一駅手前で降りてウオーキング
23	火	◐勘違いせず現実を見据えた対処
24	水	○少しずつ歩みを進めノルマ達成
25	木	◎ファイト湧き元気一杯の好調日
26	金	⦶家庭へのお土産が笑顔の潤滑油
27	土	●約束をドタキャンされ意気消沈
28	㊐	○見え張るより内面の充実に重点
29	月	◐うがい手洗いが風邪予防の基本
30	火	○障害になる物を除く努力が必要
31	水	⦶私情を捨てて正しい道を進んで

☆めくっておみくじ【九番】――**大吉**　平素の努力が評価され、また、三種類の望みを叶えていく上々の運気です。

五黄

2月の運勢◐自重運

吉　方→南・北東
小吉方→なし
丙寅五黄土星の月

吉方○南＝頭が冴えて頭脳明晰。先見の明を得て成功。印象アップし評価も上々。資格取得に成果。北東＝改革が成功し状況が改善。転職や転業の道が開ける。相続や財産問題が解決し好転。**凶方**●南西＝やる気をなくして怠惰に。家庭や職場が暗いムードに。定職を失う。

運勢／スタートダッシュを決めるが後半伸び悩み。周囲からの邪魔が入りやすいのでトラブルに警戒して身を律する。新規事には慎重に対処。持ち前の面倒見の良さも行き過ぎは荷が重い。軽々しく引き受けず断る勇気が必要。金銭は失費に警戒。再発病や胃もたれ注意。

歳破→北西
年で暗剣殺・本命的殺→東
年で五黄殺・本命殺→西

1木 ◐限定品に惑わされず必要か判断
2金 ○普段と違うメークと装いで一新
3土 ○楽しい豆まきで厄を払い福招来
4㊐ ⦶寒い毎日でも春の訪れ一歩ずつ
5月 ●クレーム対応に追われ疲労困憊
6火 ⦶書類を整理し業務も効率アップ
7水 ◐頑固よりスルーするスキル必要
8木 ⦶簡潔で分かりやすい説明が大事
9金 ⦶体の不調は放置せず病院へ直行
10土 ◐興味のない話でも相槌を打って
11㊐ ◎胸襟を開いて親しみ合う交流を
12㊊ ○スポーツで汗流し鈍った体に喝
13火 ⦶職員の声を受け職場環境を改善
14水 ●本命チョコは意気込み過ぎずに
15木 ○押さえつけず目線を合わせば吉
16金 ◐改革のタイミング未だ時期尚早
17土 ⦶瑞々しい肌はスキンケアの賜物
18㊐ ⦶肩の力を抜きリラックスが大事
19月 ◐反感を買ったのは高飛車な態度
20火 ◎どんな役回りもソツなく熟《こな》して
21水 ◎短所でなく個性と捉える考え方
22木 ⦶妨害があっても冷静に見極めて
23㊎ ●理解されない悔しさを糧にする
24土 ○穏やかな心でいれば血圧も安定
25㊐ ●お喋《しゃべ》りに花が咲いても失言注意
26月 ⦶勢いばかりで実利伴わない憂い
27火 ⦶サービス残業を控えて過労防止
28水 ◐雑用に追われ作業進まぬ停滞日
29木 ○感性を磨いて交渉が有利に展開

☆めくっておみくじ【八十四番】――凶　物事は一時よくても長続きはしない。やや八方塞がりなので気を抜かない。

五黄

3月の運勢○吉運

吉　方→南・北・北東
小吉方→なし
丁卯四緑木星の月

吉方○南＝不動産に関し良い出来事が。勘が働き方針転換が成功。北＝新しい仲間と心の絆が強く。北東＝後援者に恵まれて好展開に。
凶方●南東＝突然の中傷やクレームで四苦八苦。詐欺の被害。北西＝独り善がりの頑張りで空回り。西＝見えを張って散財し困窮する。

運勢／意欲的になり何事にもプラス思考で取り組める時。実力発揮のチャンス。目上の助力に感謝し対話を絶やさずに。強引な頑張りは周囲との温度差を生み誤解を招きやすい。誠実で謙虚な協調路線を。投資は程々に情報に惑わされないで。頭痛、交通事故注意。

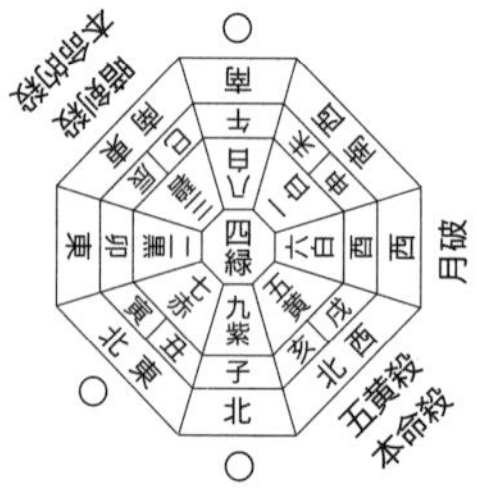

歳破→北西
年で暗剣殺・本命的殺→東
年で五黄殺・本命殺→西

1金　○新しい方針を打ち出し注目の的
2土　⦶早めに手当てし持病の再発防止
3㊐　●愛らしい人形を眺め家族で祝膳
4月　○腰を低くする営業活動に好印象
5火　◐皆に協力を仰ぎ光熱費の節約を
6水　⦶気難しい人とも臨機応変に交際
7木　⦶プライドより実益を最優先して
8金　◐面倒事を持ち込まれて苦労の日
9土　◎待ちに待った彼女とのドライブ
10㊐　⦶街歩きとグルメ巡りで気分転換
11月　○改革の試みには目下の人材登用
12火　●石の上にも三年と心得る忍耐力
13水　⦶顧客データは複数人の管理必要
14木　◐決まり事を無視して周囲が混乱
15金　⦶邪心を持つ人を見分ける力量を
16土　⦶お陰様という慎ましい心を持つ
17㊐　◐子供に振り回されバテバテの日
18月　◎工夫を凝らした研究結果に満足
19火　○感覚で微調整する職人芸に感服
20㊌　○清掃し清々しい思いでお墓参り
21木　◐予定の先送りがベストな選択に
22金　○好きな曲を歌ってストレス発散
23土　◐勢いに任せて衝動買いして後悔
24㊐　⦶外見よりも人間性に重点を置く
25月　⦶強すぎる主張に仲間も引き気味
26火　◐同じ作業を繰り返し技術を習得
27水　◎バランスの良い食事で健康維持
28木　○変化を求める時は根回し忘れず
29金　○久しぶりに夫婦水入らずで外出
30土　●足元を固める計画を立てず失敗
31㊐　○デトックスで体内の調子整えて

五黄

4月の運勢⦶小吉運

吉方→南西・南東・北・南・北東
小吉方→なし
戊辰三碧木星の月

吉方○南西＝仕事に打ち込み成果を上げる。南東＝仕事や堅実に向き合える良縁を得る。北＝家族の絆が強まる。南＝芸事や趣味活動で一目置かれる。北東＝支援を受けて状況が好転する。
凶方●東＝盗難や詐欺に遭う。西＝遊びグセがつき散財。北西＝優柔不断で失敗。

運勢／気持ちに余裕が出来趣味事や余暇活動が楽しみに。解放感に浸り羽目を外しがち。調子に乗り遊び惚《ほう》けることの無いようオンオフのバランスしっかり。世話焼きは程々に。うかつな失言は失費を招く。異性関係は慎重にけじめをつけて。暴飲暴食や口腔疾患に注意。

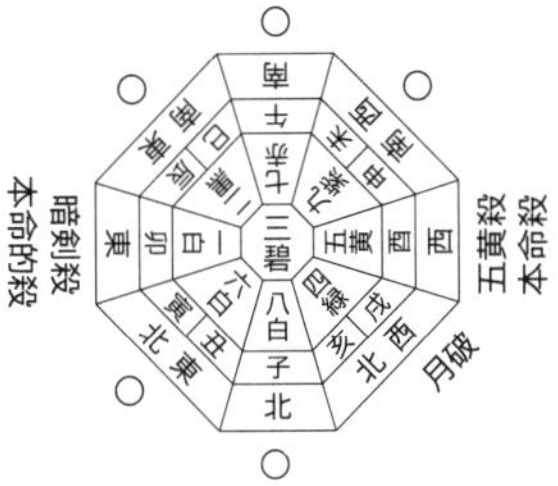

歳破→北西
年で暗剣殺・本命的殺→東
年で五黄殺・本命殺→西

1月 ◐文句ばかり言わず自身を省みて
2火 ◐一時の感情で事を起こさず静観
3水 ⦶美しい夜桜を眺めて家路に就く
4木 ◐高慢な接客は取引先から苦情が
5金 ○コラーゲンで血管を強く柔らか
6土 ◎思いがけない吉報が届く幸運日
7㊐ ⦶質素倹約を身に付けてエコ生活
8月 ●目的は正しくも暴走すれば危険
9火 ○私心を挟まずに本質を見極めて
10水 ◐仕事を選んでいると周囲も反発
11木 ⦶無駄話から失言して自己嫌悪に
12金 ⦶早めに帰宅し子供との時間共有
13土 ◐天候が良くても花粉症には閉口
14㊐ ◎母娘デートで春のスイーツ満喫
15月 ○行動する前に考える癖をつけて
16火 ○これまでの慣例を守れば一安心
17水 ●不首尾を指摘され上司から叱責
18木 ⦶長時間ＰＣ作業は小まめに休憩
19金 ◐進むばかりでなく退く事も大切
20土 ⦶先方の出方見て対処策を講じる
21㊐ ◐リンパの流れ良くする半身浴を
22月 ●互いの意見が合わず交渉が決裂
23火 ◎顧客から信用を得て契約も順調
24水 ○予想外の事態でも慌てず騒がず
25木 ○ストレッチは腰痛予防に効果大
26金 ●女性同士の争いに口出しは危険
27土 ○断捨離して部屋の中スッキリと
28㊐ ◐家庭のトラブルを速やかに解決
29㊊ ⦶好物でも暴飲暴食は程々にして
30火 ⦶ミスしても七転び八起きの精神

☆めくっておみくじ【四十六番】――**凶** 雷鳴が走るとき、不意の出来事が起こるという。予定や計画に障害あり。

☆めくっておみくじ【十四番】――**末吉** 未だ玉石混合、これから磨く。努力を積み重ねていくのが成功への道。

五黄

5月の運勢◐自重運

吉　方→南・北
小吉方→なし
己巳二黒土星の月

吉方○南＝実力が評価されて出世する。頭角を現し引き立てられる。北＝副収入を得て潤う。家族や親しい友人との関係に充足感あり。**凶方**●南西＝職場環境が悪化する。嫁姑問題の悩み。北東＝欲を出して改革が失敗する。北西＝乗り物関係の事故。投資で損失抱える。

運勢／急な思い付きでの行動はかえって悩みを深くするだけ。実力を養いつつ周囲へ根回しして時機を待つ。義理絡みの私的な世話事は妥協策で責任を果たす。家の手入れや部屋の整理整頓は家族の協力を得てスムーズに。段差のつまずき警戒。関節痛や吹き出物に注意。

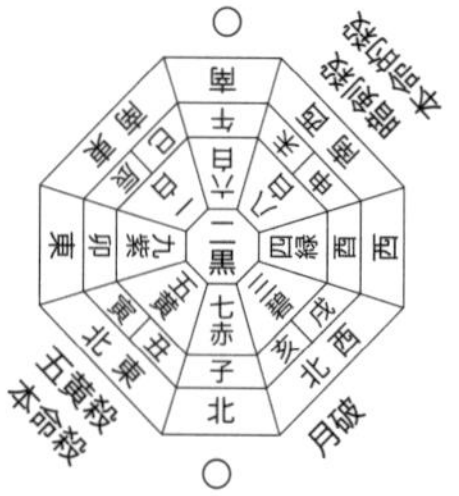

歳破→北西
年で暗剣殺・本命的殺→東
年で五黄殺・本命殺→西

1水 ●上から目線は周囲の信頼を失う
2木 ◎ユーモア交え良好な対人関係に
3㊎ ○つつじの有名スポットでデート
4㊏ ○公園内の散歩を兼ね自然を観察
5㊐ ●ご馳走並べ我が子の成長を祝う
6㊊ ○辛い早起きにはアラームが味方
7火 ◐ながらスマホは危険運転と同じ
8水 ⦶財布の紐をしっかり締めて生活
9木 ⦶イレギュラーに対応する実力を
10金 ◐現状に満足せずスキルアップを

11土 ○重い物はネット通販を利用して
12㊐ ○掛け替えない母に感謝の贈り物
13月 ⦶慢性化しないよう足腰ケアして
14火 ●自身の価値観を押し付けて孤立
15水 ○不備がないよう複数で確認する
16木 ◐反抗的な態度は職場の和を乱す
17金 ⦶体の異変は早めの手当てが必須
18土 ⦶将来設計を夫婦で話し合い確認
19㊐ ◐子供の野球観戦で家族の絆深め
20月 ◎温かな言葉と笑顔が疲れ癒やす
21火 ⦶時間にも気持ちにも余裕が大切
22水 ○適材適所を考慮に入れ人員配置
23木 ●努力が認められず気が滅入る日
24金 ⦶全体を確認して方針を変更する
25土 ◐いつまでも意地を張り四面楚歌
26㊐ ⦶にこやかに接して場に安らぎを
27月 ⦶優先順位を考え仕事に取り組む
28火 ◐外ばかりでなく社内にも気配り
29水 ◎大口の契約を取り付け喜色満面
30木 ○艱難辛苦が立派な大樹の栄養源
31金 ○意中の人に率直な思いを伝えて

五黄

6月の運勢○吉運

吉　方→南東・南西
小吉方→なし
庚午一白水星の月

吉方○南東＝実力者との良縁を得る。就職や受験で有利な展開に。婚活で好条件な異性との出会いに恵まれる。南西＝仕事に余裕ができ金銭面の潤いを実感する。生活が楽しく張りが出る。
凶方●北＝投機事で財を失う。乗り物の事故。南＝書類や文書のミス。訴訟問題。

運勢／これまでの頑張りの成果が出て気分も上々。欲を出し過ぎず自然の流れに任せれば上手くいく。好き嫌いやわがままが出やすい。口は災いの元。感情面のコントロールを心掛け周囲と円満に。見えの衝動買いに注意。カード購入慎重に。目や頭痛、血行不良に注意。

歳破→北西
年で暗剣殺・本命的殺→東
年で五黄殺・本命殺→西

1土 ●親しい友でも金銭の貸借は厳禁
2㊐ ○間食と炭水化物を控え体を軽く
3月 ○長時間の座り作業で腰にも負担
4火 ⦶不注意な発言は同僚も引き気味
5水 ⦶研究を積み重ねて成果を上げる
6木 ◐私事に比重を置けば公私混同に
7金 ◎外出はお洒落《しゃれ》して華やかな装い
8土 ○機能的な作業着で動き軽やかに
9㊐ ○無理のない範囲で積み立て計画
10月 ●策士策に溺れぬように正攻法で
11火 ○上ばかりでなく目下にも関心を
12水 ◐感情に左右されず強い意志貫く
13木 ⦶はしゃぎ過ぎず謙虚な姿勢保つ
14金 ⦶忙しくてもキツイ言葉は避けて
15土 ◐足元を確認して転倒防止心掛け
16㊐ ○優しい父に花と好物の手料理を
17月 ◎目標を達成し実力示して大満足
18火 ⦶地元の名産自慢で和やかな空気
19水 ◐優柔不断な態度が不信感を招く
20木 ○発明の裏には怠らぬ基礎知識が
21金 ◐夏野菜を摂り菖蒲湯で爽快な夜
22土 ⦶メールでトラブらないよう注意
23㊐ ⦶人気店のフルコースでプチ贅沢
24月 ◐急な会議に大急ぎで資料を作成
25火 ◎諸事万端に整え積極策で高評価
26水 ○人の意向より自分の考えで行動
27木 ◐PC作業続きで肩こりから頭痛
28金 ●ギャンブルは家庭崩壊の第一歩
29土 ◐仲間から浮いてしまう八方美人
30㊐ ⦶家具の位置変えてお部屋も新鮮

☆めくっておみくじ【九十六番】——**大吉**　大吉を大事にしないと意味がない。人の真似や邪心があると不調和。

五黄

7月の運勢●警戒運

吉　方→南東・南西
小吉方→なし
辛未九紫火星の月

吉方○南東＝取引が順調。良縁に恵まれる。南西＝意欲的に活動し充実の日々。実績が目上から評価される。
凶方●南＝契約や訴訟事が不調。見込み違いで振り回される。北＝悪目立ちして不調。表沙汰にできない関係に悩む。北東＝改革が失敗し状況が二転三転する。

運勢／先のことを画策するより今現在の責任を果たしていく心掛けで開運。自己判断に見込み違い多く行き詰まりの恐れ。守りに徹して悩みは目上に相談して。預貯金を崩さぬよう少額ずつでも貯める意識を。スリや盗難に用心。ストレスや耳鳴り、泌尿器系に注意。

歳破→北西
年で暗剣殺・本命的殺→東
年で五黄殺・本命殺→西

1月　○急がず慌てず周りの援助がある
2火　○友人からの恩返しは幸運の現れ
3水　◐話を聞いて板挟みジャッジせず
4木　◐迷ったら中庸保ち動かぬのも手
5金　⦶調理法変えて食わず嫌いを克服
6土　●水分摂り過ぎ体調不良の引き金
7㊐　⦶自分の真意に気付く七夕の祈り
8月　●良く噛めば胃腸丈夫で寿命延び
9火　⦶今までのコツコツ貯金で助かる
10水　○あれもこれもは事ならずと知る
11木　◎何はなくても和顔施しで穏やか
12金　◐行き詰まったら気分転換に散歩
13土　⦶閃きが仕事に直結メモを忘れず
14㊐　◐出費抑え無理は禁物と心得る日
15㊊　●お金のやり繰り家族で話し合う
16火　⦶状況把握できたら答えじっくり
17水　●無難な行動計画念には念を入れ
18木　⦶日頃の節約が功を奏し諸事安泰
19金　○今までのアイデアが実行可能に
20土　○依頼ごとは忖度《そんたく》して丸く収める
21㊐　◐小さな思いやりで幸せ芽生える
22月　⦶上司の意見に補足し評価上がる
23火　⦶気分転換にお茶飲み妙案が浮上
24水　◐同じ意見なら行動した者の勝ち
25木　⦶今まで不仲でも認め合って向上
26金　●安請け合いは後にトラブル発生
27土　○悩みの解決は身近な人に相談を
28㊐　○風に揺れる草花を愛でる余裕を
29月　◎見返りなしの誠意で安穏無事に
30火　◐八方塞がりも閃きで打開策あり
31水　⦶神社仏閣に参詣して開運の兆し

五黄

8月の運勢○吉運

吉　方→南東
小吉方→なし
壬申八白土星の月

吉方○南東＝社交性豊かに公私共に良き人脈が広がる。情報交換にツキあり。婚活に嬉しい出会いが期待できる。取引が好調。商売繁盛。
凶方●北東＝不動産関連や相続の問題に悩む。欲が絡み身近な人間関係でもめ事。南西＝やる気を失い生活が荒れる。近隣とのトラブル。

運勢／メリハリのある日常生活を。ちょっとしたアイデアが日々に潤いと活力をもたらす。ＴＶや書物、専門家の知恵を参考にして。地域のボランティアや身内の老人問題など善意の行動がやりがいに。周囲と連携の輪を広げて。家庭での食事に注目。胃や皮膚炎注意。

1木 ⦶一家団欒の食事で幸運呼び込む
2金 ◐多少のリスク恐れず一石を投ず
3土 ⦶固執した考えに他の意見で新風
4㊐ ●誤解はトラブル生む慎重に判断
5月 ○夏バテ胃腸不良は食べ方に問題
6火 ○一目惚《ほ》れは早とちりの可能性大
7水 ◎朝の計画で一日無駄なく順調に
8木 ◐未来の心配時間の浪費と心得よ
9金 ⦶ボタンの掛け違い早めに修復を
10土 ⦶友と楽しく旅行計画が吉を呼ぶ

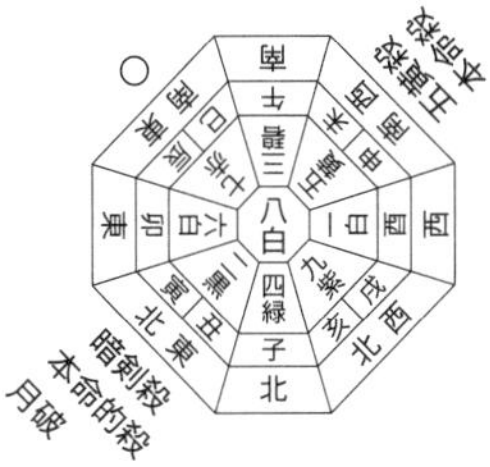

歳破→北西
年で暗剣殺・本命的殺→東
年で五黄殺・本命殺→西

11㊐ ◐今までの停滞に新たな案が湧く
12㊊ ○過去の頑張りに一応の目処たつ
13火 ◐子の話に耳を傾け平穏に纏まる
14水 ○身内の相談軽く考えず向き合う
15木 ○先祖を偲び感謝の心忘れず静穏
16金 ◎人生を謳歌すれば能力が花開く
17土 ◐金銭を貸しても戻らぬ日で注意
18㊐ ⦶今日の学びが豊かな未来の糧に
19月 ⦶言わぬが花と心得て口は出さず
20火 ◐良いと思った事も過ぎれば毒に
21水 ○問題解決には時間を掛け急がず
22木 ●これくらいが仇《あだ》になる節度大切
23金 ○古き物から学んだ良き時が到来
24土 ○気焦りは良い事なしと深呼吸を
25㊐ ◎スムーズに事が運ぶ日楽しんで
26月 ◐運命と思う出会い慎重に判断を
27火 ⦶今までの努力が報われ頼られる
28水 ⦶旧友と食事で運気上昇仕事順調
29木 ◐語《ご》彙《い》力が試される日落ち着いて
30金 ○念には念をでミスを事前に回避
31土 ●短気は損気と心得て心穏やかに

五黄土星　☆めくっておみくじ【三十八番】——**半吉**　月光が明るく喜び、黒雲に隠れて悲嘆あり。人生の善し悪しは交互に。

☆めくっておみくじ【二十五番】——吉　枯れ木から新芽が出るのは春。新たな佳い事、目上の引き立てなどあり。

五黄

9月の運勢◐自重運

吉方○南＝勘が冴える。アイデアを仕事に生かせる。再縁や復職などのチャンス得る。南東＝目上の人との人脈を得る。取引好調。仕事や投資に役立つ情報入手。**凶方**●西＝口約束で失敗。離別問題。浪費する。東＝過失が明るみに出る。強硬策がアダになり挫折する。

運勢／焦って行動すると思わぬ落とし穴の暗示あり。慎重に早めの行動で抜かりなく。自信過剰はトラブルの元。誤解を招かぬよう単独行動より周りと足並みを揃えて協調策を。金銭は使途不明金出ぬよう収支管理。詐欺や盗難に警戒。睡眠を十分に。肝臓や捻挫に注意。

吉　方→南・南東
小吉方→なし
癸酉七赤金星の月

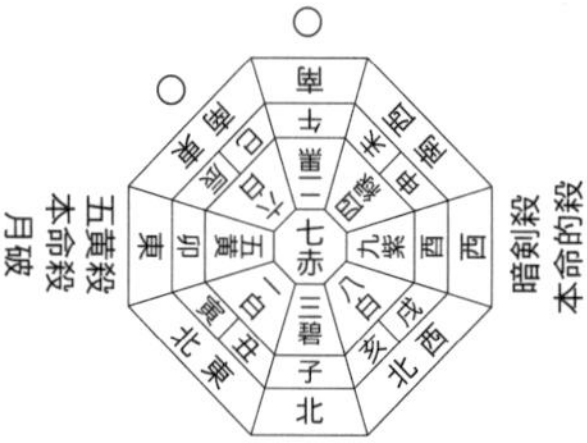

歳破→北西
年で暗剣殺・本命的殺→東
年で五黄殺・本命殺→西

1 ㊐ ⦶防災は家族で避難を話し合って
2 月 ○短気は折角のチャンスも水の泡
3 火 ◎外部の意見が道を開くキッカケ
4 水 ◐親戚問題解決は意思疎通が大切
5 木 ⦶方向性が決まりやる気が生まれ
6 金 ⦶安易な思い付き行動は万事休す
7 土 ◐模様替え運気も気持ちもアップ
8 ㊐ ○勘が冴えても見直す努力で幸運
9 月 ●運勢改善に友と小旅行の計画を
10 火 ⦶言葉足らずは家族と争い戒める
11 水 ⦶事故怪我招く歩きスマホ慎んで
12 木 ◎人生の長期計画海外に思い馳せ
13 金 ◐不撓《ふとう》不屈の精神鍛錬を日常から
14 土 ◐災難続きも解決の糸口掴み安堵
15 ㊐ ◐バーベキューで家族の絆深まる
16 ㊊ ●一日の計画立て物事は静観が鍵
17 火 ○名月を愛でる余裕が開運を招く
18 水 ●困難を棚上げ一休み課題を分析
19 木 ○先祖供養の大事を子孫に伝える
20 金 ○情報はネット活用が効率的な日
21 土 ◎培《つちか》った信用試されるが焦らずに
22 ㊐ ◐努力実り次のステップへ飛躍を
23 ㊊ ⦶多忙な時こそ今後の発展に期待
24 火 ⦶健康を害する暴飲早食い止めて
25 水 ◐未来を見据えた返答が幸を招く
26 木 ○芸術鑑賞で第六感鍛え成果出す
27 金 ●人の意見に耳を貸す判断が最良
28 土 ○たまには実家へご機嫌伺いして
29 ㊐ ○新計画はプラス思考で成功する
30 月 ○陰徳に助けられる感謝を忘れず

五黄

10月の運勢⦶小吉運

吉　方↓北・北東
小吉方↓なし
甲戌六白金星の月

吉方○北＝家族の絆強まる。友人知人との心温まる交流。少額ながらも副収入あり。北東＝転職活動が上手く運ぶ。身内の後押しで好転。
凶方●北西＝不用意な発言で目上の怒りを買う。安物買いの銭失い。投機事で大損失。南東＝信用を失い破談に。見込み違いで窮地に。

運勢／外出の機会が増えて多忙。交友関係が広がるが密な関係になるより深入りせずに風通しの良い関係を目指して。余計な世話焼きや口出しに注意。寄り道は程々に。情報を精査して騙されぬよう。金銭は散財傾向。つられ買いやネット購入警戒。風邪や腸炎注意。

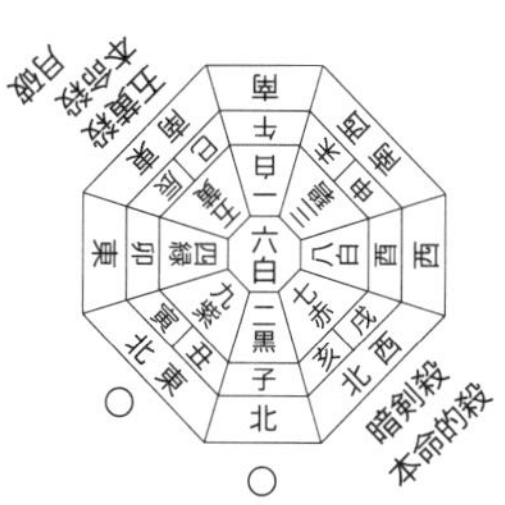

歳破→北西
年で暗剣殺・本命的殺→東
年で五黄殺・本命殺→西

1火 ◐目移りは二兎追い何も得られず
2水 ⦶勢いが過ぎれば成る事も危うし
3木 ⦶誤解を解き楽しく笑談の工夫を
4金 ◐静観し構えて臨めば問題は解決
5土 ○真逆意見も包含し視野を広める
6㊐ ●焦る気持ち抑え中道が災難除け
7月 ○旧友と行く仏像礼拝で心安らぐ
8火 ◎気遣いの連絡で確執解消し穏便
9水 ○人助けで信頼増して人気急上昇
10木 ◐無理に動かずアイデアを絞って
11金 ⦶人と比べず工夫し安穏に過ごす
12土 ⦶災いは口から人の短所は言わず
13㊐ ◐家具の移動で思わぬ宝物を発見
14㊊ ○簡単なストレッチで頭スッキリ
15火 ●愛情問題は話し合い不足が原因
16水 ⦶悩み事は身近な女性に相談解決
17木 ◎性急な無理じい禁物心穏やかに
18金 ○自己信頼で着実に進み諸事完遂
19土 ◐頼られ事を上手に断るのも方便
20㊐ ⦶時には寄らば大樹の陰と心得て
21月 ⦶食事と会話を楽しみ心身を回復
22火 ●小さな事にも気配りを難が去る
23水 ○清濁併せ呑む勇気が幸運を招く
24木 ●慣れた道も足元に注意し慎重に
25金 ○二者択一は慣習を手本に決断す
26土 ◎古き良き物残しつつ新規に挑戦
27㊐ ○学友と語り信望得て飛躍に期待
28月 ◐願いはシンプルに纏めて淡々と
29火 ⦶忙中閑あり料理堪能し英気養う
30水 ◐褒め言葉を謙虚に受け取り無難
31木 ◐ハロウィン楽しみマンネリ打開

☆めくっておみくじ【九十七番】——**凶**　目の前に霧が出るが後に晴れるまで待つのが利口。人の誤解と不利益用心。

五黄

11月の運勢◐自重運

吉方→南・南西・北東
小吉方→なし
乙亥五黄土星の月

吉方○南＝学業や研究の成果が上がる。良きアイデアが生まれる。名誉を得る。南西＝職場環境が整う。定職に就き生活が安定。家庭が落ち着く。北東＝現状を打破して活躍の場を広げる。
凶方●南東＝優柔不断な言動で信用を失う。交際関係や縁談が不調。道に迷う。

運勢／「お互い様」の精神で周囲と尊重し合って助け合う協調関係を。相談事に真摯に対応するも自分の実力以上に抱え込むとギブアップ。八方美人はストレスに。余計な手出し口出しをせず受け身の姿勢を崩さぬよう。金銭は衝動買いに警戒。消化器系や過労に注意。

歳破→北西
年で暗剣殺・本命的殺→東
年で五黄殺・本命殺→西

1金 ○冷え体調不良の誘因早めに改善
2土 ●何気ない一言波紋呼ぶ留意して
3㊐ ○難問も時間経過で佳日の知らせ
4㊊ ◎急ぐ時こそ和やかに風通しよく
5火 ○人の集まり煮込み料理で和やか
6水 ◐金策打診も上手に断り障《さわ》りなし
7木 ⦶儲け話の返答は時間掛けて検討
8金 ⦶友人の紹介が出会いのチャンス
9土 ◐良き事も勢い過ぎれば逆効果に
10㊐ ○何事も模範に倣《なら》い進めるが良策

11月 ●災難は似た者同士の仲違いから
12火 ○感情コントロール逆境に耐える
13水 ◎新風も必要と時に大胆な行動を
14木 ○控えめも臨機応変で決断を下す
15金 ◐今日の我慢未来へ希望の種蒔き
16土 ⦶目上の引き立て周囲の嫉妬注意
17㊐ ⦶食べ合わせ体調崩す以前に予防
18月 ◐周囲に同調し過ぎず自然体が吉
19火 ○意見求められたら臆さず提案を
20水 ●年末の予定は綿密に立て備える
21木 ⦶今年の回想がリスク回避のコツ
22金 ◎ブラックフライデー物欲に注意
23㊏ ○恩師に思い馳せ連絡し運気向上
24㊐ ◐互いに誤解とけ友好のチャンス
25月 ◐甘い誘惑裏を取って確認が大事
26火 ⦶不都合が出たら止まり原因確認
27水 ◐外部要請で計画頓挫も帳尻合う
28木 ○見通し付いて優先順位が決まる
29金 ●いい夫婦お互い一歩譲る優しさ
30土 ○未完作業を確認し意外な収穫が

五黄

12月の運勢⦶小吉運

吉　方→北・北東
小吉方→なし
丙子四緑木星の月

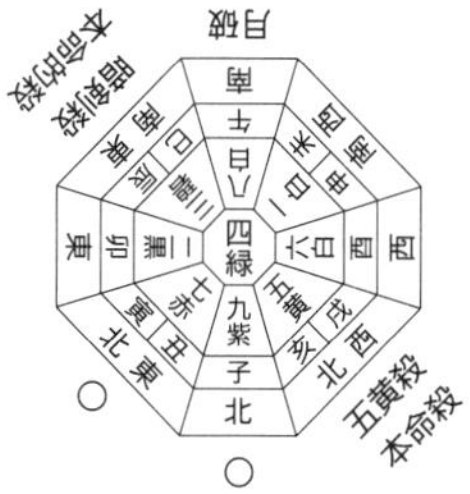

歳破→北西
年で暗剣殺・本命的殺→東
年で五黄殺・本命殺→西

吉方○北＝陰ながら新規の支援を受け好調。知識人との交流でアドバイス受ける。北東＝親戚知己からの資金援助。不動産関連での利益。**凶方**●南東＝急な用件に振り回される。詐欺メールに騙される。北西＝気持ちのすれ違いで目上との関係に溝が。南＝法律問題で敗北。

運勢／師走。幹事や世話役を任されることも多く忙しいながらも張り合いがでる。大掃除や正月準備は計画的に。周囲と綿密に相談。リーダーシップを振るって采配を。金銭は身の丈に合った使い方で予算内に収めて。睡眠時間を確保して体調管理。自転車や車の事故注意。

1㊐　◎他の助言参考に新発想が浮かぶ
2月　○予算オーバー注意し慎重に購入
3火　◐何かと物入り工夫し乗り越える
4水　⦶地味な作業予想外の成果で喜び
5木　◐失敗の連続も成長の糧にし精進
6金　◐忙しくても健康管理に気を配る
7土　○大掃除は断捨離も兼ねて大胆に
8㊐　●師走の予定焦らず着実に進める
9月　○昔の思い出に話が弾み癒される
10火　◎年明けの旅行打診で運気上向く
11水　○驕らずに進めた案件が実を結ぶ
12木　●頼まれ事は返事先延ばし妙案が
13金　⦶多忙でも節度守ればスムーズに
14土　⦶憂い事も友の優しさ身に染みる
15㊐　◐勇み足戒《いまし》めゆるり前進結果良好
16月　○思わぬ打開策閃くメモに残して
17火　●やり過ぎて体調を崩す恐れあり
18水　⦶作業停滞も理由ありと静観する
19木　◎急がば回れと深呼吸で落ち着く
20金　○周囲の信頼で悩みの霧が晴れる
21土　◐ゆず湯に南瓜《かぼちゃ》で心も体も温かく
22㊐　⦶期待に応え一石を投じれば開運
23月　⦶思うに任せぬ事を余裕で楽しむ
24火　◐行動計画は迷わず最初の意見で
25水　○イルミネーション鑑賞運気上昇
26木　⦶無理難題も後一歩で打開策出る
27金　◐火の取り扱いに注意し火事防止
28土　⦶風邪予防うがい手洗い徹底して
29㊐　⦶先人の知恵を拝借し無難に解決
30月　●足元の冷えに注意して年末平穏
31火　○来年に思いを馳せ年越し蕎麦を

☆めくっておみくじ【七十六番】――吉　富貴は天から与えられるが、仕事に打ち込むことが富源となるでしょう。

六白《ろっぱく》金星《きんせい》

自重運

万物流転
千変万化

令和6年 甲辰三碧木星
方位盤

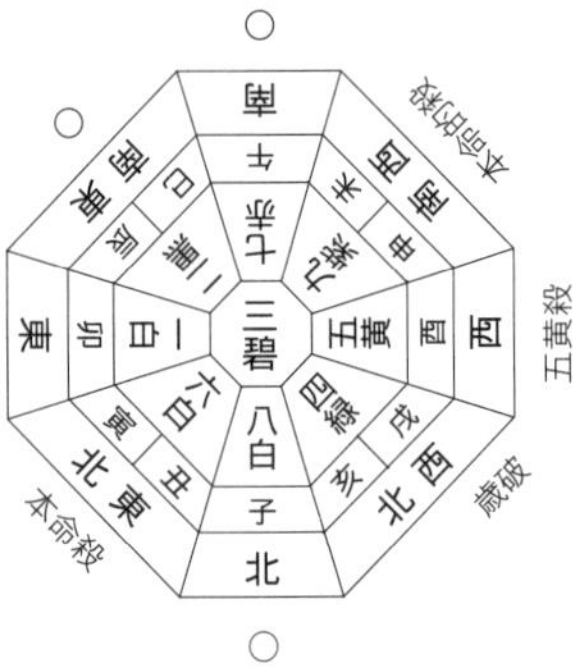

吉方→南東・北・南
凶方→東・西・北西・北東・南西

「南東」を吉方として活用すると、人との交際が上手くいくようになり、人間関係が整ってきます。独身の方は結婚願望が強くなり、同時に良縁に恵まれます。また、勤労意欲が増し、努力を惜しまず真面目になります。

「北」は物事を深く考えるようになり沈着冷静になれます。子供や部下の問題が改善され良好な関係が築けます。

「南」は金銭に対する感覚が冴え、上手に資産運用する事で金融状態が良くなります。才能が開花します。

性格と人生

活気があり行動力も抜群です。気位が高く冷静で完璧主義的な傾向があり、決して交際上手ではありませんが、内面には優しさを持っています。目下への思いやりがあり面倒見が良いタイプです。権力者や父親の意味を持つ星で「天の星」とも言われます。マイナス面としては、生まれ持った風格と気品がありますが、自我が強く人からの指図を受けることを好みません。時に協調性を欠いて目上に反発しやすい一面があるでしょう。

全般的な運の流れとしては、目上運があり、目上や上司からの信頼や引き立てを受けて基盤を築いていきます。大多数の人は中年期には基礎が固まっていくでしょう。統率力があり、人の下につくことが嫌いで、上位を目指して進んでいきます。苦労に耐えて成功する運があり、名誉や地位を得ます。

プライドが高く自信過剰に陥りやすいので注意が必要です。敵を作らないよう対人面の和を図りましょう。勝負事に熱中しすぎて運を落とさないように自重して。

六白金星生まれ

令和 3 年辛丑
平成24年壬辰
〃 15年癸未
〃 6 年甲戌
昭和60年乙丑
〃 51年丙辰
〃 42年丁未
〃 33年戊戌
〃 24年己丑
〃 15年庚辰

2月4日以前生まれの人は七赤生まれで見ます

あなたの今年の運勢　六白金星

今年は、運勢の転換期を迎えます。好調に歩んでこられた方は減速したり、方向転換を余儀なくされそう。逆に不調だった方は心機一転、新しい展開が期待出来ます。

◎商売運……取引相手が変わったり、大きな端境期を迎えます。無謀な方向転換は却って面白くない状況に。ここでの頑張りが来年以降の躍進に繋がります、精進を。

◎職場運……変わるという大きな意味合いから転勤や部署の配置転換がありそうです。職場環境も大きく変わりますが、安易なリストラは避けたほうが賢明です。

◎家庭運……不動産や相続問題の決着は先に延ばしたほうが無難。煩わしい問題が表面化しますが、あまり自我を通しすぎると更に炎上しそうなので謙虚な態度が○。

◎恋愛運……優柔不断な面が出て、一つの関係に終止符を打つ事案も。一度距離を置く事で相手の良さが再認識され、あなたにとって一番大切な人と確認出来ます。

◎金　運……大幅な増収は見込み薄ですが、比較的安定しそうです。流動性が低い安易な投資は痛い目を見そう。

◎健康運……ストレスからくる病気に最大の注意を。腰痛、肩こり関節痛は例年以上のケアが大切になります。

丑の六白の運勢／**39歳**は、急激な路線変更は却って泥沼化しそう。先行きの迷いや不安がある時は、十分な情報収集が最大の鍵になる。**75歳**は、独善的になり過ぎると反発、反感を買って孤立無援に陥りそう。細かな事に口出しせず泰然自若な態度で。

辰の六白の運勢／**12歳**は、中学受験はリサーチ活動が幸運の鍵になる。迷いが生じたら、先生や両親の指導を仰ぐ事。焦ることなく。**48歳**は、人生の節目を迎え、転業、脱サラ等に心動かされる時。家業の跡取り問題も浮上しそうです。冷静な判断を。

未の六白の運勢／**21歳**は、将来の進路に若干の迷いが生じる時。紆余曲折があってこそ人生に深みが増します。「急がば回れ」の精神で。**57歳**は、変化・変動が起こりやすい時なので、どう変化に対応出来るかが鍵になる。焦らずに着実に前進しましょう。

戌の六白の運勢／**30歳**は、情報に振り回される事が無いよう、日頃からの鍛錬が不可欠。正当性がある物はどんどん活用しましょう。**66歳**は、他人事への口出しや介入は極力避けるほうが無難です。小さな親切と思ってした事が大きなお世話になる事も。

六白

1月の運勢◐自重運

吉　方↓南
小吉方↓北
乙丑六白金星の月

吉方○南＝思考力が増し知的な魅力がアップ。感性が磨かれ感受性が豊かになる。北＝小吉方。家族の絆が強くなる。副収入でへそくり。

凶方●北西＝目上に歯向かい関係に亀裂。乗り物の事故。ケガ。南東＝腐れ縁関係の相手から迷惑を被る。南西＝家庭のもめ事に悩む。

運勢／一年の計画は焦らずじっくり進める心づもりで。世話苦労が多く新年早々落ち着かない。義理心から相談事や調整事で期待に応えるべく奮戦。必要以上にやり過ぎは誤解や対立の元。分をわきまえ慎重に。金銭は明朗に貸し借り不可。過労や消化器系疾患に注意。

歳破→西
年で暗剣殺→南東
年で五黄殺→北西
年で本命殺→西
年で本命的殺→東

1 ㊊ ●十年後に思いを馳せ年の始まり
2 火 ○穏やかな日々を願い天との交信
3 水 ◐親族が集い楽しいお酒で大宴会
4 木 ⦶仕事始めは二日酔いにご用心を
5 金 ◐お山の大将は裸の大将に通じる
6 土 ◐そろそろ気持ちを整え行動開始
7 ㊐ ◎交流の場へ積極的に参加して吉
8 ㊊ ○振り返る我が成人の日の心意気
9 火 ⦶強引に決めずに次の機会を待つ
10 水 ●後輩からの相談は親身に聞いて
11 木 ○視野が広がり人気も上昇しそう
12 金 ◐意見の違いも相手の立場を尊重
13 土 ⦶仲間と土に親しみ野原の散策へ
14 ㊐ ⦶大盤振る舞い後先を考えて実行
15 月 ◐押して駄目なら引くことも大切
16 火 ◎礼儀正しい行いで周囲が認める
17 水 ○人が集まって有力情報をゲット
18 木 ⦶知人との金銭のやりとりは不可
19 金 ●相手の意見を素直に受け止めて
20 土 ○頭がスッキリ物事が片付き好調
21 ㊐ ◐足腰を痛めぬよう慎重に行動を
22 月 ⦶買い物は高価な品は値踏みして
23 火 ⦶勢いづいた先走りが後悔の元に
24 水 ◐迷ったら保留し次の機会を待つ
25 木 ◎新年会は多くの人と交流楽しむ
26 金 ○未発表の計画を打ち出す好機が
27 土 ⦶噂を無視して現実を見直すこと
28 ㊐ ●やり残しの処理は早めに着手を
29 月 ○ランチは魚介類で少しスリムに
30 火 ◐一つ区切りをつけて正の連鎖へ
31 水 ⦶仲間と会食しながら次のプラン

六白

2月の運勢⦶小吉運

吉　方→北
小吉方→なし
丙寅五黄土星の月

吉方○北＝集中力がつき研究や執筆活動などに打ち込める。後輩や子供と温たかな心の交流が。よく眠れる。
凶方●南西＝無気力になり作業能率が落ちる。働く意欲を失う。ずる休みする。北西＝自信過剰になり目上とトラブルに。南東＝噂に振り回され信頼関係にひび。

運勢／忙しい中にも何事にも前向きな姿勢が評価される。独断的で強気な言動は和を乱すので周囲とのバランスを上手に取って。目上を立てる配慮がプラスに。奉仕活動は自己成長に繋がる。投機事は慎重に。安易に誘いに乗らぬよう貯蓄をメーンに。気力減退に注意。

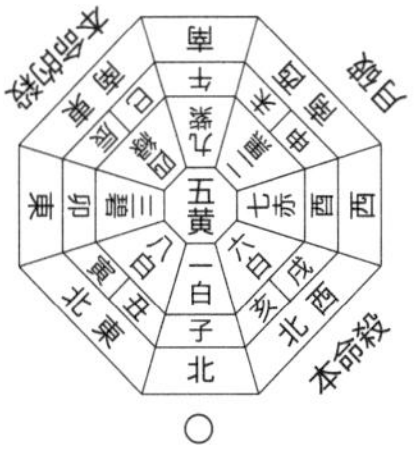

歳破→北西
年で暗剣殺→東
年で五黄殺→西
年で本命殺→北東
年で本命的殺→南西

1 木 ⦶梅の便りと共に自身の健康対策
2 金 ◐周囲に気を取られぬように集中
3 土 ◎豆を撒き今日までの生活に感謝
4 ㊐ ○家の中を整理整頓し心も元気に
5 月 ○仲間への気遣いを忘れず接する
6 火 ●金運弱し内面を磨き気持ち高揚
7 水 ○視野を広げて新たな挑戦をする
8 木 ◐マイペースで好きな事に没頭を
9 金 ⦶気の合う人とSモールで食事会
10 土 ◐家族旅行は口を出さずに金庫番
11 ㊐ ●温泉でゆったり寒い体をほぐす
12 ㊊ ◎パーティー会場で素敵な出会い
13 火 ○温めてきた計画を実行に移す時
14 水 ⦶甘い物は体調と相談し控えめに
15 木 ●疲れたら優しい音楽で休息して
16 金 ○煽《おだ》てられても有頂天にはならず
17 土 ◐行き詰まったら引き返す勇気を
18 ㊐ ⦶計画的な買い物で後悔を無用に
19 月 ⦶周囲の様子を確認し状況判断を
20 火 ◐寒く古傷が疼《うず》くゆっくり温めて
21 水 ◎冬のスポーツで新たな仲間登場
22 木 ○家庭で生姜パワー活用の料理を
23 ㊎ ⦶旧友からの金銭相談は断る方向
24 土 ●休みも仕事と考え手帳に計画を
25 ㊐ ○良し悪しは自らの行動の結果で
26 月 ◐運動不足になりがち足腰をケア
27 火 ⦶言葉は消えるが心には確《しっか》り残る
28 水 ⦶等身大での行動が信頼度上げる
29 木 ◐自信過剰は自分を見失う状況に

☆めくっておみくじ【九十二番】――吉　スタートは苦労はあるが、やれば出来るもの。幸運の矢を掴んでみよう。

六白

3月の運勢◐自重運

吉　方→南
小吉方→なし
丁卯四緑木星の月

吉方○南＝方向転換して実力発揮し評価得る。新アイデアが認められる。栄転。
凶方●南東＝周囲から批判される。詐欺に遭う。北西＝独断的な言動で孤立。投機事で失敗。西＝見えからの出費で金銭難。金回りが悪くなる。東＝昔の問題が浮上して挫折。結果伴わず。

運勢／交友関係が活発に。生活が派手になり周囲の誘いに流されやすい。発言に配慮して周りと円満に。気が緩み口も財布も開きっぱなしにならぬように警戒。異性との縁あり相手の素性を確かめて。金銭面がどんぶり勘定になりやすく自重。暴飲暴食や歯痛に注意して。

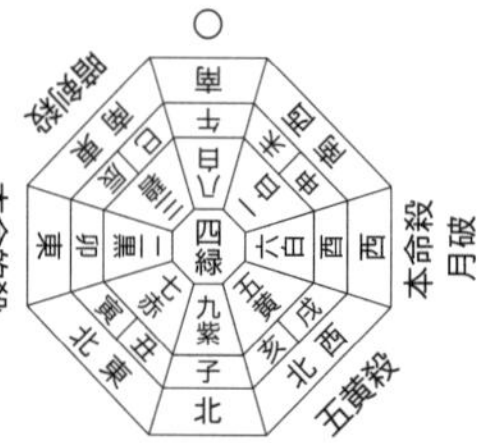

歳破→北西
年で暗剣殺→東
年で五黄殺→西
年で本命殺→北東
年で本命的殺→南西

1金　◎緑の中を散歩して恋愛運アップ
2土　○計画中のことを実行に移す好機
3㊐　⦶実家で写真見ながら親子の時間
4月　●花粉症予防にユーカリの香りを
5火　○パワー全開で動いて気分爽快に
6水　◐気持ちを切り替えて次の場所へ
7木　⦶羽目を外すと後悔しそう要注意
8金　⦶生活にリズムをつけ健康維持を
9土　◐うまい話は裏が即決避け後日に
10㊐　◎婚活パーティー人柄を最重要視
11月　○堅実に進めたことが実を結ぶ時
12火　○仲間とのランチ会でより親密に
13水　●自分の好きなことに没頭し充実
14木　⦶自覚のない上から目線にご注意
15金　◐足腰を鍛えハイキングの計画を
16土　◐自信と過信をはき違えず謙虚に
17㊐　⦶休日は好きなお茶でゆったりと
18月　◐行き詰まったら周囲を見て動く
19火　○直感で相手の嘘を見抜き一安心
20㊌　⦶ご先祖様に近況報告し家庭安泰
21木　○懐かしい人と再会し楽しい時が
22金　●気温の寒暖差で春風邪に注意を
23土　○視野を広げ新規の分野に挑戦を
24㊐　◐お弁当持参で家族とお花見会へ
25月　⦶言葉を上手に選び相手を気遣う
26火　⦶勢いはいつまでも続かぬと自覚
27水　◐周囲に巻き込まれず素通りして
28木　◎素敵な出会いも急接近は用心を
29金　⦶物事がゆっくり進んでいく兆し
30土　○桜は咲いても花冷え対策万全に
31㊐　●年度末に部屋を掃除し運気上げ

六白　4月の運勢◐自重運

吉方↓南東・北・南
小吉方↓なし
戊辰三碧木星の月

吉方○南東＝転職が上手く運ぶ。北＝家族や友人との連帯感が増す。南＝先見の明で金運吉。趣味事で開花。
凶方●東＝予想外のトラブルで意気消沈。西＝遊興三昧で怠惰に。北西＝働けど実績が伴わず。北東＝改革失敗。左遷される。南西＝家庭や職場で人間関係不和。

運勢／迷いがあっても決断しにくい時。周囲に相談しても選択肢がいくつも出て悩む。無理に行動してもストレスになりやすい。状況を見ながらゆるゆると進めて。家屋や親族間のことで出費の暗示。使ったつもりで貯金がお勧め。足元の段差用心。関節痛や鼻炎注意。

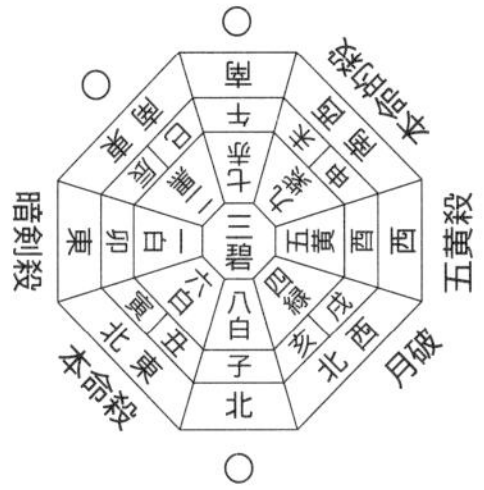

歳破→北西
年で暗剣殺→東
年で五黄殺→西
年で本命殺→北東
年で本命的殺→南西

1 月 ○初心に帰って新年度の目標設定
2 火 ◐選択肢を多く保持し同時進行へ
3 水 ⦶窓を開けて風を通し気分爽快に
4 木 ⦶直感で動かず相手の出方を見る
5 金 ◐知人間の問題は静観するが賢明
6 土 ◎穏やかな出会いが良縁の前兆に
7 ㊐ ○急いては事を仕損じると心得る
8 月 ⦶仲間の噂は気にせず仕事に集中
9 火 ●気持ちの変化で青写真を再構築
10 水 ○明るい所での商談は結果も良好
11 木 ◐同志会の問題は逃げ場を作って
12 金 ⦶楽しい集まりでも言葉を選んで
13 土 ⦶相手に期待するより自ら実行を
14 ㊐ ◐たまには羽を伸ばし気分転換を
15 月 ◎仕事も私生活も信頼関係絶妙に
16 火 ⦶大通りでは足元に注意して行動
17 水 ○次の計画の準備はマイペースで
18 木 ●後輩の助言を尊重して慕われる
19 金 ○偶然の出会い意気投合の好日に
20 土 ◐夜風の冷え腰痛の原因に要注意
21 ㊐ ◐衝動買いは経済観念に歪み生ず
22 月 ⦶対人運弱し付かず離れず会話を
23 火 ●突発的な出来事パニックに注意
24 水 ◎女性の先輩の計らいで縁広がる
25 木 ⦶完成直前こそ油断せず再確認を
26 金 ○人混みを避けて芸術鑑賞を満喫
27 土 ●古い資料など処分し心スッキリ
28 ㊐ ○仲間とバーベキューを楽しもう
29 ㊊ ◐運動不足はストレッチから開始
30 火 ⦶高価な買い物下見で比較し決断

☆めくっておみくじ【六番】――**末吉**　家の中の未解決問題あり。金銭財産の倹約と損失を防ぐように対処。

六白

5月の運勢○吉運

吉方→南東
小吉方→なし
己巳二黒土星の月

吉方○南東＝親しい相手との人間関係が円満に。婚活や縁談が順調。信用を得る。**凶方**●南西＝家庭内不和。仕事が続かない。北東＝不動産問題でトラブル。親戚知己ともめる。北西＝功を焦って失敗する。南＝目上と口論になり立場を失う。北＝秘密の異性問題で悩む。

運勢／新緑に心弾む。笑顔がチャームポイント。打ち込んできたことの成果上々。周囲からも羨望のまなざしが。うぬぼれず謙虚な物腰に人望が集まる。感情的になったり気分屋な態度で敵を作らぬよう。ネット検索に好情報。派手な支出を慎んで。目や血圧、火傷注意。

歳破→北西
年で暗剣殺→東
年で五黄殺→西
年で本命殺→北東
年で本命的殺→南西

1	水	⦶	五月病予防に規則正しい生活を
2	木	◐	優先順位を決めて作業スタート
3	㊎	○	心機一転し新たな環境で発展へ
4	㊏	○	身体を動かし笑顔で楽しい休日
5	㊐	⦶	物事がこじれやすく言動に注意
6	㊊	●	基礎を見直し自らの足元固めを
7	火	○	人に認められ予想外の喜びあり
8	水	◐	発想の転換で行き詰まりを打破
9	木	⦶	お金だけでなく誠意を示す努力
10	金	⦶	短気を抑え寛容な態度で応対を
11	土	◐	ゆっくりと努力の成果が現れる
12	㊐	◎	新緑を散歩して嬉しい出会いが
13	月	○	初心を忘れず前向きな姿勢継続
14	火	⦶	実家のトラブル冷静に判断して
15	水	●	現実を受け止め素直な気持ちで
16	木	○	細かな所は気にせず大局に立つ
17	金	◐	認知症予防に緊張感も味わって
18	土	⦶	優しい言葉で確実に伝え高評価
19	㊐	⦶	達成の一歩手前で深呼吸をして
20	月	◐	仲間とハイタッチで辛さ和らぐ
21	火	◎	思いやりと協調性で交際が順調
22	水	○	確実に一歩ずつ前進してゴール
23	木	○	食事は胃腸に優しい野菜多めで
24	金	●	血圧の変化と循環器官を鍛える
25	土	○	向上心が増しチャレンジ成功へ
26	㊐	◐	一進一退の変化を乗り切る精神
27	月	⦶	肩書よりも人物を見て評価する
28	火	⦶	多様化している詐欺には要注意
29	水	◐	睡眠不足は肌にも健康にも大敵
30	木	◎	共通の趣味で楽しく盛り上がる
31	金	○	人のために努力し信用を得る時

六白

6月の運勢●警戒運

吉　方↓なし
小吉方↓なし
庚午一白水星の月

吉方○小吉方ともになし。外出時は寄り道をせずに帰宅する心づもりで。時間に余裕を持って行動するよう。
凶方●北＝情の絡む人間関係で悩み深く。金品の紛失や盗難。自転車や車の事故。南＝不祥事が明るみになる。判断ミスから損失を抱える。プライドに傷がつき挫折。

運勢／気力体力共に赤信号。無理は禁物。独立や企画は時機を待つ。新規事は見送り余計なことに関わらず守りの姿勢で。家族や理解し合える仲間との絆を深めて。金銭は節約第一に貸借不可。鍵の管理しっかり。体温調節に留意。睡眠不足や泌尿器系、耳の不調に注意を。

歳破→北西
年で暗剣殺→東
年で五黄殺→西
年で本命殺→北東
年で本命的殺→南西

1土　○手放しで信じると思わぬ火種に
2㊐　●雨降って地固まる話し合い大事
3月　⦶自分の手柄より後輩達の育成を
4火　◐規則正しい生活が成人病予防に
5水　◐誇大広告に惑わされず事実確認
6木　⦶年上の女性に解決策を相談する
7金　●周囲に流されぎみ自信を持って
8土　◎親しい人と豪華な食事で心弾む
9㊐　⦶若さと気力で改革へと動き出す
10月　○準備は着々と進みゴール到達へ
11火　●力不足を実感したら基本に返る
12水　⦶酒は百薬の長されど適量を知る
13木　◐愛情面で摩擦生じるも包容力で
14金　◐秘密は決して口外せず心の中に
15土　◐精神的疲労は自然に触れて解消
16㊐　◐とことん頑張ったら家族も応援
17月　◎遠方からの明るい通知で幸福感
18火　○積み上げてきた事が評価される
19水　⦶久しぶりの実家で家族水入らず
20木　●気持ちが晴れぬ時は温泉で汗を
21金　⦶思い上がりは人を不快にさせる
22土　◐過労の蓄積は足腰を鍛えて解消
23㊐　◐遊ぶときは思い切り童心に帰る
24月　⦶等身大で人に接して好感度UP
25火　●決断する案件は時間かけ実行へ
26水　○デート紫陽花寺で雨を楽しんで
27木　⦶現状を把握し修復後にスタート
28金　○後輩女子会に参加し若返り図る
29土　○同窓会で昔話と郷土料理に舌鼓
30㊐　⦶半年を振り返り次の課題に挑む

☆めくっておみくじ【八十三番】――凶　希望を願っても叶わない。苦労しても報われず、失意は状況が変わるまで。

六白

7月の運勢○吉　運

吉　方↓南東
小吉方↓なし
辛未九紫火星の月

吉方○南東＝就職や縁談の良縁に恵まれる。支援者を得て取引先も増え好調に。
凶方●南＝法的なトラブルに巻き込まれる。悪評で信頼を失う。北＝表沙汰に出来ない異性関係のゴタゴタ。北東＝勇み足的なミスで先に進めず。南西＝根気をなくしてダラダラする。失職。

運勢／毎日の暮らしを丁寧に。アイデアが湧き新規に挑戦したくなるが焦って動くとケチが付く。見切り発車をしないで地道に基礎を積み重ねて。家族と過ごす時間を大切に。新規購入品は要検討。家庭での食を見直して健康増進。疲れからの胃もたれや皮膚炎に注意。

歳破→北西
年で暗剣殺→東
年で五黄殺→西
年で本命殺→北東
年で本命的殺→南西

1月　◎良き師に出会い自分自身を磨く
2火　◐性急な結論を避け双方歩み寄る
3水　⦶苦労の甲斐あり次第に運気上昇
4木　⦶午前中に買い物を済ませて休息
5金　◐口は災いの元で言葉遣いに注意
6土　○週末は思い切って旅行を楽しむ
7㊐　○意中の彼と距離が近くなりそう
8月　○バーゲンセールで極上品を発見
9火　○協力し合えば向上心も倍増する
10水　●不安な事は放置せず再確認必要
11木　◐周囲に助けられて事なきを得る
12金　⦶上手く行かない時は一歩引いて
13土　⦶本分をわきまえて善悪で判断を
14㊐　◐意見が通らずイライラ最高潮に
15㊊　○思うがまま切り口変えた企画を
16火　●話し合っても空回りで意気消沈
17水　○コツコツ頑張った事が実を結ぶ
18木　○気の合う友人とカフェで世間話
19金　◎今日の計画実行が大成功の予感
20土　◐勢い余って後で後悔する羽目に
21㊐　⦶親しい間柄でも礼儀を重んじて
22月　⦶真夏に向けて冷却グッズを購入
23火　◐相手に頼りすぎると関係が悪化
24水　○新しい分野に挑戦して殻を破る
25木　●家でゆっくり過ごし独りを満喫
26金　○目上に誘われてホテルでランチ
27土　○DIY《ディーアイワイ》で住みやすい部屋に改装
28㊐　◎友人とビアホールで気分も最高
29月　◐夫婦間の揉め事がケンカに発展
30火　⦶自分の態度改めれば相手も変化
31水　⦶目標達成に向けて一生懸命努力

☆めくっておみくじ【四十四番】――吉　黒石と白石が交差する碁盤は人生模様図なり。先手必勝でチャンスをつくる。

六白

8月の運勢⦶小吉運

吉　方→南東
小吉方→なし
壬申八白土星の月

吉方○南東＝交際広がり楽しみ多く。紹介や恋愛運あり。金運アップの縁を得る。
凶方●北東＝土地や建物関連でのもめ事。親しかった人とのケンカや絶縁。南西＝自堕落な生活態度に。努力をしても結果が出ない。東＝気が大きくなり猛進して失敗。西＝金運が低迷。

運勢／やる気十分に開放的な夏。浮ついていると思わぬ盲点に足をすくわれる暗示あり。独走せず慎重に物事を見極めたい。仲間や家族とは誤解の無いように十分にコミュニケーションを図って。金銭は衝動買い注意。使途不明金の無いよう。冷房病や神経過敏に注意。

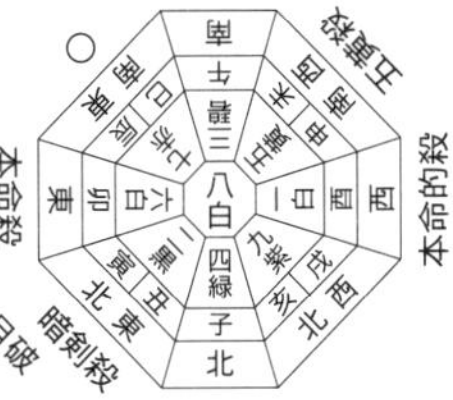

歳破→北西
年で暗剣殺→東
年で五黄殺→西
年で本命殺→北東
年で本命的殺→南西

1木　◐冷房病の症状が出て体調不良に
2金　⦶地道な努力で前進力へと変わる
3土　●部屋を掃除し心身共に清々しく
4㊐　○金利が高い定期預金にして大吉
5月　○問題が解決する兆し気分が一新
6火　◎家庭円満で大きな喜びを得る日
7水　◐自己中心的な態度は周囲も反発
8木　⦶口腔ケアで内面から健康を維持
9金　◐室内でも熱中症対策を怠らずに
10土　◐悪意を持った噂話が悪口の発端
11㊐　⦶避暑地に出掛け夏山ピクニック
12㊊　●苦情は正確な状況を把握し対処
13火　○節度ある付き合い関係が良好に
14水　◎積極的な行動でチャンスを掴む
15木　○先祖供養の勤めに励み合掌礼拝
16金　◐いいとこ取りは人の信頼を失う
17土　⦶友人とランチでストレスを発散
18㊐　⦶不要な物を捨て生活環境を改善
19月　◐リモートワークでも寝坊は駄目
20火　⦶他人の助言より家族の意見優先
21水　●結果が良くない時は方法を改善
22木　○万事整いスタートするには吉日
23金　○猛暑の中にも秋の気配を感じる
24土　◎残り少ない夏のイベントを実行
25㊐　◐新規にチャレンジより現状維持
26月　⦶旧友と連絡取り合い交流が復活
27火　⦶何事も独りで抱えず目上に相談
28水　◐冷たい物の摂り過ぎ胃腸も悲鳴
29木　⦶納得するまで何度でも向き合う
30金　●独り時間を充実させ創意工夫を
31土　○推しのアイドル追っかけ若返る

☆めくっておみくじ【十三番】——**大吉**　燦々と輝く太陽の姿です。中道を堂々と歩んで志望の扉を開くように。

六白

9月の運勢◎大吉運

吉　方↓南
小吉方↓なし
癸酉七赤金星の月

吉方○南＝共同作業が認められる。積み上げてきた事が開花。仕事や学業の喜び。
凶方●西＝生活が派手になり金欠。感情的になりケンカや離別。東＝行き違いが多く停滞する。南東＝分を弁えず手を広げすぎて信用落とす。北西＝投機で失敗し預貯金失う。体力低下。

運勢／対人関係が円滑で順風満帆。これまで培《つちか》ってきた信頼関係が基盤になり更なる人脈の構築が可能。その場のノリで方針変更は波風を立てる。周りともよく相談して柔軟策を取りつつ迷いなく歩を進めて。金銭は購入品を吟味して計画的に。消化器系や風邪に注意。

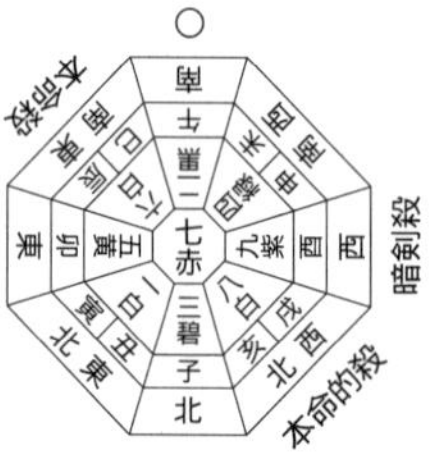

歳破→北西
年で暗剣殺→東
年で五黄殺→西
年で本命殺→北東
年で本命的殺→南西

1㊐ ○残暑厳しく涼を求めてドライブ
2月 ◎少々強引な手法だが注目集める
3火 ◐今の踏ん張りが後の成功を導く
4水 ⦶害虫対策を講じ快適な暮らしに
5木 ⦶小細工せずありのままの自分を
6金 ◐バランス良い食事で健康管理を
7土 ○草花の朝露で一日の天気を予想
8㊐ ●言いたい事が言えず不満が爆発
9月 ⦶目標を達成するまで地道に努力
10火 ◎経験値から導く応用力で好結果
11水 ◎直感が冴えて運気アップの予感
12木 ◐何気ない一言が相手を傷つける
13金 ⦶最良のタイミングを焦らず待つ
14土 ⦶家族と外出し子供好みの外食を
15㊐ ◐気になる異性との発展は急がず
16㊊ ○両親に感謝の気持ちと心配りを
17火 ●体調がすぐれず早めに受診して
18水 ○行きつけの店で掘り出し物発見
19木 ○夏物を片付け秋仕様に模様替え
20金 ○久しぶりの飲み会で会話も弾む
21土 ◐ゆっくり過ごしてパワーを充電
22㊐ ⦶故人の好物を供えて先祖を敬う
23㊊ ⦶写真の趣味を生かしながら散歩
24火 ⦶過労が重ならぬよう働き方改革
25水 ○老婆心ながら大切な事柄は忠告
26木 ●期待外れに終わっても腐らずに
27金 ○雑用を手際よく片付けるスキル
28土 ○地元の催し物で食欲の秋を堪能
29㊐ ◎長年の願い叶い喜びもひとしお
30月 ◐睡眠の質を改善し疲労回復促進

六白

10月の運勢◐自重運

吉　方↓北・南
小吉方↓なし
甲戌六白金星の月

吉方○北＝旧知の人と交友を深める。副業が見つかる。南＝個性や素質が注目される。知性に磨きがかかる。努力が認められて人気者に。
凶方●北西＝支援者との金銭トラブルで痛手を負う。詐欺被害に遭い金品を失う。南東＝全力を尽くすも虚しい結果に。悪縁がつく。

運勢／自分の事だけに集中しにくいとき。周囲の事が色々と気にかかる。興味本位に関わると荷の重い状況に。お互いに立ち入り過ぎない節度ある交際が円満のコツ。金銭は少額でも貯金をする心掛けを。食を見直し冷蔵庫内の整理を。腹八分で過食や慢性疾患に注意。

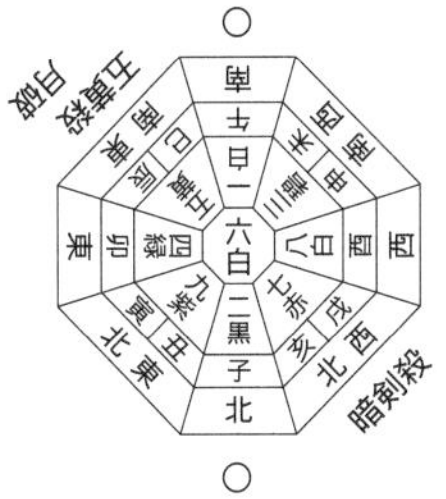

歳破→北西
年で暗剣殺→東
年で五黄殺→西
年で本命殺→北東
年で本命的殺→南西

1火　⦶順調に事が運ばずとも平常心で
2水　⦶胸の内を語ればストレスフリー
3木　◐価格交渉は期待に沿わぬ結果に
4金　○残っていた仕事を片付けて安心
5土　●持病が再発早期の治療に人心地
6㊐　○初心に帰って心新たに取り組む
7月　◎苦労が実り勝利を勝ち取り歓喜
8火　◎バスツアーで絶景とグルメ巡り
9水　◐負けず嫌いな性格が災いし対立
10木　⦶上着持参で寒暖差の温度調節を
11金　⦶話し合いで方向性を擦り合わせ
12土　◐無鉄砲な行動は周囲から猛反発
13㊐　⦶毎日のルーティンを大切にする
14㊊　●激しい運動より軽いストレッチ
15火　○家事を早めに済ませて出勤準備
16水　○子供達から嬉しい報告を受ける
17木　◎成果を実感し未来へ希望を持つ
18金　◐些細な一言で一触即発の状態に
19土　◐八方美人をやめ相手に向き合う
20㊐　◐悪化する切っ掛け見逃さないで
21月　◐初めての場所は事前にリサーチ
22火　⦶意見交換で様々な価値観を知る
23水　●固い信念で今は現状を鑑みる時
24木　○徐々に回復の見通しがつく好日
25金　○周囲の理解を得て出だしは順調
26土　○多少無理な挑戦が若返りの秘訣
27㊐　●のんびりし過ぎは好機を逸する
28月　⦶意見を押し切り気まずい雰囲気
29火　⦶小さな喜びに感謝して過ごす日
30水　◐両親の教え自分を戒める教訓に
31木　⦶執着捨て切れず客観的視点欠く

六白金星　☆めぐっておみくじ【二十三番】――**半吉**　矢は真っ直ぐに的を貫く。高望みは手に届かなく、小さく的を絞る。

六白

11月の運勢⦶小吉運

吉　方↓北
小吉方↓なし
乙亥五黄土星の月

吉方○北＝研究やライフワークの成果が上がる。熟睡できてストレス解消。集中力が増す。親子関係が円満。
凶方●南東＝約束や連絡事が行き違って迷惑を被る。決断に迷いチャンスを逃す。北西＝投資で失敗し借金を抱える。目上と争って不利益を被る。自転車トラブル。

運勢／積極行動にツキあり。行事やイベントのサポート役など活躍が期待できる。ただしワンマンに突っ走ると脱線を招く。目上との連携を取りつつ周囲と協調関係を。金銭は収支のバランス感覚が大切。勝負事や投資はのめりこまず冷静に。過労や呼吸器系疾患に注意。

歳破→北西
年で暗剣殺→東
年で五黄殺→西
年で本命殺→北東
年で本命的殺→南西

1金　●親の介護で兄弟同士意見が衝突
2土　○雨降って地固まり気分晴れやか
3㊐　○様々な文化を研究し品格を磨く
4㊊　◎欠点は使い方次第で有益に貢献
5火　◐饒舌になり過ぎ自己嫌悪に陥る
6水　⦶上司に相談して仕事を遂行する
7木　◐冬支度は少しずつ慌てぬように
8金　◐夫や子供に不満高じ心が不安定
9土　⦶損得なしの心根が吉凶を分ける
10㊐　●見通しつかず諦める選択も必要
11月　⦶省エネを考慮して暖房器具購入
12火　○相手の長所を見て良いお手本に
13水　◎節約上手で貯蓄も増加し安心感
14木　◐些細な問題でも慎重に判断して
15金　⦶平凡であることの有り難み実感
16土　⦶異性との関係は現状維持を保つ
17㊐　◐治癒しなければ別の病院を受診
18月　⦶誤解が解けお互いの距離が縮む
19火　●大好きな人との溝が深まる気配
20水　○神社巡りで落ち着いた時を満喫
21木　○全体を見て適材適所の人員配置
22金　◎欲しかった商品がお値打ち価格
23㊏　◐先人達が切り開いた生活に感謝
24㊐　⦶自分が思うほど好結果は残せず
25月　⦶他人軸ではなく自分軸で生きる
26火　◐自分を振り返り食生活を見直し
27水　⦶悲願達成まであと少し辛抱して
28木　●想定外の部署からクレーム発生
29金　○母娘としての嬉しい時間を共有
30土　○新しい料理を作り家族に大好評

六白

12月の運勢⦶小吉運

吉　方→なし
小吉方→なし
丙子四緑木星の月

吉方○小吉方ともになし。大きな動きは控えて時機を待つ。外出は早めに準備を。
凶方●南東＝悪い噂を立てられ信用失墜。北西＝頼りになる支援者を失う。南＝連帯保証のトラブル。当てが外れる。西＝上から目線の主張でもめ事に。東＝古い問題の蒸し返しで頓挫。

運勢／年末。多忙ながらも趣味事や友人との交流にホッとひと息。調子づいて羽を伸ばし過ぎると諸事疎かに。あらかじめ計画を立てオンオフのけじめをつけて取り組んで。うまい話に用心。軽率に動かぬよう。金銭は気を引き締め出費セーブ。虫歯や口腔ケアに注意。

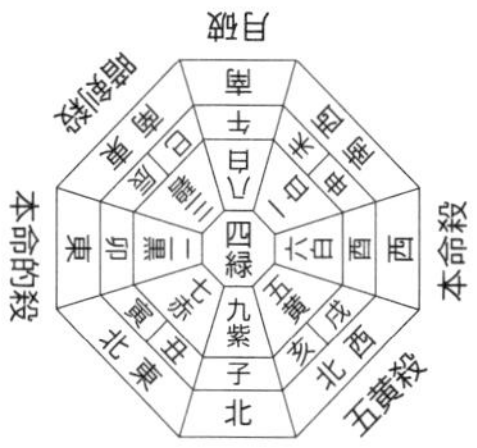

歳破→北西
年で暗剣殺→東
年で五黄殺→西
年で本命殺→北東
年で本命的殺→南西

1㊐　○デパートに夫婦で出掛け大満足
2月　◐ガーデニングで疲れた心を癒す
3火　⦶飽き性で何事も長続きせず失敗
4水　⦶デリバリーで夕食を済ませ団欒
5木　◐一難去ってまた一難と問題続出
6金　○久々の再会に胸躍る楽しい時が
7土　●楽しみな予定が中止でガッカリ
8㊐　○提案が受け入れられ生活に活気
9月　◎一年の頑張りが報われて嬉し涙
10火　◎年末セールの買い物で気分転換

11水　◐子供の意思を尊重して話し合う
12木　⦶同じミスの繰り返しは信用失墜
13金　⦶何も言わずともあうんの呼吸で
14土　◐大掃除で家中スッキリ爽やかに
15㊐　○年末の買い出し前に断捨離実行
16月　●喧嘩勃発で楽しい計画もピンチ
17火　○将来を見据えた資産運用が大切
18水　○今年の目標が達成される期待大
19木　◎皆が健康で過ごせた一年に感謝
20金　◐自分の力を過信せず丁寧に行動
21土　⦶ゆず湯とカボチャでパワー注入
22㊐　⦶年賀状の漏れないようチェック
23月　◐人の短所を反面教師にして改善
24火　⦶予約していたケーキと共に帰宅
25水　●プレゼントを置いたパパサンタ
26木　●気忙《ぜわ》しい時だからこそ深呼吸を
27金　○大賑《にぎ》わいの商店で良い品ゲット
28土　◐お正月飾りで年神様お迎えして
29㊐　⦶時間に余裕を持ち予定を立てる
30月　⦶年越し準備も整いティータイム
31火　◐家内安全に感謝し過ごす大晦日

六白金星　☆めくっておみくじ【五十七番】――**吉**　渡る世間は波高し。上位に立つより下から支える立場で本領発揮する。

七赤金星《しちせききんせい》

○

吉運

功成名遂《こうせいめいすい》
会者定離《えしゃじょうり》

令和6年 甲辰三碧木星
方位盤

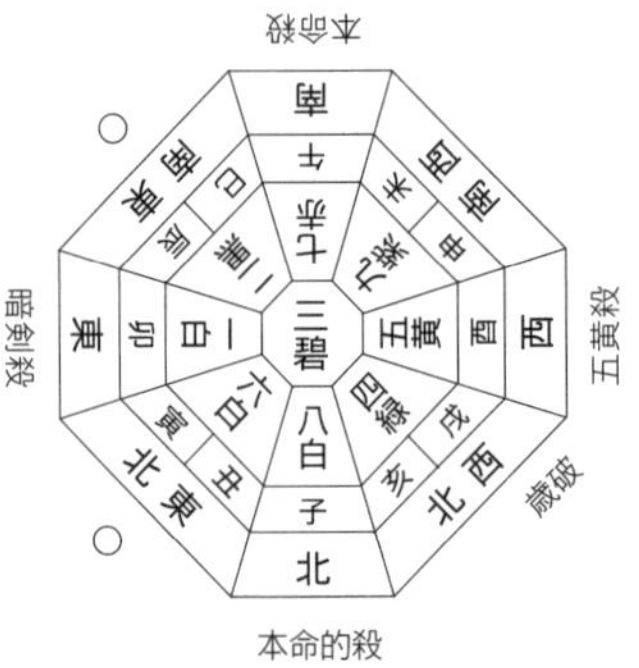

吉方→南東・北東
凶方→東・西・北西・南・北

「南東」を吉方として活用すると、事業や商売が順調に発展します。信頼や信用を勝ちとることが出来ます。また独身者には良縁のチャンス到来です。移転・引っ越し・海外・長期旅行は四月節、五月節、七月節、令和七年一月節の最大吉方が◎。九月節は定位対冲で転居・引っ越しには不適。

「北東」は、運勢が大きく変わります。目上からの援助に恵まれたり、新たに再出発するには最適な方位です。後継者・相続問題の解決の糸口に効果があります。

性格と人生

社交性があり、明るくて如才ないタイプです。コミュニケーション能力に優れ弁舌巧みです。

多芸多趣味。仕事だけに打ち込むような生活は性に合わず、仕事や遊びや楽しみ事を両立させていく傾向があります。料理作りや味覚に優れグルメな一面があり、会食を好みます。金銭面ではいつも何とか融通がつくので、困るようなことはありませんが、気前が良く派手好きなので出費が多くなりがちです。マイナス面としては、時として楽しいことに流されて贅沢になったり、根気なく気が緩みやすいことがあげられます。

全般的な運の流れとしては、機転が利く処世術のうまさと弁舌で上手に運の波に乗るタイプです。若くして苦労をした人ほど、後半生は順調にいきやすいのですが、周りから甘やかされてわがままに成長すると怠惰な生活に流されがちです。金銭面の管理に留意して浪費癖をつけないように。また、モテるタイプなので異性問題には気をつける必要があります。

七赤金星生まれ

令和２年庚子
平成23年辛卯
〃 14年壬午
〃 ５年癸酉
昭和59年甲子
〃 50年乙卯
〃 41年丙午
〃 32年丁酉
〃 23年戊子
〃 14年己卯

２月４日以前生まれの人は八白生まれで見ます

あなたの今年の運勢　七赤金星

スポットライトを浴び好調な年回り。顕現作用の影響で何事も表面化するので今まで頑張ってこられた方は称賛されるが、反面隠し事が露見し信用を失墜させる事も。

◎商売運……過去の成果が結果として現れ、大きな日の目を見ます。ここで力を抜かず、来年の厳冬期に備え、準備を始めておきましょう。大きなリスクが回避可能に。

◎職場運……脚光を浴びて昇進や表彰されたり、秘密事が露見するなどアップダウンが激しい時。何かと目立ってしまうので派手なパフォーマンスは封印しましょう。

◎家庭運……好き嫌いの主張が強過ぎたり、家族に当たり散らす事になると不穏なムードに陥ります。誕生日や記念日などを忘れずに、信頼関係を深めて行きましょう。

◎恋愛運……一目ぼれから電撃的な恋に発展したり、いきなり冷めてしまったりとバランスが難しい状況。離合集散の年回りなので、イベントなどに積極的に参加を。

◎金　運……派手な面が目立つので不必要な出費が膨らみそう。金銭の貸借、保証人は一切応じない事が肝心。

◎健康運……持病の再発に注意し、不摂生による高血圧、心臓病は早めに処置を。熱中症対策、火傷に要注意。

子の七赤の運勢／**40歳**は、大躍進が期待出来ます。自分の信念を曲げずに頑張った成果の賜物です。栄転や昇進も実現可能になります。**76歳**は、今年は火の取り扱いに注意しましょう。ヒートショックや暑さ対策を万全に。視力調整にも細心の注意を払って。

卯の七赤の運勢／**13歳**は、仲間との協調路線が大切な年です。あまりライバル心を持ち過ぎると誤解や反感を招くので注意が必要です。**49歳**は、これまで埋もれていた手腕才能が一気に加速するので好機を逃さず前進。書類の管理は例年以上厳粛に対処。

午の七赤の運勢／**22歳**は、持てる才能を遺憾なく発揮する事で相応の評価を受けるが、あまりハードルを上げ過ぎると来年以降が重荷に。**58歳**は、長年の功績が認められ表彰される事も。健康面は食生活を見直し、血管、心臓に負担をかけ過ぎぬように。

酉の七赤の運勢／**31歳**は、強い運気の後押しを受けて、大きなビジネスチャンスを掴みそう。但し、自意識過剰な態度は反感を買う。**67歳**は、我を出さず柔和な対応を心掛ければ概ね安泰の年になります。白内障や頭の病気には細心の注意が必要です。

☆めくっておみくじ【六十七番】――凶　枯れ木に芽が出ないのは時至らず。手の届かぬ夢を追わないように。

七赤

1月の運勢⦶小吉運

吉　方↓南
小吉方↓北
乙丑六白金星の月

吉方○南＝日夜研鑽を積んだ成果が出る。創意工夫が称賛される。北＝小吉方。家族や友人との絆が深まる。定期的な副収入が見込める。
凶方●北西＝目上に反抗して関係が破綻。南東＝迷いが誤解を招き信頼関係を損なう。交渉事が失敗。南西＝根気なく生活が安定せず。

運勢／新春早々、幹事役や世話役と多忙なスタート。感情的になり好き嫌いを出してワンマンに振る舞うと周囲から孤立する。心を広く持ち言葉を慎んで開運。金銭は手堅く。投資やギャンブルに手を出すと損失。体力を過信しないで体調管理。ケガや交通事故に注意。

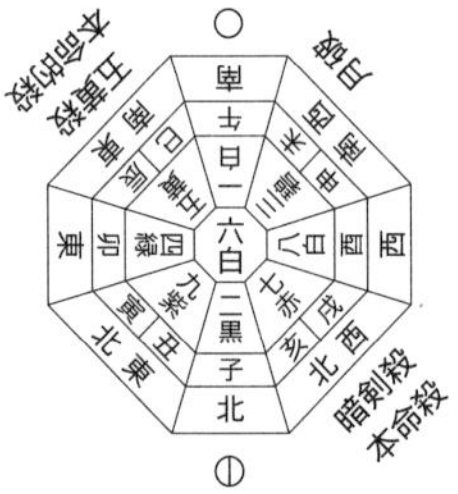

歳破→西
年で暗剣殺→南東
年で五黄殺→北西
年で本命殺→北東
年で本命的殺→南西

1㊊　○新年の目標を定め氏神様へ祈願
2火　●家族と囲む人生ゲームに初笑い
3水　○情報に流されず真偽を確認して
4木　◐現状を改革したくても時期尚早
5金　⦶喋《しゃべ》るより聞き上手で利益大きい
6土　◐投資やギャンブル勝負事は禁物
7㊐　◐春呼ぶ七草粥で胃腸の疲れ労る
8㊊　◎諸事順調でも手抜きせず全力で
9火　○準備が整い実行に移す好機の日
10水　○職場の雰囲気盛り上げ業務遂行
11木　●暖かい布団で眠れる幸せに感謝
12金　⦶何かと注目されるが秘密も露呈
13土　◐親戚や友人の問題に深入りせず
14㊐　⦶肩の荷が下り趣味が楽しめる日
15月　⦶信号やルールを守り安全運転で
16火　◐不摂生からくる体調不良に注意
17水　◎協調性のある言葉に信頼集まる
18木　○新しい事に挑戦して脳を活性化
19金　⦶家庭の悩みを職場に持ち込まず
20土　●弱みに付け込む詐欺に用心して
21㊐　⦶スマホの見過ぎ頭痛や視力低下
22月　◐日常の足元に気配りし転倒防止
23火　⦶笑える芸を観て免疫力をアップ
24水　⦶目上との対立避け謙虚な姿勢で
25木　◐物事の優先順位きっちりつけて
26金　◎迷い生じたら見識者に助言仰ぐ
27土　○スポーツで汗を流して気分爽快
28㊐　○節約方針でも急な出費ありそう
29月　●夫婦円満で子供は健やかに育つ
30火　⦶金銭やカードの取り扱い慎重に
31水　◐神棚や仏壇を掃除しご加護願う

七赤

2月の運勢⦶小吉運

吉　方→北東
小吉方→なし
丙寅五黄土星の月

吉方○北東＝縁故関係者との絆が強まる。蓄財に弾みがついて財運がアップする。**凶方**●南西＝怠けグセがつく。不動産関係でもめ事起きる。老人介護問題。西＝道楽三昧、遊びグセがついて自堕落に。金欠。東＝軽挙妄動、焦って行動し失敗する。うまい話に騙される。

運勢／何かと多忙な日々の中でちょっと一服。社交性を発揮して交際や飲食の機会が増え楽しみ多い。節度のない言動にはご用心。調子に乗って馴れ合ったりルーズに流されないようケジメをつけて。歯のお手入れ怠りなくで。金銭は予算内で。呼吸器系疾患や肺炎に注意。

歳破→北西
年で暗剣殺→東
年で五黄殺→西
年で本命殺→南
年で本命的殺→北

1木　⦶気が緩んで失言や遅刻の恐れが
2金　◐働き過ぎ食べ過ぎ飲み過ぎ注意
3土　◐豆まきで邪気を払い幸運を招く
4㊐　○遠方旅行より近場でレジャーを
5月　◎チャンスと見たら速やかに行動
6火　⦶継続は力なり認められる日待つ
7水　●冷えからくる腰痛や風邪に注意
8木　○大切な用件はメモしてミス回避
9金　◐儲け話欲にからむと失敗のもと
10土　⦶異性関係は加点法で魅力が倍増
11㊐　◐苦言を呈してくれる人に感謝を
12㊊　◐安請け合いをすれば面倒な事に
13火　◎遠方からの嬉しい便りに心躍る
14水　○急ぎの仕事ほど慎重に焦らずに
15木　○人のため尽力して感謝される日
16金　●心のゆとりで親子関係の修復を
17土　○のぼせず自惚《うぬ》ぼれず自慢をせず
18㊐　◐一番身近な先祖である親に孝行
19月　⦶ランチ会でお喋《しゃべ》りストレス発散
20火　◐猫の手も借りたいほど多忙な日
21水　●気持ちは前のめりでも頓挫する
22木　◎誠意は自然と相手に通じるもの
23㊎　○思い付きの行動には危うさ募る
24土　⦶古い問題が蒸し返されるご用心
25㊐　●過ぎた事は水に流して仲直りを
26月　○貴重品や印鑑は安全な所に保管
27火　◐親の忠告には素直に従って安泰
28水　⦶歯は金運なり虫歯は早めに治療
29木　◐目上の助言を素直に聞き入れて

七赤金星　☆めくっておみくじ【三十二番】――**吉**　玉磨かざれば光なし。志望達成に向けて錬磨と強固な意志を鍛えたし。

七赤

3月の運勢◐自重運

吉　方→なし
小吉方→なし
丁卯四緑木星の月

吉方○小吉方ともになし。転居、転職など重要なことは時機を慎重に見極めて。
凶方●南東＝売り込み話に乗せられ後悔。若い人絡みで迷惑を被る。北西＝負けず嫌いで墓穴を掘る。西＝遊びグセで金銭困窮する。北東＝気の緩みからつまずき転倒。南西＝家庭内不和。

運勢／気持ちを切り替えて方針転換を狙うも思うに任せない。読みの甘さと準備不足で状況が二転三転する。進退事は焦らず慎重に進めて。有識者の意見を参考に。家族の理解を得て円満に。家関連の出費がありそう。予算立ててしっかり。吹き出物や頸椎、関節痛に注意。

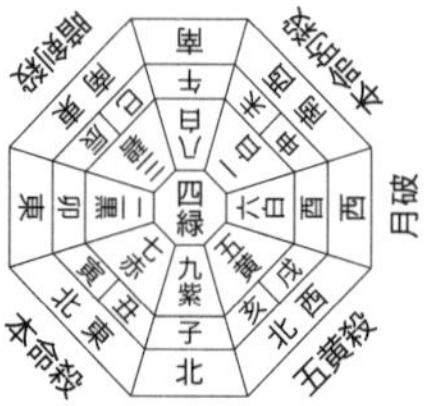

歳破→北西
年で暗剣殺→東
年で五黄殺→西
年で本命殺→南
年で本命的殺→北

1金 ◐外出は早めに出発して渋滞回避
2土 ◎地道な努力が実り大きな成功に
3㊐ ○娘の未来の幸せを願うひな祭り
4月 ○旧友との再会でタイムスリップ
5火 ●不安に感じたら結論は先延ばし
6水 ⦶苦痛なら中止ストレスフリーに
7木 ◐物事が空回りして見通し立たず
8金 ⦶時間にルーズはお金にもルーズ
9土 ◐和食を中心にし健康な身体作り
10㊐ ◐自己主張も過ぎれば災いを招く
11月 ○自然に触れて神経をリラックス
12火 ○根気よく新人教育サポートして
13水 ⦶家庭でゆっくり休み英気を養う
14木 ●甘い話には落とし穴が付きもの
15金 ○友人と会って喋《しゃべ》れば脳も活性化
16土 ◐散歩や運動で血圧や血糖値改善
17㊐ ⦶不平不満あっても口に出さずに
18月 ●予期せぬ怪我や交通事故に注意
19火 ◐親しくてもお金の貸し借り厳禁
20㊌ ◎ご先祖様へ感謝を伝えに墓参り
21木 ○自律神経を安定させ充実を待つ
22金 ⦶平凡な日々を過ごせる事に感謝
23土 ●温泉にゆっくり浸かり疲労回復
24㊐ ○毎月貯蓄する習慣で浪費を防ぐ
25月 ◐変化あっても流れに任せて順調
26火 ⦶口車に乗せられてうっかり失言
27水 ⦶強気に進みたくても足並み揃え
28木 ◐出過ぎた杭は打たれる低姿勢で
29金 ◎多忙でも家庭を疎《おろそ》かにしないで
30土 ○良いアイデアで突破口見い出す
31㊐ ⦶実家へ元気な顔を見せて親孝行

七赤　4月の運勢○吉運

吉　方→南東・北東
小吉方→なし
戊辰三碧木星の月

吉方○南東＝堅実に仕事に打ち込み信用を得る。懐かしい友人との再会が。北東＝転機の波にうまく乗る。
凶方●東＝陰湿な嫌がらせ受ける。西＝異性関係のトラブル。北西＝手を広げすぎて失敗。南＝媚びを売って嫌われる。頭痛。北＝夫婦関係が亀裂。体調不良。

運勢／魅力が光り活躍できる時。周りからも一目置かれてゴキゲン。勉強や稽古事で成果を発揮する好機。うぬぼれることなく謙虚さを忘れずに。短気になりやすく感情的な物言いは不調和を招く。生活が華美になり贅沢品の出費がかさむ。頭痛や火傷、疲れ目に注意。

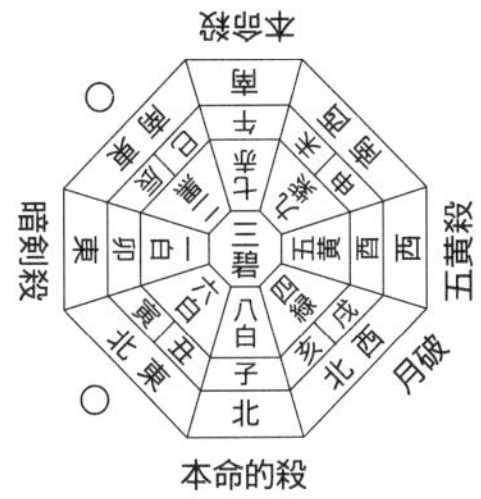

歳破→北西
年で暗剣殺→東
年で五黄殺→西
年で本命殺→南
年で本命的殺→北

1 月 ●物事が思うように運ばずへこむ
2 火 ○外出時は火の元と戸締まり確認
3 水 ⦶冷蔵庫の中を整理して金運UP
4 木 ⦶暴飲暴食が続けば糖尿病が悪化
5 金 ◐目上に敬意を目下に思いやりを
6 土 ⦶白黒以外にグレーゾーンを選択
7 ㊐ ◎未婚者は友人の集まりで良縁が
8 月 ⦶早とちりや勇み足が失敗の原因
9 火 ○何事も準備万端整え好機を待つ
10 水 ●問題発生も家族への隠し事禁物
11 木 ○先見性と斬新な発想で業績向上
12 金 ⦶断捨離して無駄な時間を無くす
13 土 ⦶体調不良の時は和食中心で改善
14 ㊐ ●何気ない一言がトラブルを招く
15 月 ◐手を広げ過ぎ八方塞がりの恐れ
16 火 ○腸を掃除すれば血流もきれいに
17 水 ◎活力がみなぎり一意専心の心で
18 木 ○生き字引の年配者に知恵を拝借
19 金 ◐頭から否定せず子供の声を聞く
20 土 ○明るい色の服を着てツキを呼ぶ
21 ㊐ ⦶曲がり角出会い頭の衝突に注意
22 月 ⦶条件で行き詰まり想定外の事態
23 火 ◐家屋の修理など高額出費の暗示
24 水 ◐感情に流されず冷静に対処して
25 木 ◎人間関係が広がりチャンス到来
26 金 ○気になる事は早めに解決が大事
27 土 ○基礎の学び直しが成功へのカギ
28 ㊐ ●家計を圧迫する原因を探し改善
29 ㊊ ○良き事も悪しき事にも前兆あり
30 火 ◐欲を出して虻蜂取らずの状態に

七赤金星　☆めくっておみくじ【七十八番】――**大吉**　自信を持ち公平な道を歩んでいけば実績を積み、松や柏の緑のように吉。

☆めくっておみくじ【五番】——凶　目前に難問が横たわるが上手に回り道、人の助言に救われて喜ぶ。

七赤

5月の運勢●警戒運

吉　方↓南東
小吉方↓なし
己巳二黒土星の月

吉方○南東＝情の通い合う人間関係を得る。小さな親切が報われる。恋愛運あり。**凶方**●南西＝職が定まらない。老人介護問題。北東＝我の強さでトラブルを招く。北西＝勇み足的な失敗。相場で大損。北＝恋愛問題が悩み。南＝公的書類ミスで損失。活動しても結果出ず。

運勢／思うようにならないことが多いが、運の巡りと割り切ってストレスを溜めないように。逆切れの強引さが裏目に出がち。何事にも冷静に対処。金銭は節約第一。家庭サービスは手を抜かず、お金をかけない休日の過ごし方を工夫して。耳鳴りや泌尿器関係に注意。

歳破→北西
年で暗剣殺→東
年で五黄殺→西
年で本命殺→南
年で本命的殺→北

1水　⦶職場では気の緩みからミス連発
2木　◐疲労の蓄積で赤信号早めに就寝
3㊎　◐雑用に追われる一日になりそう
4㊏　◎誠実な対応で信用と評判高まる
5㊐　○日頃から子供と過ごす時間大切
6㊊　⦶井戸端会議でお得な情報を掴む
7火　●人生は暗い時ほど夜明けが近い
8水　⦶知識や情報を集め時間を効率化
9木　◐古い思考を捨てマンネリ化解消
10金　⦶笑う門には福来る笑顔は金なり
11土　◐急ぐ時ほど安全運転を心掛けて
12㊐　◐常に見守り隊の母に感謝状進呈
13月　◎協調性を心掛け対人関係も良好
14火　○焦ると事を仕損じる落ち着いて
15水　◐平凡に甘んじず向上心を持とう
16木　●疲労困憊でもペットに癒される
17金　○鈍感力を養い嫌な事は聞き流す
18土　●フィットした靴を選び腰痛改善
19㊐　⦶森や山の中を歩きリフレッシュ
20月　◐頑固な人との対応に気を付けて
21火　◐味噌ぬか漬けの発酵食品が大吉
22水　○遠出のドライブ安全運転で快適
23木　○朝日を浴びてエネルギーを充電
24金　⦶処分品やリサイクル品活用して
25土　●外出より家族とゆっくり過ごす
26㊐　⦶お洒落な日傘で紫外線をカット
27月　◐歯周病は万病のもと早く治療を
28火　⦶口先だけの人には警戒心が必要
29水　●強気な態度が災いし八方塞がり
30木　◐頼まれ事多く身動き取れない日
31金　○出会いが恋愛に繋がるチャンス

七赤

6月の運勢○吉運

吉　方→なし
小吉方→なし
庚午一白水星の月

吉方○小吉方ともになし。外出時は時間に余裕を持って早めに行動をとれば安心。**凶方**●北＝目上の援助を受けられず疲弊して心身不調。業績悪化で資金難。南＝隠し事が露見し立場が悪くなる。勘違いが紛争を招く。南西＝不摂生で体調不良。北東＝仕事や生活面で苦労。

運勢／表立っての活動より陰ながらのサポート役が吉。日常の仕事や家庭生活を大切にして今できることに集中。年長者からの助言がプラスに。見えは禁物。高望みして生活レベルを上げるより庶民派でやり繰りを。出費を記帳して失費を防ぐ。胃腸病や婦人科疾患に注意。

歳破→北西
年で暗剣殺→東
年で五黄殺→西
年で本命殺→南
年で本命的殺→北

1 土 ○好きな音楽を聴き疲労回復して
2 ㊐ ⦶妻の気持ち優先すれば夫婦円満
3 月 ●覚悟を決めた人は方針がぶれず
4 火 ⦶見え張らず等身大の自分で勝負
5 水 ◐家の中を整理整頓して気分爽快
6 木 ⦶恋愛は積極的に自己アピールを
7 金 ◐決意することで新しい扉が開く
8 土 ◐病は口より入り災い口から生ず
9 ㊐ ◎旅に出て幸せホルモンを増やす
10 月 ○急がば回れ焦りと独断は空回り
11 火 ○お年寄りの思い出話に耳傾けて
12 水 ●過去を顧みるより未来を夢見て
13 木 ⦶感情的な一言が争いの種になる
14 金 ◐意地張らず嫌いな人とも対等に
15 土 ⦶趣味やレジャー存分に楽しんで
16 ㊐ ⦶父を立てる事で家の秩序が整う
17 月 ◐無理に広げず内部の充実を図る
18 火 ◎追い風に乗り諸事順調に運ぶ日
19 水 ○計画は早めに着手し効果上がる
20 木 ○母の手料理囲み家族団欒の幸せ
21 金 ●自由と引き換えに孤独を味わう
22 土 ⦶送信ボタンを押す前に再確認を
23 ㊐ ◐備蓄品を確認し非常時に備える
24 月 ⦶腹八分の食事が健康を保つ秘訣
25 火 ◐上から目線は相手の反感を買う
26 水 ◐調理器具を消毒して食中毒防止
27 木 ○人に左右されて迷いが生じる日
28 金 ○アロマキャンドル灯し癒される
29 土 ○先手必勝の方針で午前中に動く
30 ㊐ ◎いつもニコニコ開運は笑顔から

☆めくっておみくじ【五十五番】――**吉**　煩悩という迷いの雲が散り、晴れ間となる。背伸びせずに地盤を守るとき。

☆めくっておみくじ【四十番】――赤吉　何の判断でも片寄らず公平に。欲張ると甘い話に乗ってしまいやすい。

七赤

7月の運勢○吉運

吉　方→南東
小吉方→南西
辛未九紫火星の月

吉方○南東＝条件の折り合う縁談が舞い込む。南西＝小吉方。少しずつ心を通わせて寛大な援助を得る。

凶方●南＝公的な文書や保証人トラブルで苦労する。北＝腐れ縁や異性問題の悩み。北東＝後継者をめぐる紛争。東＝口は災いの元。西＝収入減や借金から困窮。

運勢／前向きな姿勢で前進の時。好調ながらも油断は禁物。せっかちに結果を急ぐとトラブルに。軽率言動やお節介慎む。周囲との会話を大切にして誤解やうっかりミスを防ぐ。金銭は計画性を持って衝動買い警戒。暗がりでは足元用心。詐欺や盗難、肝臓の疲れ注意。

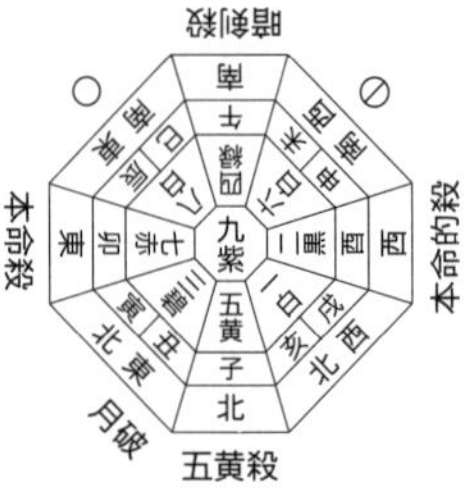

歳破→北西
年で暗剣殺→東
年で五黄殺→西
年で本命殺→南
年で本命的殺→北

1 月 ◐詐欺メールに注意し冷静に判断
2 火 ⦶アフター5は学びの場所に最適
3 水 ○自己評価を高めて強気に挑戦を
4 木 ◐即答する前にスケジュール確認
5 金 ○異性運が上昇してチャンス到来
6 土 ●上から目線の発言は座が白ける
7 ㊐ ○短冊に願いは叶うと信じて書く
8 月 ⦶年長の女性大切にして万事順調
9 火 ○ランチ後の睡魔を防ぐ対策大事
10 水 ◐自分の才に溺れず聞く耳を持つ
11 木 ◐ゲームは課金よりも早めに終了
12 金 ○予定変更に不満言わず臨機応変
13 土 ◐好条件を鵜呑みにせず注意して
14 ㊐ ⦶良い情報を得て欲しい物ゲット
15 ㊊ ●苦手な人の誘いを受け好結果に
16 火 ◎公私共にレベルアップを目指す
17 水 ○困難解決の糸口見えて心が弾む
18 木 ◎外見を磨くより精神的な充実を
19 金 ◐執着や未練を捨て新しい発想を
20 土 ⦶家族行事で親子の交流を図って
21 ㊐ ⦶近隣の子供に目を配り防犯活動
22 月 ◐体を冷やし過ぎれば動きが鈍る
23 火 ⦶チャレンジ精神を発揮して良好
24 水 ●無い物を求めずある物を生かす
25 木 ⦶目先の利益よりリスクを考えて
26 金 ○いつもと違う道に発見や出会い
27 土 ◎家族問題は決着つけず歩み寄り
28 ㊐ ◐賞味期限をチェックし節約第一
29 月 ⦶質問に誠実に対応し信頼度上昇
30 火 ○実力フル発揮すれば難関を突破
31 水 ◐奉仕の精神で目下の世話に励む

七赤

8月の運勢◎大吉運

吉　方↓なし
小吉方↓なし
壬申八白土星の月

吉方○小吉方ともになし。公私共に外出が増える時。寄り道を控える心掛けで。**凶方**●北東＝切り替えや刷新が失敗。昔からの弊害で苦労する。南西＝家庭内がゴタゴタして落ち着かない。南東＝交際関係でトラブル。営業不振。北西＝忙殺されてストレス過多。投資失敗。

運勢／社交面が広がり活動的に過ごせる夏。日頃の信頼関係がカギになる。懐かしい友人と再縁の暗示も。多方面に手を付けて中途半端な振る舞いをしないよう誠実に。交通費や交際費が増大。細かなやり繰りを。汗対策デオドラントに留意。胃腸炎や流行性疾患注意。

歳破→北西
年で暗剣殺→東
年で五黄殺→西
年で本命殺→南
年で本命的殺→北

1木 ⦶プラス思考の言葉が人を動かす
2金 ●軽はずみに行動すれば失敗招く
3土 ◎流行のファッションで心爽やか
4㊐ ○臨機応変な態度で万事好調な日
5月 ◎過去の失敗が経験として役立つ
6火 ◐運気停滞気味も気持ちを明るく
7水 ⦶休日の計画立ててリフレッシュ
8木 ⦶海外がキーワード旅行の予約吉
9金 ◐スマホ画面の読み間違いに注意
10土 ○万事盛運にして快調に進む一日
11㊐ ●外出は水分補給と交通安全大切
12㊊ ○人に会う前には全身をチェック
13火 ⦶予想外の出来事も冷静な対応を
14水 ○軽やかな行動が周囲の清涼剤に
15木 ◐ショッピングで浪費に注意して
16金 ⦶感情のまま怒らず理性を保って
17土 ○先輩や恩師との時間は実り多い
18㊐ ⦶公私を明確に分け正しい判断を
19月 ◎得意分野が役に立ち称賛を得る
20火 ●分相応を忘れて痛い出費に泣く
21水 ○目上に従い損しても先の喜びに
22木 ○今日やるべき事を計画立て実行
23金 ◎原色カラーの装いでパワー向上
24土 ◐方向転換は仕事も運転も要注意
25㊐ ⦶周囲に夢を公言して実現に努力
26月 ○人脈作りは輝く笑顔で挨拶から
27火 ◐締め切り期限確認し適切に行動
28水 ⦶行列店のスイーツ土産が高評価
29木 ◐交渉は焦らず相手の出方を見て
30金 ⦶大浴場で汗を流しストレス発散
31土 ○情よりも理性で舵取り安全進行

七赤金星　☆めくっておみくじ【十番】――**大吉**　過去にこだわらず新風を入れる。希望の芽が伸びるので期待できるでしょう。

七赤　9月の運勢◐自重運

吉　方→南東・北東
小吉方→なし
癸酉七赤金星の月

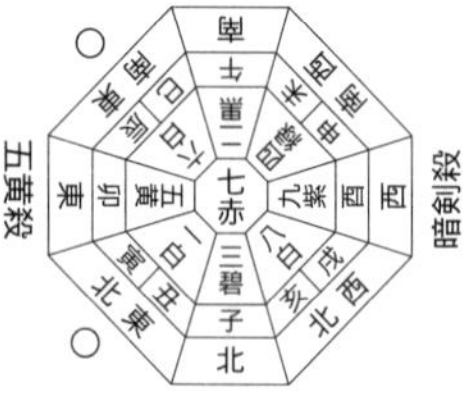

歳破→北西
年で暗剣殺→東
年で五黄殺→西
年で本命殺→南
年で本命的殺→北

吉方○南東＝良い就職先が見つかる。引き立ての縁や信用を得る。北東＝親戚との人間関係が良好に。知己の厚意を得て状況が好転。

凶方●西＝書類や署名捺印ミスで金銭トラブル。派手な生活でカード請求多額でピンチ。東＝発展性を失い意気消沈。注意不足で失敗。

運勢／周りの変化に振り回されやすい時。忙しくても落ち着いて取り組んで。独り善《よ》がりや先駆けでの行動はミスが多く実りなし。基礎力の強化を図る。もめ事には関わらず余計な口出しを控えて吉。何事も冷静に対処を。分不相応な浪費に警戒。過労や慢性病注意。

1㊐　◎防災用品の確認は家族と一緒に
2月　◐家族の言葉聞き逃さず即実行を
3火　◐経験者の指導を受け効率アップ
4水　⦶窓からの景色で季節の変化知る
5木　●後ろ姿に視線集まる背筋伸ばす
6金　○情報を共有し連鎖反応で好結果
7土　●下心を見透かされ人脈を無くす
8㊐　⦶目を合わせ感謝の言葉効果絶大
9月　○努力が報われ地位昇進の期待が
10火　◎変化求めるより現状維持が安心
11水　◐秋の果実を味わって心を豊かに
12木　◐責任転嫁せず非を素直に認める
13金　⦶勝算無しと諦めるのは時期尚早
14土　◐僅かな利益でも労苦を惜しまず
15㊐　○書店デートで盛り上がり急接近
16㊊　●理性を失いやすく平常心保って
17火　○自分の考えが周囲の心を動かす
18水　⦶人に手を貸す心のゆとり福招く
19木　○準備万端にして実力以上の成果
20金　◐慣れた作業も再確認しミス防ぐ
21土　◐嫌な問題から逃げず処理して吉
22㊐　⦶先祖や家族の恩恵に気づき感動
23㊊　◐夜遊びや睡眠不足で肌荒れ注意
24火　○好奇心旺盛にして良い情報入手
25水　●善悪良否を考えて慎重に行動を
26木　○行く先の下調べでトラブル回避
27金　⦶身を低くして対処し難を逃れる
28土　◎体型に合わせた洋服選びが肝要
29㊐　◐飲食店で散財は体も財布も痛手
30月　⦶履き慣れた靴で足元軽快に前進

七赤

10月の運勢⦶小吉運

吉　方→なし
小吉方→なし
甲戌六白金星の月

吉方○小吉方ともになし。大きな動きは控えて時機を待つ。外出は早めに準備し鍵の管理や戸締まり再確認。
凶方●北西＝立場を弁えない発言をして目上から嫌われる。ケガや打撲。安物買いの銭失い。南東＝信用を失う。交渉や取引失敗。婚活不調。悪い仲間との縁。

運勢／気配りなく勢いづいた言動が波風を立てそう。実力を過信せず謙虚さを忘れずに。先の見えない事も時間をかけて取り組むことで見通しがつく。子供や後輩との連携がプラス。貴重品の管理に気を付けて。投資は慎重に。ギャンブル不可。交通事故やケガに注意。

1火　⦶誠実モットーに利益と信頼得る
2水　◐口コミ評価より実物を確認して
3木　⦶説明は簡潔に短く飲食は軽めに
4金　●誘惑の多い場所に近寄らず無難
5土　⦶失敗を恐れず挑戦する事が大切
6㊐　⦶別れ際の言葉や態度で関係変化
7月　◎何事も順序立ててトラブル回避
8火　◐自分を過信しケガや事故の恐れ
9水　⦶変化は問題起きやすく現状維持
10木　○古典や歴史書に開運のヒントが

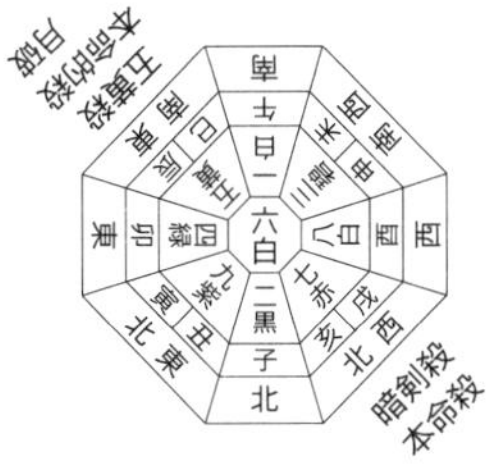

歳破→北西
年で暗剣殺→東
年で五黄殺→西
年で本命殺→南
年で本命的殺→北

11金　◐目標達成後も継続の努力怠らず
12土　○部屋の乱れは心の乱れ整理整頓
13㊐　●ライバルの出現に過剰反応は損
14㊊　○イベントで懐かしい顔に再会す
15火　◎滑舌良く自己紹介して交流拡大
16水　○噂好きとは程よい距離を保って
17木　◐お互いに話せば分かる家族の和
18金　⦶仲間を伴い出掛ける場所に吉運
19土　⦶有能な人を妬《ねた》まず組んで快進撃
20㊐　◐祭りの賑《にぎ》わいに触れて活力増進
21月　◎気の合う仲間とランチを楽しむ
22火　●手助けは求められた時に実行を
23水　○行動範囲を広げ有益な情報入手
24木　⦶介護の悩みは専門家に相談して
25金　○足踏み状態脱却しレベルアップ
26土　◐近況が気になる人を訪ねて安心
27㊐　◐目標掲げてチャレンジ精神発揮
28月　⦶早めのブレーキで危険を避けて
29火　◐新規オープンの店で良き出会い
30水　○女性の意見を尊重して軌道修正
31木　●楽な手段を選んで手直しで疲労

☆めくっておみくじ【八十七番】――**吉**　美しい玉を得て運が開かれていく。計画は急がず持久型が効果的。

☆めくっておみくじ【七十二番】――**赤吉**　わが家の平穏を守るために努める。祝儀は半ばよく、遠出は避けること。

七赤

11月の運勢⦶小吉運

吉　方→北東
小吉方→南西
乙亥五黄土星の月

吉方○北東＝改革が進み好転。財産運用に良きチャンス得る。南西＝小吉方。生活が安定して活力が湧く。実行力がついて働き者に。

凶方●南東＝取引で損失を出す。悪い噂で良縁遠のく。優柔不断で時機逃す。西＝酒色や異性トラブル。東＝勝手な振る舞いで孤立する。

運勢／趣味事や交友関係に弾みがつく。我を通さずに協調性を大切に。親しき仲にも気配り上手に楽しんで。オンオフの生活リズムを整えて行うべきことは早めに済ませる。カードや電子マネー上手に使い分けて。浪費グセ注意。食生活を見直して。虫歯や気管支に注意。

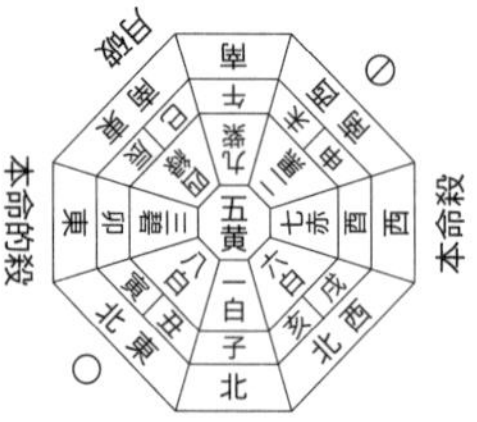

歳破→北西
年で暗剣殺→東
年で五黄殺→西
年で本命殺→南
年で本命的殺→北

1 金 ○冷静に判断できれば人望を得る
2 土 ◎芸術芸能方面の面接や試験は吉
3 ㊐ ○鍋料理は心身を温め活力アップ
4 ㊊ ◐年長者の長い昔話も学びの時間
5 火 ◐意見交換活発に行い絆が深まる
6 水 ⦶復縁より新しい出会いに幸運が
7 木 ◐好意や親切を素直に受け取って
8 金 ⦶慎重にスタートし有利な展開に
9 土 ●神社仏閣巡りで心を清め開運に
10 ㊐ ⦶スポーツは実力以上の力を発揮
11 月 ◎子や孫の言葉は寛容な心で聞く
12 火 ○明るい笑い声の元に人は集まる
13 水 ◐ネット動画で時間を忘れ寝不足
14 木 ◐予定実行は難しく時間に余裕を
15 金 ⦶若輩と侮らず知恵と力を借りて
16 土 ●公共施設のイベントにツキあり
17 ㊐ ○不動産や形に残る買い物が有益
18 月 ●一度にいくつも手を出せばケガ
19 火 ○定位置に戻す習慣で時間有効に
20 水 ◎整えた髪や肩で注目度がアップ
21 木 ○先輩を味方につけて必勝の吉日
22 金 ◐年末年始の支出バランスを計算
23 ㊏ ◐食べ方に人柄見える口元美しく
24 ㊐ ⦶自慢料理を振る舞い親睦深める
25 月 ◐勝負事には深呼吸して息整えて
26 火 ○新しい事に着手して展開楽しむ
27 水 ●刺激求め間違った道へ色恋注意
28 木 ○強情を張ると手痛い仕打ち待つ
29 金 ⦶洋画鑑賞や語学の習い事にツキ
30 土 ○褒め言葉や感謝の言葉で好循環

七赤

12月の運勢◐自重運

吉　方↓なし
小吉方↓なし
丙子四緑木星の月

吉方○小吉方ともになし。予定変更など多い。余裕を持った行動を。段差注意。
凶方●南東＝悪評を流され信用を失う。詐欺被害に。北西＝無理がたたり体力消耗。南＝貯蓄を減らす。保証人トラブル。北東＝負債を抱える。南西＝努力しても結果得られず。家庭不和。

運勢／行き当たりばったりでは時間配分に無理が出る。年越し準備は計画を立て着実に進めて。いつもと違う鞄での忘れ物用心。義理事は避けて通れないが深入り禁物。家族や親族関係で予定外の出費の暗示。臨機応変にやり繰りを。暴飲暴食注意。過労や関節痛に注意。

1㊐ ◐借り物は大切に扱い早めに返却
2月 ◐シンプルな装いや笑顔が高評価
3火 ⦶離れて暮らす家族から朗報届く
4水 ◐不平不満より自ら悟り心機一転
5木 ◎前向きに諸事プラス思考で開運
6金 ●親しき仲も距離感間違えれば損
7土 ○修理は早めにプロに任せて安心
8㊐ ○家族と縁起物を購入し良縁願う
9月 ◎不調の波から解放され気分上々
10火 ◐安易な同情より聞き上手が得策

歳破→北西
年で暗剣殺→東
年で五黄殺→西
年で本命殺→南
年で本命的殺→北

11水 ⦶体力過信せず予定時間内で終了
12木 ⦶趣味仲間との交流で知識を吸収
13金 ◐散財も家族のためなら後悔なし
14土 ⦶年下の意見に従い意外な利あり
15㊐ ●外出前の防犯チェック念入りに
16月 ⦶周囲と足並み揃えて摩擦を回避
17火 ◎万事順調で多忙でも食事を取る
18水 ○人間関係も仕事も順風満帆な日
19木 ◐他を引き立てれば自分も好印象
20金 ⦶会話時間を長くして愛が深まる
21土 ⦶カボチャや柚子で福を引き寄せ
22㊐ ◐一目惚れは飽きやすく見極めて
23月 ○懐の深さを発揮して人望を得る
24火 ●大切な場面で準備不足に気付く
25水 ⦶楽しさに時間忘れる長居は無用
26木 ○家族の小さな変化に気付き円満
27金 ●守れぬ約束より断る勇気が大事
28土 ○迷う付き合いは目上に相談し吉
29㊐ ◐集中力途切れがち接触事故注意
30月 ○小事も丁寧な処理で心穏やかに
31火 ◐手を合わせ世界平和と健康祈願

　☆めくっておみくじ【十八番】——吉　万事に旧事や旧弊を改める。夏から秋にかけて進展し蓄財の好機です。

八白《はっぱく》土星《どせい》

●

警戒運

辛苦遭逢
苦学力行

令和6年 甲辰三碧木星
方位盤

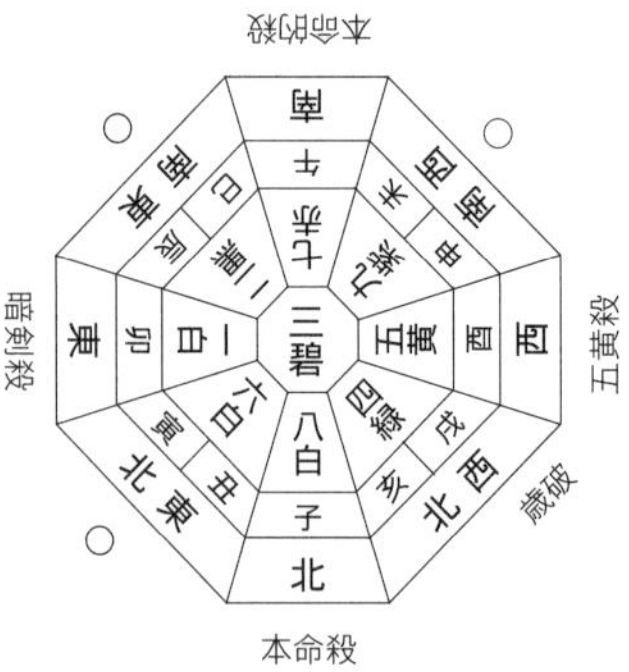

吉方→南西・北東・南東
凶方→東・西・北西・北・南

「南西」を吉方として活用すると、物に対して取り扱いが丁寧になり、慎重さと辛抱強さが身に付きます。物事を完結する作用があるので、有終の美を飾る事が可能に。**「北東」**は、自分の欲しかった物を手中に収められたり、蓄財の意識に目覚め、堅実な考え方が身に付きます。更に転職等を考えている方はワンランク上の転職も可能に。**「南東」**は、物事を整える作用がある方位なので、恋人募集中の方は有効に活用しましょう。

性格と人生

八白土星生まれ

平成31年己亥
〃 22年庚寅
〃 13年辛巳
〃 4年壬申
昭和58年癸亥
〃 49年甲寅
〃 40年乙巳
〃 31年丙申
〃 22年丁亥
〃 13年戊寅

2月4日以前生まれの人は九紫生まれで見ます

山のようにどっしりとした印象を与える人が多いでしょう。意志強固で信念が固く、努力を惜しまず続けていくタイプですが、頑固で言い出したら聞かない偏屈なマイナスの一面も。協調性に欠けて他人と争いがちなので、社交性が無く傲慢だと周りから誤解されやすいのですが、内面には優しさや情のもろさを秘めています。目上運は強いほうで、内柔外剛の愛される一面があります。蓄財の星といわれ、所有欲が旺盛です。

全般的な運の流れとしては、一獲千金を狙うような冒険は不向きです。初めは思うようにいかなくても、一歩一歩、山を築いていくように努力を積み重ねていくことで運を伸ばしていきます。独り善がりになって孤立しないよう相手の立場に立って考える姿勢を身につけて。物事を改革していく傾向があり、人生に起伏が多いのですが、七転び八起きの運で盛り返す力が強いのです。

対人面では心を広く持ち社交性を身につければ晩年にかけて開運につながります。

あなたの今年の運勢　八白土星

坎宮《かんきゅう》に入りました。俗に言う厄年です。暗中模索の言葉がピタリとはまる状況下です。何事も慎重な判断と行動を取らなければ痛手を被る結果に。体調管理を万全に。

◎商売運……なかなか手応えは感じられないが、無闇な行動は大きなマイナスを作る要因に繋がります。法律問題に抵触しないように、粘り強く慎重に対応しよう。

◎職場運……非常に厳しい状況ですので何か打ち込める事を探して自分にノルマを課しましょう。資格試験などに挑戦してスキルアップする事で不安が一掃出来ます。

◎家庭運……思わぬトラブルが発生し家庭内に波風が立ち、不協和音が高まる事案も。お互い秘密を持たぬ事が大切です。また、ギャンブルは程々にしましょう。

◎恋愛運……運気は落ち込んでいますが、恋愛運は意外に好調です。職場での異性運が急上昇中。上司からの紹介もまんざらでもないので、聞く耳を持つ事が肝要です。

◎金　運……ハードな状況です。収支のバランスが崩れて赤字傾向。安易な金儲けの話は疑ってみる事が大切。

◎健康運……うつ病、ノイローゼ、血液の病気、アルコール中毒に十分に注意し、身体を冷やし過ぎないように。

寅の八白の運勢／**14歳**は、自分の好きな事に時間を使い過ぎる傾向です。趣味嗜好に走る事は悪くはないが、何事もバランスが大切。**50歳**は、適度なアルコール摂取がストレス緩和に有効ですが、飲み過ぎが大病の要因に。必ず休肝日を設けましょう。

巳の八白の運勢／**23歳**は、ストイックな行動が開運に。コンプライアンスを重視し、目上のアドバイスを聞く耳を持つことが大切です。**59歳**は、集中力が続かないので、何事も慎重な行動が求められます。高血圧に留意し、スピード違反に要注意。

申の八白の運勢／**32歳**は、物質面より精神的な喜びに恵まれる年回り。出来る範囲内で自分磨きにチャレンジ。夢の実現に向けて漸進《ぜんしん》。**68歳**は、骨粗鬆症予防のため骨密度の数値を測り、定期的な健康診断を怠らずに。前立腺、膀胱炎にも用心しましょう。

亥の八白の運勢／**41歳**は、健康面で要注意の年回り。喫煙、飲酒、生活習慣を見直し自律神経のバランスを整え、身体を冷やし過ぎず。**77歳**は、泥棒、空き巣に用心して、鍵閉めは指差し確認でチェック。夜間外出時の怪我や事故にも注意しましょう。

☆めくっておみくじ【九十五番】——吉　わが家業に励んで宝となる。他の道楽趣味に走ると家業が衰退。

八白

1月の運勢⦶小吉運

吉　方→北東
小吉方→なし
乙丑六白金星の月

吉方○北東＝悪い関係が一掃される。停滞していた問題が好転する。生活が刷新。
凶方●北西＝ひったくりやスリに警戒。南東＝欲が絡んだ言動で信用を失う。南西＝定職に就けない。生活が落ち着かない。西＝損得勘定で立ち回って失態。東＝方針定まらず右往左往。

運勢／目標が壮大すぎると負担増。現実的に手の届くところに設定して吉。新年の集いなど酒食の席が多く楽しみ広がる。人の話を聞く側に回って気配りを。目上の噂話は禁物。気が大きくなって身の程をわきまえない出費が後悔に。暴飲暴食や風邪からの肺炎に注意。

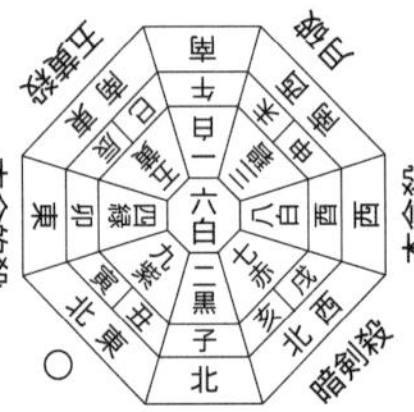

歳破→西
年で暗剣殺→南東
年で五黄殺→北西
年で本命殺→南
年で本命的殺→北

1㊊　○氏神様に初詣で無病息災を祈願
2火　◐御節でウェイトオーバー要注意
3水　●年賀状の出し忘れを再チェック
4木　○身を引き締め仕事始めスタート
5金　◐挨拶回り長居は無用テキパキと
6土　⦶酒宴の招待早めに辞して安全策
7㊐　○七草粥の古い仕来りも情操教育
8㊊　◐ルール厳守よりアバウトも大事
9火　◎感激の言葉見付けたら心にメモ
10水　⦶ボランティア活動で陰徳を積む
11木　⦶三人寄れば新企画の開発に活路
12金　●正論でも強引な態度は福逃げる
13土　⦶自尊心くすぐられても右から左
14㊐　◐ファイト満々でも足元に注意を
15月　⦶口八丁手八丁でも謙虚さが大切
16火　⦶見え体裁よりリサイクル品活用
17水　◐甘い誘惑にはすぐに飛びつかず
18木　◎ネット検索で欲しい情報GET
19金　○鳴かざれば鳴くまで待つ心掛け
20土　⦶フルーツアロマで気分アップを
21㊐　●アドバイスを小言ととられそう
22月　○専門の知識技術が大きな魅力に
23火　◐ライン見えぬ顔言葉は柔らかく
24水　⦶食事ノートで食べ癖をチェック
25木　⦶ユーモアの一言で人間関係円満
26金　◐車の運転は焦らず往路は慎重に
27土　◎好む音楽に浸ってストレス発散
28㊐　○待ち合わせ場所メールで再確認
29月　⦶多忙でも有り難うの一言が大事
30火　●視力低下の気配早めに眼科受診
31水　○バラエティー見て心も晴れ晴れ

☆めくっておみくじ【五十四番】——凶　世間の用事は気遣いが必要。家庭内は仲良く愛情を深めるのが気配り。

八白

2月の運勢◐自重運

吉　方↓なし
小吉方↓なし
丙寅五黄土星の月

吉方○小吉方ともになし。外出は左右確認。交差点や出会いがしらの事故に警戒。
凶方●北東＝役職の引き継ぎが難航する。親族間で相続関係のトラブルが表面化。南西＝マンネリ化で仕事の意欲を失う。怠け者になる。老人介護問題で悩み深く。隣近所ともめ事を抱える。

運勢／予想外の出来事が起きやすく落ち着かない。見込み違いもあり焦りは禁物。転職や新規事は慎重に。先送りして時機を待って。親戚知己の厄介事に深入りは長引く。金銭は貯蓄第一。専門家の助言吉。多額の現金持ち歩き危険。冷えは万病の元。捻挫や腰痛に注意。

歳破→北西
年で暗剣殺→東
年で五黄殺→西
年で本命殺→北
年で本命的殺→南

1木　◐防災に備え保存食や器具を点検
2金　⦶和やかな会話でオーラ発散して
3土　○鬼は外福は内家内安全邪気払う
4㊐　●立春は明日に備え我が家で休養
5月　○老若男女の交流で人間関係勉強
6火　◎良い発想が湧き事態が好転する
7水　◐話し上手より聞き上手が正攻法
8木　●誤解でも言い訳無用後日に証明
9金　○和して同ぜず自分の意見明確に
10土　◐上司に反論害あっても一利なし
11㊐　⦶竹馬の友と変わる事なく交遊を
12㊊　⦶過ぎた事棚にしまいプラス思考
13火　◐八方塞がり家族の争いに注意を
14水　◎義理チョコはユーモアで選んで
15木　⦶忍耐すれば天が味方してくれる
16金　⦶早めに就寝して疲労回復を図る
17土　●プライバシー近所の噂にご用心
18㊐　⦶友達とグルメに参加し心が弾む
19月　◐金策の当てが外れて予算見直し
20火　⦶カルチャー教室で人の輪広がる
21水　○少年のような大志を抱き前進を
22木　◐慣れた仕事こそミスに注意して
23㊎　◎秘密のデートにご縁がありそう
24土　○知者の意見聞く耳持って上昇運
25㊐　⦶住宅ローン無理せぬ返済計画を
26月　●欲が深いと大切なものを見失う
27火　○好機を生かす殺すも普段の努力
28水　◐叱責はタイミングをみて短めに
29木　⦶故郷の名産品ご近所にお裾分け

八白　3月の運勢○吉運

吉方→北東
小吉方→なし
丁卯四緑木星の月

吉方○北東＝引き継ぎ後継者問題など順調に。蓄財に弾みがつく。停滞事が好転。
凶方●南東＝騙されたり嫌がらせをされる。北西＝配慮欠き目上からの信頼失う。相場で失敗。西＝世話事で太っ腹に出費増。南＝更新事のトラブル。北＝家庭や親子関係がギスギスする。

運勢／自信を持ってスタート。これまでの実績が認められて目上やライバルからも一目置かれる。わがままを慎み感情面コントロール。おだてに乗らず手本になる振る舞いを。生活が華美になりやすく浪費傾向。カードや電子マネーの支払い確認。頭痛や目、血圧に注意。

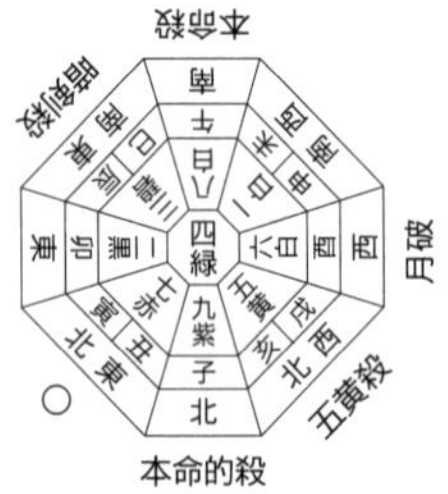

歳破→北西
年で暗剣殺→東
年で五黄殺→西
年で本命殺→北
年で本命的殺→南

1金　○慣れたコースで散歩を楽しもう
2土　◐大きな決断下すなら後日が無難
3㊐　◎音楽や舞踏を鑑賞し感性高める
4月　○ご無沙汰同士で集まり交友深め
5火　⦶聞くは一時の恥で知識の向上を
6水　●確《しか》とメモしてうっかりミス防止
7木　○アルバム整理する一日も有意義
8金　◐自分の都合より相手の都合優先
9土　⦶ネットショッピングより実店舗
10㊐　○元気に働ける幸せご先祖に感謝
11月　◐アルバイト探しはネットも活用
12火　○子供達とのスキンシップ大切に
13水　○一丸となり一糸乱れぬ行動が吉
14木　◐天狗にならずボランティア精神
15金　●うっかりの一言後始末が大変に
16土　○週末のデートは仲良く割り勘で
17㊐　◐自動車オートバイ脇見運転注意
18月　⦶心配事独りで悩まず家族に相談
19火　⦶部下の労をねぎらう優しさ大切
20㊌　◐早朝墓参でご先祖に感謝し心晴《こころはれ》
21木　◎野菜ジュースでビタミンを補給
22金　⦶モヤモヤしていた事やっと解決
23土　⦶家庭では優しい言葉で労り合う
24㊐　●ダメもとでも再努力して挑戦を
25月　⦶有酸素運動で体調不良が改善へ
26火　⦶礼儀不足の相手に手本を見せて
27水　⦶気紛れな相手でも逆らうと損に
28木　○約束より早く到着し信用を得る
29金　◐煽《おだ》てられ口のチャック外れそう
30土　◎財運アップの好機に手応えあり
31㊐　○カラフルなおしゃれで気分一新

八白

4月の運勢●警戒運

吉方→南東・南西・北東
小吉方→なし
戊辰三碧木星の月

吉方○南東＝堅実な縁を掴む。旧知との再会。南西＝誠実な取り組みが認められる。北東＝改善・改革好機。
凶方●東＝隠し事が露見する。突発的な災難や事故。西＝遊びグセがつく。金回りが悪くなり困窮。北西＝投機事で失敗。北＝家庭環境が悪化。南＝訴訟問題。

運勢／自分らしく活躍したいと願うも思いどおりにならず。家族や住まいの問題は避けて通れず。まず私的事情から取り組んで。後悔の無いよう焦らずに基盤固めが肝心。異性関係のトラブルに警戒。金銭は無駄を省き節約を。暗がりで足元用心。耳や泌尿器系に注意。

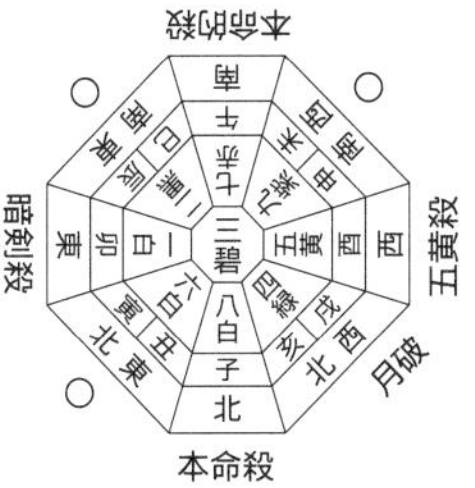

歳破→北西
年で暗剣殺→東
年で五黄殺→西
年で本命殺→北
年で本命的殺→南

1	月	⦶年下の意見に開運のヒント発見
2	火	●嫌々付き合うなら行かぬ工夫を
3	水	○豊かな表現でハートをキャッチ
4	木	◐内証話は言うのも聞くのもダメ
5	金	◐人のテリトリーには顔を出さず
6	土	⦶お土産選び相手の好み優先して
7	㊐	●気休めの言葉かけるのは逆効果
8	月	◎プチ贅沢を楽しむと運気が上昇
9	火	○挽回のチャンスは根回し上手に
10	水	⦶健康のプロから助言を受け実行
11	木	●体のだるさ血液検査受け一安心
12	金	○長めのお風呂と洗顔で潤い美肌
13	土	◐美術館資料館で知的好奇心ＵＰ
14	㊐	◐会話メーンのデートで深く知る
15	月	⦶カードの特典ポイント有効活用
16	火	◐やせ我慢より素直に上司に相談
17	水	○メールやラインの返信は直ぐに
18	木	○運命の相手は極く身近にいそう
19	金	◐相手のレジャープランも参考に
20	土	●ただより高い物ないと痛感する
21	㊐	○サプリメントより十分な睡眠を
22	月	◐海外通の友から有力情報ＧＥＴ
23	火	◐将来のマネープランを見直す日
24	水	⦶一人ランチと一人カフェを満喫
25	木	◐クレジット契約念には念の検討
26	金	◎癒しの音楽で心と体をリセット
27	土	⦶美味しい茶の香りが精神安定剤
28	㊐	⦶アウトドアで大地のパワー吸収
29	㊊	●今日の夕食は量より質を優先で
30	火	⦶天気の変わり目羽織り物を持参

八白土星　☆めくっておみくじ【六十六番】――**凶**　飛鳥の軽い羽が水面に落ちても波は立つ。小さな心配に思い悩みやすい。

八白

5月の運勢○吉運

吉　方→なし
小吉方→なし
己巳二黒土星の月

吉方○小吉方ともになし。旅行など、その方位が吉方になる人のリードに従って。
凶方●南西＝家庭内に波風が立ちもめる。嫁姑問題が親族を巻き込み悪化。北東＝改革にアクシデントで運が暗転。転職先が決まらない。北西＝勢いあまって勇み足的失敗。早とちりミス。

運勢／先々へ向けて力を蓄える時。焦らずに一歩一歩を大切に。持論に固執せず臨機応変に周囲と連携を取って。独りで悩みを抱え込まず何事も助け合いの精神で道が開く。金銭は急な出費の暗示があり倹約を。皮膚炎予防にUVケアも。胃炎や古い病気の再発に注意。

歳破→北西
年で暗剣殺→東
年で五黄殺→西
年で本命殺→北
年で本命的殺→南

1 水 ◐家族旅行お得なプラン検討して
2 木 ⦶色恋の話題からは上手に避けて
3 ㊎ ○時にはのんびりと読書三昧が吉
4 ㊏ ●旅先でのハプニング迅速対応を
5 ㊐ ◎童心に帰り子供の成長祝う吉日
6 ㊊ ◎長老の助言で不安が希望に移行
7 火 ⦶デスク回り便利グッズで快適に
8 水 ●五月病の気配が気持ち切り替え
9 木 ○変化より現実を守ってラッキー
10 金 ⦶自分に足りぬものに気づき修正
11 土 ⦶金は天下の回り物使い道を勉強
12 ㊐ ⦶母への贈り物豪華さよりハート
13 月 ◐アシスタントに徹し口出し無用
14 火 ◎人知れぬ苦労がやっと実を結ぶ
15 水 ○シビアに割り勘気分がスッキリ
16 木 ⦶体型より体重計で健康チェック
17 金 ●ハンドル握ったら安全運転第一
18 土 ○水回りのリフォーム早めに着工
19 ㊐ ◐新緑ウオークで体リフレッシュ
20 月 ⦶労多く利益なくとも今日に感謝
21 火 ⦶人混みの階段上り下りにご用心
22 水 ◐見え張りは友人関係にひび割れ
23 木 ○女性ならではのアイデアを活用
24 金 ○食欲そそる食事で家族の健康を
25 土 ◐趣味への深入り仕事にマイナス
26 ㊐ ●旅は方位を確かめてからが無難
27 月 ○親の背見て子育つ家族の絆深し
28 火 ◐商売敵《がたき》もお酒の場では飲み仲間
29 水 ⦶仕事のブレーンを良く吟味して
30 木 ⦶夜の付き合い切り上げ上手が鍵
31 金 ◐苦しい時こそ顔に出さぬ心意気

八白

6月の運勢⦶小吉運

吉　方↓南東・南西
小吉方↓なし
庚午一白水星の月

吉方○南東＝タイミング良く交渉成立。仕事や婚活で良縁を得る。南西＝生活が安定し金銭的余裕ができる。
凶方●北＝気苦労が多く不眠。過労で健康不安。南＝判断誤り評価落とす。東＝方針転換が失敗して停滞。自律神経失調に。西＝甘い言葉に乗せられて散財する。

運勢／先を急ぐ気持ちだけで事を起こすと落とし穴あり。周囲の状況やタイミングを見極めて冷静に進める。対人関係を円滑にして突発的なトラブルを回避。お互いの立場や考え方を理解し合いながら協調を。金銭は衝動買い慎む。サギや盗難、突発的事故や水難に注意。

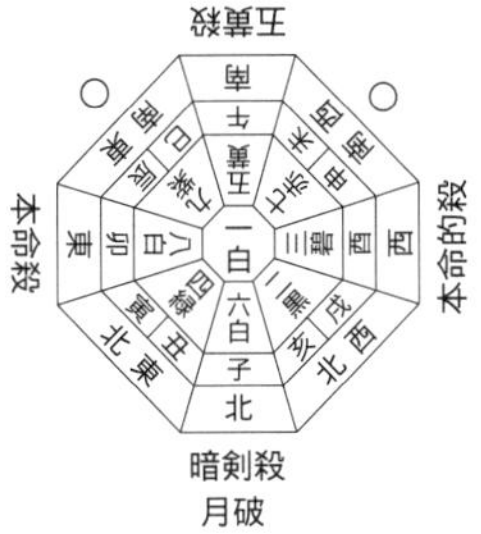

歳破→北西
年で暗剣殺→東
年で五黄殺→西
年で本命殺→北
年で本命的殺→南

1　土　◎爽やかでリフレッシュに衣替え
2　㊐　⦶外出は体裁より慣れた靴が一番
3　月　⦶タイムリミットでも粘ればOK
4　火　●姑息な手段は反感買い骨折り損
5　水　◐責任重いが頑張れば願いは叶う
6　木　⦶ランチ奢《おご》られたらお返し忘れず
7　金　⦶カルチャーで学んだ料理は満点
8　土　○強硬な行楽プランは数日疲労感
9　㊐　◐離れて初めて分かる家族の価値
10　月　◎女性のアイデアで思わぬ成果が
11　火　○温故知新で古い作法が生きる日
12　水　⦶金銭面は固く言葉遣い柔らかく
13　木　●烏合の衆との関係は逃げて勝ち
14　金　○ハートのある一言優しさの原点
15　土　◐急がば回れ今の計画は時期尚早
16　㊐　◐高根の花より家族の花を大切に
17　月　⦶朝の出掛けの小言は一日不愉快
18　火　◐常備薬より医者の処方薬が安全
19　水　◎グルメの人に新鮮な魚料理好評
20　木　○交際費は頭の使いようで支出減
21　金　⦶母の手料理に舌鼓打ち元気回復
22　土　●互いの身勝手が夫婦喧嘩の原因
23　㊐　○一陽来復平穏に感謝すれば安泰
24　月　●サイドビジネス失敗の恐れあり
25　火　⦶悩み事占者に相談スッキリ解決
26　水　⦶友の欠点見ざる上手な付き合い
27　木　◐自慢せず腰低く垂れる稲穂の心
28　金　○上司のために一肌脱ぎ気分爽快
29　土　○夏山は無茶をせず万全を期して
30　㊐　◐エアコンによる関節痛にご用心

八白土星　☆めくっておみくじ【三十一番】——末吉　鯤鯨《こんげい》（大魚）は時至れば鵬《オオトリ》になるという。大望あれどまだ先の話。

八白　7月の運勢○吉運

吉　方→南西
小吉方→なし
辛未九紫火星の月

吉方○南西＝生活が落ち着いて金運が安定する。仕事に自信と張りが出て順調に。
凶方●南＝書類ミスで取引不調。悪い噂で評判失墜。北＝自信過剰で墓穴掘る。睡眠障害。北東＝物事が二転三転して落ち着かない。南東＝婚活や就活の破れ。北西＝引き立て失い不安定。

運勢／運気好調。誠実に周囲との協調性を心掛けて更に進展。欲からうまい話に関わったりアレコレと手出しは運を落とし波乱に。勤勉な取り組みで安定維持を。金銭は少しずつの出費がいつの間にか予算オーバーに。支出額の確認を。夏風邪や胃腸疾患、神経過敏に注意。

歳破→北西
年で暗剣殺→東
年で五黄殺→西
年で本命殺→北
年で本命的殺→南

1月　○実力を発揮し予想以上の成果に
2火　⦶衝動買い慎み将来のため貯蓄を
3水　◐最後まで気を抜かずに目標達成
4木　○願望小事は叶うが大事は不可に
5金　●他から誘われた新規事業失敗招く
6土　⦶仕事上での意見相違冷静に判断
7㊐　○運気は安定守りを固め持久戦に
8月　◎異性との出会いのチャンスあり
9火　◐酒量の限度守り楽しい会話弾む
10水　⦶ビジネス創意工夫がポイントに
11木　⦶明るく朗らかな人に縁談を紹介
12金　◐取引関係見直し必要決断も大事
13土　○良い仲間が増え人間関係が円滑
14㊐　●不摂生や過労に注意し健康保持
15㊊　○上を見れば切りなし万事控えて
16火　○部下と気心通じ合い情感深まる
17水　◎行事もなく平穏無事で家内安全
18木　◐気の合う友人と旅行楽しい時間
19金　⦶進むより守りに徹し信用を得る
20土　⦶広がるメタバースで疑似新体験
21㊐　◐子供の話を聞いたらアドバイス
22月　○職場の規律乱さず人との調和を
23火　●金銭面の無駄な計画は後に苦労
24水　⦶鰻食して夏バテ予防健康に留意
25木　○安定した運気誠意ある交渉実る
26金　◎真心が相手に通じる誠実さ第一
27土　◐移り気多くは収穫なし目標絞る
28㊐　◐反発するとトラブルが長く続く
29月　⦶平凡である事の難しさ有り難さ
30火　◐夏風邪に用心冷房温度を適温に
31水　○家族揃ってキャンプ楽しい日を

八白

8月の運勢◐自重運

吉　方→南東
小吉方→なし
壬申八白土星の月

吉方○南東＝仕事や恋愛で良縁を掴む。家族との会話が弾み絆も強くなる。信頼関係から営業や取引が好調。
凶方●北東＝旧知の人との関係がこじれる。古いやり方にこだわり業績が悪化。南西＝投げやりな生活態度で家庭が不健全に。職務怠慢で降格される。胃腸炎。

運勢／世話苦労が多い時。何事もバランス感覚を大切に力量以上の無理をしない。周囲とはつかず離れず必要以上に介入しないで自分の立場を守って。共同歩調を心掛けて単独で判断せずに目上の助言を仰ぐよう。金銭貸借は避ける。夏バテや内臓疾患、再発病に注意。

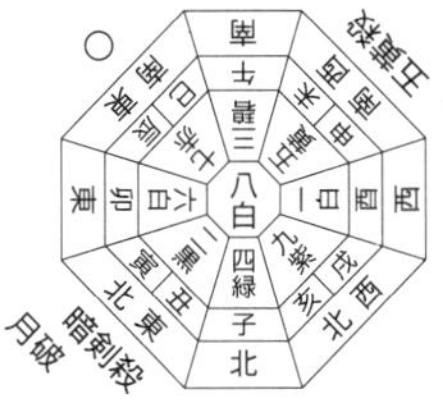

歳破→北西
年で暗剣殺→東
年で五黄殺→西
年で本命殺→北
年で本命的殺→南

1木　●食材処理に注意して食中毒防止
2金　⦶家事は午前中に終え午後は休養
3土　○状況は好転も大きな望み力不足
4㊐　◎物を見る目を養い力を蓄えよう
5月　◐年に一度の健康診断で病気予防
6火　⦶仕事の拡大は知識の蓄積が大事
7水　◐風邪などこじらせないよう用心
8木　◐上から目線では人徳は得られず
9金　○人生百年健康が一番日々の散歩
10土　●自己の欠点に気付けば不満なし

11㊐　⦶ハイキングで気分転換心楽しく
12㊊　○ボランティア精神持ち常に実行
13火　◎依頼事の安請け合いは支障招く
14水　◐日焼け止め対策万全で若さ保つ
15木　⦶DIY《ディーアイワイ》生かしてテーブルを作る
16金　◐散財と浪費の恐れあり自重第一
17土　◐強引に突進せず明知と正攻法で
18㊐　○安らぎのヒントは家庭での会話
19月　●予想に反し結果悪く方針転換を
20火　⦶甘い誘惑が多く理性失わず対処
21水　○交渉は掛け声ばかりで実利なし
22木　◎転開業など考えず現状維持守る
23金　◐キャッチセールスは断固拒否を
24土　⦶知識を生かし意欲的に業務遂行
25㊐　⦶対人関係良好でも異性運ご用心
26月　◐土地等のゴタゴタ自己方針貫く
27火　⦶苦境に立ち不平不満言わず我慢
28水　●口は災いの元発言に責任持って
29木　⦶のんびりとリラックス心を洗濯
30金　○事業障害あり進展なく黄色信号
31土　○熱中症に気を付け水分補給大事

八白土星　☆めくっておみくじ【百番】——凶　白雲が走るとは手持ちの財産が飛んでいく。運が向かないときこそ時を待つ。

八白　9月の運勢◐自重運

吉　方→なし
小吉方→なし
癸酉七赤金星の月

吉方○小吉方ともになし。外出時は寄り道をせずに短時間で用を済ませて安心。
凶方●西＝余計な発言から口論ケンカに。高額品購入で金欠。東＝自信過剰で周囲から孤立する。北西＝頑固な態度で引き立てを失う。南東＝意欲が空回り信用にキズ。仕事が決まらない。

運勢／意欲満々の多忙月。自説に固執しないで臨機応変に対処。周りとも相談して情報交換を。プライドにこだわらず誠実な取り組みが信用と引き立てに繋がる。ボランティア活動は時機をみて。投機事は慎重に。自転車や車の安全確認怠らず。血圧や呼吸器系疾患に注意。

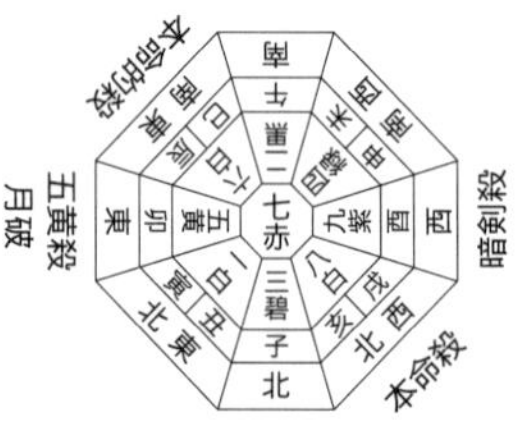

歳破→北西
年で暗剣殺→東
年で五黄殺→西
年で本命殺→北
年で本命的殺→南

1㊐ ●非常備蓄のチェック忘れず実行
2月 ◐不用品は思い切って迷わず処分
3火 ⦶ご祝儀など少な過ぎず多過ぎず
4水 ⦶無駄な動きをせず手順を踏んで
5木 ○スマホの手ほどき若者に感謝を
6金 ●運気にムラあり平常心を心掛け
7土 ○自然と並走安全運転で気分爽快
8㊐ ○中途で怠けると脱落原点回帰を
9月 ◎投資するなら専門家の意見拝借
10火 ◐計画的な支出で少しずつ貯蓄増
11水 ⦶多忙でも一つ一つ手際よく処理
12木 ◐我を張らず柔軟性を保ち安泰に
13金 ◐細事に気を配り時代の流れ掴む
14土 ○今までの努力認められ仕事良好
15㊐ ●迷惑電話には受信拒否の対応を
16㊊ ⦶何にでもチャレンジ知識を活用
17火 ○伸びる余地あり力を出し切ろう
18水 ◎吉方選び開運旅行で幸運を招く
19木 ◐結婚について真剣に考え始める
20金 ⦶甘く見ると障害が発生油断大敵
21土 ⦶子供の教育問題可能性を考えて
22㊐ ◐ご先祖様へ感謝の心でお墓参り
23㊊ ○信念を貫き信用名誉が増大する
24火 ●内密事が表立つ恐れ口を締めて
25水 ⦶対人交流はソフトムードが一番
26木 ○環境の変化が激しく自重が大切
27金 ◎融通性を適度に発揮し人脈拡大
28土 ◐新規拡大策より内部強化が先決
29㊐ ⦶仕事が忙しくても家族を大事に
30月 ⦶見え張った散財は後悔に慎んで

八白

10月の運勢◐自重運

吉　方↓北東
小吉方↓なし
甲戌六白金星の月

吉方○北東＝不動産や家屋の増改築に見通し立つ。転職チャンス。悪因縁を絶つ。
凶方●北西＝投資で損失大。自信過剰で目上の怒りを買う。南東＝交渉や取引が停滞。人間関係が不調和で縁遠く。西＝金銭ルーズで不要の出費がかさむ。東＝周囲の空気を読めず頓挫する。

運勢／楽しいレジャーや趣味活動も欲求のままに広げては運気停滞の暗示。金銭面や異性関係でのトラブルに警戒して程々にセーブ。面倒見の良さで墓穴を掘る。外にばかり目を向けず家族の絆を大切に。遊興費の見直し必要。栄養と食生活に配慮。不摂生や胃腸に注意。

1火　◐無理な姿勢での力仕事腰痛用心
2水　○出過ぎず傍観者的立場で身守る
3木　●ストレスによる胃腸に注意して
4金　⦶内容を確認物事を見る目磨いて
5土　○日々を豊かに趣味生かし楽しむ
6㊐　◎異性運は新しい愛情が芽生える
7月　◐何事もオープンにする方が無難
8火　◐うまい話はリスク含みで判断を
9水　⦶玄関は家の顔いつも清潔心掛け
10木　◐身から出た錆のトラブルを防止

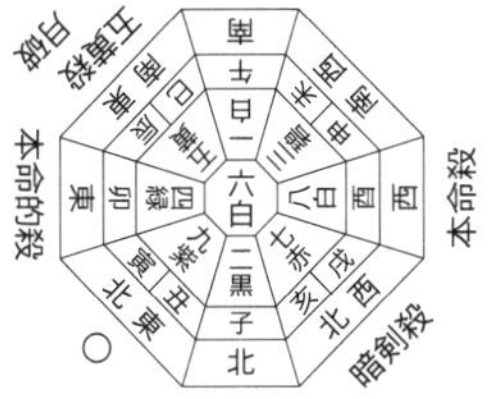

歳破→北西
年で暗剣殺→東
年で五黄殺→西
年で本命殺→北
年で本命的殺→南

11金　○一寸《ちょっと》した会話からアイデア発案
12土　●カードや書類の取り扱い再確認
13㊐　⦶多様性を持ち人間として自由に
14㊊　○体力に合わせた運動メニューを
15火　◎視野広げ逆転の発想が開運招く
16水　◐経済的困窮生ず普段の貯蓄大切
17木　⦶争い事多く金銭トラブルに用心
18金　◐目先の利益に釣られると不調に
19土　◐素直な心で子供と会話して和む
20㊐　○計画立てて逆算し仕事に臨んで
21月　●体調が悪い時大事は一切控えて
22火　⦶何事も真面目に行動すれば安泰
23水　○人のため尽くし人望信頼深まる
24木　◎プチ贅沢な食事で楽しく女子会
25金　◐能力以上の仕事を抱え込まない
26土　⦶異性と会話弾み友人の輪広がる
27㊐　⦶親しい相手にこそマナーが大切
28月　◐最後まで気を抜かず目標達成へ
29火　○ネット情報鵜呑みにせず参考に
30水　●対人運が弱く言動に十分注意を
31木　⦶頑張り過ぎず時には目下に任せ

☆めくっておみくじ【二十六番】――**半吉**　力づくより誠をもって人に接する。リーダーとして活躍の場あり。

八白

11月の運勢◐自重運

吉　方→なし
小吉方→なし
乙亥五黄土星の月

歳破→北西
年で暗剣殺→東
年で五黄殺→西
年で本命殺→北
年で本命的殺→南

吉方○小吉方ともになし。外出時は交通機関の乗り継ぎに余裕を持って。部屋の片付けや冷蔵庫の整理を。

凶方●南東＝決断に迷い多く信頼関係を損なう。婚活不調。北東＝物事が急に停滞する。土地や建物で厄介事。南西＝無気力になって怠惰に。安定した職を失う。

運勢／進退問題など決断できずに迷う事が多い。身辺に変化の多い時。何事も無理をせずに自分のペースを守る。ストレスを溜めないよう体力温存を。親戚縁者とは常識範囲内で義理を欠かず。専門家の知恵を借り貯蓄の見直しを。段差の躓《つまず》き用心。足腰や腫れ物注意。

1 金 ○良識あれば不安なし冷静沈着に
2 土 ○対人関係話し上手より聞き上手
3 ㊐ ◐アロマと音楽でリラックス効果
4 ㊊ ⦶他の批判せず人の幸福を喜ぼう
5 火 ⦶若い人の力を借り仕事が好転へ
6 水 ◐テレワーク小休止でストレッチ
7 木 ○睡眠の質上げるには適度な運動
8 金 ●無理なスケジュールは疲労招く
9 土 ⦶問題を先送りせずに話し合って
10 ㊐ ○可能性は無限大知力蓄えて実現
11 月 ◎成功のポイント集中力と持続力
12 火 ●慣れから来る伝達ミスに要注意
13 水 ◐強情張ると損をする素直さ一番
14 木 ⦶金運なし倹約が大切我慢のとき
15 金 ◐家の中でもケガ用心体幹鍛えて
16 土 ○気を緩めては失敗招く堅実策で
17 ㊐ ●アイデアあっても発表は控えて
18 月 ⦶現状認識が甘く足元をよく見て
19 火 ○出来ることから実行夢への一歩
20 水 ◎オシャレして外出で運気が増大
21 木 ◐古い病気の再発予防に十分留意
22 金 ⦶目上の指示に従う行動が好結果
23 ㊏ ◐働けることと周囲の人に感謝を
24 ㊐ ◐夫婦は互いに労って仲睦まじく
25 月 ⦶汗を流し苦労を知る何事も経験
26 火 ●何をしても支障が多く忍耐の日
27 水 ⦶伸びしろ多くあり知識欲が旺盛
28 木 ○新しい仕事方針定まり自然体で
29 金 ◎規則正しい生活で体調を整える
30 土 ◐ＳＮＳのお気軽な利用は慎重に

☆めくっておみくじ【四十三番】――吉　満月の光に照らされて浪漫、わが身に喜びが満たされる一時となるでしょう。

八白

12月の運勢⦶小吉運

吉　方↓北東
小吉方↓なし
丙子四緑木星の月

吉方○北東＝親戚知己の紹介で良き展開に。財産問題が解決へ。蓄財の喜びあり。**凶方**●南東＝若者から迷惑を被る。陰口から信用を失う。交渉事失敗。北西＝無礼な振る舞いで目上運を損なう。投機で損失を抱える。南＝身内の問題が表面化。北＝親しい仲間とケンカ。

運勢／勘が鈍りやすい時。予定はメモや手帳に記入し再確認。好き嫌いの感情や気紛れで人に迷惑をかけぬよう計画的に物事を進めて。上辺を飾るより内面を重視。例年と進め方を変えず年越し準備いつもどおりがベスト。書類や印鑑の扱いは慎重に。目や頭痛に注意。

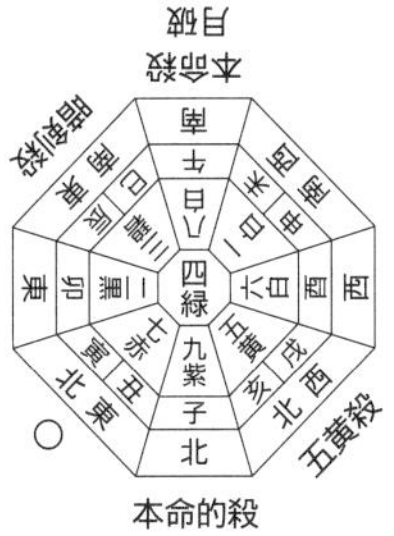

歳破→北西
年で暗剣殺→東
年で五黄殺→西
年で本命殺→北
年で本命的殺→南

1㊐ ⦶何かと注意力散漫で紛失物多し
2月 ⦶運気はいま一歩気分のムラ禁物
3火 ◐思い付きの行動せずに熟慮して
4水 ○不勉強では遅れをとる実力養う
5木 ●短気では成就しない和を重視で
6金 ⦶不動産問題は好転の気配が生ず
7土 ◎いつも若さを保ちハツラツ行動
8㊐ ◎大掃除はまず台所からスタート
9月 ◐周囲の雑音気にせず仕事に邁進
10火 ⦶約束は飽くまで守り損得考えず
11水 ⦶不平不満を胸に収めて無難な日
12木 ◐健康に留意し暴飲暴食を慎んで
13金 ○焦らず気長に行動し信頼を築く
14土 ●体を冷やすと体調不良の原因に
15㊐ ⦶肩書より人物を重視して判断を
16月 ○噂に惑わされずに足元を固めて
17火 ◎金銭面が良好臨時収入の喜びが
18水 ◐迷い多くも方針改めて道は開く
19木 ◐外出先での不用意なケガご注意
20金 ⦶友人知人の助力あって社交円満
21土 ◐ゆず湯に入り体の芯まで温まる
22㊐ ○持ち味生かせば潜在能力表面化
23月 ●頑固さや強情を張ると損失多し
24火 ⦶手料理でホームパーティー満足
25水 ○ホワイトクリスマスを夢見心地
26木 ○お得意様への挨拶回りは丁寧に
27金 ⦶我を張らず柔軟性を持てば安泰
28土 ●年末の主婦の負担家族で分担を
29㊐ ○一休みして次へのステップUP
30月 ◐正月飾り鏡餅で年神様を迎える
31火 ⦶年越しそば食して除夜の鐘聞く

九紫《きゅうし》火星《かせい》

○

吉運

磨《ま》杵《しょ》作針
全身全霊

令和6年 甲辰三碧木星
方位盤

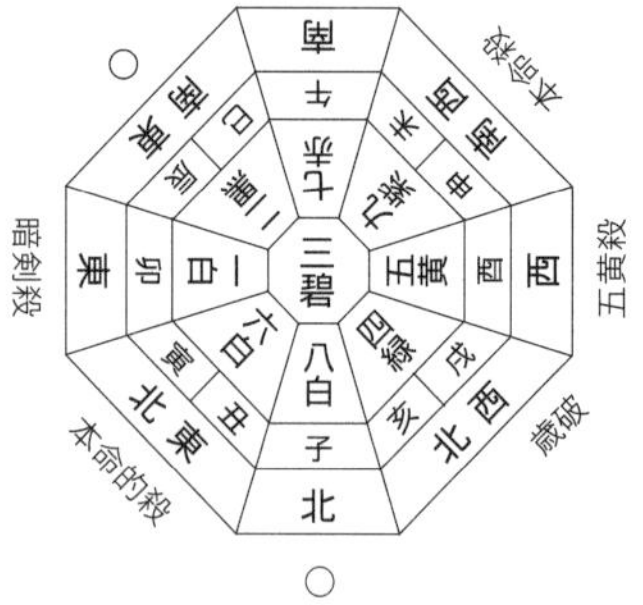

吉方→南東・北
凶方→東・西・北西・南西・北東

「**南東**」を吉方として活用すると、勤務状態、営業成績、仕事先の人間関係が良好になり信用が増します。物事が整う作用が大きいので、リクルート中の方は、有効に活用。また、良縁に巡り合えるチャンスが到来です。

「**北**」は、人間性が大きく変わる事が可能になります。リベンジ精神が旺盛になり自分の心にやる気の火を灯してくれます。睡眠障害に悩んでいる方は有効に活用してみましょう。信じられないほど睡眠が快適になります。

性格と人生

明るく陽気で頭脳明晰なタイプ。社交性もあります。学問に対する探究心があり、文芸・芸術方面にも関心や才能があります。美的センスがあり、若いときから華やかな存在感で一目置かれますが、派手になりやすく持続力がなくて飽きっぽい一面がマイナス点。先見の明があり、即断即決できる決断力に富んでいるものの、場合によってはあきらめが早すぎると思われることもあります。好き嫌いがはっきりしていて感情の起伏が激しいので、目下の人への思いやりが不足する傾向も。

全般的な運の流れとしては、粘り強く一業に専念し、知恵やセンスを生かして基礎を固めていけば名誉ある立場も可能です。自尊心が強く、自分が主役の生き方を望みますが、他人の意見を素直に受け入れて、人への思いやりの心を持つと人望が集まるでしょう。短気で移り気な面が強く出ると、職業や対人、家庭内に波風が立って孤独になる恐れがあります。嫌なことから目を背けず早い時期から安定を図れば中年期以降に運が安定します。

九紫火星生まれ

平成30年戊戌
〃 21年己丑
〃 12年庚辰
〃 3年辛未
昭和57年壬戌
〃 48年癸丑
〃 39年甲辰
〃 30年乙未
〃 21年丙戌
〃 12年丁丑

2月4日以前生まれの人は一白生まれで見ます

あなたの今年の運勢　九紫火星

大厄から抜け出し漸《ようや》く運気も好転し始める状況になりました。前半は思うように進展しませんが来年、再来年の飛躍のチャンスを逃さぬように備えておくのが大切。

◎商売運……一気に改善を図りたいところですが、問題を一つ一つクリアしていく事が肝要。志を高く、モチベーションは少し抑えめにするほうが上手く回りそうです。

◎職場運……派手さはないがいい仕事が出来そう。成績トップを狙う必要はなく、二番手をキープする形をチョイスしましょう。今後のステップアップに繋がります。

◎家庭運……妻や母親の問題が再燃しそうです。時には跡取り問題で心悩ます事に。独りで悩む必要はなく、家族や時には有識者の意見を参考に検討してみましょう。

◎恋愛運……同窓会などに参加して、旧友との再会から思わぬロマンスが芽生えそう。積極的にアプローチして素敵な恋を体現してみましょう。家族に紹介も間近に。

◎金　運……グルメや旅行などの遊興費で散財傾向です。キャッシュレス決済での出費にチェックが必要です。

◎健康運……ストレスからくる胃腸病に注意し、食生活を見直すよい機会。体質を改善して免疫力をアップして。

丑の九紫の運勢／**15歳**は、努力する事によって有終の美を飾る事が出来ますが、最後の最後で大こけしないように注意を怠らない事。**51歳**は、金銭問題や古い問題が再燃しそう。自分が蒔いた種なので焦らず処理を。体調管理に留意し、嗜好品も程々に。

辰の九紫の運勢／**24歳**は、憂うつな気分が一掃されて前途に希望が溢れて来ましたが、嗜好に走らず、自己啓発を心掛けることが肝要。**60歳**は、旧友との再会で懐かしい思い出話に心和む時。体調面は、ストレスから来る胃腸病に注意し、関節痛に用心。

未の九紫の運勢／**33歳**は、資産運用など将来のために計画を立てましょう。意外とよい情報が得られそうです。歯の治療は早めに。**69歳**は、経済面に余裕があっても投機は控えたほうが無難です。ボランティア活動で体力強化を図り若さの維持が大切。

戌の九紫の運勢／**6歳**は、怪我に注意し、行動範囲のチェックが大切です。**42歳**は、地道で目立たない事ほど慎重さが求められます。今年は歳破神が同体する影響から最後の最後まで手を抜かず。**78歳**は、曲がり角や階段の上り下りに注意しましょう。

☆めくっておみくじ【七十一番】――凶　一つではなく二つを求めて決着つかず。新たな事柄に手出しはしない。

九紫

1月の運勢⦶小吉運

吉　方→東
小吉方→なし
乙丑六白金星の月

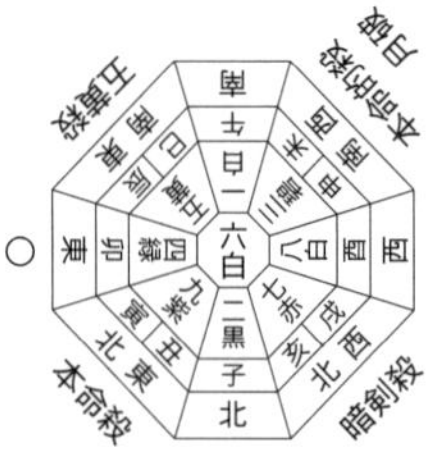

歳破→西
年で暗剣殺→南東
年で五黄殺→北西
年で本命殺→北
年で本命的殺→南

吉方○東＝準備を進めてきた計画が軌道に乗り始動。新情報を得て運気好調に。
凶方●北西＝言葉巧みに誘われ骨折り損。売り言葉に買い言葉で意気消沈。南東＝欲を出し過ぎ信用を失う。南西＝勤労意欲低下。努力しても実り無し。北東＝身内の争いに巻き込まれる。

運勢／新春。満足のいく転身を図りたいが迷い多く方針が定まらない。見えを張るより日常生活を充実させタイミングを計って。地味に思える生活の中でも花が咲く。不動産や家のリフォームは家族と十分に相談をして。身内のことで出費増。関節炎や腰、打撲に注意。

1 ㊊ ◎家内安全と一年の無事を祈願す
2 火 ○お正月ついついお酒も進みがち
3 水 ⦶団欒の時間で今年の抱負を語る
4 木 ●寝不足で頭が回らずミスに注意
5 金 ⦶相手を尊重し作業がスムーズに
6 土 ◐悪習慣やめ生活リズムを整える
7 ㊐ ◐家庭内も相互理解を深める努力
8 ㊊ ⦶素直になって頼れる先輩に相談
9 火 ◐疲れを溜めず休養と早めに就寝
10 水 ◎自分に自信を持ちアピールして
11 木 ○決めたら即行で明るくスタート
12 金 ○バランス良い食事で活力が漲《みなぎ》る
13 土 ●気合い入れ当たって砕けろ精神
14 ㊐ ⦶チャンスを掴める力量を養って
15 月 ◐不用品を整理処分しスッキリと
16 火 ◐軽はずみな発言が誤解を招く元
17 水 ⦶過去を振り返らず前進あるのみ
18 木 ◐艱難辛苦にも動じぬ芯の強さを
19 金 ◎自分らしさ発揮し挑戦を楽しむ
20 土 ○新たな展開に期待膨らませ待機
21 ㊐ ○多少の不便を受け入れ安泰の日
22 月 ●生活に余裕がなく気持ちが停滞
23 火 ⦶閃きや直感が仕事に直結する日
24 水 ⦶考え込まず謙虚な姿勢が好印象
25 木 ⦶予想外の事態でも冷静に判断を
26 金 ⦶鍋を囲んで身体を芯から温めて
27 土 ◐陽気さが人との和を図る緩衝役
28 ㊐ ○イメチェンで髪を切り気分転換
29 月 ○癒しの音楽で心豊かなひと時を
30 火 ⦶水回り磨いて心身リフレッシュ
31 水 ●健康は大切改めて思う体調管理

　☆めくっておみくじ【二十二番】――吉　厚く垂れ込む不安気な雲は去り晴れる。短気、短腹にならず待つ。

九紫

2月の運勢○吉運

吉　方→南東
小吉方→なし
丙寅五黄土星の月

吉方○南東＝取引順調。業績向上。恋愛や結婚のチャンスに恵まれる。嬉しい情報が舞い込む。対人運好調。
凶方●南西＝意欲を失い怠け者に。生活が安定しない。家庭で紛争。南＝見えっ張りで虚飾に走り周囲から孤立。書類印鑑ミス。北＝子供や住居の問題で悩み深く。

運勢／日ごろの頑張りが認められて周囲から注目される。責任ある行動を心掛けて。勉強や習い事の成果も上々。調子づいて上から目線にならぬように。親戚や相続関係の書類や押印トラブル警戒。カード購入額チェック。紫外線対策怠らずに。目や頭痛、血圧注意。

歳破→北西
年で暗剣殺→東
年で五黄殺→西
年で本命殺→南西
年で本命的殺→北東

1木 ○美容のためにも十分な睡眠必要
2金 ◐勘だけに頼ると見込み違い発生
3土 ⦶八方美人になると誤解招く恐れ
4㊐ ⦶良い習慣はすぐには身に付かず
5月 ◐寒さ対策と体力作り兼ね運動を
6火 ◎トキメキを持つ事で幸せを実感
7水 ○仲間達のパワーで自身も元気に
8木 ⦶計画どおり順調でも万全の備え
9金 ●空回りしても焦らず冷静に対処
10土 ○諸事楽しみ創意工夫し取り組む
11㊐ ◐迷わず心のままに動き良き日に
12㊊ ⦶気持ちが高ぶりうっかりミスが
13火 ⦶上品な立ち振る舞いに羨望の目
14水 ◐チョコに秘めた思い伝わりそう
15木 ◎趣味友人仲間との出会いで充実
16金 ○朝の日課は計画的にキビキビと
17土 ○こだわり捨てれば悩み事は解消
18㊐ ●冷えから来るお腹の不調に用心
19月 ○知的で個性ある装い高い評価に
20火 ⦶コツを掴めばやる気も倍増する
21水 ◐おしゃべりに花が咲き失言注意
22木 ◐強引さが周囲の人の反感を買う
23㊎ ◐日頃の生活態度が評価されそう
24土 ◎感謝を忘れぬことで万事円満に
25㊐ ○持ち前の明るさで対人関係良好
26月 ○食欲旺盛でサイズアップが心配
27火 ●求め過ぎては不満が増すばかり
28水 ⦶買い物は本当に必要か検討して
29木 ⦶静かな読書タイム穏やかな時間

九紫

3月の運勢●警戒運

吉　方→なし
小吉方→なし
丁卯四緑木星の月

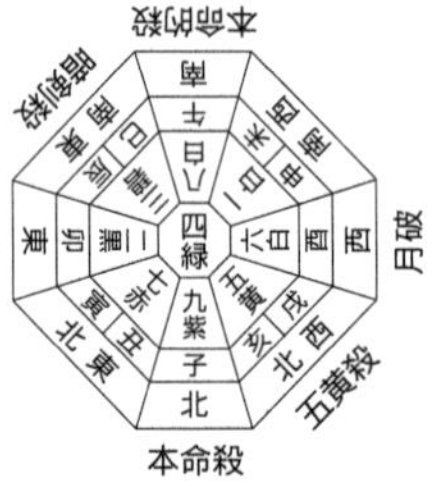

歳破→北西
年で暗剣殺→東
年で五黄殺→西
年で本命殺→南西
年で本命的殺→北東

吉方○小吉方ともになし。長期旅行や移転などは早めに時期を考慮して計画を。
凶方●南東＝誤解や中傷を受けて信頼無くす。若者とギクシャク。北西＝目上と対立が。強引な態度で孤立。西＝賭け事で大損。北＝異性関係のトラブル。家庭不和。南＝扱いや立場が急変。

運勢／良かれと思って手を出したことが裏目に出る。孤立しやすくスランプ気味。人は人自分は自分と割り切りも必要。現状維持で時機を待つ。ストレスを溜めぬよう気分転換を図って。貯蓄第一。小金を貯める心掛けで。盗難用心。泌尿器系や耳鳴り、膝関節症に注意。

1金 ◐焦りと短気が運気を下げるもと
2土 ⦶強気な行動より一歩引き様子見
3㊐ ●ひな祭り成長を実感しお祝いを
4月 ◎若さの秘訣は好奇心かつ探求心
5火 ○待ち遠しい春を感じ草花も躍動
6水 ○模様替えで家庭の中も心地良く
7木 ●集中力の欠如は仕事にも悪影響
8金 ⦶シビアな目で本物を見抜く力を
9土 ◐相手への思いやり気配りが大切
10㊐ ◐気分が乗らぬ日は活動を控える
11月 ⦶投資の財テク術を時間見て勉強
12火 ●予定外の行動はストレスが発生
13水 ◎絵画鑑賞に感銘を受け癒しの時
14木 ○変化を楽しみながら目標を設定
15金 ◐配置を変え整理整頓した部屋に
16土 ●慌ただしく集中できずぐったり
17㊐ ⦶オンとオフの切り替えを上手に
18月 ⦶期限や約束は早めに再確認して
19火 ◐疲労蓄積しても八つ当たり厳禁
20㊌ ⦶嬉しい朗報兼ねて感謝の墓参り
21木 ◐計画どおり行かなくても気長に
22金 ○友との会話で心もリフレッシュ
23土 ○若い人の考え方に目から鱗の日
24㊐ ⦶玄関を磨き上げ金運アップ願う
25月 ●寛大な心で些細な問題はスルー
26火 ⦶良い本との出合い人生を豊かに
27水 ⦶独りの時間新たな発見やる気が
28木 ◐メンタル強くても謙虚さ忘れず
29金 ◐急な出費一覧作りコツコツ貯金
30土 ◐注意力散漫でミスの見逃し注意
31㊐ ○軽い運動とストレッチで健康体

九紫　4月の運勢○吉運

吉　方→南東・北
小吉方→なし
戊辰三碧木星の月

吉方○南東＝結婚話や再縁のチャンスが。北＝現状打開のヒント得る。家庭円満。
凶方●東＝新規事が妨害される。スキャンダル。西＝遊びグセつき金遣いが荒くなる。北西＝迷い多くチャンスを逃す。南西＝感情的になり落ち着かない。北東＝心機一転の道が絶たれる。

運勢／家族や身近な友人へのサポートで時間を取られる。功を焦らず周囲と連携を。もどかしくても地味ながらの基礎固めを積み重ねて。外食より家での食事で健康増進。金銭は出費を抑えて倹約を。お金を使わない楽しみ方を工夫。既往症を再確認して。胃炎に注意。

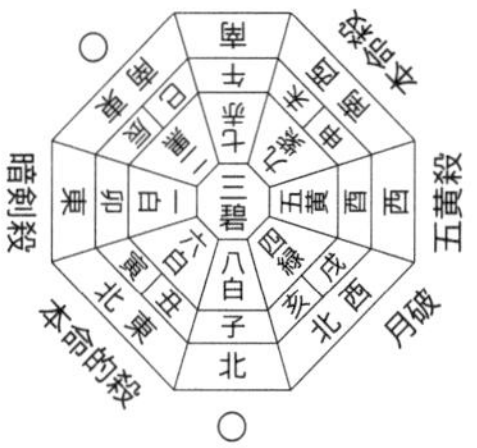

歳破→北西
年で暗剣殺→東
年で五黄殺→西
年で本命殺→南西
年で本命的殺→北東

1月　○マイナスイオン沢山浴び活性化
2火　○敏感にならず広い視野で検討を
3水　●足元をしっかり見て油断せずに
4木　○新たな発見で達成感が得られる
5金　⦶強引な手出し口出し無用が賢明
6土　◐予告ない内容変更もあり確認を
7㊐　⦶厳しさは愛情からのプレゼント
8月　◐アイデアと工夫で無駄ない空間
9火　◎お客様のニーズに応えた接客を
10水　○急いでいる時こそ慎重さが大事
11木　○コーヒーの香り漂う三時の休憩
12金　●飲み過ぎて体調も財布もピンチ
13土　○機転を利かせタイムロスを軽減
14㊐　◐バスタイム湯船に浸かり充電を
15月　◐目移りしないで一つの事に集中
16火　⦶困った時は信頼寄せる人に相談
17水　◐伝えたい内容を一つずつ丁寧に
18木　◎変化を受け入れて経験値を積む
19金　○ラッキーカラー身に着けて安心
20土　⦶予算を抑え倹約に徹する生活を
21㊐　●声を聞く心のゆとりを忘れずに
22月　⦶休み明け寝坊しないよう注意を
23火　⦶風邪予防には日常のケアが大切
24水　◐一歩退き相手との対立を避ける
25木　⦶説得力ある話し方でプレゼンを
26金　⦶他人と比べず自分の内面を磨く
27土　◎将来の夢を語り合い心嬉しい日
28㊐　○先送り二度手間になる可能性も
29㊊　○日常を忘れ旅行でリフレッシュ
30火　◐温度差あっても受け入れて成長

九紫火星　☆めくっておみくじ【五十一番】――吉　努力が実らなくともなお努力。立身は一朝にならず、日々の精進あるのみ。

☆めくっておみくじ【九十四番】――半吉 自分に良くても相手に嫌がられる言動は慎む。上には上があるもの。

九紫

5月の運勢⦶小吉運

吉　方→なし
小吉方→なし
己巳二黒土星の月

吉方○小吉方ともになし。急な外出や旅行は避けて安心。早めに計画を立てて。
凶方●南西＝近親者に振り回されて疲弊する。北東＝新規への切り替えが頓挫。北西＝失言や軽率さで引き立て失う。東＝カンが狂って右往左往。西＝遊興交際費が負担増。異性間の悩み。

運勢／気づかないところに落とし穴あり。何事も慎重に取り組んで。急な予定変更が起きやすい。周囲と連絡を取り合い突発的な事柄に備えて。衝動買いが無駄な出費に。計画的に予算を立てて。靴ずれ注意。行楽はサイズ合う履きなれた靴で。肝臓やサギ盗難に注意。

1 水 ○緊急な変更でも柔軟に対応して
2 木 ⦶最新情報を入手して老化を防ぐ
3 ㊎ ◐落ち込んでいるとペットも不安
4 ㊏ ◐青葉の季節は散策を兼ね森林浴
5 ㊐ ●家族でお祝い鯉のぼり青空泳ぐ
6 ㊊ ◎清涼感のある装いで人気の的に
7 火 ○新しい取り組みは心が弾み前進
8 水 ○胸の熱い思い打ち明けスッキリ
9 木 ●感情移入が片寄ると不平等の元
10 金 ○途中で投げ出さず最後まで貫徹

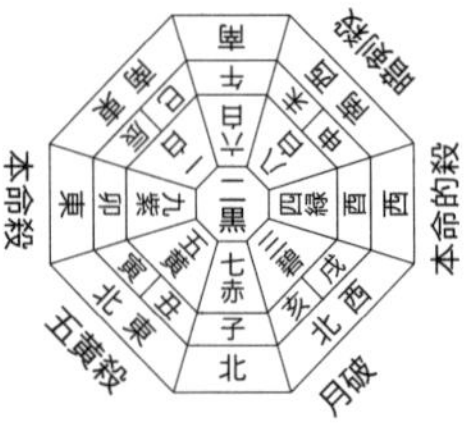

歳破→北西
年で暗剣殺→東
年で五黄殺→西
年で本命殺→南西
年で本命的殺→北東

11 土 ⦶同じ話の繰り返しでマンネリ化
12 ㊐ ◐嬉しい便りに花を添え母へ送る
13 月 ⦶意見の対立あっても相手を理解
14 火 ◐頑固で意地っ張りは自身の損失
15 水 ◎専門分野を突き詰め自信を持つ
16 木 ○人の話をしっかり聞いて参考に
17 金 ○視野を広くする事で心に余裕が
18 土 ●期待外れな商品に諦めの境地に
19 ㊐ ○努力を惜しまず自分磨きを意識
20 月 ◐臨時収入も出費がかさめば消滅
21 火 ◐自分に甘くなり暴飲暴食を後悔
22 水 ⦶問題解決は時間をかけ対応して
23 木 ⦶生活必需品の確認をして安心を
24 金 ◎成功体験で自信とやる気が満々
25 土 ○素直な感性を大事に宝物にして
26 ㊐ ⦶欲は出し過ぎず八分目が賢明策
27 月 ●ノルマ達成せずイライラしそう
28 火 ⦶スイッチが入る前によく考える
29 水 ⦶安定ばかり求めず時には冒険も
30 木 ◐不意の出来事に驚き隠せず混乱
31 金 ⦶無理と決め付けずに内容を精査

☆めくっておみくじ【十一番】——**大吉** 人気よし、才能よし、家業など成果多いとき。師や先輩の支援得る。

九紫

6月の運勢◎大吉運

吉　方→なし
小吉方→なし
庚午一白水星の月

吉方○小吉方ともになし。外出はその方位が吉方になる人のリードに従って。
凶方●北＝ストレスで不眠症。乗り物関係の事故に注意。南＝判断ミスで失態。思考力低下でマナー違反。南東＝書類上の過失で契約破棄。北西＝意欲減退して結果を残せず。支援を失う。

運勢／楽しみを分かち合う仲間の存在が頼もしい。誠実な言動から良縁が根付く。和合の精神で絆を深めて。口コミや情報が集まるとき。取捨選択して振り回されぬように。メールや電話などを活用し旧友と再会のチャンスが。交際費をケチらずに。腸疾患や感染症注意。

歳破→北西
年で暗剣殺→東
年で五黄殺→西
年で本命殺→南西
年で本命的殺→北東

1土 ◐焦りと短気が運気を下げるもと
2㊐ ◎断捨離で快適な生活を目指して
3月 ◎迷いも信じて進めば光明が差す
4火 ○健康を考え季節のお野菜を摂取
5水 ●想定外の結果に方針転換が急務
6木 ○南に赤い花で華やかさと安らぎ
7金 ⦶疲れを取るにはまず睡眠と休息
8土 ⦶人混みでのアクシデントに注意
9㊐ ⦶交際費は分相応の出費予定して
10月 ◐過ちを認め作業方法を改め陳謝
11火 ◎気遣いが友達との信頼を深める
12水 ○理想の人と出会うチャンス到来
13木 ○無駄を無くし今あるものを活用
14金 ●自己主張が強いと周囲から孤立
15土 ○隠れ脱水に注意まめに水分補給
16㊐ ⦶日頃の感謝を言葉でプレゼント
17月 ⦶立場の違いから仲間割れが発生
18火 ○知識を得る事で一段と成長する
19水 ◐勇み足は後から恥をかく危険性
20木 ◎アイデア浮かびやる気が出る時
21金 ○敬遠せずネットの便利さを活用
22土 ○距離を取る事で程よい付き合い
23㊐ ●誤解招くメールの使用は慎重に
24月 ○優しさは柔和な顔に乗せ伝わる
25火 ◐オーバーワークさせぬ取り組み
26水 ⦶衝動買いの前にブレーキが必須
27木 ⦶対処の仕方でプラスに転じ一息
28金 ◐安心を手にする前の努力が重要
29土 ◐体力増強はウオーキングと食事
30㊐ ⦶可能性を信じたら怯《ひる》まずに挑戦

九紫

7月の運勢◐自重運

吉　方↓南東
小吉方↓なし
辛未九紫火星の月

吉方○南東＝頼りになる支援者を得て取引順調。縁談や婚活にチャンスあり。親類縁者から有益な情報得る。
凶方●南＝不名誉な噂を流される。思考力が低下し迷い多く。北＝腐れ縁の悩み。家庭内に波風が立つ。北東＝タイミングが合わず運を逃す。焦りから失敗する。

運勢／好調なスタートのようでも中盤から波が立つ。結果を急ぎたくても思うようにならず。軽率に騒ぎ立てることなく冷静に対処して。周囲との調和を心掛け目上の助言を参考に。能力以上のことには関わらないこと。金銭は予算を守り計画的に。過労や慢性病注意。

歳破→北西
年で暗剣殺→東
年で五黄殺→西
年で本命殺→南西
年で本命的殺→北東

1 月 ⦶声を掛けて落ち着いた心配りを
2 火 ◐衣類を整理して着る物だけ残す
3 水 ○人の目を意識して状況を先読み
4 木 ●圧力や束縛に逆らわず受け身で
5 金 ○冷蔵庫の食材だけで夕食作りを
6 土 ○新たな可能性が見えてくる時期
7 ㊐ ◎あちこちと引っ張り凧で大忙し
8 月 ◐気分転換はオシャレして楽しく
9 火 ⦶自我を通さず周囲と協調して吉
10 水 ⦶言った言わないの騒ぎに終止符
11 木 ◐変化へ不適応でストレス感じる
12 金 ⦶厳しい声も自分磨きと理解する
13 土 ●ひとりで過ごす贅沢タイム大事
14 ㊐ ○結果を急がず正攻法で努力継続
15 ㊊ ○セールで思わぬ掘り出し物獲得
16 火 ◎遠方に福あり行動範囲を広げて
17 水 ◐自分を客観視して計画を再検討
18 木 ⦶リーダーシップが幸を運ぶ兆し
19 金 ⦶衝動買い防止に購入リスト作成
20 土 ◐急いでいる時ほど言葉を丁寧に
21 ㊐ ⦶手荷物は少なく忘れ物に注意を
22 月 ●スパで気疲れを癒してリセット
23 火 ○着実に義務を果たして信頼得る
24 水 ○鰻重で体力をつけて夏バテ回復
25 木 ◎ネットの情報生かし時間を短縮
26 金 ◐家族と遠出で楽しい思い出作り
27 土 ◐強引に進めたこと波乱の火種に
28 ㊐ ⦶お茶会で話す内容に気を配って
29 月 ◐柔軟な作戦変更が成功の秘訣に
30 火 ⦶即メモしうっかりミスを減らす
31 水 ●かき氷食べて頭をリフレッシュ

☆めくっておみくじ【六十八番】――吉　さて吉夢を見たが、まだ我がものにならず。実現のために工夫と努力を。

九紫

8月の運勢⦶小吉運

吉　方→北
小吉方→南
壬申八白土星の月

吉方○北＝心の通う仲間や異性とのご縁あり。南＝小吉方。勘が冴え新アイデア得る。取捨選択の結果上々。
凶方●北東＝昔の事が蒸し返されて煩わしい。親戚縁者から迷惑を被る。南西＝家族と不仲に。北西＝イライラが高じて目上にたてつく。南東＝遊び人との悪縁。

運勢／向上心あり。チャンスに恵まれやすい。周囲への感謝と配慮があれば順調に。夏の行楽やイベントなどリーダー的役割を期待されやすい。意思の疎通を図り協調性を大切に。奉仕精神は良いが正しい報酬は受け取るよう。投資は慎重に。気疲れ過労、交通事故注意。

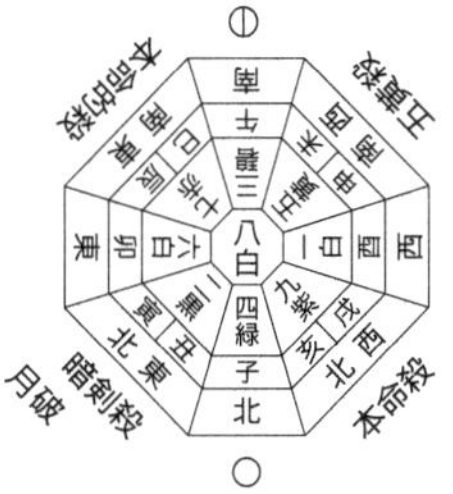

歳破→北西
年で暗剣殺→東
年で五黄殺→西
年で本命殺→南西
年で本命的殺→北東

1木　⦶真面目な姿勢や言動が吉を呼ぶ
2金　○話題の気になるお店をリサーチ
3土　○他の人の意見に惑わされないで
4㊐　●一度立ち止まり考え直す時間を
5月　⦶お互いに歩み寄って関係を改善
6火　⦶時間とお金の使い過ぎに注意を
7水　◐周囲の雰囲気に落ち着かず疲労
8木　○頑張ってきた取り組みに高評価
9金　●お取り寄せ地酒で楽しい週末を
10土　⦶実家への帰省土産を早めに用意
11㊐　○無我夢中になれる趣味を探して
12㊊　◎友人と意気投合し素敵な時間を
13火　◐現状維持の方針で焦らず堅実に
14水　⦶何事もポジティブに捉える癖を
15木　⦶ミスしても素直な謝罪が好印象
16金　◐段取り良く仕事の効率化を図る
17土　○音楽を聴きながらストレッチを
18㊐　●体調維持にサプリをうまく活用
19月　⦶気を引き締めて防災対策を徹底
20火　○表現次第で印象明るく人望得る
21水　◎夏バテ対策に適度な運動と睡眠
22木　◐失敗は成功の元と気持ち変えて
23金　⦶習い事は生活に役立ち楽しんで
24土　⦶気の緩みが金運低下を誘発する
25㊐　◐独断での行動が見当違いの元に
26月　○積極的にチャレンジし人気者に
27火　●小まめな節電を積み重ねて効果
28水　◐朝ヨーグルトで腸の調子整えて
29木　○諦めない気持ちが夢叶う近道に
30金　◎ＳＮＳの情報発信で交流広がる
31土　◐貯蓄や保険を見直して家計安泰

☆めくっておみくじ【四十七番】——末吉　急ぐと失敗しやすい、少し立ち止まって考えて。建築や転居は先延ばし。

九紫

9月の運勢⦶小吉運

吉　方↓北
小吉方↓南
癸酉七赤金星の月

吉方○北＝家族との関係良好。うまい話が入る。南＝小吉方。共同作業で認められる。頭が冴えて生き生き。
凶方●西＝離婚問題や対人問題に金銭が絡む。遊びグセがつき散財。金回りが悪く金欠に。東＝見通しが甘く計画頓挫。何をやっても上手くいかない。騙される。

運勢／生活がルーズになりやすく気合が入らない。趣味活動や食事会ものめり込み過ぎず弁えて。親しき仲でも礼儀と遠慮を。聞き上手で気配りを。カード購入や電子マネー、ちりも積もれば山になる。自重。食生活に留意し暴飲暴食を慎む。口内炎や気管支炎に注意。

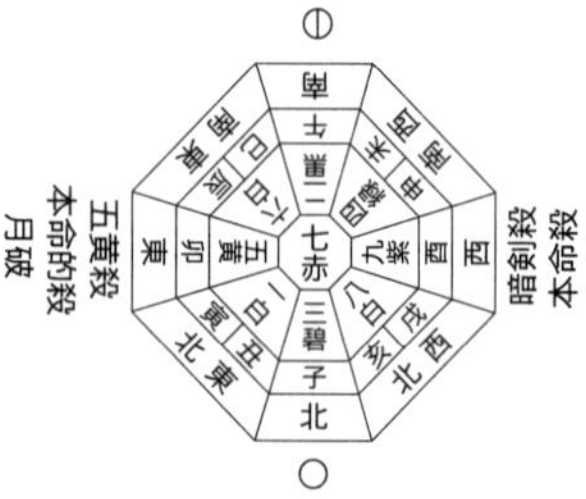

歳破→北西
年で暗剣殺→東
年で五黄殺→西
年で本命殺→南西
年で本命的殺→北東

1㊐　⦶防災グッズの確認と非常食常備
2月　◐熱中症対策に水分塩分の補給を
3火　◐欠けた食器を処分し買い替えて
4水　○話し方に気品が漂い印象アップ
5木　●青汁スムージーで野菜不足解消
6金　◎無理をせず癒しの時間を作って
7土　⦶状況把握して決断力をつけ前進
8㊐　○他の人の噂を鵜呑みにしないで
9月　◐予定の空きを自分へのご褒美に
10火　⦶最後まで諦めずゴール目指して
11水　⦶壊れそうな家電の買い替え検討
12木　◐冷静な判断で変化を乗り切ろう
13金　○アームカバーで紫外線完全防御
14土　●自己免疫力上げる食品をプラス
15㊐　○必要のない物はフリマで処分を
16㊊　○故郷の祖父母の長寿健康を祈る
17火　◎お誘い断らず交流の輪を広げて
18水　◐不満足な結果受け再チャレンジ
19木　⦶チームプレーで業務の円滑化を
20金　⦶ネットショッピングは計画的に
21土　◐下積み努力が実を結び状況好転
22㊐　○家族揃い墓前に日頃の感謝報告
23㊊　●クラシックのBGMで快眠誘引
24火　○無駄なことと思っても経験値に
25水　⦶10分前行動で余裕を持って臨む
26木　◎友人に気の利いたプレゼントを
27金　●日頃の食生活見直して脱メタボ
28土　⦶普段行かない場所にも出掛けて
29㊐　⦶細かなことに気を使って節約を
30月　◐苦手な人も味方に変える求心力

☆めくっておみくじ【五十二番】――凶　苦労の種を蒔かないで、過失は早く刈り取るように。失せ物はなかなか出にくい。

九紫　10月の運勢◐自重運

吉　方↓北
小吉方↓なし
甲戌六白金星の月

吉方○北＝少額ながら副収入。旧知の人と親交深まる。
凶方●北西＝辛辣な物言いで自他共に傷つく。目上とひと悶着。南東＝曖昧な情報に振り回されて用が足せず。北東＝急な変更で親戚知己とトラブルに。南西＝実行力が伴わず結果を出せない。怠惰で不安定な生活。

運勢／現状を打ち破りたくてもスムーズにいかない。基礎力と新発想がポイントに。若い人との交流がプラスに働く。義理事は避けて通れず。つかず離れずの距離感で風通しよく。家族のために予算を多めに計上。見通しの悪い曲がり角再確認。足腰や腫れ物注意。

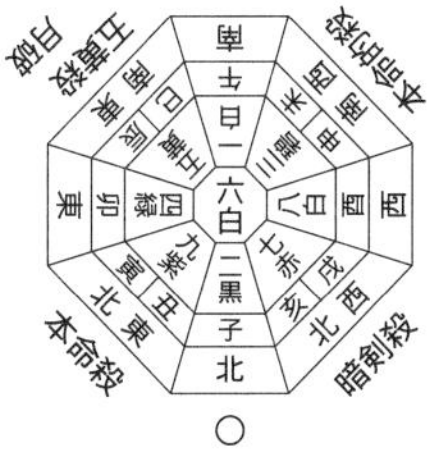

歳破→北西
年で暗剣殺→東
年で五黄殺→西
年で本命殺→南西
年で本命的殺→北東

1火　⦶女性へアピールして人気を獲得
2水　●忙しさによる感情の爆発に注意
3木　○念入りに準備トラブルに即対応
4金　○自分の尺度で噂話に深入りせず
5土　◎目標を高く設定し活動意欲向上
6㊐　◐口腔内の環境整え食事美味しく
7月　◐失敗を恐れず実行する勇気持つ
8火　⦶投資は慎重に積み立て継続して
9水　◐デジタル機器使い過ぎ眼精疲労
10木　⦶基本的な礼儀を忘れず信頼得る
11金　●難しい仕事は視点を変え再挑戦
12土　○思い付き行動は足をすくわれる
13㊐　◎自然に触れ秋の気配を感じよう
14㊊　○簡単なストレッチから健康意識
15火　◐私利より全体の利益を考え改善
16水　⦶高圧的な態度は周囲の反感買う
17木　⦶無意識に出る余計な一言に注意
18金　◐絵画や焼き物に親しむ芸術の秋
19土　⦶隠れた努力にスポットライトが
20㊐　●サポーターの援助で急場を凌《しの》ぐ
21月　○成功像を思い描いてから行動を
22火　○耳寄りな話が人との交流の中に
23水　◎注意力散漫によるトラブル回避
24木　◐控えめな態度が高評価に繋がる
25金　⦶独断を止めて助言に耳を傾けて
26土　⦶小さなミス気にせず大局を見て
27㊐　◐新刊を手に心に栄養の読書週間
28月　⦶自分の良いところを探してみて
29火　●集中力を研ぎ澄まし効率アップ
30水　○地道な努力を続けチャンス待つ
31木　○基本的な筋肉運動で足腰丈夫に

九紫

11月の運勢○吉運

吉　方→なし
小吉方→なし
乙亥五黄土星の月

吉方○小吉方ともになし。外出は寄り道をせずに。
凶方●南東＝交友関係が中断。迷い多く決断できず。交渉事や営業が不成立。縁談や婚活が不調。南＝感情的になりもめ事を引き起こす。書類や印鑑のトラブル。北＝子供や身内の問題で悩み深く。腐れ縁でゴタゴタ。

運勢／知的好奇心が高まり書物や芸術鑑賞での見聞や刺激で感受性が磨かれる。各種試験へのトライや稽古事での自己研鑽に努める。交友関係では好き嫌いが出やすい。感情的な言動を慎んでマナー上手に対応を。虚栄心による散財に警戒。頭痛や血圧、疲れ目に注意。

歳破→北西
年で暗剣殺→東
年で五黄殺→西
年で本命殺→南西
年で本命的殺→北東

1金　◎自己主張も度を越すと我が儘《まま》に
2土　◐手間のかかることは手順考えて
3㊐　⦶交通ルール順守し紅葉ドライブ
4㊊　⦶友人と会食し発想の転換に成功
5火　◐意見の対立は一旦譲歩し再検討
6水　○古い物を処分して新しい環境に
7木　●無理は厳禁で健康を最優先して
8金　○スキンケア意識して乾燥肌防ぐ
9土　○小耳に挟んだ情報ネットで検索
10㊐　◎人に会う時は服装の乱れ整えて
11月　◐曖昧な態度が誤解を招く引き金
12火　◐やり残しの片付けが一気に解決
13水　⦶思いやる言葉掛けで好感度ＵＰ
14木　◐急な要望にも臨機応変に対応を
15金　○重要書類の最終チェック入念に
16土　●悪あがきせず心と身体に栄養を
17㊐　○一歩一歩確実に成果を積み上げ
18月　○季節のフルーツでビタミン摂取
19火　○未送信のメール文章見直し必須
20水　◐客観的な視点で物事を見極めて
21木　⦶冒険心忘れず攻めの姿勢で挑む
22金　⦶行き過ぎたアドバイスお節介に
23㊏　◐忙しく働いている自分に称賛を
24㊐　⦶ホットアイマスクで疲れ目癒す
25月　●裏方として振る舞うほうが得策
26火　○ちょっとしたひと手間を大切に
27水　○流行のファッションにも注目を
28木　◎説明不足の無いように確認して
29金　◐突出より調和目指し柔和な印象
30土　⦶果敢なアタック想定外の成果に

九紫
12月の運勢◐自重運

吉　方→なし
小吉方→なし
丙子四緑木星の月

吉方○小吉方ともになし。予定の10分前に到着する心構えで余裕を持って移動。
凶方●南東＝中傷されて信用にキズが付く。邪魔が入り破談に。北西＝実力を過信した強引さで引き立てを失う。投資で損失大。南＝親戚知己の厄介事。北＝家庭内でケンカ。視力が低下。

運勢／身内や仲間と協力し合って年越し準備。知恵を出し合い無理のない計画を。見込み違い多く余計なお節介が時間のムダに。執着を手放し心に余裕を。感謝の気持ちで一年を締めくくる。金銭面はムダな出費を抑えて。落とし物に用心。冷えや泌尿器、生殖器系に注意。

1㊐ ⦶お歳暮手配に思案デパート巡り
2月 ◐フードデリバリーで家事を軽減
3火 ⦶岩盤浴やサウナで心身を整えて
4水 ●アロマオイルで全身マッサージ
5木 ○真冬の防寒対策は早めに準備を
6金 ○新しい物を取り入れて模様替え
7土 ◎早合点せずトラブル防止対策を
8㊐ ◐仕事の合間に首回しリラックス
9月 ⦶計画性の有無が成功の決め手に
10火 ⦶ボーナスは一旦手堅く定期預金

歳破→北西
年で暗剣殺→東
年で五黄殺→西
年で本命殺→南西
年で本命的殺→北東

11水 ◐新しくできたお店でランチ堪能
12木 ⦶嫌な事はきっぱりと断る勇気を
13金 ●生姜スパイスカレー食べて温活
14土 ○ふるさと納税年末までに決断を
15㊐ ○大掃除コツコツ前倒しで余裕感
16月 ◎手荷物少なくし賑《にぎ》やかな場所へ
17火 ◐現状を受け入れて根本的に解決
18水 ◐ゴリ押しせず焦らずじっくりと
19木 ⦶セール品をよく見て賢く買い物
20金 ◐美酒佳《か》肴《こう》を皆でいただく忘年会
21土 ⦶細かな手仕事は息抜きしながら
22㊐ ●意識的に野菜を摂って健康維持
23月 ○ダメ元でも失敗を恐れず挑戦を
24火 ○最新家電値動き見て買い物上手
25水 ○家族でクリスマス食卓囲み団欒
26木 ◎多忙に慌てず目の前の仕事優先
27金 ○年長者への言葉遣い丁寧に対応
28土 ⦶寒さ対策プラス一枚で安心感が
29㊐ ●湯船に肩まで浸かって代謝促進
30月 ⦶帰省の移動は交通情報を再確認
31火 ◐一年の最後は周囲に感謝する日

易で見るコイン占い

福田有宵

易とは、中国の古典といわれる四書五経の一つで、「易経」の思想をもとにした運命学です。

易経は三千年以上の歴史があり、占いのほかにも哲学書としても一般に活用されてきました。易経の中には社会生活の対処法なり、処世術の心得など、有益なものが書かれています。

毎日の生活をしていく上で、これから先はどうなるのだろうかと、誰でも未知の様子を知りたいと願うものです。ですので現在から未来にかけての見通しが分かれば生活が楽しくなります。易は未来を知る占いです。

●占い方――コイン易占法

正式には筮竹《ぜいちく》（50本）と算木《さんぎ》の筮具を用いますが、初心者に分かりやすい方法として、硬貨（コイン）六枚を用意して（どの硬貨でもよい）使用します。

まず、初めに何を占うか目的（占的）を決めて、精神を集中し心の中で強く念じます。

次に六枚の硬貨を両手の中で軽く振り、数回振り終えたあと手前から一枚ずつ取り出し、図のように下から上へと一列に並べます。表か裏で陰陽を出します。

●卦の見方――表と裏で陰陽をみる

硬貨は、日本国の文字側が表で陽（⚊）、数字側が裏で陰（⚋）とします。そして硬貨六枚の表や裏を組み立てると、六十四卦の中の一つが出現します。

●判断の方法

例題の答えは「☷☰」地天泰です。判断としては安定しているときは上手に現状を維持し、新条件の決断は採用しないこと。

本式には爻《こう》といい下記の配列の何番目に意味や変化があるかを出しますが、ここでは略式ですので判断のポイントを六十四卦に絞り、分かりやすくしました。

上爻《じょうこう》	――陰	100 裏	裏	6枚目
五爻	――陰	100 裏	裏	5枚目
四爻	――陰	100 裏	裏	4枚目
三爻	――陽	100 表	表	3枚目
二爻	――陽	100 表	表	2枚目
初爻《しょこう》	――陽	100 表	表	1枚目

●六十四卦の意味

1 ☰☰ 乾為天（けんいてん）…志望や理想高く急進しやすい。年長者の助言参考に冷静に対処。実利は期待薄。

六十四卦

坤《こん》 ☷	艮《ごん》 ☶	坎《かん》 ☵	巽《そん》 ☴	震《しん》 ☳	離《り》 ☲	兌《だ》 ☱	乾《けん》 ☰	上の卦／下の卦
11 ䷊ 地天泰《ちてんたい》	26 ䷙ 山天大畜《さんてんたいちく》	5 ䷄ 水天需《すいてんじゅ》	9 ䷈ 風天小畜《ふうてんしょうちく》	34 ䷡ 雷天大壮《らいてんたいそう》	14 ䷍ 火天大有《かてんたいゆう》	43 ䷪ 沢天夬《たくてんかい》	1 ䷀ 乾為天《けんいてん》	けん ☰
19 ䷒ 地沢臨《ちたくりん》	41 ䷨ 山沢損《さんたくそん》	60 ䷻ 水沢節《すいたくせつ》	61 ䷼ 風沢中孚《ふうたくちゅうふ》	54 ䷵ 雷沢帰妹《らいたくきまい》	38 ䷥ 火沢睽《かたくけい》	58 ䷹ 兌為沢《だいたく》	10 ䷉ 天沢履《てんたくり》	だ ☱
36 ䷣ 地火明夷《ちかめいい》	22 ䷕ 山火賁《さんかひ》	63 ䷾ 水火既済《すいかきせい》	37 ䷤ 風火家人《ふうかかじん》	55 ䷶ 雷火豊《らいかほう》	30 ䷝ 離為火《りいか》	49 ䷰ 沢火革《たくかかく》	13 ䷌ 天火同人《てんかどうじん》	り ☲
24 ䷗ 地雷復《ちらいふく》	27 ䷚ 山雷頤《さんらいい》	3 ䷂ 水雷屯《すいらいちゅん》	42 ䷩ 風雷益《ふうらいえき》	51 ䷲ 震為雷《しんいらい》	21 ䷔ 火雷噬嗑《からいぜいごう》	17 ䷐ 沢雷随《たくらいずい》	25 ䷘ 天雷无妄《てんらいむもう》	しん ☳
46 ䷭ 地風升《ちふうしょう》	18 ䷑ 山風蠱《さんぷうこ》	48 ䷯ 水風井《すいふうせい》	57 ䷸ 巽為風《そんいふう》	32 ䷟ 雷風恒《らいふうこう》	50 ䷱ 火風鼎《かふうてい》	28 ䷛ 沢風大過《たくふうたいか》	44 ䷫ 天風姤《てんぷうこう》	そん ☴
7 ䷆ 地水師《ちすいし》	4 ䷃ 山水蒙《さんすいもう》	29 ䷜ 坎為水《かんいすい》	59 ䷺ 風水渙《ふうすいかん》	40 ䷧ 雷水解《らいすいかい》	64 ䷿ 火水未済《かすいびせい》	47 ䷮ 沢水困《たくすいこん》	6 ䷅ 天水訟《てんすいしょう》	かん ☵
15 ䷎ 地山謙《ちざんけん》	52 ䷳ 艮為山《ごんいざん》	39 ䷦ 水山蹇《すいざんけん》	53 ䷴ 風山漸《ふうざんぜん》	62 ䷽ 雷山小過《らいさんしょうか》	56 ䷷ 火山旅《かざんりょ》	31 ䷞ 沢山咸《たくさんかん》	33 ䷠ 天山遯《てんざんとん》	ごん ☶
2 ䷁ 坤為地《こんいち》	23 ䷖ 山地剥《さんちはく》	8 ䷇ 水地比《すいちひ》	20 ䷓ 風地観《ふうちかん》	16 ䷏ 雷地予《らいちよ》	35 ䷢ 火地晋《かちしん》	45 ䷬ 沢地萃《たくちすい》	12 ䷋ 天地否《てんちひ》	こん ☷

2 ☷☷ 坤為地（こんいち）…堅実第一に待機し自ら手を下さず実力を蓄える。女性の知恵を生かすなら吉。

3 ☵☳ 水雷屯（すいらいちゅん）…諸事伸び悩み見通しがつかないので無理押し禁物。結論は忍耐して待つ。

4 ☶☵ 山水蒙（さんすいもう）…今は霧の中で先が見えず安易に答えを出さない。専門家や賢人の知恵借りる。

5 ☵☰ 水天需（すいてんじゅ）…待てば海路の日和吉。前向きに進めたいが頭を押さえられる。急がば回れで。

6 ☰☵ 天水訟（てんすいしょう）…何事もトラブルを避け公平で中庸の道を。前半不調でも後半時機選ぶ。

7 ☷☵ 地水師（ちすいし）…変化や波乱に冷静に対処し揉め事は深入り避け問題解決は正攻法で臨めば小事吉。

8 ☵☷ 水地比（すいちひ）…諸事先手必勝で後手に回ると好機を失う。人の協力や目上を頼るのが賢明な策。

9 ☴☰ 風天小畜（ふうてんしょうちく）…しばらく止まり条件整えて進行、柔よく剛を制する交際交渉がカギ。

10 ☰☱ 天沢履（てんたくり）…虎の尾を踏む危うさで新規事や勝負は自重し、礼儀や習慣を守り安全策が良い。

11 ☷☰ 地天泰（ちてんたい）…現在は安定維持に努め、対人面は和を図り、妥協策は良いが最後の仕上げが大切。

12 ☰☷ 天地否（てんちひ）…初め塞がり困難さがあるので忍耐が大切。対人面では意思疎通を図り好機を待つ。

13 ☰☲ 天火同人（てんかどうじん）…小事は進めて吉。単独より共同方針が有利で相談事は目上やプロに聞く。

14 ☲☰ 火天大有（かてんたいゆう）…日が輝き盛運に向かうが自己過信を慎む。目上の知恵と援助で通る。

15 ☷☶ 地山謙（ちざんけん）…努力し謙虚であれば光る。将来に重点を置いて行動するが今は実力を蓄える。

16 ☳☷ 雷地予（らいちよ）…備えあれば憂いなし。何事も計画的に進めるが途中で道楽に溺れる。挫折に用心。

17 ☱☳ 沢雷随（たくらいずい）…時運や状況に従い臨機応変に合わせる。複雑な対人関係は上長者を選んで吉。

18 ☶☴ 山風蠱（さんぷうこ）…マンネリで欲求不満多いが時機を見て改善する。金銭や異性は腐れ縁に注意。

19 ☷☱ 地沢臨（ちたくりん）…新しい企画や希望は進めて吉。基礎を固めたら積極方針で事業や学業など好機。

20 ☴☷ 風地観（ふうちかん）…現実より理想と信念を貫き努力が実を結ぶが、軽々しく変化求めず現状維持を。

21 ☲☳ 火雷噬嗑（からいぜいごう）…口論やトラブルは冷静に対処。運気は障害や妨害あり多難、急進せず。

22 ☶☲ 山火賁（さんかひ）…表面を飾り中身が薄いので実力以上に背伸びをしない。大事は不利でも小事は吉。

23 ䷖山地剥（さんちはく）…剝は削り取る、奪うという意味。万事進めず守りを固め約束の不履行に対処。

24 ䷗地雷復（ちらいふく）…一陽来復の卦で春気が次第に伸びるので幸運。就職や再縁、二度目の挑戦吉。

25 ䷘天雷无妄（てんらいむもう）…人為や策略は無用。自然の成り行きに任せて良く、過信して動くは不利。

26 ䷙山天大畜（さんてんたいちく）…初めの苦労は終わりに喜びあり。実力や財運を蓄えて将来好機を得る。

27 ䷚山雷頤（さんらいい）…頤は下顎で言語や飲食を表し、仕事や生活面の向上を図る方針で。失言に用心。

28 ䷛沢風大過（たくふうたいか）…何事も過ぎたるは及ばずで、実力以上に背伸びせず。金銭貸借や投資不利。

29 ䷜坎為水（かんいすい）…諸事苦難多く今は希望停滞、トラブルが長引き対処策が少ないので忍耐強く。

30 ䷝離為火（りいか）…社交面で接近や別離が生じたり、華美散財や文書印鑑など管理を堅実にすれば安心。

31 ䷞沢山咸（たくさんかん）…希望が叶うチャンスあり物事が早く進展する。異性運は相感じて愛情がわく。

32 ䷟雷風恒（らいふうこう）…現在のペースを守り新規計画は見合わせる。結婚や夫婦の問題は固めて吉。

33 ䷠天山遯（てんざんとん）…問題の処理は消極的が良く、交際や交渉事は効果少なく深入りを避ける。

34 ䷡雷天大壮（らいてんたいそう）…運気や自我の勢いが強すぎる。忠告を聞き急進を避け安全策が賢明。

35 ䷢火地晋（かちしん）…地上に太陽が輝き活気多く計画や願望は見通しがつく。内容充実し目上運は吉。

36 ䷣地火明夷（ちかめいい）…地中に太陽没し、見通しが暗い。時機を誤り決断がつかないときは自重第一。

37 ䷤風火家人（ふうかかじん）…本業を守り家庭の安泰を願う。対人面は協調精神を忘れず婦人中心で吉。

38 ䷥火沢睽（かたくけい）…睽は背く意味で人や物など対立あり、二兎を追わない。家庭の内輪揉め注意。

39 ䷦水山蹇（すいざんけん）…蹇はいざりで足腰を痛めやすく運気は進退に窮し善後策がなく困難に耐える。

40 ䷧雷水解（らいすいかい）…苦労や心配事の解決好転を図る。新規計画は不調なので現状維持守り安全。

41 ䷨山沢損（さんたくそん）…金銭や物質面は損しやすいか努力のわりに益少ない。欲張らず奉仕し好転。

42 ䷩風雷益（ふうらいえき）…諸事進めて利益あり。人と協同して順調に伸びていくが先手を取るのが良策。

43 ䷪沢天夬（たくてんかい）…決壊を表し不慮の災いが多く、強行策や目的を急ぐと失敗。短慮と軽率注意。

44 ☰☴ 天風姤（てんぷうこう）…予期しない出来事に遭い吉凶両面を示す。対人面で噂や巧言と不実を含む。

45 ☱☷ 沢地萃（たくちすい）…人や物と財が集まり吉。五穀豊作の意があり活気旺盛で二者は名実のライバル。

46 ☷☴ 地風升（ちふうしょう）…種をまき基礎を固めて将来性吉。昇進や昇給の期待あり。目上の助力を求める。

47 ☱☵ 沢水困（たくすいこん）…悩みや困難を表し、現在は耐えて待つ。不平不満や破談、不調なれど自重を。

48 ☵☴ 水風井（すいふうせい）…旧状を守り軽々しく動かぬこと。新規計画は延ばし学問研究や交際大切に。

49 ☱☲ 沢火革（たくかかく）…時機熟せば公私などの状況の改革が可能。新旧交代や人事の刷新、転業は良い。

50 ☲☴ 火風鼎（かふうてい）…本体はそのままで内部内容改善して吉。三人共同や、交際や飲食の機会が多い。

51 ☳☳ 震為雷（しんいらい）…目的や行動に積極性があるが予期するほど実利なし。堅実に焦らず急がば回れ。

52 ☶☶ 艮為山（ごんいざん）…山のごとく止まり静観。用件が滞り相談事が不調、意地や偏見を避け信念守る。

53 ☴☶ 風山漸（ふうざんぜん）…何事も順序を守り一歩ずつ着実に進めて吉。最後まで続行努力を怠らず。

54 ☳☱ 雷沢帰妹（らいたくきまい）…時期外れになり後手に回りチャンス逃す。予定や約束は入念に対処。

55 ☳☲ 雷火豊（らいかほう）…表面は盛運でも内部に苦労あり。慢心や散財を避け安定方針で有終の美を飾る。

56 ☲☶ 火山旅（かざんりょ）…人に親しみ薄く孤立しやすい。移転や旅行の意味あるが物心共に不足に配慮。

57 ☴☴ 巽為風（そんいふう）…迷いや考え過ぎて進退問題やビジネスに決断つかず。甘い話や利欲に用心を。

58 ☱☱ 兌為沢（だいたく）…社交面で飲食や趣味の楽しみ多い。口車に乗ると後悔あり、口論舌禍に用心。

59 ☴☵ 風水渙（ふうすいかん）…悩みや困難が消散する。好機でも今後の志望は通じにくい。年長者の助言活用。

60 ☵☱ 水沢節（すいたくせつ）…公私ともに常識や節度を守り無事。現状維持で交際や金銭は質素に無駄省く。

61 ☴☱ 風沢中孚（ふうたくちゅうふ）…真心を表し人に誠意を尽くして吉で情愛も深い。物質運乏しく淡白。

62 ☳☶ 雷山小過（らいさんしょうか）…小事は良いが大事は行わない。不和誤解や対立あり、進めると失敗。

63 ☵☲ 水火既済（すいかきせい）…初めは吉で終わりに乱れあり。諸事先手良く現在は安泰でも将来は不安定。

64 ☲☵ 火水未済（かすいびせい）…初めは凶でも後に好転。現在整わないが将来は目標可能でも新規事慎重に。

手相占い

浅野八郎事務所

手のひらの中で、最も目立つ3本のスジが生命線、感情線、頭脳線です。それに運命線を加えた4本のスジを手相の主要4大線と呼んでいます。

これらの線は、その人の性格や才能、恋愛や仕事など根本的なパーソナリティーを診断する上で最も重要なものです。

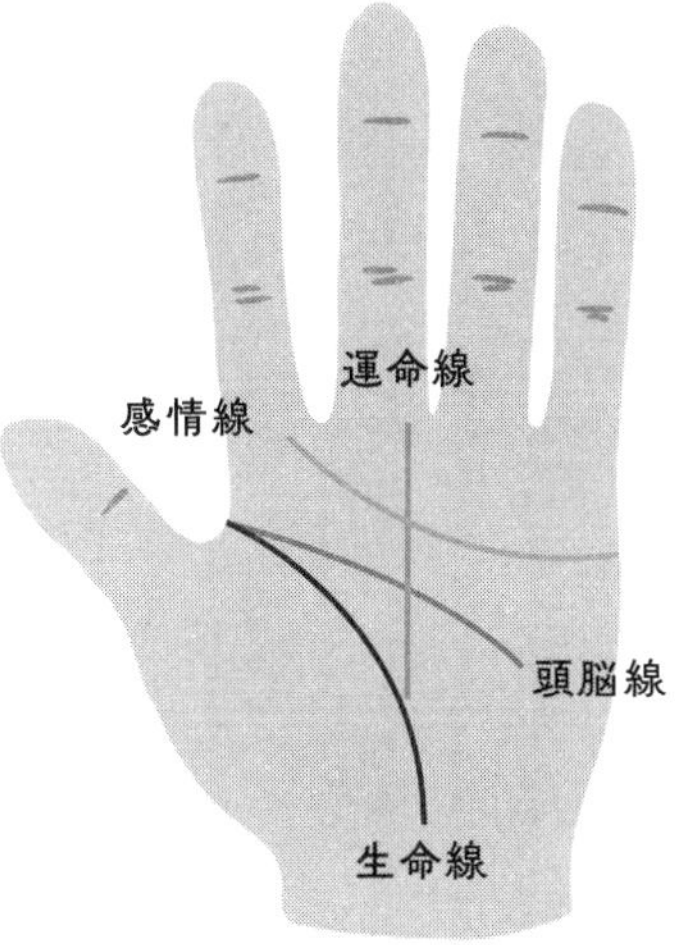

今回は、主要4大線の中から「頭脳線」と「運命線」の形や長さを見てみましょう。

「頭脳線」は、その人の才能、考え方の志向など、自我と関連した部分と関わりのある線です。この線に表れるのは、頭の良し悪しではなく、思考や能力の方向性です。例えば、空想的な考え方をするのか、論理的な考えをするのかなどが、頭脳線に表れてきます。

「運命線」は、その人の心身のバランスや成長度を表しています。ここから読み取れるのは、その人の精神の緊張度、不安、生活態度などで、それは社会生活や仕事ぶりにも反映されます。

また、運命線は、とても変化しやすい線でもあります。社会環境や職場が変わると、線も変わってくるので、「職業線」「社会的な線」とも呼ばれることがあります。

では次頁からは、頭脳線と運命線の形や長さをチェックして、あなたの仕事運や社会的な成功運を判断してみましょう。

①あなたの「頭脳線」は、次のどちら？

1．マスカケ型

2．その他

※マスカケ型とは、頭脳線と感情線が一つの一本の線のようになって手のひらを横切っている線をいいます。

②あなたの「運命線」の長さは次のどれに近い？

A．中指のつけ根まで縦断した長い運命線がある

B．運命線はあるが、Aほど長くない

C．ない。うすくてよくわからない

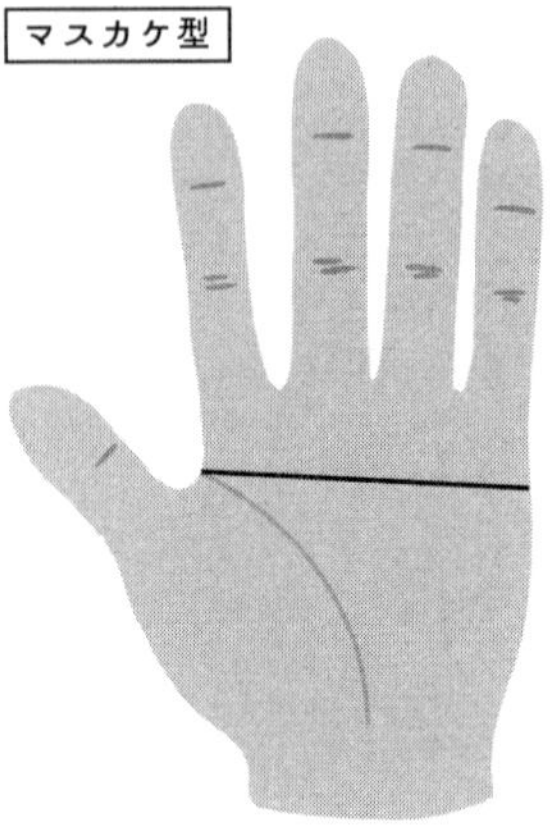

■タイプ1

①＝1&②＝A　マスカケ、運命線長い

歴史上の偉人といわれる人に多い手相です。非常に強い運を持ち、社会的に成功をしていく人。難しい問題にも進んで挑戦していこうとする人で、どんな困難にも負けない根性と運の強さを発揮していくでしょう。ときには、周りから反感をかったり、嫉妬されたりすることがあるかもしれませんが、気にせずに自分らしさを貫いていくことが大切。自分の進む道を決めたら、迷わず突進しましょう。

■タイプ2

①＝1&②＝B　マスカケ、運命線ふつう

もともと成功できる運や実力を持ちながら、チャンスに恵まれなかったり、タイミングをはずしてしまうことがありそう。また、仕事の選び方が間違っていることがあります。なかなか社会的成功をおさめるためのチャンスが訪れないときには、思いきって環境を変えてみることが大切。転職で成功をつかむ人が多いでしょう。なるべく早く自分にあった職を見つけることが大事。

■タイプ3
①＝1＆②＝C　マスカケ、運命線ナシ

潜在的に運の強さを持ちながら、成功をおさめるまで時間がかかるタイプかもしれません。力をのばす努力が不足したり、性格に合わない仕事を続けている場合があります。3カ月に1回は自分の行動を振り返り、反省点があったら修正していくようにするとプラスになります。また、これまで成功してきた人で自分とよく似た手相の人がいたら、その人の伝記を読んでみることで、やる気がわいてくることも。

■タイプ4
①＝2＆②＝A　マスカケ以外、運命線長い

中年以降に力を表していくタイプで、成功や出世のチャンスが三〇歳以降になりやすいでしょう。確実に一歩一歩進んでいく力を持っているので、若いうちは焦らずにキャリアを積み重ねていくことが大事。多少不器用なところがありますが、どんなことでも一つのことを長くやり続ければ、それだけ効果が出てくるでしょう。途中で調子が出なくても、あきらめないで頑張ることが、結局は成功への近道に。

■タイプ5
①＝2＆②＝B　マスカケ以外、運命線ふつう

社会的成功をおさめるチャンスがいっぱいある人です。ただ、あきらめが早すぎてチャンスを生かせないことが多いタイプ。成功運に恵まれないというよりも、粘り不足でなかなか成功まで至らないのです。どんなにつまらないと感じることでも、最低3年は続けることで、効果が出てきます。一人で頑張ろうとせずに、先輩にアドバイスを求めてみると、継続する力がわいてきそう。

■タイプ6
①＝2＆②＝C　マスカケ以外、運命線ナシ

社会的成功への欲望が強いタイプですが、何をやっても中途半端になりやすいところがあるかも。欲ばかりが大きくなり、自分を人と比べすぎるのがマイナスです。自分は自分、人は人と割り切ることが大事。人と比べたり世間体を気にする前に、まず自分が何に向いているのか、本当は何をやりたいのかを考えてから行動することが大事。自分の手相をもう一度チェックし、適性について考えてみましょう。

人相による開運

松岡能子

「福禄寿」とは、人々が求めて止まないものを要約したものですが、その一番に「福」を挙げています。なかなか財を得られない人、得てもすぐに失う人、少しずつだが蓄えていく人、金の成る木を持っているような人。いろいろな人がいて、そのお金も大小さまざまです。その違いは、鼻と耳のバランスにあります。

人相学では、これらの関係を表すのに「大樹相法《たいじゅそうほう》」という秘伝があります。大樹相法とは顔全体を樹木に見立てて、その相から運勢や性格、健康状態などを知る相法です。

それには、**鼻は**「**花**」であり、**耳は**「**実**」としています。咲き誇った花も実を結ばなければ、ただのあだ花になってしまいます。よい鼻（花）、よい耳（実）が財運を作ります。もし、あなたが良い鼻を持っていても、耳が悪ければ本当の財として残りません。そんな人は無理をしてでも、早く不動産に変えておくことが財産保全の道です。反対に、鼻の貧弱な人でも耳が良ければいつの間にかお金が残っていきます。

美しく良い花は太い丈夫な幹（**鼻**）より生まれます。この幹が一番大切であるとしています。

鼻＝性格、財運、健康を表す

幹たる鼻がかんじんなり。太く、たくましくなければ良き花は咲かず、大発展・大発達はなし。また、幹のみ過ぎて大なるときは自尊心のみ高くなり、口の大海の水が不足し、枯れる恐れあり。

口＝愛情、意志力、生活力を表す

口のみ大なるときは水余りて、かえって大木を朽《く》ちさせるものになる。すなわち、大言《たいげん》壮語《そうご》にして実行力が薄く、発展せず。

法令＝部下運、家庭運、住居運と足腰の強さを表す

法令は末広がりになるほど上相で、スジが口に近いほど運が小さくなる。職業意識、プロ意識を象徴するものである。

人中＝子どもの縁、性器の発達を表す

溝の形が美しく、はっきりと深いものが上相で、下開きのほうは運が強く晩年型で、上開きの人中は根気がなく運も弱い。

目＝愛情、意志力、性格を表す

大きさは性格の明暗、感受性の強さを表す。人相の究極は芽に始まり、目に終わるという。目は人の心、その人の状態を見ることができる〈窓〉でもある。しっかりとした芽というものは、目力がある状態が重要である。

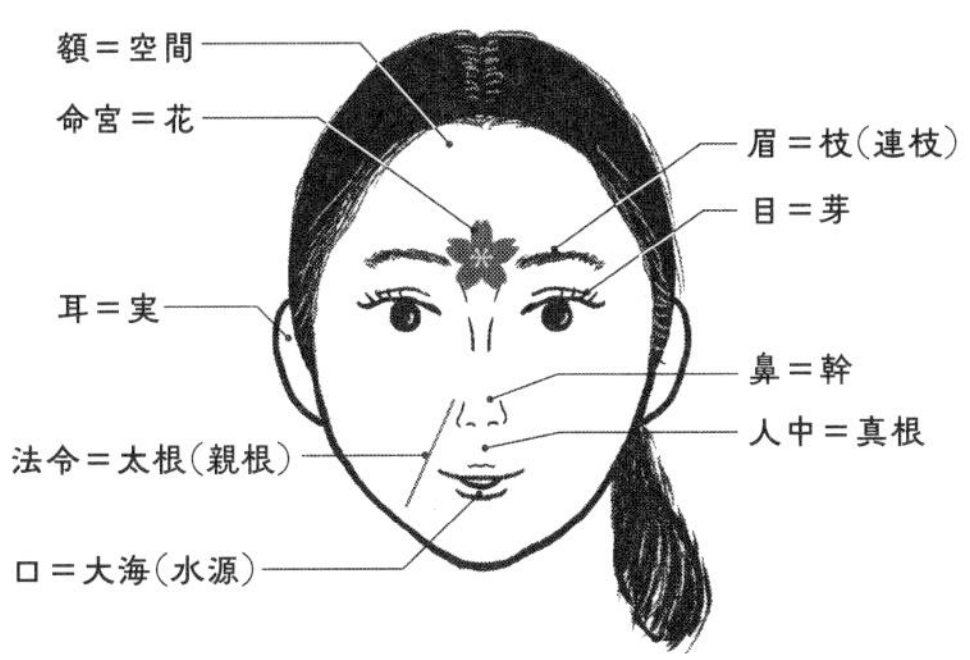

眉＝兄弟や身内、知能を表す

太い眉は剛気、知能普通。毛並みの良い眉は知能大、社会運良し。半月眉は円満、柔和で兄弟運良し、金運あり。三日月眉は神経過敏型。

耳＝健康運、財運を表す

耳は福耳などという言葉があるように、福を司るところなので、その見方が分かりやすい。大きく肉付きがよく、頭に沿うように付いていて、硬い耳が上相とみる。耳の色艶《いろつや》、顔色ともに良い人は盛運が続く。耳のホクロは大体において吉相で、親孝行の印《しるし》といわれる。

命宮＝現在の運勢を表す一番重要な場所

色艶が良ければ運気良し。この命宮に今、美しい花が咲いているか、眉間が狭くて花が小さいか、水が十分に運ばれて大きな花が咲いているか、見た様子から判断する。眉間が狭すぎると大輪の花が咲きにくくなる。立派な実か、それを決めるには耳を見る。

人相というのは健康が第一で、健康と精神（気持ち）が密接に関係しています。落ち込んで顔色も良くない人に、精神を強く持ちなさいと言ってもなかなか出来るものではありません。そんな時は、運動などして血行を良くすると精神が安定して自律神経が正常になり、ホルモンや皮脂腺が働いて顔色も人相も良くなり、運気が上がります。

四柱推命

秋山勉登務

生まれた年、月、日、時間から四つの柱を立てて運命を推し量るのが「四柱推命」です。その的中率の高さから運命学の『帝王』とも呼ばれていますが、その理由は1千296万通りともいわれる複雑な分析の仕方にあります。現在の日本の四柱推命は中国の宋《そう》の時代に書かれた『淵海《えんかい》子平《しへい》』の系統と明の時代に書かれた『滴天髄《てきてんずい》』の系統に分かれます。本格的に勉強なさる方は、ぜひ専門書に挑戦を。ここでは誰でも理解できる基本の基本といえる変通星（通変星とも）を見てみましょう。

　生年月日から計算する『命式《めいしき》』ですが、かつてはこれを計算するのに30分以上かかったものです。その大変さから修得を挫折する原因になっていましたが、最近ではスマートフォンで簡単に命式の出せるサイトが多く存在します。このたび、日本占術協会の賛助会員であるテレシスネットワーク株式会社様から提供していただけましたので、左記QRコードを読み込んでください。生年月日（わかれば時間も）と性別を入力して鑑定ボタンを押していただくと、四柱推命の命式が出て参ります。

　出てきた命式の一つの例が左の画像。日にちまでで5つ、時間まで入力すると7つの変通星が出てきます。この中で、図に印をつけた「日」の変通星があなたの性格の中心星となりますので注目してください。他にも4つ～6つの変通星が命式中にありますが、複数同じ星があったり、何もない星があったりというようなバランスも併せて見ていきます。これより各変通星の解説を致します。

	時柱	日柱	月柱	年柱
天干		辛	戊	庚
地支		巳	寅	子
通変星			印綬	劫財
十二運		死	胎	長生
蔵干		丙	甲	癸
通変星		正官	正財	食神
関係			六害	

■比肩（ひけん）――闘争心と独立心。負けず嫌いの自己主張星

　この星は基本的には、独立、分離、不和、論争、非難、不利などの意味を表わし、自分の意志、兄弟（姉妹）、友人、競争相手を示します。比肩には肩を並べるという意味があり、他人と見比べて競争してみたり、あるいは相手と同じ土俵に立っていないと気がすまない勝ち気なタイプの人が多くみられます。独立心が旺盛ですが、自尊心が高く、負けず嫌い。自己の主張に固執して、容易に妥協しないため不利を招くという暗示もあります。サラリーマンよりは独立独歩でいく自営業的な職業に向いています。女性では結婚後も仕事を続ける人にこの星を持っている人が多く、男性に負けないぐらいの活躍をします。逆にいえば、それだけ家庭向きでないともいえます。専業主婦でいるとストレスがたまるタイプです。

■劫財（ごうざい）――執念と野心。旺盛な闘争心を秘めたがんばり星

この星は基本的には、損失、破壊、失費、強引、闘争、苦情などの意味を表わし、兄弟（姉妹）、とくに義理の兄弟、同僚、友人を示します。比肩とは兄弟星になりますが、比肩よりはもっと強い星です。自尊心が強く、執念とか野心を秘めています。また、他人を見下すとか、気むずかしいといった面もあります。投機的なことを好む人も多く、思いもかけない一発勝負に出て、そのために財を損い、家庭生活に影響を及ぼすこともあります。何より、この星の特徴は、やや二重人格的な面を持っており、表面は柔和で、穏やかな印象を与えますが、内面的にはプライドが高く、人と妥協しない、旺盛な闘争心を秘めている人が多いことです。そういう面では同じ負けず嫌いでも、比肩のほうがわかりやすい性格をしているといえます。

■食神（しょくじん）――美食と寛容。衣食住に困らない円満星

この星は基本的には、財産、衣食住、所得、審美などを表わし、寛容、消極、享楽、安逸といった意味があります。女性の命式では子どもを示します。食神は文字どおり〝食〟を司っている星で、万事ゆったりとかまえ、あくせくしなくても一生、衣食住に困らないという恵まれた星です。しかし、逆からみれば〝棚からボタ餅が落ちてくるのを待つ〟という消極的な生き方にもなり、何か大事業をなすには力不足の感があります。しかし、結果がうまくいかなくても立ち直りは早く、すぐ気分を切り替えることができます。女性は女らしさにあふれたタイプが多いです。また、グルメ指向ですので、中年以降に太りすぎる傾向があります。男性では、食神が3つ以上あると労せずしてお金が入るという意味になり、放蕩タイプとなります。

■傷官（しょうかん）――技術と芸能。プライドの高い才知星

この星は基本的には、現状不満、焦り、分裂、反発、誤解、芸術、技術などの意味を表わし、食神とは兄弟星です。この星の人は頭がよく、才知はありますが、感受性が強く、神経質なタイプが多いようです。また、プライドが高く、腕に自信があるため、驕《おご》りにつながり、人を見下すといった性格が表に出やすいのが特徴です。一方、自分の内面をじっとみつめるこの星の人は、感性を知らず知らず磨いていることになり、それが男女ともに芸能、技術面での素質を伸ばすのに適しています。ケガをして手術を受けやすいという特徴もあるので注意が必要です。女性では美人が多いのも特徴のひとつですが、夫に対してはお尻をたたいて出世を望むようなタイプ。また子どもに対しては教育ママタイプの人に多くみられます。

■偏財（へんざい）——商才と社交性。金銭の出入りが激しい気前星

この星は基本的には、金銭、財産、多忙、奉仕などの意味を表わし、男性の命式では妻、愛人、女性では姑を示します。偏財は財の星ですが、偏財の意味する金銭や財産は、他人の財を運営し、それによって自分の財産も富み、一代にして大富豪になる可能性があるという星です。性格は明るく、人に好かれるタイプです。また、この星には正義、犠牲といった面もあり、世話好きで自己犠牲をはらってまでも、他人に奉仕するという面もあります。毎日同じような仕事をするサラリーマンよりは、商売をしたり、自由業に向いています。偏財は、気前星といわれるぐらい浪費家タイプが多いのですが、偏財が多いと、逆に締まり家となり、お金に細かいタイプとなります。また、男性では好色家の部分が前面に出てしまう危険があります。

■正財（せいざい）——信頼と勤勉。コツコツ貯め込む堅実星

この星は基本的には、堅実、名誉、資産、信用、義理、統率、収穫などの意味を表わします。偏財とは兄弟星です。正財は正しい財ということですから、コツコツとまじめに働いて、十分な財産を築くというタイプです。石橋をたたいて渡る用心深さが特徴で、金銭的にも浪費を許さぬ細かさがあります。性格は几帳面で誠実ですが、これが裏目に出ると、がんことか融通がきかないとか、保守的にみられることもあります。周りからは面白みに欠けるとはいわれますが、根は働き者なので名誉、信用が得られます。仕事は、銀行員、経理マンなど、着実さが求められる職種が向いています。男女ともに、良縁に恵まれますが、とくに女性は家計のやりくりがうまく、世話女房型の良妻になります。

■偏官（へんかん）——決断と実行。バイタリティーのある強烈星

この星は基本的には、権勢、性急、努力、変化、自信、根性、人を動かす、決断力という意味を表わし、女性の命式では恋人を示します。常識から離れたやりかたと頭の回転の速さで、天下をとっていくというタイプになります。義理人情に厚く、めんどうみもよいので、周囲から慕われ、人に頼りにされます。いざというときには自分の利益や保身を顧みず、人を助ける気っぷのよさがあります。ただし、地位や権力指向が強く出ると、敵をつくることにもなりかねません。短気で強引、直情的という性格もあり、これらが結びついて悪いほうに向かうと、暴力的になるおそれもあります。女性もがんばりやで男性に負けない働きをします。ただ、異性関係では、この星をたくさん持っている女性は、恋愛遍歴を重ねる人

が多いようです。

■正官（せいかん）――地位と権力。
バランスのとれた品行方正星

この星は基本的には、名誉、信用、権威、才知、審美などの意味を表わし、偏官とは兄弟星です。性格は、品行方正で礼儀正しく、また、バランス感覚もすぐれており、組織のなかで力が発揮できるタイプです。正義感が強く、常に正道を歩むといったタイプですので、人間的には多少魅力に欠け、面白みがないともいえます。男性では、家庭よりも仕事や社会的活動を優先しがちで、恋人や家族の者は淋しい思いをします。女性は良縁に恵まれますが、他に偏官があったり、正官が多くあると、裏目に出て離婚をしたり、男性関係でマイナス面が強く出てくることもあります。この星を持っている人は、不思議に家を継ぐ立場の人が多いようです。親に対してたいへん素直なので「長男星」ともいわれます。

■偏印（へんいん）――個性と芸術。
ユニークな発想の天才星

この星は基本的には、強烈、努力といったパワーと、孤独で思いのままにならないといった両面の意味があります。「印」というのは、その人が持っている才能や知恵を表わしています。「偏印」は、その才能が偏よっており一定しないという意味になり、ひとことでいうと型破りの天才肌といえます。過剰なほどの才能に恵まれユニークな発想がどんどん浮かびます。あまり社交性があるほうではないので、自由業、芸術、学問分野での活躍が期待できます。副業が高じて転職する人が多いのもこの星の特徴です。気をつけたいのは、自信過剰になりすぎると、周囲との融和がうまくいかなくなり、孤独な状況になってしまうことです。自分のカラに閉じこもらないことが大切です。女性は家庭以外にも活動の場を持つことがあります。

■印綬（いんじゅ）――学業と名誉。
人望に恵まれる聡明星

この星は基本的には、聡明、学問、研究、知恵、技芸、伝統などの意味を表わし、また、実母を示します。偏印とは兄弟星にあたります。頭脳も優秀ですが、同じ頭のよさでも、「偏印」の個性的、天才肌とは違って、「印綬」はたいへん理知的で聡明です。どんなときでも沈着冷静、思慮深く、的確に状況を分析、判断できる人です。どんな職業についても、それなりの成功をおさめることができる星です。性格は温厚でやさしく、裏切りをするような陰険さはありません。人に対する心配りも十分にできる人です。しかし、プライドにこだわる傾向もみられ、それがすぎると自己本位になるといった面が出てきます。女性の場合は、外見は理知的に見えますが、内面はたいへん思いやりがあり、やさしさにあふれた人が多いようです。

姓名判断

栗原里央子

●命名・改名のつけ方

この世に「生」を受け、一番初めの赤ちゃんへのプレゼントが名づけです。もちろん改名も大切なことです。たった2字や3字で作る名前に心おきなく願いを込めるのは簡単なことではありません。本項では、より幸せになれる名づけをいろいろご紹介していきたいと思います。

◎名前の響きにこだわる名づけ方

名前は一日に何回も声（音）に出して呼ばれる大切なものです。古来より、言葉には「ことだま」という不思議な力が宿っていると言われていますので、それぞれの持っている音の組み合わせを参考にして、良い相生の音、響きを作ってみてください。

【土性】あいうえお　【木性】かきくけこ
【金性】さしすせそ　【火性】たちつてと
【火性】なにぬねの　【水性】はひふへほ
【水性】まみむめも　【土性】や　ゆ　よ
【火性】らりるれろ　【土性】わ　　を
【土性】ん

隣り合う五行（木→火→土→金→水）の流れが、調和のとれた良い関係です。

相性が良くて、調和する組み合わせを「相生《そうしょう》」といい、不調和でマイナスな組み合わせを「相剋《そうこく》」といいます。

五行の関係

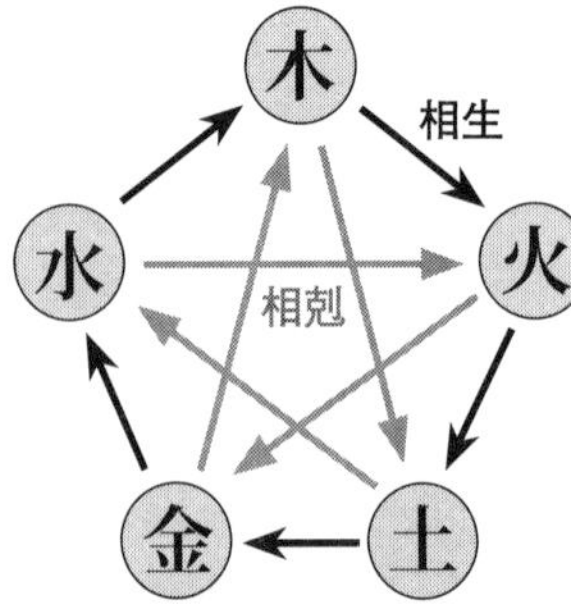

ことだまを生かすには、姓（名字）の最後の字と、名前の最初の字に、相生の良い関係の「音」を持ってくるのがポイントといえるでしょう。

名字《みょうじ》　名前《なまえ》

じ→金性
な→火性　相剋

◎運気のよくなる名前

最初に「総格」です。これは単純に姓名（名字と名前）に使われている全ての文字の画数を足せば、その数になります。

次に「天格」です。姓、つまり名字の画数そのもので、

〈3文字姓名〉

佐	7	㉘天格	
藤	21	㉜人格	
健《たける》	11	⑫地格	⑧外格
❶仮数	1		
		㊴総格	

総格㊴（7＋21＋11）
外格⑧（7＋1仮数）または
（39－32＋1）
総格-人格+仮数
姓や名前が1文字の時は「仮数1」を立てて、外格にも加える。
総格数を出す時だけは「仮数1」を加えない。

〈4文字姓名〉

早	6	⑪天格	
田	5	⑦人格	
ひ	2	⑦地格	⑪外格
な	5		
		⑱総格	

総格⑱（6＋5＋2＋5）
外格⑪（6＋5）または
（18－7）
総格-人格

〈5文字姓名〉

上	3	⑬天格	
白	5		
石	5	⑲人格	⑰外格
萌《も》	14	㉓地格	
音《ね》	9		
		㊱総格	

総格㊱（3＋5＋5＋14＋9）
外格⑰（3＋5＋9）
5文字の場合「3文字姓の上2文字」と地格の「下1文字」を足す。
または　（36－19）
総格-人格

先祖から受け継いでいるもので、吉凶は見ません。

「人格」これを「主運」ともいい、その人の中心運であり性格を表す。天格、地格とのバランスの中心になります。姓の下一字と名前の上一字を合わせた数。

「地格」は、姓名の名前の画数がそのまま格数となり、比較的「前運」といって幼少の頃が出やすい性格。

「外格」は、総格から人格を差し引いた数。主に外部の交際面、家庭などをみています。

◎正しい画数の数え方

氵（サンズイ）は水から来る字で3画ではなく4画
艹（クサカンムリ）は艸から来る字で4画ではなく6画
忄（リッシンベン）は心から来る字で3画ではなく4画
犭（ケモノヘン）は犬から来る字で3画ではなく4画
辶（シンニュウ）は辵から来る字で3画ではなく7画
阝（コザトヘン）は阜から来る字で3画ではなく8画
阝（オオザトヘン）は邑から来る字で3画ではなく7画
扌（テヘン）は手から来る字で3画ではなく4画
王（タマヘン）は玉から来る字で4画ではなく5画
糸（イトヘン）は糸から来る字で7画ではなく6画
月（ニクヅキ）は肉から来る字で6画
衤（コロモヘン）は衣から来る字で5画ではなく6画

一から十までの画数は、数の単位から成り立っているのでその数をもって画数と定めます。ですので、五＝5画、九＝9画、十＝10画ですが、百は6画、千は3画、万（萬）は15画、億は15画と普通の字画に従います。

ひらがな、カタカナの画数

1画＝く、し、つ、の、へ。

2画＝い、う、こ、て、と、ひ、め、り、る、ろ、ん。

3画＝あ、え、か、け、さ、す、せ、そ、ち、に、み、も、や、ゆ、よ、ら、れ、わ。

4画＝お、き、た、ぬ、ね、は、ふ、ま、む、を。

5画＝な、ほ。

1画＝ノ、フ、ヘ、レ。

2画＝ア、イ、カ、ク、コ、ス、セ、ソ、ト、ナ、ニ、ヌ、ハ、ヒ、マ、ム、メ、ヤ、ユ、ラ、リ、ル、ワ、ン。

3画＝ウ、エ、オ、キ、ケ、サ、シ、タ、チ、ツ、テ、ミ、モ、ヨ、ロ、オ。

4画＝ネ、ホ。

◎それぞれの格数に宿る運と意味

画数による姓名判断を支えているのは、算出した格数ごとにみられる「数意」です。これは文字通り、数が持っている意味のことです。

数意は、それぞれ吉凶さまざまな運に分かれ、吉凶を呼び起こす原因や回避するための知恵も、数ごとにかなりの違いがあります。

そこで、それぞれの数が持つ意味を参考にして命名などに役立ててください。

①（1、11、21、31、41など）

だいたい、どのような職業、職種にも適応できます。とくに学問、才能、技術を生かせることに向いていて、努力を惜しまず、社交面もよく、目上や目下運にも恵まれる数です。財運も兼ね備えています。

②（2、12、22、32、42など）

ここ一番という時に弱さがあり、決断力にやや欠けるところが迷いを生じやすいでしょう。対人面でも不平不満が多く、円滑さに欠けることがあります。そのため孤立しやすいので、気を付けることです。

③（3、13、23、33、43など）

行動力があり、頭の回転もよくチャンスをつかむのも上手ですが、時々、感情に左右され、バランスが崩れることがあります。多方面に適した能力を持っているのですから、五行の配置に注意すれば吉祥数です。

④（4、14、24、34、44など）

この数はいつも落ち着きがなく、不安でイライラしたり、気持ちに余裕がないため、周囲との和を保ちにくいのがマイナスです。健康面での不安が生じやすいので、あまり使いたくない数字です。

⑤（5、15、25、35、45など）

女性は優しくて家庭思いで、大切にするタイプです。男性は穏やかで情があり、周囲と和を図るタイプです。男女とも目標を持ったら努力を惜しまずやりぬくので、才能が発揮できるでしょう。健康面も順調です。

⑥（6、16、26、36、46など）

誠意と努力が報われる数で、凶を吉に変える誘導数でもあります。初めのうちは縁の下の力持ちのようですが、その苦労が身になりトップになるでしょう。ただ、名誉を好み、思いつきの行動が盛運を弱めます。

⑦（7、17、27、37、47など）

独立心が強く行動力もあって、苦労を乗り越えていく信念があって良いのですが、自我が強かったりプライドが高すぎるため、人情の機微に欠ける面があるので、誤解を招きやすいでしょう。

⑧（8、18、28、38、48など）

困難に負けない忍耐力と、チャンスを生かして行動を起こす勇気、進取性を表す数といわれています。温和に見えても強気でテクニックが上手ではないので、反感を買うことがある傾向でしょう。

⑨（9、19、29、39、49など）

多方面において意見の対立や行き違いが生じやすい数です。マイペースで進めるので冷たく思われ孤独になりがちです。穏やかで几帳面な性格ですが、財と権力に弱いところがマイナスの要因です。

⑩（10、20、30、40、50など）

周囲に対して気遣いができ協調性がありますが、時には利用されやすく、強気で行動するとトラブルに巻き込まれるところがあります。夢や希望に時間をかけて取り組むことが望ましいでしょう。

◎吉祥数として喜ばれる画数

1、3、5、6、8、11、13、15、16、21、23、24、25、31、32、33、35、37、41、45、47、48、52、57、61、65、67などの数は安定したラッキーな数。

姓名判断、命名は、画数だけではなく、天格、人格、地格、外格、総格を総合して判断していくものなので、分からない点があれば、専門家に問い合わせて下さい。

（熊﨑式、大熊茅楊式判断法を参考）

家相の活用法

富塚崇史

家相を見るためには正しい八方位を出さなければいけません。方位の基準となるのは「磁北」です。方位磁石を用いて求めると簡単です。

家相の中心を求めるには家全体の外周部分を平面図に描き、凸凹部分などを整理して方形の図を作り、対角線を引き中心を求めます。中心が決まったら磁北を基準にして一周３６０度を45度ずつに分けて、北・北東・東・東南・南・南西・西・西北の八方位に分割してから中央部分を加えた九つの方位区分で家相の吉凶判断を行います。なお、複雑な形をした家はこの限りではありません。

◆「張り」と「欠け」の作用

家相では家の「張り出し」は吉祥を招き、「欠け込み」は弱点となり悪い現象を引き起こす原因を作り出します。「張り」は、自分自身の健康面に良い作用をもたらすと共に運勢も強くなり、他からの助力や対外的な幸運を掴むことになります。

「欠け」は、弱点が露見して他動的な侵害を受け、困難や不幸が起きることになります。家相の吉凶は自然環境や家の立地条件が大きく作用するのは勿論ですが、住まいの姿・形による吉凶作用が非常に大きな部分を占めて

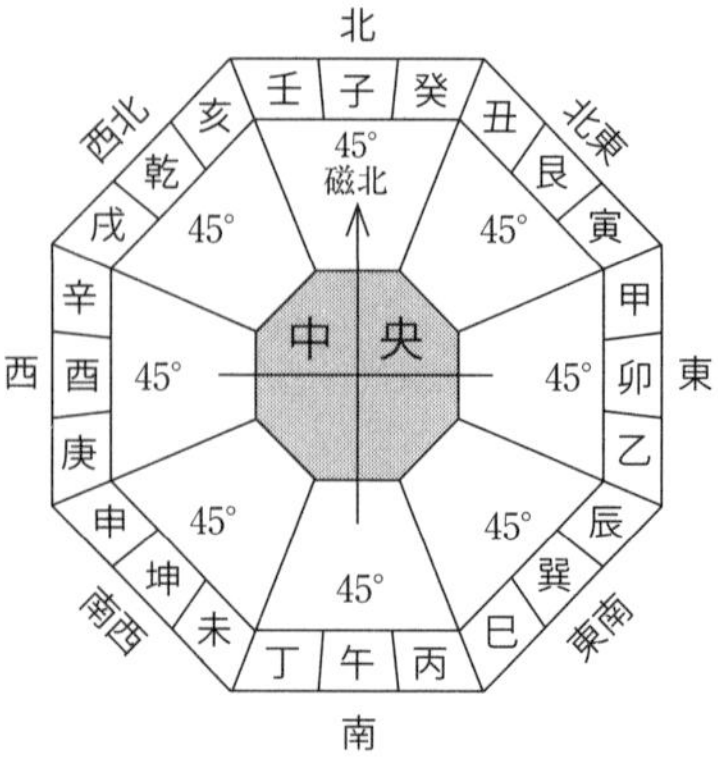

●張りと欠けの判断基準

◇張りと見る凸部分

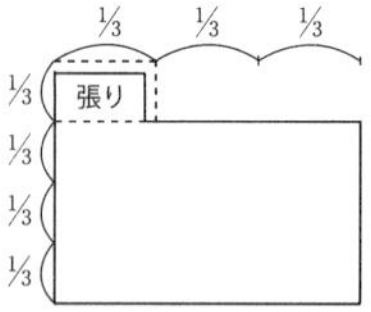

どの辺からも３分の１以内の出っ張りは「張り」。

◇欠けとなる凹部分

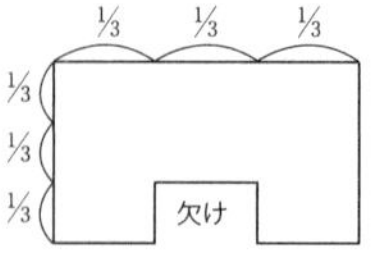

一辺に対して３分の１以上の出っ張りは「欠け」。

◇張り過ぎの凸部分

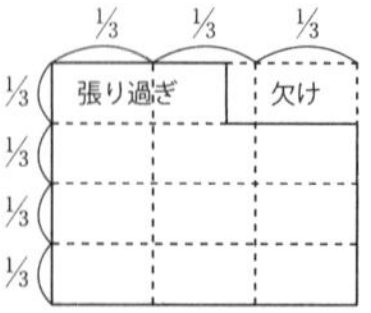

一辺は３分の１以内でも、もう一辺に対して３分の１以上の出っ張りは張り過ぎで、反対側の「欠け」に。

います。そこに「張り」と「欠け」の意味があるわけです。

張り・欠けの判断基準は、一辺に対して三分の一以内の出っ張りは「張り」となり吉相となりますが、それ以上は張り過ぎとなり、相対的に他の部分の「欠け」となり、凶事をもたらすことになります。

◆家族にふさわしい居室と寝室

現代は家族の絆が薄れていると言われますが、住まいの中で家族が各々の立場にかなった居室を持つことで、一家の秩序が自然と築かれるものです。親は親としての責任を果たし、子供は親に導き育まれるならば敬愛の心を宿して親子の情が深まり、夫婦の和合も生まれます。いつの時代でも人と人との関係は難しいものです。

家相で、家族の絆と秩序を築くには、自然の摂理にかなった方位に各自の居室や寝室があれば、心の交流が順調になり、和を作ることが出来るのです。

なお、いつも最良の場所を取れるとは限りませんが、現状の中で最も良い状態になるよう心掛けましょう。

●基本的な部屋の配置

◆基本的な部屋の配置

太陽が東から昇るように、東側は陽の気があり若いエネルギーが充満しているので子供部屋に最適です。

反対に、西側は太陽が沈む方位ですから、陰の気が満ち満ちているので、老練な大人が居室や寝室にすれば、家の風紀が保たれて、家族の秩序がしっかりとしたものになっていきます。それが自然の法則です。

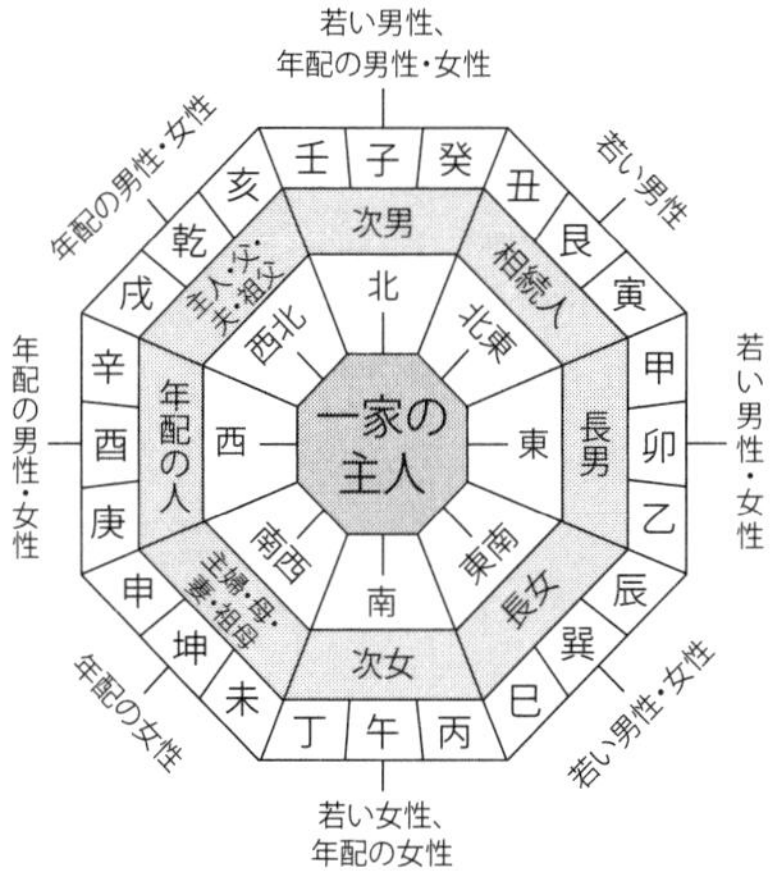

◉〈**北**の部屋〉は、静かで落ち着きがあるので、じっと物事を思索するのに向くため、子供部屋には良い場所です。また「北」は優しさと真心を育てる場所なので、他人に優しくなり親孝行な子供になります。さらに、心の目で物事の本質を観る洞察力が育つので、大人にとっても良い部屋です。しかし、北は寒くて暗いのが欠点です。

◉〈**北東**の部屋〉は、跡取りの部屋ですから、「表鬼門」で育った子供は必ずといっていいほど家の相続をします。長男でなくても仕事の跡を継いだり、身内の面倒を見るようになるものです。父親がこの部屋を居室にすると、いつまでも現役を続けるか、なかなか後継者に譲ろうとせず、最後まで自分の権利を守ろうとします。

◉〈**東**の部屋〉は、発育発展の気が充満しているので、常に高い目標に向かってエネルギッシュに前進する男の子にとっては最良の部屋と言えます。しかし、女の子の場合は、少しおてんばで活発な性格になりそうです。大人でも、虚弱であったり健康に不安のある人は、「東」の気を受けると元気が甦《よみがえ》ります。

◉〈**東南**の部屋〉は、人に当てると長女の位を意味する場所です。自然界においては風を意味し、風はあらゆるものを運び振作《しんさく》して斎《ととの》える力があるとしております。そこで「東南」には結婚・信用・交際・縁結びの意味がある。東南の部屋で育った女性は幸福な結婚をして、ととのった家庭を築くとされています。大人がこの部屋で生活すると、だらしないことが出来なくなって来て、信用と信頼が増大します。また、姉妹が何人あってもこの部屋の住人から順次嫁いで行くとされています。

◉〈**南**の部屋〉は、明るく華やいだ雰囲気があるので、家族が共有するリビングとか応接間にすると家全体が陽気になるものです。また、「南」は頭脳の働きを活性化させるので感性が鋭くなって、自己表現やアピールが上手になるものです。しかし、直射日光を取り入れ過ぎると落ち着きのない部屋に変身してしまいますので、個人の部屋にする時は光を和らげる工夫が必要です。基本的に南の部屋は子供でも大人でも問題はありません。

◉〈**南西**の部屋〉は、「裏鬼門」と呼ばれて、一家の主婦の場所となります。母親は家族のために働き、尽くすと共に一家を支える柱となってきます。「南西」の部屋で育つ子供は細やかな心遣いや人の世話事を自然にするようになります。男の子であってもやさしい気遣いが出来ます。しかし、女の子の場合は、結婚を望まないかチャンスを掴めないかで、行き遅れることが多いものです。

◉〈**西の部屋**〉は、太陽が西山に没するように人生の晩年期を意味するので、老練な大人が居室にするとゆったりとした生活を送れます。子供部屋にすると好きな音楽を聞いたりゲームをしたりと趣味に没頭してしまい、勉強に身が入らないのが常です。受験勉強には最も不向きな部屋と言えます。逆に、家族が楽しく団欒するリビングやダイニングなら、一家の和が築けることでしょう。

◉〈**西北の部屋**〉は、家族を愛し、家庭を守る位であり、一家を統率する父権を示す場所です。それだけに家族からの敬愛を受ける大切な場所であるとも言えます。この部屋に子供を置いてはいけません。一家の秩序が逆さまになって、家族の絆が壊れてしまいます。

◉〈**中央の部屋**〉は、家の基礎であり、基本となる場所です。一家の中心「大黒柱」の人に当たります。核がなければ発展しないため、大黒柱の主人が居室にすることが良いのです。また、神仏も中央の部屋に祀《まつ》るのが良いのです。なお、同じ方位でも一階と二階では一階の部屋が大地に接しているため二階より強い力を発揮します。住まいの上下に関しては、上に上れば上るほど大地の気が弱くなり精神的な不安を増幅させます。逆に、地下に関しては地の気が強過ぎて健康面に悪影響を及ぼします。

◆例図――簡単に修復出来る親子の関係

家族四人のマンション住まいですが、子供が中学生になったので二人の子供にそれぞれ部屋を与えると、西北の部屋を選んだ子供は、今まで素直で優しかったのが、半年もしないうちに反抗心が強くなり、親のいうことを聞かなくなった。親たちもいつしか子供の顔色を伺うようになり、家族の秩序が壊れてしまった。このままではいつしか家庭内暴力にまで発展する可能性があります。西北は老練な大人の場所であり、一家を束ねて命令を発する場所ですから、両親の居室にして子供の部屋を東の和室に変えたら、徐々に本来の子供に戻って来ました。

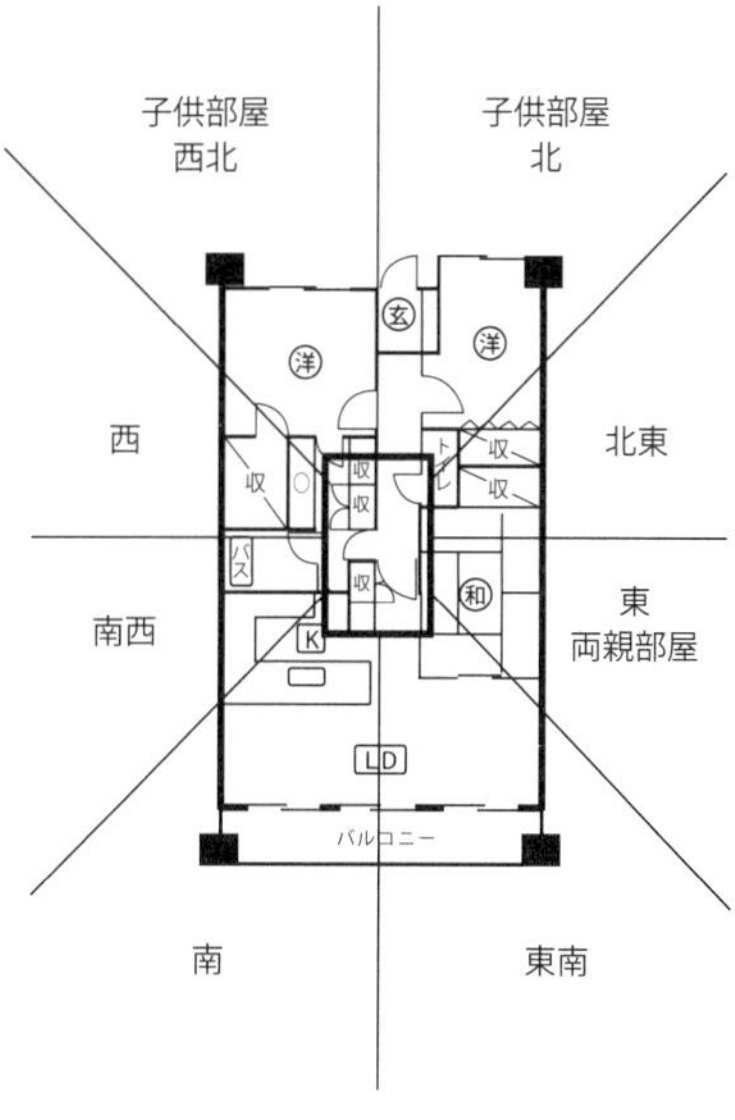

冥王星が水瓶座入りする意味

鏡リュウジ

21世紀に入ってから時代精神の変化の速度がどんどん加速しているように感じるのは僕だけでしょうか。しかもその勢いがいや増していると感じてしまいます。

世界は、地球はどこへ向かっているのでしょうか？こんな時こそ本来は「占い」の出番なのでしょうが、正直なところ、このような変化は占い関係者の予想を大きく超えていて、何が次に起こるのか「予言」するのはできそうもありません。いえ、本来、占星術は未来を具体的に予言するようなものではなく、時代精神の変化を星のシンボルを通じてイメージし直し、その中から自分のありようを見つめ直していくためのレンズなのです。

冒頭で「時代精神」という言葉を使いましたが、この時代精神（ツァイトガイスト）はもともとヘーゲルやデユルタイといったドイツの哲学者が提唱したもので、「ある時代の特徴や普遍的と思われていた価値観、もしくはそれらを作り出していた暗黙の力、時の亡霊」だとされています。そして特に時代精神という言葉を占星術と結びつけて使ったのが心理学者のカール・ユングでした。

ユングは単に心理学や精神医学をはるかに超えて宗教や神話、科学、そして文化人類学などに大変な知見を持っていて、占星術にも深い関心を向けていました。現代の占星術はユングの学説に大きな影響を受けていますが、最近の研究ではユング自身が20世紀の占星術に大きな影響を受けながら自らの思想を醸成してきたことも明らかになってきたのです。（リズ・グリーン著　鏡リュウジ監訳『占星術とユング心理学』原書房　参照）

ユングは晩年の著書『アイオーン』において西洋の時代精神が春分点移動と連動して過去２０００年、変容してきたと言っています。イエスの誕生の頃、春分点は牡羊座から魚座へと移動したのですが、イエスは「神の子羊として犠牲になり」キリスト教は「人を救う漁師」になったとユングはいうのです。実際、初期キリスト教のシンボルは魚でした。魚座は二匹の魚から構成される星座です。この２０００年の前半は一匹目の魚を春分点が通過していました。最初のこの魚は上に向かって泳いでおり、これは神の世界を目指します。古代から中世は人々は宗教という精神的価値を目指していたのです。しかし春分点が水平方向へと泳ぐ二匹目の魚に移動するルネサンス頃から人は科学的、物質的指向を目指すようになったわけです。一方でこの上向きの方向（霊や精神を目指す方向）と横向きの方向（唯物論的な方向）の軸の矛盾と葛藤が霊肉二元論という重い「十字架」となって人類にのしかかっているというのがユングの解釈でした。

しかし、春分点はやがて魚座から水瓶座へと移動します。水瓶座は人の姿をした星座であり、まったく新しい時代精神が誕生するのだろうとユングは夢想していました。実際に春分点が水瓶座へ移動するのは天文学的にはまだ数百年先のことですが、占星術的にはその先取りと思えるような配置がほどなくして起こります。それは太陽系の彼方の星である冥王星が水瓶座へと移動すること。冥王星はおよそ２５０年でホロスコープを一周します。そこで冥王星が水瓶座へと戻ってくるのはおよそ２５０年ぶりのことなのです。２０２３年に冥王星はいったん水瓶座へと入りましたが、行きつ戻りつして、本格的に水瓶座入りを果たすのは24年11月20日のこと。ここからおよそ20年、冥王星は水瓶座にとどまります。

冥府《めいふ》の王の名を持つ冥王星は物事の根本的な変容を司るとされています。そして滞在する星座が意味するものを深いところから刷新していこうとするのです。実際、近いところ見るだでも冥王星と時代精神の変化は対応しているように見えます。冥王星が性を意味する蠍座に入った１９８４年頃からエイズの問題が表面化し、宗教を意味する射手座に冥王星が移動したまさにその時、阪神大震災とオウム事件が起こり、日本人の死生観が大きく変化しました。冥王星の山羊座入りはリーマンショックと同期しています。山羊座は社会の根幹になるような組織や構造を意味しているのです。

では冥王星の水瓶座入りは何を暗示しているのか？水瓶座は「人類」や「技術」も意味する星です。過去の冥王星水瓶座入りを年表と突き合わせると、16世紀にはコペルニクスが１５００年にわたって支配的だった地球中心の宇宙観をひっくり返し宇宙における人間の位置を大転換しました。その次の冥王星水瓶座入りはアメリカ独立やフランス革命の時期に起こっています。封建社会が崩壊し、民主的な社会という理想が生まれたのです。

一つ有力な予想は人工知能が与える影響でしょう。これからの20年、人工知能の進化が「人間とは何か」という人類誕生以来のテーマをより切実なものとして突き付けてくるはずです。あと20年後、僕たちの「人間観」は激変しているでしょう。僕たちは今以上に自分たちを見つめ直していく必要がでてきているのです。

西洋占星術

惑星開運術　上田享矢
星座運　モナ・カサンドラ

2024年★惑星（火星、木星、土星、天王星、海王星、冥王星）イングレス・チャート

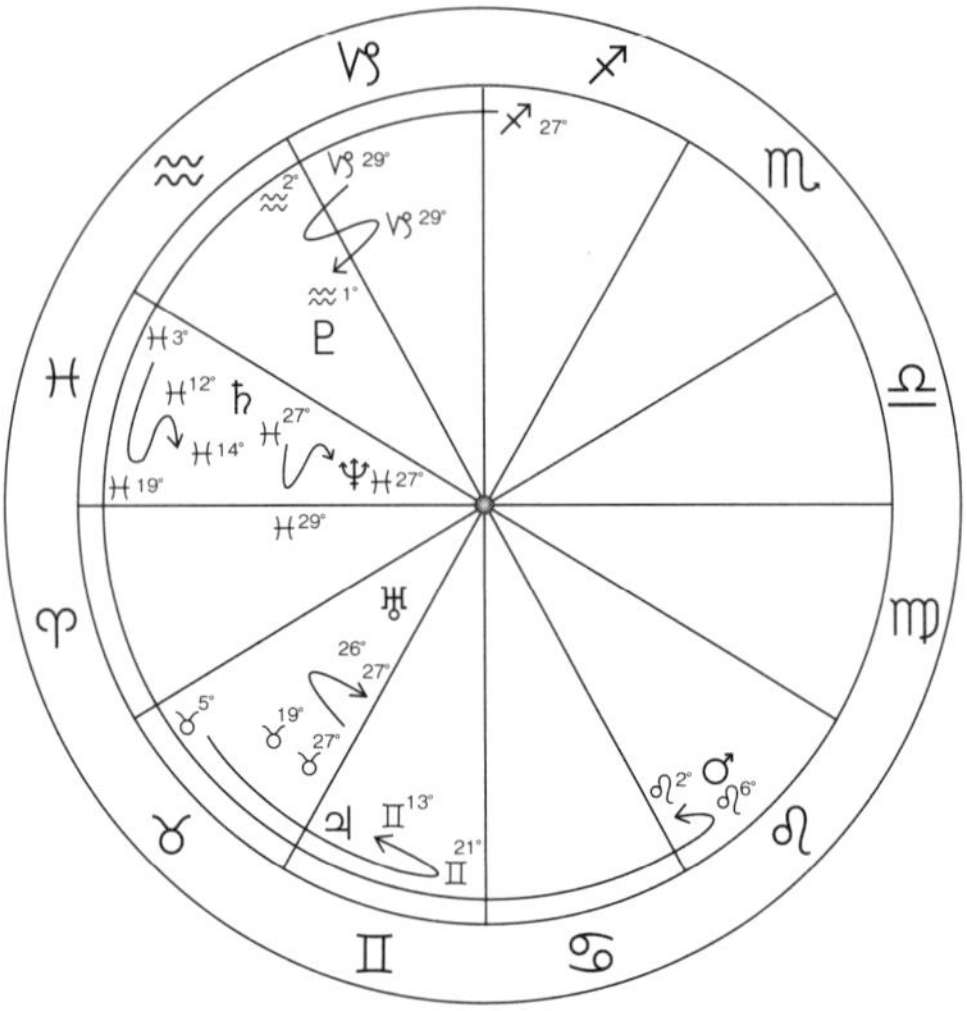

☉	☽	☿	♀	♂	♃	♄	♅	♆	♇
太陽	月	水星	金星	火星	木星	土星	天王星	海王星	冥王星

［資料提供］ハイブリッド占星学研究所

♈	♉	♊	♋	♌	♍	♎	♏	♐	♑	♒	♓
おひつじ座	おうし座	ふたご座	かに座	しし座	おとめ座	てんびん座	さそり座	いて座	やぎ座	みずがめ座	うお座

惑星開運術

★各天体の動きと概要

年初、幸運の星・木星はおうし座5度からスタートして5月26日にふたご座に移行します。緊張の星・土星はうお座にとどまり続けます。ハプニングの星・天王星はおうし座の19度から27度の間、曖昧さと芸術性を司る海王星もうお座27度〜29度の間、絶滅と再生を表す冥王星は、昨年からやぎ座とみずがめ座の間を行ったり来たりしています。冥王星は11月20日にはみずがめ座に完全移行します。今年は星がほとんど片方の半球に集まっています。これは世界がバランスを大きく崩す可能性があることを暗示します。

火の星座：おひつじ座、しし座、いて座
風の星座：ふたご座、てんびん座、みずがめ座
地の星座：おうし座、おとめ座、やぎ座
水の星座：かに座、さそり座、うお座

世の中は30年単位の変革の5年目に突入します。2024年は世界的な構造の改革のため、新しい芽が出てきますが、伸び行く時期だけに反対勢力も強く、両者は葛藤しながら伸びていきます。昨年から女性星座（地・水の星座）の勢力が強かったところに、木星と冥王星という二つの惑星が風の星座（ふたご座とみずがめ座）に入り、世界は精神的な理念で行動しようという気風が強くなり、痛みは伴いますが、日本は最小限で済みます。

	1月	2月	6月	9月	12月
木　星：	おうし座		ふたご座		ふたご座
土　星：	うお座				うお座
天王星：	おうし座				おうし座
海王星：	うお座				うお座
冥王星：	やぎ座	みずがめ座		やぎ座	みずがめ座

★「令和六年　各月の暦」（22〜45頁）の見方

すべての惑星の情報が22〜45ページの「令和六年　各月の暦」に組み込まれています。これにより手軽に東洋と西洋の占いの両方を確認することができるようになりました。

例：「1月3日（水）9：48　月《つき》　てんびん座」となっていますが、これは「1月3日9時48分に月がおとめ座からてんびん座に移行する」ということです。その他の惑星移行日と時間、星が逆行に入ったときはR、順行に戻ったときはDで示してあります。

★星の運行・利用の仕方

ホロスコープが詳しくわからなくても、惑星の位置を見ることで毎日の生活に活用できます。まず、今あなたが特に理由もなく気分が良かった日（悪かった日）を各月の暦でチェックしてみてください。これは大抵の場合、月（Moon）の位置によって起きます。例えば「1月1日は気分が悪かったけれど、3日のお昼近くからは良くなってきた」というのであれば、あなたは天空上の月おとめ座の時に調子が悪く、てんびん座の時に調子が良いということがわかります。ですから、次に月がてんびん座に入る1月30日の夜から2月1日が狙いめです。また、てんびん座でなくとも同じ風の星座のみずがめ座やふたご座に来るときも調子が上がるはずです。

こうして、まずわかりやすい月の位置の情報を自分に取り込み、次に金星や火星など他の星の影響もみてみましょう。西洋占星術は運気自体よりもまず体感できることが特色です。一度データが取れれば何回でも使えます。

牡羊《おひつじ》座　3月21～4月20

総合運＝春先までは穏やかな時間が続きます。美味しい物を食べたり、美術館を巡ったり。余暇の時間を充実させましょう。初夏からはフットワーク良く動き回ると大きく開運へ。

愛情運＝じんわり幸せを感じられる年。密なコミュニケーションに幸運。

仕事・対人運＝少し揺れますが長年の懸案事項が解決へと向かいます。変化をチャンスと捉え、冷静な行動を。後半は上昇運。昇進、転勤の予感。

金運＝好調。前半は趣味嗜好品を中心に。後半は知識の習得に力を注ぐ。

健康運＝メンタルケアを重視、ストレスを発散。音楽やアロマが味方に。

1月＝仕事を中心に動いて。高めの目標にじっくり迫る姿勢が招運に。

2月＝友人知人との時間を楽しんで。

牡牛《おうし》座　4月21～5月21

総合運＝幸運の星・木星の到来を受け快調なスタートが切れます。春までは勢いで押せるので強気でいこう。初夏からはやや受け身の姿勢にチェンジ。感謝の気持ちを表して。

愛情運＝愛し愛され尽くす幸せを感じられます。出来る事をしてあげて。

仕事・対人運＝迷いや不安を感じることがありますが基本的に良好です。考え過ぎず目標に向かって邁進を。「去る者追わず来る者拒まず」で。

金運＝昇給や臨時収入が期待できます。サイドビジネス、貯蓄を積極的に。

健康運＝概ね良好ですが持病や既往症がある場合は注意。検診に行って。

1月＝伝統を大切にしながらプラスアルファの発想を。海外旅行にツキ。

2月＝不備のある部分は早めに修復

双子《ふたご》座　5月22～6月21

総合運＝恵みをもたらす星が5月にあなたの元にやってきます。上昇気流の中にあり全てが整っていくでしょう。目標をはっきりさせ行動を起こして。名誉挽回は真摯な姿勢から。

愛情運＝吉凶入り乱れて出会いと別れが交錯。大事な人を優先させて。

仕事・対人運＝責任の重さを伴う活躍の場が待っています。注目度が上がるので言動を慎重に。謙虚さが信頼を高め、思い違いには気を付けて。

金運＝欲しい物が多いので不足感を感じがちですが、まずまず良好です。

健康運＝良い医療に巡り合えます。検診やストレッチなど身体のケアを。

1月＝経験を生かして◎。伝統芸能や歴史書などに触れるのがお勧め。

2月＝よく観察すれば真実が見えて

多分野にわたる交流が今後の糧に。
3月＝しっかり準備し下旬から行動を開始。思いやりある態度を見せて。
4月＝意志の強さを発揮。時には譲らない態度が大事。交渉は丁寧に。
5月＝あわてず様子見を。状況があなたに有利になるのを待ちましょう。
6月＝家族や住居のことに目を向けて。快適に過ごすために方策を検討。
7月＝耳が痛い話の中に問題解決の糸口が。真摯に行動できるかが鍵。
8月＝やるべきことに取り組めば道が開けます。遠回りせず正攻法で。
9月＝身の回りを整えて。手放さなければならないものに執着しないで。
10月＝残っていた課題がクローズアップ。損切りの発想が必要になる。
11月＝最初はもたつきますが次第にスムーズに。待てば海路の日和あり。
12月＝好調運。自由な発想で動き回り活躍できます。ここ一番は押して。

を。「転ばぬ先の杖」を座右の銘に。
3月＝懸念事項は後回しにしないで。頑張るあなたには味方が現れます。
4月＝コンサート美術鑑賞など実り豊かな時間を過ごせそう。遅刻注意。
5月＝注目を浴びとても忙しい日々に。ラッキーが多いのでノリ良く。
6月＝ショッピングやグルメを楽しめます。こだわりの逸品を探して。
7月＝交友関係が活発化。ダブルブッキングにならぬよう丁寧に調整を。
8月＝手間のかかることでも引き受ければ相応の成果が。頑張りどころ。
9月＝頼りにされ困ってしまうかも。遊ぶ予定を優先し一緒に楽しんで。
10月＝掃除時間を多めに確保。部屋を奇麗にすると幸運が舞い込みます。
11月＝課題が山積。優先順位で仕分けて。時には諦める選択が必要です。
12月＝問題解決のヒントが経験の中に。歴史小説を読むのがおすすめ。

きます。データを揃えてから決断を。
3月＝頭の痛い問題にも向き合って。解決方法が見えてきます。メール吉。
4月＝交友関係が活発化。会話の中から得られるものが多い月です。
5月＝閃《ひらめ》きを大切に。気になる事はとことん調べて。下旬から急上昇！
6月＝積極的に実力をアピールして。心強い仲間が得られます。買い物吉。
7月＝地産地消を楽しんで。畑へ足を運べば面白い発見も。稽古事も◎。
8月＝視野の広がる出来事が。そのままにせず興味あるものをリサーチ。
9月＝責任逃れととられる発言に注意を。揚げ足取りをされないように。
10月＝追い風に恵まれる。独りで頑張るより周囲の助言を受け入れ前進。
11月＝用意周到に動けば良い結果が得られます。プロの意見を参考に。
12月＝見た目より使い勝手を優先で。便利グッズや新しいやり方にツキ。

蟹《かに》座　6月22～7月23

総合運＝変化運の中にあり落ち着かないことが多いですが、上昇ラインを描く良好運です。思い通りにならない事でも折り合いが付きやっていけるでしょう。許す気持ちが開運に。
愛情運＝穏やかですが盛り上がりに欠けがち。分かりやすい愛情表現を。
仕事・対人運＝問題を解決していく事で実力を示せます。しっかりと信頼関係を築くチャンス。協力が新たな世界を開きます。出会いを大切に。
金運＝懸念事項が解決へ向かいます。これまでとは違う収入源を開拓して。
健康運＝長年悩まされてきた不調が改善へ。あきらめずに治療法を模索。
1月＝まずは安全確認から。いざという時のために備えておきましょう。
2月＝慌てないで。やることをやっ

獅子《しし》座　7月24～8月23

総合運＝一難去ってまた一難、思うようにいかなさそう。ただし運勢は5月下旬から上昇。助け船を出してくれる人が現れます。情報が非常に重要。日頃からニュースをチェック。
愛情運＝難しく考え過ぎないように。相手を労る気持ちが愛を深めます。
仕事・対人運＝仕事が大きな盛り上がりを見せています。責任の重い仕事が回ってきそう。引き受けて実力を見せて。後半は交友関係にツキ。
金運＝回復傾向ですが必要なものが多め。計画的に使うよう心掛けて。
健康運＝体調維持のための努力が必要に。ストレッチを習慣化にして。
1月＝いつも通りの過ごし方に幸せが宿ります。伝統行事への参加吉。
2月＝刺激を求めるのは程々に。自

乙女《おとめ》座　8月24～9月23

総合運＝活躍のチャンスです。前半は順風に恵まれ後半は緊張感あり。やることの多い年ですが、それをクリアしていくことが発展と成長の鍵。手間を惜しまず真摯に取り組んで。
愛情運＝求めても手に入らないものがあります。時に割り切るのが大事。
仕事・対人運＝課題が多く難航が予想されるが達成可能。諦めない姿勢が重要です。信頼できる人を大切に、裏のある人への警戒も怠らないで。
金運＝収入アップが期待できます。ただ経費が増加するなどダメージも。
健康運＝無理が利かなくなりそう。休養をとりストレス発散を心掛けて。
1月＝華やかなスタート。正月の挨拶が幸運の道しるべ。新年会にツキ。
2月＝手を広げるより確実に進めて

ておけば自然と結果が付いてきます。
3月＝良好運。ホッと一息付けそう。頼まれ事を引き受けると発展あり。
4月＝忙しくなりますが乗り切れるパワーがあります。果敢に挑戦を。
5月＝情報交換に幸運が。異なる意見を持つ人の話を聞いてみましょう。
6月＝スピーディーに行動。少しくらい取りこぼしても前に進んで正解。
7月＝努力が認められ脚光を浴びる予感です。自信を持って発言して。
8月＝自分の気持ちを偽らず。好きなものは好き、嫌いなものは嫌いと。
9月＝あなたの優しさに救われる人がいそう。話を聞いてあげて。旅行吉。
10月＝後回しにしてきたことで苦労しそう。用事には早めに着手して◎。
11月＝穏やかに過ごせる順調運。あなたの周りが笑顔であふれそうです。
12月＝暴飲暴食に注意。温野菜や発酵食品を多めに摂取。足浴もお勧め。

分勝手は控え協調精神を発揮して。
3月＝問題解決の糸口が体験談にありそう。人の話に耳を傾けて。坐禅吉。
4月＝旅行やレジャーを楽しんで。行動範囲を広げれば幸運に恵まれる。
5月＝まず急ぎの案件から。面倒事を先に済ませば下旬からは自由時間。
6月＝あなたには邪魔でも他人はそうではないのかも。周りをよく観察。
7月＝上昇運です。ケンカ腰にならず時間を置いて。懐の広さがキラリ。
8月＝実力発揮のチャンス。称賛の声が聞こえてくる。果敢に攻めて◎。
9月＝買い物やグルメ身近な場所で楽しい事がいっぱい。友人を誘って。
10月＝順調ですが後回しにすると後悔する事も。早めの対応が幸運の鍵。
11月＝家族との時間を大切に。住居メンテナンス積極的に。模様替え吉。
12月＝あなたがいることで和が保たれます。仲介を買って出て実りあり。

いきましょう。検診や整理整頓が吉。
3月＝手に余るようなら早めにＳＯＳを発信。仕切り直しの発想が重要。
4月＝表面化した事で問題が解決へと向かいそう。ポジティブに考えて。
5月＝大きな目標へ向けて踏み出すチャンス。留学&語学の勉強に幸運。
6月＝荒波に漕ぎ出す覚悟が必要です。強い気持ちで困難をはねのけて。
7月＝ビジネスライクな態度で好感度アップ。友達との交流が楽しい月。
8月＝イライラ増えそう。冷静さを保てるよう気分転換を。清流にツキ。
9月＝分析力を発揮しましょう。上っ面に騙されなければ逆転可能です。
10月＝友人達との交流が楽しい月。美味しい物を食べに出掛けるのが◎。
11月＝セミナーや稽古事など日常を少し離れて知識を吸収。街歩きも吉。
12月＝厳かな気持ちで新年の準備を。義務を果たす姿勢が運気アップに。

天秤《てんびん》座　9月24～10月23

総合運＝山積みの問題に頭が痛い日もあるが、それは状況が動き出した証。運勢は上昇ラインを描き話し合わなければならない事態が増えたことで前進。後半は吉運に恵まれます。

愛情運＝愛していると伝えて。スキンシップも重要。喜び事の予感あり。

仕事・対人運＝中途半端な事態に動きにくさを感じがち。準備の時間があるので秘密裡に進めておきましょう。和解のチャンスが後半訪れます。

金運＝これまでの努力が報われそう。昇給、満期、遺産など収入増の予感。

健康運＝生活習慣を見直して。塩分やカロリーを控えて。散歩がお勧め。

1月＝気を緩めず礼儀正しい態度を保って。多くの困難を避けられます。

2月＝気の合う仲間との時間が心の

蠍《さそり》座　10月24～11月22

総合運＝変化運の中にあり運気が活性化。停滞していた事が進み、困っていた事に展望が開ける。望みがあれば一度でなく何度も試して。良い方法が見つかるはず。継続は力なり。

愛情運＝出会い運に恵まれます。これまでのままにしないで歩み寄って。

仕事・対人運＝いろいろなやり方の中から最適解を見つけて。何につけ決めつけてかからないのが成功の秘訣。新たな出会いが可能性を拡大。

金運＝前半は節約と工夫で乗り切って。後半は援助運あり。保険を確認。

健康運＝上手にコンディション維持できそう。健康的な生活を心掛けて。

1月＝情報収集に力を入れて。新しいやり方があったり新製品の発売も。

2月＝チグハグな状況に頭が痛そう。

射手《いて》座　11月23～12月22

総合運＝不安定ながらも開運の兆しが見られます。まずは手の中にある事から取り組んでいって。責任ある態度が信頼を高めます。後半は変化運。これまでとは違う選択にツキ。

愛情運＝思うように気持ちが伝わらなくても焦らず時間をかけて説明を。

仕事・対人運＝努力が認めてもらえず苦しい時ですが実力に磨きをかけるチャンス。じっくり取り組まなければ身につかない事にチャレンジを。

金運＝健康、ペットへの出費が増加。家計簿をつけるなど支出を計画的に。

健康運＝不安定。無理しない生活を心掛けて。良い医療に巡り合えます。

1月＝買い物はクオリティーを重視。良い物に出合えるまで探して正解。

2月＝コミュニケーション運が活性

拠り所に。レジャースポットにツキ。

3月＝良い物を少しだけ。欲張らずにクオリティーに拘《こだわ》れば満足感ＵＰ。

4月＝正面からやり合える人が味方です。調子のいい人に惑わされずに。

5月＝欲しかったモノが手に入ります。あなたにとって大事な事を優先。

6月＝好調運。やりたい事をやるチャンス。自由に動き回って幸運招来。

7月＝危ないところには踏み込まないのが正解。早めの回避行動で安泰。

8月＝好奇心や知識欲が良い方向に働く。まずは行動してから考えて。

9月＝注目されてもいいようにバッチリ決めて外出。歩きやすい靴で。

10月＝虎視眈々。冷静に貪欲に目標に迫って。好結果が待っています。

11月＝追い風が吹きスムーズに進展。おごらず感謝の気持ちを示して◎。

12月＝友人と連絡取り合って。遊ぶのに忙しくなりそう。パーティー吉。

まずは情報整理。下旬に解決の兆し。

3月＝欲張っても大丈夫です。やりたいことを順にやっていきましょう。

4月＝力強いバックアップが得られます。一人で動くより力を借りて◎。

5月＝忙しくなりそう。動き回ったほうが発展的ですが休養を忘れずに。

6月＝敵を作ると面倒に。一歩引き周囲を観察、味方の接近を待って。

7月＝努力の結果は出るものの状況が複雑。方向性の微調整が必要かも。

8月＝無理な事を続けるより気持ちを切り替えて。こだわり過ぎに注意。

9月＝交友関係が活発化。周囲の助けもあり難航していた問題が解決へ。

10月＝穏やかで豊かな時間を過ごせます。紅葉狩りやドライブ楽しんで。

11月＝勢いある好調運。広い視野を持つよう心掛けて。目標に向け前進。

12月＝スローペースくらいが丁度良さそう。趣味やお茶の時間を大切に。

化。多趣味の友と過ごすと発見あり。

3月＝無理をしないように。手に余る事は早めに相談を。部屋の掃除吉。

4月＝相手にも自分にも配慮が必要に。懐の深いところを見せて好転。

5月＝もたついていた事が動き出します。あなたの意思を伝えて前進。

6月＝人の振り見て我が振り直せ。よく観察すると見えてくる事あり。

7月＝時にはからめ手も大事。じっくり迫れば目標の達成が間近です。

8月＝リーダーシップを発揮して。周囲の期待に応える姿勢が開運の鍵。

9月＝厳しい運気ですが飛躍のチャンス。困難に打ち勝つ気概を見せて。

10月＝行動範囲広げて。感動的な場面に出合えそう。趣味の会へ参加吉。

11月＝上昇運です。強気で臨んで。本気度が現状を変えていきます。

12月＝嬉しい巡り合い。人にも物にも良縁のある時。望みを口に出して。

山羊《やぎ》座　12月23～1月20

総合運＝運勢が大きく活性化。様々な変化が訪れます。変わり目の年なので先を見据えて動いていきましょう。前半はイニシアチブを取れるので強気に。後半は整えることを重視。

愛情運＝愛を与える姿勢が幸せを呼び込みます。長年の思いが叶うはず。

仕事・対人運＝発展運です。これまでの仕事ぶりが認められ希望の部署へ移動が。後進を育てる姿勢が功を奏します。グループで行動すると◎。

金運＝良好運。すでに持っている物に意外な価値がある事が分かりそう。

健康運＝体調の変化はより健康になるための前段階。運動を習慣化して。

1月＝主役運。強気な姿勢で状況が好転。気配り見せれば好感度もＵＰ。

2月＝欲しかった物が手に入る好機。

水瓶《みずがめ》座　1月21～2月19

総合運＝転換期です。要るものと要らないもの、無くすものと残すものがはっきりします。前半はクールに捨てて。後半は発展運。空けたところに新たなモノが入ってきます。

愛情運＝素直になれず後悔しがち。愛は思いやりの心。復縁の可能性も。

仕事・対人運＝グッドアイデア浮かぶも実行のチャンスは5月末までお預け。長期目線で計画を立てて。復帰、転職など環境の変化が吉と出る。

金運＝後半から上昇。堅実志向が実りを約束。買い物は下調べを入念に。

健康運＝遺伝的な体質に注意。検診で早期発見。筋力アップのチャンス。

1月＝ゆっくり過ごせば元気が回復。音楽や読書の時間が大切。お香が吉。

2月＝周囲から注目され忙しい。一

魚《うお》　座　2月20～3月20

総合運＝試練の星の巡りがあり何をしても一筋縄ではいきにくい年です。前半は比較的良好ですから時間のあるうちにスキルアップなどの勉強を。後半は家族のために時間を作って◎。

愛情運＝疑い深くなりがちに。大切な人を傷付けないよう言葉を選んで。

仕事・対人運＝あなたの良さが周囲に伝わりにくく親しくなるのに時間がかかってしまいそう。得意不得意は自己申告を。歩み寄る努力が大切。

金運＝不足を感じがち。ダブルワークの検討は吉。住居の支出準備を。

健康運＝疲れやすい傾向が。食事に気を使い運動を小まめに。血行促進。

1月＝穏やかな年明け。家族や友人と過ごす時間を大切に。挨拶回り吉。

2月＝予定の確認を。ダブルブッキ

いつもより贅沢なスポットにツキ。
3月＝人との和を大切に。歩み寄る姿勢が軋轢《あつれき》を解消。次のステージへ。
4月＝頼まれ事や用事を優先して。あなたを助けてくれる人が現れます。
5月＝豊かな実りを楽しめる。感謝の気持ちが円満の秘訣。レジャー吉。
6月＝緻密な作業もバッチリこなせる。人の嫌がることを引き受けて◎。
7月＝分からなかったことが明らかに。人に釣られず自分の意思を重視。
8月＝迷いがあっても方針を変えずに。淡々と進めれば下旬には好転。
9月＝お楽しみが一杯。刺激的な出来事が。危ない所には近寄らないで。
10月＝責任の重さにため息。プレッシャーをはねのけようとせず流して。
11月＝色々な意見があって当たり前。聞く耳を持つことで発展運へと導く。
12月＝少しずつ状況が整っていく。ゆっくり丁寧に進めれば好結果に。

人で動くより協力しながら進めて◎。
3月＝努力を形にするにはもう少し時間が必要。地に足をつけて前進。
4月＝明るい兆しが見えます。手札が揃っていくのが感じられるはず。
5月＝入念な準備のかいあり結果が出始めます。待つことが大事です。
6月＝状況が好転。霧が晴れるように物事が進み始め、問題解決に着手。
7月＝少し欲張りなくらいが多くのものを得られそう。打って出ていく。
8月＝活発に動き回るほどチャンスに巡り合えます。レジャーがお勧め。
9月＝時間がかかっても余裕のある計画を立てましょう。それが最適。
10月＝学ぶ姿勢が新たな扉を開く。専門誌&海外ニュースをチェック。
11月＝高圧的な態度をとらぬよう注意。高い目標を課すのは自分だけに。
12月＝友人達と美味しい物を食べに出掛けて。友情も深まりハッピー。

ングなどついうっかりに気をつけて。
3月＝何をしたいのかはっきり意思表示を。言葉にする事で良い変化が。
4月＝ティータイムを楽しんで。旅行はいつもよりリッチな計画お勧め。
5月＝良かれと思ってしても結果が伴わないことが。まずは話を聞いて。
6月＝厳しい言葉にこそ得るものがあります。情報を精査する必要あり。
7月＝休める時にしっかり休んでおきましょう。自由時間を楽しんで。
8月＝仕事を優先。自分のことは後回しにしてでもやっておいて正解。
9月＝正面から取り組んで。軋轢《あつれき》あっても正攻法でいけば道が開けます。
10月＝上昇運。あなたを見守ってくれる存在が身近に。自信を持って。
11月＝良い事も悪い事も表に出やすいとき。身を律していきましょう。
12月＝冬の寒さが身に染みそう。防寒対策しっかりと。私より公を優先。

毎日の月星座による開運術

美園環希

私たちにとって月は身近な天体です。日々、姿を変えながら12星座を順に移動していきます。西洋占星術では、月がそれぞれの星座にある時、私たちはその影響を受けるとされます。月は気分や日常の意識。もちろん実際は月以外の天体の影響も受けるのですが、今回は月星座の影響を知り、開運に役立てましょう。身体部位はその日のお手入れにもお勧めです。

※本暦「令和六年各月の暦」（22頁～）星の運行欄で月星座が確認できます。196頁「惑星開運術」もご参考に。

★おひつじ座の月

自分の目的に向かって意欲的に取り組める時。これまで踏み出せなかったことにも積極的にチャレンジを。リーダーシップを発揮できますが、熱しやすく冷めやすい傾向があるので、周囲を振り回さないように。スポーツで良い汗をかけそう。身体部位は、**頭・目**。

★おうし座の月

感性豊かに心地良いと思える物に囲まれてリラックスできる時。五感に敏感になるので好きな香りや音楽、肌触りの良い衣類をセレクト。いつもよりこだわった食材やグルメ探訪も楽しい。豊かさがテーマの一つ。お金の使い方を見直してみて。身体部位は、**喉・口**。

★ふたご座の月

好奇心旺盛にアンテナを伸ばせる時。話題のスポットや新グッズをチェックするのがお勧め。家の近場の散歩から新発見の予感。いつもと違う道を。言葉で発信するチャンス。周囲とは会話が弾む中で関係が良好に。メールや携帯などを活用。身体部位は、**腕・神経**。

★かに座の月

共感力と優しさ発揮の時。家族や大切な仲間との心の通い合う交流がポイント。慣れない場所やグループ内では殻にこもりがち。感情的にならないように。家で過ごす時間を有意義に。インテリアや家庭雑貨、日用品にこだわってみるのがお勧め。身体部位は、**胸・胃**。

★しし座の月

自己表現ができる時。文章や写真、ダンスなど自分らしい発信を。他人とは違う自分を見つめ直すことでより自信がつくでしょう。裏表の無い言動を心掛けて。おだてに乗りやすく子供っぽい面が出やすいのでわがままに注意。浪費用心。身体部位は、**心臓・背中**。

★おとめ座の月

合理的にスケジュール管理ができる時。事務も緻密にこなせます。感受性が強く神経質になりやすい面があり、健康についても関心が向きます。ヨガやジムでのボディーメーク、オーガニックな食品やグッズにこだわるのがお勧め。ペットに癒されます。身体部位は、**腸**。

★てんびん座の月

バランス感覚あり。サービス精神旺盛で社交性を発揮する中で、自分を見つめ直す時。皆と分け隔てなく交流して、仕事も趣味事も人間関係良好。グループ活動が楽しめます。美的センスに優れお洒落《しゃれ》を追求できますが出費増。美術館などお勧め。身体部位は、**腰**。

★さそり座の月

専門分野を深く掘り下げる時であり、恋人やパートナーと絆を深める時。大人数で賑やかに過ごすより、興味のある物事を深く追求するのがお勧めです。特定の人や物と深く関わることによって、新しく生まれ変わった自分を見出せるでしょう。身体部位は、**生殖器**。

★いて座の月

冒険心が湧く時。新しいお店や行ったことのない場所などに足を運ぶと充実できます。ドライブや自転車の遠乗りもお勧め。哲学など少し難解な書物や語学、海外に関する本など、読書から知的刺激と自己成長のヒントが得られるでしょう。身体部位は、**大腿部**。

★やぎ座の月

社会で認められるべく忍耐強く責任を果たしていく時。やらなければいけない事に集中して取り組んで。ゲーム感覚の娯楽より、歴史や由緒のある物事に意義を見出します。目標は高く設定し過ぎず達成感を得る。歴史の学びや温泉探訪がお勧め。身体部位は、**骨・皮膚**。

★みずがめ座の月

自分の個性を発揮していく時。周りに合わせるより自分のペースで過ごしましょう。単独行動も嫌ではありませんが、理解し合える相手とは強い仲間意識で結ばれています。パソコンなどを通じての交流がプラスに働くでしょう。身体部位は、**ふくらはぎ・くるぶし**。

★うお座の月

創造性豊かに過ごす時。アートや音楽などの芸術的な活動や、瞑想などで自分を癒す過ごし方がお勧めです。良い環境、良い仲間を大切にしましょう。おひつじ座から始まったサイクルの総まとめと、次のサイクルへ向けて準備のタイミング。身体部位は、**足・足裏**。

西洋占星術によるラッキーカラーと幸福へのヒント

毎日の月や星の運行からみちびき出した開運のヒント。12星座共通。今年も楽しい毎日をお過ごし下さい。

一月

1日 緑 お正月料理で招福
2日 水 新年の目標を設定
3日 空 夢を解釈して開運
4日 青 TVで知識を習得
5日 虹 早起きで運気上昇
6日 紅 部屋の掃除で幸運
7日 赤 プチ贅沢の外食を
8日 紺 読書で知識豊かに
9日 藤 帽子を被って外出
10日 紫 紫の花の一輪挿し
11日 橙 魚料理で悪運退散
12日 黄 食後にストレッチ
13日 青 友人とSNS交流
14日 紺 朝散歩で健康増進
15日 水 爪を切り運気改善
16日 赤 朝シャンで運上昇
17日 虹 募金で社会貢献を
18日 茶 漫画で教養を学ぶ
19日 緑 初めての店で外食
20日 黄 スマホで情報収集
21日 水 青い花の一輪挿し
22日 空 寝る前スマホ禁止
23日 銀 家庭団欒を大切に
24日 白 道順を変えて通勤
25日 灰 おやつに和菓子を
26日 金 動物の動画で癒し
27日 赤 古典で人間力向上
28日 茶 茶色の小物を持つ
29日 緑 時間を有効に使う
30日 紅 襟巻き付けて外出
31日 桃 SNSで人と交流

二月

1日 青 瞑想で心を静める
2日 黒 早朝にトイレ掃除
3日 灰 おやつにナッツ類
4日 赤 赤い下着を着ける
5日 紫 コーヒーブレイク
6日 桃 バレンタイン準備
7日 茶 昼食は麺類に決定
8日 虹 図書館で読書時間
9日 水 不要なデータ削除
10日 黄 自転車に乗り外出
11日 紺 落ち着いて深呼吸
12日 空 待ち受けに星空を
13日 赤 アップルジュース
14日 緑 異性と楽しく会話
15日 茶 茶色の洋服で開運
16日 桃 肉料理で元気回復
17日 黄 ネットサーフィン
18日 虹 ラジオ体操で運動
19日 白 手指のハンドケア
20日 銀 神社仏閣に参拝を
21日 灰 洋菓子で糖分補給
22日 金 歯ブラシを新品に
23日 橙 ゲームで気分転換
24日 茶 昼寝で寝不足解消
25日 青 青ペン使ってメモ
26日 空 耳掃除して清潔に
27日 水 鍋料理で栄養補給
28日 茶 茶色の靴下を履《は》く
29日 黒 新聞読み社会勉強

三月

1日 紅 家計簿で収支把握
2日 灰 名作の映画を鑑賞
3日 空 桜餅を食べ運上昇
4日 紫 ホワイトデー準備
5日 紺 自己啓発書で学ぶ
6日 茶 財布の小銭を貯金
7日 桃 クラシックを聴く
8日 黄 紅茶でリラックス
9日 水 筋トレで体力向上
10日 青 写真集を見て癒し
11日 赤 春服の用意を開始
12日 橙 口角上げ笑顔維持
13日 緑 魚缶詰で栄養調整
14日 白 早起きにツキあり
15日 空 飲み物に炭酸飲料
16日 水 電話で友人と会話
17日 白 早起きして読書を
18日 銀 玄関掃除で運上昇
19日 虹 デザートにバナナ
20日 金 日記で一日を反省
21日 黄 墓参りで先祖供養
22日 茶 公園でリラックス
23日 緑 カレーで胃袋刺激
24日 桃 ラジオ番組を聴く
25日 黒 SNSで発信する
26日 青 体重量り体調管理
27日 水 髪型を変えてみる

28日　紅　朝は時短メニュー
29日　空　新刊ビジネス書を
30日　藤　アニソンで元気に
31日　赤　眼トレで視力改善

四月

1日　紫　インクで書く手紙
2日　桃　花を愛で癒される
3日　藤　神秘的な星座の本
4日　青　どらやきの日食す
5日　灰　ＰＣ家電チェック
6日　紫　タマネギスライス
7日　桃　花柄の洋服で外出
8日　紅　マグロの海鮮料理
9日　赤　室内でストレッチ
10日　橙　入浴でリラックス
11日　緑　緑黄野菜サラダを
12日　黄　早起き午前中行動
13日　紅　おしゃれして外出
14日　桃　ファンシーグッズ
15日　銀　新しい食器で食事
16日　赤　明るい色の洋服を
17日　金　神社や仏閣へ参拝
18日　橙　明るい映画を観る
19日　白　洗い立てシャツを
20日　茶　カバンの中を整理
21日　灰　今後の予定メモに
22日　桃　友達と楽しく会話
23日　緑　公園を散歩深呼吸
24日　赤　蝋燭《ろうそく》の灯りで祈る
25日　黒　夜の時間を有効に
26日　紅　和風デザイン小物
27日　青　旅行計画を立てる
28日　紫　専門書籍でお勉強
29日　緑　植物香料の入浴剤
30日　茶　高級な茶葉で馥郁《ふくいく》

五月

1日　銀　普段聴かない音楽
2日　緑　ネット環境見直す
3日　灰　ハッカ飴気分転換
4日　藤　食卓を小物で彩る
5日　黄　酸味のある食べ物
6日　赤　身体を温める運動
7日　緑　観葉植物を手入れ
8日　青　魚介類の定番料理
9日　紺　デニム素材の衣服
10日　黄　寄り道をしてみる
11日　緑　アスパラ料理献立
12日　白　ヨーグルト乳製品
13日　銀　丸いアクセサリー
14日　金　万年筆と革の手帳
15日　緑　趣味の時間を取る
16日　灰　ガラス面拭き掃除
17日　茶　大地に触れる時を
18日　藤　ラベンダーオイル
19日　緑　植物柄便箋セット
20日　空　普段より姿勢良く
21日　黒　豆から淹《い》れた珈琲
22日　紺　藍染風の衣類小物
23日　紅　スモークサーモン
24日　紫　ジョギングウェア
25日　黄　ハチミツ入り飲料
26日　緑　抹茶でひとやすみ
27日　茶　革製品をお手入れ
28日　黄　流行のスイーツを
29日　銀　携帯アプリを整理
30日　橙　卓上ランプで読書
31日　藤　夢の日記をつける

六月

1日　黄　ネットで情報収集
2日　橙　軽めのジョギング
3日　赤　血流改善の生活を
4日　緑　植物の柄のポーチ
5日　青　ペパーミント菓子
6日　黄　ちょっとした雑談
7日　緑　ヒーリングＢＧＭ
8日　銀　台所周りをお掃除
9日　白　書類関係整理整頓
10日　橙　ゲーム類に興じる
11日　金　華やかな高級菓子
12日　緑　使いやすい文房具
13日　灰　書籍の保護カバー
14日　茶　チョコレート菓子
15日　緑　清潔感ある服装を
16日　桃　ハートのデザイン
17日　黄　ビタミンＣを補給
18日　桃　身近な人と食事を
19日　銀　包丁を奇麗に研《と》ぐ
20日　藤　クランベリー食品
21日　紺　寝る前に足の運動
22日　茶　サウナで発汗する
23日　白　ホワイトシチュー
24日　黒　クラシックな音楽
25日　銀　最新テクノロジー
26日　黄　普段と違った服装
27日　灰　お香を焚いて瞑想
28日　銀　ロマンチックな映画

29日　桃　日頃の感謝言葉に
30日　紅　辛い食べ物に挑戦

七月

1日　空　寝具カバーを新調
2日　緑　ハーブのスパイス
3日　黄　柑橘系の風味摂取
4日　緑　肩腰をマッサージ
5日　銀　海鮮レシピの夕食
6日　白　衣類等を整理整頓
7日　水　窓玄関周辺を掃除
8日　金　アイデアスケッチ
9日　橙　アクション系映画
10日　白　記録を忘れずメモ
11日　灰　古い思い出品整理
12日　藤　洒落《しゃれ》た格好を意識
13日　桃　メールより電話で
14日　黄　イタリアン料理店
15日　赤　アルコール系飲料
16日　金　夕食スタミナ料理
17日　紺　フリーＢＧＭ検索
18日　紫　外国語の情報把握
19日　黄　将来の資金計画を
20日　緑　木々花々ある庭園
21日　茶　和風の服装を用意
22日　黄　スナップショット
23日　金　アナログ腕時計を
24日　銀　あんころ餅とお茶
25日　藤　線香を灯しお祈り
26日　赤　自分に問いかける
27日　桃　肉を使った食べ物
28日　青　肌触りの良い下着
29日　緑　年配の人へ手助け
30日　黄　蛍光マーカーペン
31日　金　近所の道端の小祠

八月

1日　橙　喫茶店で焼き菓子
2日　白　さっぱりと素麺を
3日　虹　ジェリービーンズ
4日　金　王道のストーリー
5日　橙　香り高い紅茶休憩
6日　灰　保険関係を見直し
7日　白　スケジュール手帳
8日　茶　靴の手入れをする
9日　空　爽やかな香りの花
10日　虹　たまには美術鑑賞
11日　黒　気持ち言葉で表現
12日　紅　入浴時キャンドル
13日　桃　ベリー系の果実酒
14日　藤　ランニング習慣化
15日　紺　古典文学に触れる
16日　藤　浴衣で花火をする
17日　黒　伝統的な和飲食店
18日　黄　最新インテリアを
19日　白　家電量販店買い物
20日　灰　遠くを眺める時間
21日　空　川や波の音を聞く
22日　赤　筋力トレーニング
23日　虹　チャレンジ精神を
24日　緑　温野菜で活力ＵＰ
25日　茶　大木や土に触れる
26日　青　かき氷で涼む休憩
27日　黄　寄り道して買い物
28日　緑　リラックスグッズ
29日　白　ネギたっぷり冷奴
30日　水　噴水の公園ベンチ
31日　桃　賑やかな娯楽施設

九月

1日　茶　サングラスで外出
2日　橙　オレンジジュース
3日　緑　本棚を整理し招運
4日　桃　外国のサイト閲覧
5日　赤　朝夕背伸びし健康
6日　紺　革製品を持ち歩く
7日　虹　口笛を吹き運改善
8日　青　青の下着を着ける
9日　黄　菊の花を飾り開運
10日　紅　風呂上がりに麦茶
11日　緑　漫画に人生ヒント
12日　茶　氏神様に早朝参拝
13日　空　笑顔で元気に挨拶
14日　水　好きな人のＳＮＳ
15日　白　街でショッピング
16日　銀　秋服の準備を開始
17日　橙　足首のストレッチ
18日　黄　飴を舐《な》め喉をケア
19日　金　お財布に金色の紙
20日　灰　古典で新たな発見
21日　緑　間食に高級洋菓子
22日　空　水色の洋服で開運
23日　桃　先祖供養で運安定
24日　青　水回り丁寧に掃除
25日　黒　支払いはカードで
26日　灰　苦手な分野を勉強
27日　藤　ＡＴＭで通帳記入
28日　紫　無料音楽アプリを
29日　紺　寿司屋で栄養補給

30日 茶 早寝して体力回復

十月

1日 緑 完璧を目指すべき
2日 白 鏡で笑顔チェック
3日 銀 季節先取りの服装
4日 青 心遣いで人気上昇
5日 紫 趣味の時間に吉運
6日 赤 受け身の姿勢が◎
7日 紺 会話にヒントあり
8日 橙 即答が後悔のもと
9日 金 最新の話題に注目
10日 黒 行動は時間厳守で
11日 茶 和柄のエコバッグ
12日 空 何事も臨機応変に
13日 藤 穴場スポットに吉
14日 桃 アロマで気分転換
15日 灰 集中力で難問突破
16日 橙 慎重な行動で幸運
17日 紅 段取り通りがカギ
18日 虹 経験フル活用して
19日 灰 丁寧な対応に好感
20日 黄 口コミ情報が有益
21日 紫 雑学が会話を拡大
22日 赤 ワガママにご用心
23日 桃 身近な人が味方に
24日 緑 乳製品にパワーが
25日 銀 攻めモードで招運
26日 青 中心的役割にツキ
27日 金 誠実な態度で人気
28日 水 体力強化に期待大
29日 黒 気配りに効果あり
30日 黄 予定の確認で開運
31日 藤 ライバル心を封印

十一月

1日 赤 入浴タイム充実を
2日 紫 棚ぼたに期待して
3日 紅 芯の強さが魅力に
4日 桃 早トチリにご用心
5日 金 高みを目指すとき
6日 黒 堅実モードで招運
7日 茶 上から目線はＮＧ
8日 空 傾聴力に開運効果
9日 灰 不測の事態対策を
10日 水 不用意発言に注意
11日 紫 お気に入りの靴下
12日 銀 親切はほどほどに
13日 赤 夢が叶いやすい時
14日 茶 初めての道にツキ
15日 紺 柔軟な対応で開運
16日 橙 損得勘定は抜きで
17日 青 外出は近場に吉運
18日 黄 知識拡大に追い風
19日 銀 節約意識をキープ
20日 白 相手優先がグッド
21日 金 強気な姿勢が暗雲
22日 虹 目立つ役割で活躍
23日 紅 メモの活用が奏功
24日 青 雑談で親近感ＵＰ
25日 緑 食の見直しが有効
26日 白 人との交流に幸運
27日 空 交渉に進展の兆し
28日 藤 短期集中型で上昇
29日 橙 熱い思いは秘めて
30日 金 社交面は広く浅く

十二月

1日 橙 遠出など外出に◎
2日 金 上昇志向で大活躍
3日 紺 根回しが役立つ時
4日 黒 ルール優先で開運
5日 灰 出来る事から着手
6日 青 ゴリ押しは控えて
7日 藤 いつも通りで招運
8日 黄 親切は相手目線で
9日 緑 脇役で存在感ＵＰ
10日 紅 新しい事に縁あり
11日 虹 指導力発揮し躍進
12日 桃 消費より貯蓄優先
13日 空 柔軟な考えが奏功
14日 白 旅行や遊びに吉運
15日 緑 会話が弾む好調運
16日 茶 買い物は値段重視
17日 銀 手料理に招運効果
18日 赤 アピール力に期待
19日 桃 存在感が増す予感
20日 藤 攻めの姿勢に幸運
21日 金 気配りで好印象に
22日 黒 散歩で気分転換を
23日 灰 お洒落《しゃれ》センス好調
24日 紺 思い出作りに最適
25日 赤 魅力輝き人気上昇
26日 紫 思い込みにご用心
27日 水 作業は効率を重視
28日 桃 いつもと違うお店
29日 黄 願ったり叶ったり
30日 赤 迎春準備はかどる
31日 銀 感謝の心で新年へ

タロット占い

ステラ・ボンボヤージュ

タロットカードは大アルカナ22枚、小アルカナ56枚の計78枚で構成されています。小アルカナには4つのスート（マーク）があり、それぞれエースから10までの数札と人物カード4枚に分かれています。人物カード（4種×4枚＝16枚）は「コートカード」とも呼ばれ「ペイジ」「ナイト」「クィーン」「キング」という宮廷内の人物が描かれています。

よくある質問が「コートカード」の読み方です。スプレッド時「あの人の心境・状況」の位置にコートカードが出た場合、解釈が比較的容易です。ただし、「問題点」「現在の状況」「結論」……などの位置にカードが出た場合は、どのように解釈をすればよいのか？　少し想像を働かせてみましょう。

①相談内容に登場する人物がいれば、その特性や特徴に当てはまる人物がいないか探ってみましょう。もしくは、相談者自身の象徴である可能性もあります。

②西洋占星術の知識があれば、火・地・風・水のエレメンツ（要素）を加味できます。「ワンド」は火、「ペンタクル」は地、「ソード」は風、「カップ」は水のエレメントに該当しているため、状況や雰囲気を示す参考になるはずです。

③見習いを表す「ペイジ」を初期の段階とし、最高権威の「キング」であれば時期が熟している段階として、状況や問題のステージを知る手掛かりを得られます。

●コートカードの簡単な例題

「時折、不調になるエアコン。本格的な夏が到来する前に買い替えるべきかどうか？」に対して、「ワンドのクィーン」（正位置）が出た場合はどうでしょうか。

①相談者を「ワンドのクィーン」に置き換えると、強い意志のある人物の象徴ですから、すでに実行する（買い替える）気持ちが強いと判断できます。家族に（母親的存在の）女性がいれば、その人の意見も参考に。

②「ワンド」は「火」のエレメントに相当しますので、本能的欲求、情熱、行動力を示しています。絵柄にひまわりも描かれているように暑い夏が予想されます。

③「クィーン」は「ペイジ」「ナイト」のように若い段階ではありません。つまり購入してから相応の月日が経っているはずで、段階としても買い替えを検討する時期が来ていると解釈できます。もし「ワンドのクィーン」が「逆位置」で出た場合は、エネルギー的に少し引き算をして考えます。例えば、差し迫っている問題ではない、決めるまで時間がかかる、しのぎやすい夏かもしれない……といった具合です。

いずれにしてもコートカードが出た場合は、相談者自身の「無意識の部分」が人物の特性として浮かび上がる可能性が高いため、まずは自分自身の深層心理と合致する部分がないか探るとヒントが得られるでしょう。

●セルフリーディングの手法

では次に、一枚引きで簡単にできる（でも実際は簡単でもない）セルフリーディングの手法を伝授いたします。

現在、気になっている問題を思い浮かべてテーマを決めます。たとえば「実現させたいのに思うように進まない原因」「今、抱えている問題の行方」などが取り組みやすいでしょう。

次に、裏に伏せたタロットカード78枚の中から一枚引きます。ここではライダーズ版を使用しますが、お手持ちのカードで構いません。ただ、シンプルな絵柄よりは複雑に描き込まれている抽象的なイラストのほうが望ましいでしょう。

ここでは分かりやすいように「占者」対「相談者」のセッション形式で進めます。

テーマ：「今の仕事は私の天職なのでしょうか？」

カード：「女教皇」

Qを占者の質問、Aを相談者の回答とします。

Q「このカードの絵で最も印象的な部分、気になる部分はどこでしょうか？」

A「（女教皇の）胸元のクロスですね」

Q「このクロスにどのような印象を持ちましたか？」

A「純粋で神秘的、心の拠《よ》り所のようなイメージです」

Q「もし、そのクロスが言葉を発しているとしたら？」

A「その道を今のまま進みなさい……ですかね」

Q「次に気になる部分はどこでしょうか？」

A「（女教皇が）手にしている巻き物です」

Q「なぜ気になるのですか？」

A「とても大事なことが書かれている気がします」
Q「たとえば？」
A「これから未来に起こるであろうことです」
Q「その未来を仮に漢字ひと文字で表すとしたら？」
A「『輝』という字が浮かびます」
Q「最後に、いい印象を感じる部分はどこですか？」
A「背後に描かれた赤い実のようなものです」
Q「これは何だと思いますか？　食べられますか？」
A「はい、食べてもなくならず、食べるたびに何か知恵が浮かぶ不思議な果実だと思います」
Q「具体的にどのような知恵でしょうか？」
A「世の中の人のために役立つ知恵です」
Q「実行しようと思いますか？」
A「誰かのために役立つなら実行したいです」
Q「そのときの気分はどんな感じでしょう？」
A「心から満たされて良い気分です。これが自分の使命だと感じそうです」

●無意識からのメッセージを引き出す

このような手順で相談者に質問をして、相談者の無意識から浮かびあがるメッセージ（答え）を言葉にしてもらうことを繰り返していきます。

この例で言えば、最後に自分の「使命」だと答えていることから「天職」の可能性が高く、未来は「輝」にあふれているようです。心の拠り所と感じるクロスは「今の道を進みなさい」と告げています。使命となるアイデアも次々に浮かび途切れないようです。以上の言葉を引き出せたことから、今の仕事は天職と判断します。

この手法はタロットのカードの意味よりも、あくまでも絵柄が重要です。一枚の絵画を鑑賞するつもりで、あまり深く考えずに質問に答えること。思考とは別に、潜在意識がポンポンとメッセージを発し始めることに驚くはずです。そのためには「質問力」が大切です。

問いと答えは必ずセットゆえに、質問したいことが何なのか？　それが曖昧だと適切な答えも得られません。ひいては「こうしたい」という明確なビジョンが描けていない証拠でもあります。

タロットカードを手にする以前の問題ですが、「（未来を、手段を）知りたい」「何のための知りたいのか」……日頃から質問力を自ら鍛える訓練も欠かさないことが「占い」の心構えとして必要です。その点がクリアであればあるほど、進むべきガイドラインが本当は自分自身の中にあることに気づくでしょう。

占術家名鑑

一般社団法人 日本占術協会 役職者名簿

(令和5年4月1日〜令和7年3月31日)

【会　長】　富塚崇史
【副会長】　藤 瑛梨賀
【専務理事】　アイラ・アリス
〃　半田晴詠
【第一事務局長】　栗原里央子
【第二事務局長】　美園環希
【常務理事】　栗原里央子
〃　美園環希
〃　肥留川喜聖
〃　前田龍徳
〃　秋山勉登務
【理　事】　星 美友己
〃　モナ・カサンドラ
〃　安蔵妙和
〃　稲葉光信
〃　吉祥水茄
〃　久保田恵都予
〃　桑原鶴雲
〃　田辺山陽
〃　つちや郁子
〃　巾 聖加
〃　二見眞有
〃　マーク・矢崎
〃　松岡能子
〃　みほし朱夏
〃　山中康示

【理　事】　山本楓花
〃　アルタイル・ナスル
〃　聖世椛
〃　グレース怜奈
〃　dainmt
〃　平泉 優
〃　里紗慧紅
【監　査】　アクア・マルム
〃　山下照世

【名誉顧問】　福田有宵
【顧　問】　エミール・シェラザード
　　井上陽姿子
【外部顧問】　鏡リュウジ
【相談役】　佐藤宗昡
〃　伊藤璃香
〃　今宮由睎
〃　後藤青衣山
〃　小山眞樹代
〃　泰 承苑
〃　巳幸万祐
〃　濱野延珠
【参　与】　秋山勉唯絵
〃　川﨑有紗
〃　ステラ・ボンボヤージュ
〃　マダムベーラ・モンテ
〃　乾 象

支　部

【大阪支部】
支部長　里紗慧紅
副支部長　萩野重徳

【京都支部】
支部長　山本楓花
副支部長　中村天祐

【東海支部】
支部長　田辺山陽
副支部長　山下照世

【北関東支部】
支部長　安蔵妙和
副支部長　小林妙昌

【九州支部】
支部長　桑原鶴雲
副支部長　環 舟

【広島支部】
支部長　ペリーヌ ミレル
副支部長　山中康示

【群馬支部】
支部長　窪田鏡月
副支部長　細野みつ子

開運への扉　会員名簿の使い方

このページは順に日本占術協会会員の方々の写真ならびに名前が掲載されております。

それは、この開運暦をお読みになった皆さまが、ときには人生に対する種々のお悩みがあり、「さて誰かに相談したいけれど、よく分からない。占いという専門分野の中でなにかアドバイスを」と思っても、誰がどこにいるのか？　電話は？　というような時のためのご便宜にと考えて掲載されているものです。平成10年6月より日本占術協会の「占術士認定制度」がスタートし、有資格者がこの名鑑に掲載されてあります。

元来、占いというものは単に当てるだけのものではありません。もちろん、当てなくてはいけません。しかし、困った問題、苦しい問題などに対してのアドバイスとともに、どうしたらよいかという開運法、これが大切なことと思います。

そのためにも、この中からよい占者を選んでいただければ幸いです。いろいろな分野の占者の中から、ご自分の悩みのアドバイスになる占法をだいたい見定め、電話、手紙などで確かめてご利用いただきたいと思います。

占術家氏名
〈所在地〉
①＝主宰または所属している占術会
②＝主な占断方法
③＝鑑定依頼上の注意
☎＝問い合わせ先電話番号
〒＝現住所または事務所

〈創立メンバー〉

故・ルネ・ヴァン・ダール・ワタナベ

故・浅野八郎
名誉会長

故・大熊茅楊

エミール・
シェラザード顧問

富塚崇史会長

福田有宵名誉顧問

秋山《アキヤマ》勉《ツ》唯《タ》絵《エ》
〈東京〉

①日本占術協会参与・自由が丘開運学院会長・日本易推命学会相談役
②四柱推命・易学・気学・風水・手相・人相・西洋占星術・姓名判断・タロット
③個人鑑定は受け付けておりません
〒152-0035 目黒区自由が丘二-十六-十九-五〇一 自由が丘開運学院内

アイ・恵照《ケイショウ》
〈大阪〉

①日本占術協会・コーセイ占星学研究所・日本数理運命研究所
②観相・手相・西洋占星術・タロット・数霊・四柱推命
③アメリカ村三角公園前占いルーム「ラピス」出演12～9時まで
☎090（3868）1218
〒542-0086 大阪市中央区西心斎橋一-七-十一

安《アン》藤《ドウ》和《カズ》明《アキ》
〈兵庫〉

①日本占術協会大阪支部顧問
②観相を主とした総合判断・姓名判断・方位
③電話予約
☎06（6494）1110
〒661-0981 尼崎市猪名寺二-二-一-三二

秋山《アキヤマ》勉《ツ》登《ト》務《ム》
〈東京〉

①日本占術協会常務理事・認定占術士・日本易推命学会会長・自由が丘開運学院学院長
②四柱推命・周易・気学・風水・手相・人相・姓名判断・西洋占星術・タロット
③電話予約の上御来院下さい。
☎03（3725）1015
〒152-0035 目黒区自由が丘二-十六-十九-五〇一 自由が丘開運学院内

アイラ・アリス
〈東京〉

①日本占術協会専務理事・認定占術士・㈱ルネ・ヴァン・ダール研究所・日本時空心理学協会副会長
②西洋占星術・タロット・時空心理学・ケルト占術
西洋占星学講座・タロット講座講師
③電話予約
〒160-0023 新宿区西新宿六-一〇-一 日土地西新宿ビル八階 ルネ・ヴァン・ダール研究所
☎03（3350）6841

朝風《アサカゼ》かおる
〈東京〉

①日本占術協会・認定占術士・㈱ルネ・ヴァン・ダール研究所・日本時空心理学協会理事
②西洋占星術・タロット・時空心理学
西洋占星学講座・タロット講座講師
③電話予約
〒160-0023 新宿区西新宿六-一〇-一 日土地西新宿ビル八階 ルネ・ヴァン・ダール研究所
☎03（3350）6841

青《アオ》木《キ》泉《セン》蓉《ヨウ》
〈愛知〉

①日本占術協会・占いのオズ代表
②四柱推命・姓名判断・タロット・手相・西洋占星術
③名古屋大須・占いのオズ
☎052（243）1078
〒460-0011 名古屋市中区大須三-三〇-八六 第一アメ横ビル一階
http://www.uranaioz.jp

愛月《アイヅキ》日《ヒ》奈《ナ》子《コ》
〈東京〉

①日本占術協会・占いサロン愛月主宰・小山眞樹代子平推命研究所（旧五術）・横浜開港記念会館眞樹の会理事
②タロット・子平推命・四柱・西洋占星術・数秘術・手相
③lovelymoon.net
〒169-0075 新宿区高田馬場三-二-十四 天翔高田馬場ビル二〇六
「占いサロン愛月」で検索

天《アマ》里《サト》文《フミ》香《カ》
〈東京〉

①日本占術協会・小山眞樹代子平推命研究所（旧五術）・横浜開港記念会館研究室眞樹の会理事
②子平推命・手相・タロット・周易
③御紹介のみ
✉fumika5972@gmail.com
〒146-0084 大田区南久が原二-一-六

安《アン》蔵《ゾウ》妙《ミョウ》和《カ》
〈茨城〉

①日本占術協会理事・北関東支部支部長・認定占術士・茨城学院
②四柱推命・手相・家相・気学・墓相
③電話予約
☎029（225）0629〔同FAX〕
〒310-0902 水戸市渡里町三〇八〇

あいさかまどか

〈大阪〉

①日本占術協会
②九星気学・手相・タロット
③HP予約
☎080（4494）6602
「まどかの窓で検索」
https://madocanomado.com/

阿《ア》部《ベ》桂《カ》子《コ》

〈千葉〉

①日本占術協会・開運の會晴詠会員
②九星気学・手相・家相・姓名・周易・子平推命
③電話予約
☎047（488）8540
〒276-0015 八千代市米本一三五九

アザリー・ヌール

〈静岡〉

①日本占術協会・日本時空心理学協会
②西洋占星術・タロット・時空心理学
③スキルマーケットサイト「ココナラ」にて個人鑑定受付中です。
✉azari.noor.2012@gmail.com
https://note.com/azainoor

アクア・マルム

〈埼玉〉

①日本占術協会監査・認定占術士・有宵会・日本時空心理学協会
②西洋占星術・タロット・時空心理学
③メール予約
✉aquamalum11@gmail.com

アルタイル・ナスル

〈埼玉〉

①日本占術協会理事・認定占術士・日本時空心理学協会
②西洋占星術・タロット・時空心理学他
③ミラ・フォーチュン東大島店に偶数週水曜、第五日曜、神公・社アトレ亀戸店に第一土曜出演。ココナラでメール鑑定。
✉altair-nassr@ozzio.jp

井《イ》田《ダ》樺《カ》信《シン》

〈埼玉〉

①日本占術協会・日本易推命学会理事
②自宅鑑定・出張鑑定・手相・人相・周易・気学風水・姓名判断・イーチンタロット
③自由が丘・西新井・占館出演
☎090（4952）7648（携帯）
〒343-0845 越谷市南越谷三-一-五一-五

伊《イ》藤《トウ》璃《リ》香《カ》

〈東京〉

①日本占術協会相談役・認定占術士・岳易館・有宵会常任理事
②周易・気学・家相・人相・手相・姓名
③電話予約・通信鑑定
☎090（5774）8320
東京都

今《イマ》宮《ミヤ》由《ユ》晞《キ》

〈千葉〉

①日本占術協会相談役・認定占術士・茅楊同人会・運命館ピムカ主宰 ②易占・タロット・家相・手相・方位・命名・改名・中国占星術・四柱推命・数理学・宿曜占星術
③電話予約・通信
☎043（461）8195（同FAX）
事務所〒285-0837 佐倉市王子台一-十三-九

井上《イノウエ》陽《ヨ》姿《シ》子《コ》

〈神奈川〉

①日本占術協会顧問・認定占術士・JFA日本占星学連盟副会長・アストロオフイス代表
②西洋占星術・タロット
③電話予約
☎045（432）4399（同FAX）
〒222-0021 横浜市港北区篠原北二-十一-十二-六二一

暁《アカツキ》瑠《ル》凪《ナ》

〈神奈川〉

①日本占術協会
②西洋占星学・タロット・姓名判断
③原宿占い館「塔里木（タリム）」鑑定出演日：水・木・金／クラス星講座基本・応用・研究／マンツー講座
☎03（3497）5825←ご予約・お問合せ
〒150-0001 東京都渋谷区神宮前一-八-二一

樹《イツキ》　紅《ク》実《ミ》
〈群馬〉
①日本占術協会・日本易推命学会理事
②四柱推命・気学・風水・手相・人相・易・姓名判断・タロット・西洋占星術
③電話予約
☎090（1453）7291
〒370-0511　群馬県邑楽郡大泉町北小泉一丁目三一-三

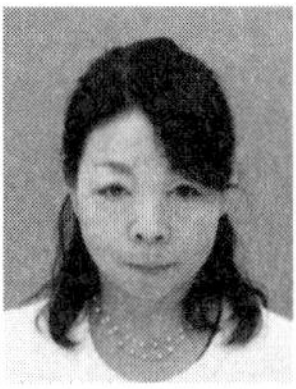

稲《イナ》見《ミ》壽《ジュ》峰《ホウ》
〈茨城〉
①日本占術協会・認定占術士・茨城学院
②四柱推命・子平・気学・手相・人相・家相・墓相・周易
③電話予約
☎0296（72）4172〔同FAX〕
〒309-1604　笠間市大渕一八五九-四

岩《イワ》崎《サキ》杏《キョウ》泉《セン》
〈東京〉
①日本占術協会・岳易館・有宵会
②気学・手相・家相・周易・姓名判断
③東京駅天佑會エメロード　水曜日出演
☎080（3087）2180

宇月田《ウツキタ》麻裕《マヒロ》
〈東京〉
①日本占術協会・ハッピネスファクトリー代表
②宿曜占星術・紫薇斗数・姓名術・タロット・西洋占星術・気学・手相ほか
ホームページ　http://happiness-f.com
☎03（3490）4902（ホリプロ）
〒153-8660　目黒区下目黒一-二-五（株）ホリプロ　スポーツ文化事業部内

上《ウエ》田《ダ》享《キョウ》矢《ヤ》
〈東京〉
①日本占術協会・認定占術士・米国占星学協会永久会員・ハイブリッド占星学研究所所長
②西洋占星学・算命学・タロット・方位・八卦
③メール予約
✉asacul-kyoyaueda@kinet.or.jp
〒105-0001　東京都港区虎ノ門一丁目一七-一虎ノ門ヒルズビジネスタワー15Fスターマーク
http://www.kyoyaueda.com

卯月《ウヅキ》なな子《コ》
〈東京〉
①日本占術協会
②タロットカード・西洋占星術
③対面鑑定・予約制
☎03（3770）7236
〒150-0042　渋谷区宇田川町十二-十一Uビル3Fフォーチュンカフェ　トリン

卯月《ウヅキ》　亨《リョウ》
〈東京〉
①日本占術協会・認定占術士・岳易館・有宵会・日本時空心理学協会
②タロット・九星気学
③千葉検見川神社・神易館
✉uduki.ryo@gmail.com

上《ウエ》園《ソノ》司《ツカ》紗《サ》
〈埼玉〉
①日本占術協会
②タロット・気学・手相
③電話予約（ご紹介者のある方のみ）
☎090（1200）7785

エミール・シェラザード
（神《カミ》野《ノ》さち）
〈東京〉
①日本占術協会顧問・認定占術士・国際予想科学協会理事
②東洋占術・奇門遁甲・四柱推命・時空心理学・西洋占星術・タロット・カウンセリング・方位・気学・手相
③電話予約☎03（3354）6830
〒160-0014　新宿区内藤町一-一二一-八〇四　kamino.co
http://www.kaminosachi.com/

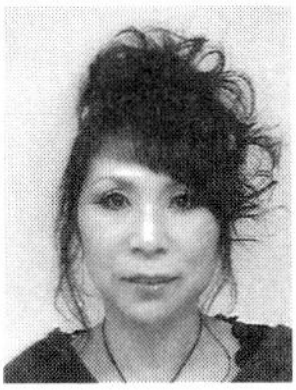

江《エ》ヶ《ガ》崎《サキ》瀞《シズ》加《カ》
〈茨城〉
①日本占術協会
②九星気学（方位学）・家相・姓名判断（赤ちゃんの命名・改名・ペンネーム・社名）
③電話予約
☎0299（26）1735〔同FAX〕
☎0299（833）2100
〒315-0046　石岡市石川二七七九

小《オ》淵《ブチ》喜《ヨシ》恵《エ》
〈群馬〉

①日本占術協会
②九星気学・手相・人相
③電話予約
☎090（7812）4962

大鳥《オオトリ》居龍《イリュウ》孝《コウ》
〈三重〉

①日本占術協会・認定占術士・伊勢開運学院学院長・愛占館館長
②算命学・四柱推命・六壬神課・手相・人相・風水・家相・姓名判断・方位・タロット
③対面通信鑑定・イベント出張有（予約優先） 愛占館伊勢店
☎0596（29）1230（同FAX）
〒516-0037 伊勢市岩渕一-十四-八

大川《オオカワ》嬉《キ》芳《ホウ》
〈三重〉

①日本占術協会・認定占術士・英国占星学協会終身会員・恵仁志舎主宰・中日文化センター講師
②西洋占星術・周易・四柱推命・人生コンサルタント
③電話予約
☎059（228）6515（同FAX）
〒514-0036 津市丸之内養正町七-十一

英《エ》笑《ミ》子《コ》
〈埼玉〉

①日本占術協会
②九星気学（方位・家相）手相・四柱推命・姓名判断・その他
③電話予約
☎090（6146）4732
☎048（839）2396
〒336-0031 さいたま市南区鹿手袋三-二三-二七-三〇三

エミリ
〈東京〉

①日本占術協会・日本易推命学会理事・自由ヶ丘開運学院修了・自由ヶ丘エンジェルガーデン鑑定士・火曜日・金曜日二号館に出演
②気学・四柱推命・手相・タロット・方位
☎03（5701）3973 二号館
☎090（7011）9003

川《カワ》﨑《サキ》有《アリ》紗《サ》
〈群馬〉

①日本占術協会参与・認定占術士・群馬支部顧問・岳易館有宵会・㈱カルチャー講師
②気学・手相・人相・周易・風水・数秘術・姓名判断
③電話予約・前橋けやきウォーク出演
☎080（2018）2999
〒372-0025 伊勢崎市東本町 二-三

川《カワ》﨑《サキ》聡《ソウ》苑《エン》
〈大阪〉

①日本占術協会
②四柱推命・気学・花精神易（花占い）
③電話予約・通信・出張鑑定
☎090（6558）8428
〒579-8013 東大阪市西石切町二-十-二-八

神《カン》戸《ベ》美《ミ》水《スイ》
（球英・悠聖）
〈神奈川〉

①日本占術協会・認定占術士・全国占術協会会員・占術鑑定士・関西推命学院講師・カルチャーセンター講師
②九星気学（方位）・四柱推命・手相・カバラ・人相・家相・カウンセリング他
③電話予約・メール予約・出張鑑定
☎090（7001）1028
✉yukky.red39@gmail.com

加《カ》賀《ガ》宮《ミヤ》萌《モエ》
〈東京〉

①日本占術協会・㈱ルネ・ヴァン・ダール研究所・日本時空心理学協会理事
②西洋占星術・時空心理学
③電話予約 ☎03（3350）6841
〒160-0023 新宿区西新宿六-一〇-一 日土地西新宿ビル八階
株式会社 ルネ・ヴァン・ダール研究所

環《カン》舟《シュウ》
〈福岡〉

①日本占術協会・九州支部副支部長・認定占術士 ②周易・九星気学・人相・手相・見方道アドバイザー ③電話予約・出張鑑定
鑑定室☎090（5738）0358
FAX092（662）7958
〒813-0044 福岡市東区千早三丁目二-三二-五「なごみの部屋」

叶《カノ》佳《カ》

〈神奈川〉

①日本占術協会
②算命学・西洋占星術・方位・タロットカード・カルトゥーシュカード
③新大久保 開運の扉（第一・二日曜）、横浜中華街 華（ハナ）、マチャムマチャム吉祥寺（第五日曜）
お問い合わせ http://uranaishinavi.biz/PEOPLE/DETAIL/ID/981/

川《カワ》崎《サキ》貞《ジョウ》命《ミョウ》

〈茨城〉

①日本占術協会・認定占術士・茨城学院
②四柱推命・手相・家相・気学
③電話予約
☎090（5995）6644
〠ひたちなか市東大島一-二五-二〇
占い相談室 ゆめ

岸《キシ》浦《ウラ》光《コウ》伶《レイ》

〈埼玉〉

①日本占術協会・認定占術士・有宵会・日本易学連合会光伶教室（1名から教えております）②西洋占星術・タロット・気学・易・四柱推命・家相・姓名・手相
③電話予約
☎090（3919）0709
☎048（866）0370（同FAX）
〠336-0026 さいたま市南区辻八-二三-一七-二〇一

吉《キッ》祥《ショウ》水《ミ》茄《ナ》

〈東京〉

①日本占術協会理事・認定占術士・岳易館・有宵会
②気学・手相・家相・周易・タロット・メンタルケア（カウンセリング）
③メールで確認
☎090（5327）7592
✉mikkiko202@gmail.com

岐《ギ》風《フウ》尚《ショウ》優《ユウ》

〈岐阜〉

①日本占術協会・認定占術士・「占の城千夜物語」山陽庵グループ・藤金
②算命学・手相・タロット・姓名・家相・易・気学・風水
③電話予約・個人鑑定・イベント・通信
☎058（266）1766（同FAX）
http://gifuu.web.fc2.com/
〠500-8041 岐阜市靭屋町

京《キョウ》本《モト》華《カ》歩《ホ》

〈大阪〉

①日本占術協会
②四柱推命・気学・カラー心理カウンセラー・カラー占い
③個人鑑定は休止

気《キ》流《リュウ》勉《ツ》貴《キ》美《ミ》

〈東京〉

①日本占術協会・日本易推命学会理事
②四柱推命・周易・気学・風水・手相・人相・姓名判断・西洋占星術・タロット・フラワーセラピー
③御紹介様のみ
☎090（3497）6600
〠102-0075 千代田区三番町五-十九-一四一〇
〠141-0031 品川区西五反田四-二八-六-九〇二

金《キン》原《バラ》玄《ゲン》周《シュウ》

〈栃木〉

①日本占術協会・岳易館・有宵会
②周易・気学・人相・手相
③Eメールでご連絡下さい。
✉ekisen.t.arrow@gmail.com

聖《キ》世《ヨ》椛《カ》

〈東京〉

①日本占術協会理事・認定占術士・方聖閣飯田橋教室
②九星気学・周易・家相・姓名判断・四柱推命
③メール予約
✉kiyoka.happy.life@gmail.com

栗原《クリハラ》里《リ》央《オ》子《コ》

〈東京〉

①日本占術協会第一事務局長兼筆頭常務理事・認定占術士・茅楊同人会・ベネッセたまひよしあわせ名前研究所顧問・ハワイ台湾フォーチュン友の会主宰・林宗穀博士文教基金会特別名誉顧問
②周易・姓命判断・命名・改名・気学・人相・手相・家相 ③電話予約・出張鑑定・通信
☎03（3910）4270（FAX）4257
〠114-0023東京都北区滝野川三-三四-六
✉rioko@fortune-rioko.net

久《ク》保《ボ》田《タ》恵《エ》都《ツ》予《ヨ》
〈東京〉

①日本占術協会理事・認定占術士・岳易館・有宵会理事・㈱カルチャー講師・久保田教室主宰
②周易・気学・家相・相学・手相・姓名
③電話予約・通信鑑定
☎０９０（７２５６）８８０６
〒120-0005　足立区綾瀬一-一五-一八-二一六

桑《クワ》原《ハラ》鶴《カク》雲《ウン》
〈福岡〉

①日本占術協会理事・認定占術士・九州支部支部長
②周易・九星気学・命名・推命・家相
③個人鑑定は受け付けておりません
☎０９０（３４１２）８２００
〒807-0815　北九州市八幡西区本城東二-一-二七
✉kuwahara.kakuun@gmail.com

窪《クボ》田《タ》鏡《キョウ》月《ゲツ》
〈群馬〉

①日本占術協会・群馬支部支部長・高御産巣日会教室主宰
②気学・手相・人相・姓名判断
③電話予約（ご紹介者のある方のみ）
☎０９０（１５５４）３４６４
〒379-2201　伊勢崎市間野谷町二〇三

グレース怜奈《レイナ》
〈京都〉

①日本占術協会理事・認定占術士・京都リビングカルチャー講師・京都新聞占いコーナー執筆・占いサイト・星占い教室
②西洋占星術
✉info@ps-uranai-reina.jp
〒603-8151　京都市北区小山下総町　三五-一五

桂《ケイ》サヤカ
〈東京〉

①日本占術協会
②四柱推命・気学・タロット・イーチンタロット・手相・人相
☎０４２３（９５）０７７６
〒189-0013　東村山市栄町二-五-一〇　クレール久米川四〇三

乾《ケン》象《ショウ》
〈千葉〉

①日本占術協会参与・認定占術士・岳易館・有宵会
②周易・九星気学・観相・姓名・家相・気学推命・聖数命理学
③開運サロン暖母・ユアエルム成田店&レイクピア・ウスイ三階・成田占術教室講師
☎０９０（７７３７）９０３８
〒285-0867　佐倉市八幡台三-十一-十三

慶《ケイ》峰《ホウ》
〈神奈川〉

①日本占術協会・認定占術士・岳易館・有宵会
②気学・周易・手相・算命学・易タロット
③品川・占館出演
検見川神社神易館　第3土曜出演
☎０９０（１２６５）３７７０

後《ゴ》藤《トウ》青《セイ》衣《イ》山《ザン》
〈千葉〉

①日本占術協会相談役・認定占術士・茅楊同人会・一光堂易断所・教室主宰
②周易・九星占い（姿天盤）・気学・哲理姓名学・姓名判断・命名・家相・人相・手相・タロット
③電話予約
☎０４７４（４５）０４４８〔同FAX〕
〒273-0135　鎌ヶ谷市中佐津間　二-七-八

小《コ》山《ヤマ》眞《マ》樹《キ》代《ヨ》
〈神奈川〉

①日本占術協会相談役・認定占術士・小山眞樹代子平推命研究所（旧五術）主宰・横浜開港記念会館眞樹の会主宰
②子平推命・四柱・紫《シ》薇《ビ》斗《ト》数・太乙神数・奇門遁甲・周易・気学・手相・人相・風水・家相・改名
③予約はご紹介のみ
☎０９０（４００７）６２００
http://www.5jutsu.com/maki.html
〒241-0826　横浜市旭区東希望ヶ丘　五一
E・mail:maki-koyama@5jutsu.com

小《コ》林《バヤシ》多《タ》助《スケ》
〈茨城〉

①日本占術協会・認定占術士・音波姓名学之会長・天道山法梵院霊迎神社神職
②音の響きによる撰名・生前戒名授与開運総合占術指南
③「撰名書」は当院所有の商標です
☎０２９７（８３）０６２３
〒300-1514　取手市宮和田二八三二-一

三《サン》宮《グウ》光《コウ》珠《シュ》

〈群馬〉

①日本占術協会・三宮明日香大社代表 ②風水家相・奇門遁甲・紫薇斗数・子平推命四柱・六壬占卜・断易・姓名術・気学・手相・人相・開運神事 ③電話予約

☎０２７７（７６）４９７０

〒379-2311 みどり市笠懸町阿左美三六一五-二

HP sangu-asukataisha.com

佐《サ》藤《トウ》宗《ソウ》昡《ゲン》

〈茨城〉

①日本占術協会相談役・認定占術士・岳易館・有宵会理事 ②周易・気学・家相・相学・人相・姓名 ③電話予約

☎０２９７（４５）５５７８

FAX ０２９７（４７）０６０１

〒302-0101 守谷市板戸井 二一八六-五

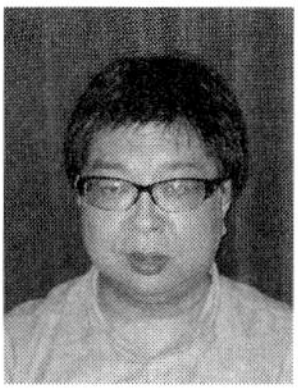

小《コ》林《バヤシ》幸《コウ》生《セイ》

〈東京〉

①日本占術協会・英国占星術協会 ②西洋占星術・タロット・子平・紫微・周易・断易・六壬・遁甲・風水（鑑定・設計・仲介）・姓名判断・命名 ③営業時間15時～翌04時鑑定予約可 水曜定休日

☎０３（３２４０）１１０１

〒113-0034 文京区湯島三-四六-三 7F 占い図書館カフェ&バー ビブリオテカオカルタ

小《コ》松《マツ》樹《ジュ》幸《コウ》

〈千葉〉

①日本占術協会・岳易館・有宵会 ②気学・家相・神綾学（数理） ③電話予約

☎０９０（７２６８）４０３５

〒270-2203 松戸市六高台二-四七

河《コウ》野《ノ》有《ユウ》泉《セン》

〈千葉〉

①日本占術協会・認定占術士・岳易館・有宵会 ②気学・周易・手相・算命学 ③通信鑑定・電話予約

☎０９０（８４５３）３１７０

〒270-0034 松戸市新松戸六-七〇 二-D-一一一四

白《シラ》土《ト》愛《ヨシ》眞《ミ》

〈茨城〉

①日本占術協会・認定占術士・岳易館・有宵会 ②周易・九星気学・手相・姓名判断・家相・土浦気学教室主宰 ③メール予約

⊠yo.shirato@gmail.com

櫻《サクラ》場《バ》恵《ケイ》子《コ》

〈群馬〉

①日本占術協会 ②気学・カラーライフコンサルタント ③ご紹介者のある方のみ

笹《ササ》川《ガワ》晋《シン》楊《ヨウ》

〈北海道〉

①日本占術協会・札幌占術協会会長・占術の館六芒星会長・日本カルチャーセンター講師 ②易学・気学・手相・人相・姓名学・風水・五行易・家相・オラクル ③電話予約 ☎０１１（５２０）１０８５ 本店札幌市中央区南3条西3丁目三信ビル3F・狸小路2丁目店はコメダの5F

桜《サクラ》山《ヤマ》愛《マナ》生《オ》

〈神奈川〉

①日本占術協会 ②西洋占星学・算命学・タロット・手相 ③メールにてお問い合わせ下さい

⊠machiko.ace.123@ezweb.ne.jp

櫻《サクラ》　紫《シ》玉《ギョク》

〈東京〉

①日本占術協会・認定占術士・岳易館・有宵会 ②周易・九星気学・手相・タロット・オラクルカード・姓名判断・数秘・心理カウンセリング・オーラソーマ ③電話予約・原宿占い館「タリム」出演

☎０３（３４９７）５８２５（タリム）

秀《シュウ》和《ワ》仙《セン》宵《ショウ》

〈茨城〉

①日本占術協会・認定占術士・岳易館・有宵会
②気学・周易・家相・相学
③電話予約
☎090（4067）4735
〒300-1515 取手市平野一四二−一−一 山﨑方

ステラ・ボンボヤージュ

〈東京〉

①日本占術協会参与・認定占術士・日本時空心理学協会理事
②西洋占星術・タロット・夢診断・時空心理学
③電話予約
☎090（5554）8933
✉styoko@sun2.gmobb.jp

鈴《スズ》木《キ》若《ワ》桂《カ》瑚《コ》

〈東京〉

①日本占術協会
②気学・方位学・家相
③電話予約（ご紹介者のある方のみ）
☎080（5434）4593
✉3195wakako@gmail.com

スピカ

〈愛知〉

①日本占術協会・認定占術士・米国アストロロジャーズ連盟終身会員・NHK・朝日カルチャーセンター講師・アストロサークル講師
②西洋占星術
③電話又はEメール予約
☎0562（74）5858〔同FAX〕
✉spica_astro@clock.ocn.ne.jp

杉《スギ》本《モト》侑《ユウ》穂《スイ》

〈千葉〉

①日本占術協会・岳易館・有宵会 學侑堂市川教室主宰
②周易・手相・観相・気学・姓名・開運方位
③検見川神社「神易館」日曜日出演、東京駅「エメロード」出演
☎047（374）3787
☎090（2300）2989
〒272-0035 市川市新田二−一−四−一

鈴《スズ》 かれん

〈東京〉

①日本占術協会認定占術士・日本易推命学会理事・自由ヶ丘開運学院修了
②四柱推命・気学・風水・手相・人相・易学・タロット
③自由ヶ丘エンジェルガーデン出演
☎03（5701）3239 1号館
☎090（1880）0712

翠《スイ》 峰《ホウ》

〈栃木〉

①日本占術協会
②気学・カウンセリング
③個人鑑定（ご紹介者のある方のみ）

千《セン》手《ジュ》舞《マイ》花《カ》

〈愛知〉

①日本占術協会・NHK文化センター・サーラアカデミー講師
②四柱推命・氣学・手相・数秘・タロット
③メール・電話にて予約　オンライン講座／舘山寺（浜松市）出演
〒愛知県岡崎市
☎0564（51）8702
✉cenju555@gmail.com
インスタ cenju369

田《タ》辺《ナベ》山《サン》陽《ヨウ》

〈愛知〉

①日本占術協会理事・認定占術士・東海支部支部長・占い・aube代表・山陽庵主
②四柱推命・タロット・易・手相・人相・家相・風水・姓名・占星術・原稿・イベント出張・教授
③電話予約
☎052（231）1230〔同FAX〕
〒460-0008 名古屋市中区栄二−七−十三 ヴィア白川一F ネットは山陽庵

高《タカ》橋《ハシ》信《ノブ》行《ユキ》

〈東京〉

①日本占術協会
②奇門遁甲・家相・方位
③電話予約
☎03（3642）0181
〒135-0047 江東区富岡二−三−七

高《タカ》田《ダ》知《トモ》來《コ》
〈島根〉

①日本占術協会
②子平推命・九星気学・手相・家相・姓名判断
③電話予約・メール予約・DM予約
☎090（3354）3568
✉takada8-shihei@tomosection.com

髙《タカ》松《マツ》佳《カ》修《シュウ》
〈茨城〉

①日本占術協会・認定占術士・茨城学院
②四柱推命・気学・家相・手相
③電話予約
☎029（295）4462（同FAX）
〒311-0105 那珂市菅谷一〇〇-七八

泰《タイ》山《ザン》林《リン》翰《カン》
〈神奈川〉

①日本占術協会認定占術士・岳易館・有宵会 泰祐堂主宰・泰山易学会代表
②周易・気学・手相・姓名判断
☎050（5438）7229
✉taizaneki@gmail.com
小田急相模原駅より徒歩7分　P有り
HP http://taizaneki.gger.jp/

dai《ダイ》nmt
〈東京〉

①日本占術協会理事・認定占術士
②西洋占星術・数秘術・気学・周易・タロット・ルーン・手相
③電話予約・原宿占い館「タリム」出演
☎03（3497）5825（タリム）

髙《タカ》津《ツ》千《チ》照《ショウ》
〈福岡〉

①日本占術協会・慈恵堂開運指導協会
②周易・九星気学・方位・命名・家相・タロット・開運指導
③電話予約
☎090（2583）0087
〒811-0110 福岡県粕屋郡新宮町夜臼五-十二-一-九〇一

富《トミ》塚《ヅカ》崇《タカ》史《フミ》
〈東京〉

①日本占術協会会長・認定占術士・茅楊同人会・方聖閣主宰
②気学・家相・易・人相・手相　③電話予約
☎090（3338）0348
〒102-0072 千代田区飯田橋三-二-一〇-四〇一
☎03（3556）3131
FAX 03（3556）3132

天《テン》川《カワ》鼓《コ》悠《ユウ》

①日本占術協会・岳易館・有宵会
②算命学・四柱推命・気学・周易
③ご紹介のある方のみ

辻《ツジ》　一《イッ》花《カ》

①日本占術協会　スクールASTRA主宰　モダンアストロロジーの土台となる知識を養い、人生に役立てることを目標とした学びを提供してます。②西洋占星術　著書『未来予測占星入門』　翻訳書『プラネタリー・サイクル』アンドレ・バルボー著　辻一花オフィシャルサイトをご覧ください。https://www.ikkastra.com/

つ《ツ》ち《チ》や《ヤ》郁《イク》子《コ》
〈東京〉

①日本占術協会理事・運命の女神ノルン主宰
②算命学
③紹介のみ

高《タカ》瀬《セ》千《チ》鶴《ズ》子《コ》
〈群馬〉

①日本占術協会
②九星気学・手相・風水・姓名判断
③対面鑑定　電話予約の上御来店下さい　店舗直通電話
☎027（221）9761
〒371-0801 前橋市文京町三-一三-六

戸《ト》嶋《シマ》祥《ショウ》博《ハク》

〈福岡〉

①日本占術協会・無量館
②周易・気学・手相・姓名判断・命名
③電話予約・出張鑑定
☎092（871）8322（同FAX）
〒814-0133 福岡市城南区七隈 二-一六-二九

長《ナガ》瀬《セ》皐《コウ》楓《フウ》

〈神奈川〉

①日本占術協会・日本易推命学会理事
②四柱推命・気学・六壬・手相・人相・家相・姓名判断・タロット
「湯河原の母」公式サイト
☎090（1789）0042
✉nagase.koufuu@gmail.com
〒259-0303 足柄下郡湯河原町土肥 四-一一-十三-五〇三

長《ナガ》澤《サワ》光《コウ》祐《ユウ》

〈茨城〉

①日本占術協会・認定占術士・岳易館・有宵会
②周易・気学・人相・手相・姓名判断
③電話予約
☎080（3478）7392
〒300-2337 茨城県つくばみらい市谷井田 一二三九-一

中《ナカ》村《ムラ》天《テン》祐《ユウ》

〈大阪〉

①日本占術協会・京都支部副支部長
②四柱推命・気学・姓名・手相・西洋占星術・カウンセリング
③電話予約
☎06（6466）2718（同FAX）
〒554-0002 大阪市此花区伝法 一-一-二-七一三

中《ナカ》谷《タニ》仁《ヒト》美《ミ》

〈東京〉

①日本占術協会会員・岳易館・有宵会会員
②算命・手相・人相・周易
③日本赤十字社・吉祥寺タキオン出演
☎070（3833）2856 電話予約
〒180-0002 武蔵野市吉祥寺東町 一-十一-十五

中《ナカ》村《ムラ》文《アヤ》音《ネ》

〈茨城〉

①日本占術協会・認定占術士・茨城学院
②気学・手相・四柱推命
③電話予約
☎090（3477）1124
FAX0296（72）4848
〒309-1611 茨城県笠間市笠間 二〇一三

中《ナカ》村《ムラ》由《ユ》紀《キ》子《コ》

〈大阪〉

①日本占術協会・国際予想科学協会理事・ヨーロッパ手相術師範・関西占術鑑定士協会（占術鑑定士）・奈良登美ヶ丘産経学園（手相講師）・占いサロン宝寿
②四柱推命・手相・カバラ数秘術・方位
③御紹介様のみ
☎06（6654）0884（同FAX）

仁《ニ》平《ヘイ》磨《マ》希《キ》

〈茨城〉

①日本占術協会・茨城学院
②気学・四柱推命・家相・墓相・手相・人相・易・姓名
③電話予約
☎0296（72）1055
〒309-1611 笠間市笠間 三四五 笠間ゑびす大國（三所神社・八坂神社）社務所内

西《ニシ》　彩《サイ》妙《ミョウ》

〈大阪〉

①日本占術協会・NHK文化センター神戸・京阪守口・梅田・各教室講師・西運命学研究所主宰
②四柱推命・気学・命名・手相・トランプ
③電話予約☎090（1140）9095
〒536-0001 大阪市城東区古市 三-九-四-二〇六

西《ニシ》尾《オ》治《ハル》美《ミ》

〈愛知〉

①日本占術協会・認定占術士
②西洋占星術・タロット・手相・姓名判断・四柱推命・気学
③電話予約
☎090（7044）9336
〒460-0012 名古屋市中区千代田 三-三一-一三 一三〇六

濱《ハマ》崎《サキ》範《ノリ》子《コ》

〈茨城〉

①日本占術協会・認定占術士 ②気学・四柱推命・周易・姓名・手相・家相・相性・開運指導 ③予約制・出張鑑定・イベント鑑定

☎029(285)8786〈同FAX〉

☎090(4136)6385

〒312-0001 ひたちなか市佐和 一四二〇の一

半《ハン》田《ダ》晴《ハル》詠《ヨ》

〈東京〉

①日本占術協会専務理事・認定占術士・岳易館・有宵会理事・ソレイユカルチャーセンター講師・開運の會晴詠主宰 ②周易・気学・手相・人相・家相・姓名・子平推命 ③電話予約・ファックス予約

☎03(3628)5675

FAX03(5682)1414

〒120-0005 足立区綾瀬 六-六-八

濱《ハマ》野《ノ》延《エン》珠《ジュ》

〈千葉〉

①日本占術協会相談役・認定占術士・(岳易館・有宵会理事) ②気学・家相・姓名・手相・周易 ③電話予約・原宿占い館タリム(火)出演

☎04(7146)8738〈同FAX〉

〒277-0863 柏市豊四季 四九四-一七

野《ノ》澤《ザワ》明《ミョウ》永《エイ》

〈栃木〉

①日本占術協会・認定占術士・岳易館・有宵会・紬華の会 ②気学・四柱推命・周易・家相・開運方位・姓名判断・命名 ③電話予約

☎028(627)4056〈同FAX〉

〒321-0974 宇都宮市竹林町五二二-十四

仁《ニ》科《シナ》 茜《アカネ》

〈群馬〉

①日本占術協会 ②気学・手相・人相・姓名判断・四柱推命 ③電話予約

☎0270(74)7096〈同FAX〉

〒370-0121 伊勢崎市境女塚五三二

肥《ヒ》留《ル》川《カワ》喜聖《キショウ》

〈埼玉〉

①日本占術協会常務理事・認定占術士・方聖閣飯田橋教室 ②九星気学・家相・周易・人相・姓名判断・手相・四柱推命 ③電話予約

☎048(543)4775〈同FAX〉

〒365-0042 鴻巣市松原 二-三-四一

ヒーラー暖《ダン》母《ボ》

〈千葉〉

①日本占術協会・認定占術士・成田占術教室 ②気学・方位・家相・四柱推命・算命学・姓名判断・周易・心理カード・心理カウンセリング ③開運サロン暖母(ユアエルム成田&レイクピア・ウスイ3階)

☎043(377)3966〈同FAX〉

〒285-0867 佐倉市八幡台三-十一-十三 今平方

羽《ハ》賀《ガ》ゆずな

〈埼玉〉

①日本占術協会 ②九星気学・数秘術・タロット ③電話予約(御紹介者のある方のみ)

☎090(2875)3690

春《ハル》希《キ》鷺来《ローラ》

〈愛知〉

①日本占術協会・山陽庵グループ・推命学研究照山会 ②四柱推命・易・タロット・手相・気学・姓名・家相 ③電話又はメールお申込み

☎050(5242)7478

✉h.laurana i@gmail.com 愛知県津島市

巾《ハバ》 聖《セイ》加《カ》

〈東京〉

①日本占術協会理事・認定占術士・方聖閣飯田橋教室 ②九星気学・人相・家相・四柱推命 ③ご紹介者のある方のみ

平《ヒラ》泉《イズミ》優《ユウ》

〈東京〉

①日本占術協会理事・認定占術士・日本易推命学会理事・自由が丘開運学院専任講師・セブンカルチャー講師 ②四柱推命・算命学・気学・易・風水・手相・人相・姓名判断・西洋占星術・タロット・心理カウンセリング ③電話予約 自由が丘エンジェルガーデン一号店出演

☎03（5701）3239

☎090（2474）8459

日《ヒ》宣《ムラ》妙《ミョウ》苑《エン》

〈大阪〉

①日本占術協会・日本易学院師範鑑定士 ②数理学・九星気学・四柱推命・地理風水・日家奇門・奇門遁甲・命名・手相・タロット ③電話・メール予約 対面・電話鑑定

☎090（5163）5218

〒551-0012 大阪市大正区平尾二-四-四

✉himura0myouen@gmal.com

広《ヒロ》沢《サワ》優《ユウ》苑《エン》

〈兵庫〉

①日本占術協会・大阪支部幹事・認定占術士 ②四柱推命・周易・気学・家相

☎090（3719）3490

妃《ヒ》舞《マ》梨《リ》

〈群馬〉

①日本占術協会 ②九星気学・周易・タロット ③ご紹介者のみ

福《フク》田《ダ》有《ユウ》宵《ショウ》

〈千葉〉

①日本占術協会名誉顧問・認定占術士・茅楊同人会・熊﨑式姓名学学術振興会・日本作家クラブ・岳易館・有宵会理事長 ②周易・気学・家相・相学・姓名 ③電話予約

☎047（344）6909

FAX 047（348）3895

〒270-0034 松戸市新松戸一-一六四

藤《フジ》瑛《エ》梨《リ》賀《カ》

〈埼玉〉

①日本占術協会副会長・認定占術士・茅楊同人会 ②易・気学・人相・手相・姓名・家相・奇門遁甲・タロット ③電話予約

〒343-0845 越谷市南越谷

福《フク》田《ダ》理《マ》仁《キ》

〈栃木〉

①日本占術協会・認定占術士 ②周易・気学・姓名・家相・推命・断易・地相・方位・人相・手相 ③電話予約

☎028（626）5762（同FAX）

〒320-0072 宇都宮市若草三-一〇-六

二《フタ》見《ミ》眞《マ》有《ユ》

〈東京〉

①日本占術協会理事・認定占術士・茅楊同人会 ②周易・九星気学・人相・手相・耳相・ハワイ「プエオハナカード」・カウンセリング ③電話予約

☎090（4371）8266

渋谷区広尾「プエオハナ広尾」

http://www.pueohana.com

古《フル》澤《サワ》環《カン》陽《ヨウ》

〈福岡〉

①日本占術協会・認定占術士 ②気学・手相・人相・心理カウンセラー ③電話予約 占い庵

☎090（8226）5283

福岡市糸島市前原東

福《フク》田《ダ》賀《カ》及《ヨ》

〈栃木〉

①日本占術協会・認定占術士 ②周易・気学・姓名・家相・推命・断易・地相・方位・人相・手相 ③電話予約

☎028（626）5762（同FAX）

〒320-0072 宇都宮市若草三-一〇-六

福《フク》田《ダ》有《ユ》倭《イ》
〈千葉〉
①日本占術協会・岳易館有宵会理事
②気学・手相・周易・家相・開運方位
③電話予約 學侑堂占処
☎047(374)3787
〒272-0035 市川市新田 二-十四-一

福《フク》原《ハラ》誉《ヨシ》子《コ》
〈島根〉
①日本占術協会・認定占術士
②算命学・熊﨑式姓名学・手相
③電話予約
☎0856(25)1557
〒699-5133 島根県益田市神田町イ七九六-一〇 占い・玉手箱

碧《ヘキ》龍《リュウ》享《キョウ》子《コ》
〈岐阜〉
①日本占術協会
②九星気学・開運方位・手相・風水・ストレスセラピー
☎090(5452)0156
〒500-8817 岐阜市八ツ梅町一丁目

ペリーヌ ミレル
〈広島〉
①日本占術協会・広島支部支部長・認定占術士・神秘学研究所マリンカの部屋所属・広島カルチャー講師
②西洋占星術・タロット
③電話予約・対面・電話鑑定
☎090(4653)1019

星《ホシ》 美《ミ》友《ユ》己《キ》
〈東京〉
①日本占術協会理事・認定占術士・茅楊同人会・フォーチュンテラー主宰
②人相・手相・気学・易・算命学・数理学・運命エネルギーグラフ・断易 ③NPO法人シニアライフコーディネーター認定
☎042(593)5668〔同FAX〕
☎090(4716)3168（携帯）
〒191-0041 東京都日野市南平七-十八-五五

北条《ホウジョウ》愛《ア》耶《ヤ》子《コ》
〈福岡〉
①日本占術協会・博多の母代表
②周易・気学・27宿・方位・家相・人相・手相・姓名判断・命名・タロット・人生相談
③☎092(474)7071
「博多の母」博多駅構内アミュエストB1ATMの前、午前十時～午後九時
「博多の母」でブログ検索できます。

堀《ホリ》本《モト》義《ヨシ》行《ユキ》
〈福岡〉
①日本占術協会
②気学・六星占術・手相
③飯塚本町商店街内にて鑑定
☎080(5240)3716
〒826-0043 田川市大字奈良一五八七番地四二〇

細《ホソ》野《ノ》み《ミ》つ《ツ》子《コ》
〈群馬〉
①日本占術協会・群馬支部副支部長
②九星気学・易・風水・姓名判断
③電話予約
☎090(2564)4911

前《マエ》田《ダ》龍《リュウ》徳《トク》
〈東京〉
①日本占術協会常務理事・認定占術士・茅楊同人会・岳易館・有宵会
②周易・四柱推命・九星気学・人相
③電話予約
〒160-0023 新宿区西新宿 四-三九-一-三一-三〇六
✉ryuutoku.m@docomo.ne.jp

マダム・ガラシヤ
〈東京〉
①日本占術協会・日本易推命学会・国際予想科学協会理事・E&W占術研究会主宰「しあわせの会」 主宰
②四柱推命・気学・風水・手相・人相・姓名・易・カバラ・タロット・家相・バイオリズム
③文京区白山五-二-七 サロン・ド・ガラシヤ出演
☎080(3424)1429予約料ナシ

松《マツ》岡《オカ》能《ヨシ》子《コ》

〈大阪〉

①日本占術協会理事・認定占術士・日本暦学会・運命学研究所ラピス主宰　②四柱推命・周易・人相・気学・手相・家相・命名・奇門遁甲　③電話予約

☎０６（６９２８）５８７４（同FAX）

〒534-0022　大阪市都島区都島中通二-十六-四

マダムベーラ・モンテ

〈東京〉

①日本占術協会参与・認定占術士・国際予想科学協会理事

②ヨーロッパ手相術・カバラ数秘術・九星気学易・干子九星術・タロット

☎０９０（８６４９）２２３４

〒108-0014　港区芝　四-一-六-二-一五〇三

マーク・矢《ヤ》崎《ザキ》

〈東京〉

①日本占術協会理事・認定占術士

②西洋占星術・四柱推命

〒169-8077　新宿区西早稲田一-一-六

☎０３（３２０４）３２７９

株式会社説話社　マーク・オフィス

✉mark_office@setsuwa.co.jp

牧《マキ》野《ノ》一《カズ》江《エ》

〈茨城〉

①日本占術協会・認定占術士・岳易館・有宵会

②気学・手相・姓名判断・周易

③電話予約

☎０２９７（７４）３７７７（同FAX）

☎０９０（４７１２）０２１８

〒302-0031　取手市新取手五-六-一

マ　リ　ア

〈群馬〉

①日本占術協会・認定占術士

②九星気学・手相・数秘学・風水

③電話予約

☎０９０（３２１６）０９７７

マザーリーフ

〈東京〉

①日本占術協会
原宿占い館塔里木〒150-0001　渋谷区神宮前一-八-二一ラレンヌ原宿1F・B1　☎０３（３４９７）５８２５

②西洋占星術・タロット・人相・手相

☎０８０（５５２８）６４６３

〒157-0064　世田谷区給田二-一〇-一八

真龍人《クルス・ドラコニス・マリユドゥ》(マリユドゥ)

〈沖縄〉

①日本占術協会・日本時空心理学協会

②心理占星術・タロット・ルーン・数秘術

③石垣島での個人鑑定、オンライン鑑定ルネ・ヴァン・ダール研究所認定講師・ストリートアカデミー占い講師

メール予約：maryudu777@gmail.com

ウェブサイト：https://astral-voyage.com/

巳《ミ》幸《ユキ》万《マ》祐《ユ》

〈東京〉

①日本占術協会相談役・認定占術士・茅楊同人会

②易・中国占星術・四柱推命・気学・人相・手相・方位・タロット　③電話予約

☎０３（３３５３）１７５０

〒160-0012　新宿区南元町　四-十七-四二三

宮《ミヤ》本《モト》蓉《ヨウ》妙《ミョウ》

〈茨城〉

①日本占術協会・認定占術士・易占師養成茨城学院

②四柱推命・気学・周易・姓名・手相・家相・墓相

③電話予約

☎０２９６（７２）０７１１（同FAX）

〒309-1611　笠間市笠間　四三四〇-六

美《ミ》園《ソノ》環《タマ》希《キ》

〈東京〉

①日本占術協会第二事務局長兼常務理事・認定占術士・岳易館・有宵会

②タロット・気学・西洋占星術・周易・姓名・手相・家相・フトマニ

③電話予約・原宿占い館「タリム」出演

☎０３（３４９７）５８２５（タリム）

☎０９０（３０８１）３２２８

FAX０３（６７６５）６５６１

水《ミズ》木《キ》あかり
〈東京〉

①日本占術協会・岳易館・有宵会
②算命学・気学・周易
③電話予約（メール鑑定も受付）
☎090（1732）3783
〒180-0023　武蔵野市境南町五-四-五
✉rxl14603@nifty.com

水《ミズ》川《カワ》琉《ル》璃《リ》
〈愛知〉

①日本占術協会
②四柱推命・手相・タロット・姓名判断
③電話番号にショートメールを送って下さい
☎080（3642）1019
〒名古屋市東区代官町

みほし朱《シュ》夏《カ》
〈東京〉

①日本占術協会理事・認定占術士
②気学・周易・断易・タロット・数秘術・方位・オラクルカード・ダウンジング
③吉祥寺マチャムマチャム日曜（第1）出演
✉shuka.mihoshi.lil@gmail.com

三《ミ》幸《ユキ》桃《モモ》子《コ》
〈愛知〉

①日本占術協会・NHK文化センター・中日文化センター・暮らしの学校講師
②人相・手相・四柱推命・姓名判断・周易・タロット・カバラ　③電話予約要
☎052（798）3309〔同FAX〕
☎090（4869）6789
〒463-0021　名古屋市守山区大森五丁目一一〇六

三《ミ》山《ヤマ》絢《ジュン》照《ショウ》
〈埼玉〉

①日本占術協会・認定占術士・子平館・東京支部　②四柱推命・気学・タロット・手相・姓名判断　③「輝」久喜駅前クッキープラザ四階（火）・「クローバーリーフ」浦和パルコ5階（水・土）鑑定・個人教授可
☎090（5331）3349
〒359-1151　所沢市若狭　四-二-五〇七-二

南《ミナミ》　亜《ア》希《キ》
〈埼玉〉

①日本占術協会・岳易館・有宵会
②算命・手相・気学・周易
③東京駅　八重洲北口　北町ダイニング「エメロード」火曜日出演
☎090（8585）2075

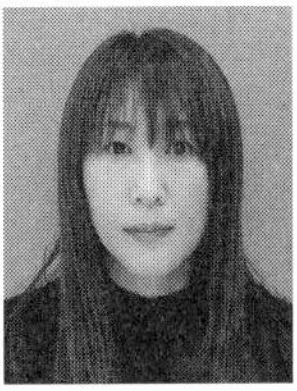

美《ミ》　伶《レイ》
〈埼玉〉

①日本占術協会
②気学・手相・四柱推命
③電話予約（ご紹介者のある方のみ）
☎090（4732）7686

水《ミ》　麗《レ》　亜《ア》
〈愛知〉

①日本占術協会　②四柱推命・文鳥占い・タロット・姓名判断・易占・西洋占星術
③癒しの占い館ミレアフォーチュン対面鑑定・オンライン鑑定・イベント出演
☎080（4546）5497
〒460-0011　名古屋市中区大須二-一六-一二　201号室
「名古屋大須　文鳥占い」で検索

峯《ミネ》　瑞《ズイ》蓮《レン》
〈茨城〉

①日本占術協会・認定占術士・茨城学院
②気学・四柱推命・手相・タロット
③電話予約
☎090（5504）8922
〒310-0842　水戸市けやき台二-四五-三

宮《ミヤ》田《タ》麻《マ》有《ユ》
〈千葉〉

①日本占術協会・岳易館・有宵会
②気学・手相・周易・算命学
③電話予約
☎090（6043）4261
〒270-2266　松戸市

三《ミ》華《カ》乃《ノ》エル《エル》
〈東京〉

①日本占術協会・開運の會晴詠会員
②九星気学・周易・算命学・タロット・姓名判断・手相・家相・子平推命・夢判断
③メール予約
✉mika.noel5@gmail.com
〒180-0001　武蔵野市吉祥寺

明《ミョウ》神《ジン》綾《アヤ》子《コ》
〈大阪〉

①日本占術協会・認定占術士
②四柱推命・周易・数秘術
③メール予約
✉ayako_dfr13@yahoo.co.jp

モナ・カサンドラ
〈東京〉

①日本占術協会理事・認定占術士・㈱ルネ・ヴァン・ダール研究所・日本時空心理学協会会長　②西洋占星術・タロット・時空心理学　③電話予約
西洋占星学講座・タロット講座講師
☎03（3350）6841
〒160-0023　新宿区西新宿六-一〇-一　日土地西新宿ビル八階　ルネ・ヴァン・ダール研究所

森《モリ》田《タ》青《セイ》澄《チョウ》
〈愛知〉

①日本占術協会　②気学・四柱推命・方位・手相・タロット・姓名判断・カバラ・ルーン占い　東愛知新聞暦占掲載
③豊橋カルミア店4F電話予約　土曜日
☎0532（53）2536
☎0532（47）7857〔同FAX〕
〒441-8065　豊橋市中浜町　二二一

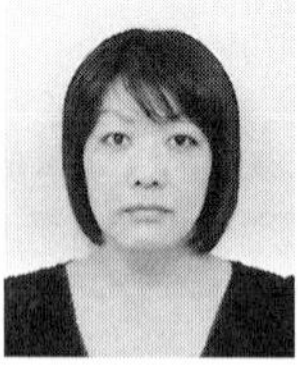

森《モリ》　千《チ》紗《サ》
〈東京〉

①日本占術協会・岳易館・有宵会
②気学・周易・四柱推命・宿曜占星術・姓名判断　③電話予約
☎03（3657）6775
〒133-0052　江戸川区東小岩三-一三-一五（吉田方）

森《モリ》山《ヤマ》水《スイ》仙《セン》
〈福岡〉

①日本占術協会
②気学・四柱推命・手相・家相・姓名判断
③電話予約
☎090（1162）1538
〒818-0051　筑紫野市二日市中央六-三-一七　リファレンスプレジールビル四階伊織

山《ヤマ》下《シタ》照《ショウ》世《セイ》
〈三重〉

①日本占術協会監査・東海支部副支部長・認定占術士・三重易学研究所主宰
②手相・人相・四柱推命・タロットカード・姓名・気学・易・印相
③電話予約・通信鑑定
☎0594（48）2601
〒511-0123　桑名市多度町北猪飼　六五一

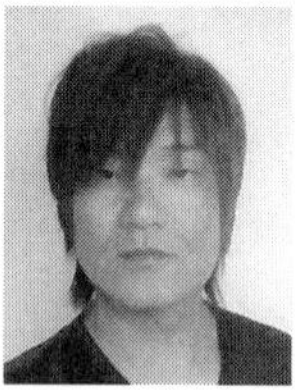

山《ヤマ》中《ナカ》康《コウ》示《ジ》
〈広島〉

①日本占術協会理事・認定占術士・広島支部副支部長・占いサロンるみなりえ主宰
②イーチンタロット
③Mobile　090（8714）8597
〒737-0881　呉市天応塩谷町　五-一八

山《ヤマ》本《モト》楓《フウ》花《カ》
〈京都〉

①日本占術協会理事・京都支部支部長・日本断易学会参与理事
②断易・九星気学・四柱推命
③電話予約・電話鑑定
☎075（671）2278〔同FAX〕
☎090（4741）5995
〒601-8475　南区八条内田町六〇

山《ヤマ》田《ダ》倫《ノブ》子《コ》
〈東京〉

①日本占術協会・認定占術士・岳易館・有宵会会員
②周易・気学・手相・姓名判断・命名
③電話予約　マリフォーチュン・海老名・本厚木（厚木ガーデン）出演
☎090（3098）8499
〒194-0043　町田市成瀬台一-一三-一〇

八《ヤ》川《カワ》林《リン》加《カ》
〈東京〉

①日本占術協会・岳易館・有宵会事務局長
②周易・気学・手相・人相・家相・画相・姓名・測字占・おみくじとご朱印による運勢
③メール予約
✉omikuji@outlook.com

大和《ヤマト》久《ク》仁《ニ》子《コ》
〈群馬〉

①日本占術協会
②手相・風水
③電話予約
☎090（1837）0798

横山《ヨコヤマ》佳《カ》津《ツ》枝《エ》
〈東京〉

①日本占術協会・HMU
②宇宙気学・周易・気学・手相・人相・姓名
③電話予約・通信鑑定
☎03（6754）5224
〒120-0021 足立区日ノ出町二七‐三‐三一一号

ラメールアリス
〈東京〉

①日本占術協会・ラメールアリス占い鑑定ルーム・アメリカ占星学者連盟終身会員・イギリス占星学協会会員
②西洋占星術・タロット・気学
③電話予約またはメール予約
☎03（5336）6752
✉lameralice@yahoo.co.jp
〒167-0054 杉並区松庵三‐三三‐三‐一一〇
ウェブサイト https://www.lameralice.com

ラファエル・スカピーニ
〈東京〉

①日本占術協会・認定占術士
②西洋占星術・タロット
③東京・神奈川県内の占いコーナー（駅ビル）にて出演予定。
メールにてお問い合わせ下さい。
✉oceanflower.new624@docomo.ne.jp

リリーマリンカ
（里　華）
〈広島〉

①日本占術協会・認定占術士・広島支部・二級建築士 ②西洋占星術・タロット・風水・家相 ③電話・手紙鑑定
☎携帯090（4655）6956
✉tisaneco0811@gmail.com
①https://marinca.info/
②marincanoheya.com
〒730-0802 広島市中区本川町二丁目一‐一二‐九‐五〇三 岡村方 リリーマリンカ

里《リ》紗《サ》慧《ケイ》紅《コ》
〈大阪〉

①日本占術協会理事・大阪支部支部長
②四柱推命・気学・家相
③電話予約
☎090（2283）0687
〒543-0001 大阪市天王寺区上本町六‐三‐三一 ㈲東洋易相

龍《リュウ》　馬《マ》
〈千葉〉

①日本占術協会・岳易館・有宵会会員
②九星気学・手相・周易・タロット・四柱推命・カウンセリング
③電話予約・千葉検見川神社・神易館（毎週日曜）
☎070（4073）1482
HP「りゅうま占い」で検索

凛《リン》　百《モモ》果《カ》
〈埼玉〉

①日本占術協会・認定占術士・岳易館・有宵会
②算命学・気学・手相・姓名判断・周易
③「クローバーリーフ」池袋パルコ六階（金）浦和パルコ五階（月）鑑定
☎090（2153）0482
〒359-1131 所沢市久米二〇一八‐四

里《リ》　林《リン》　樺《カ》
〈茨城〉

①日本占術協会
②気学・手相・四柱推命
③「占い館 RIRINKA」
HP https://uranaican.jp
✉uranai@apa-to.co.jp
☎0120（773）630
〒302-0004 取手市取手二‐一一‐七

ルビーL《エル》

〈東京〉

①日本占術協会・ハートフルスクール講師・セブンカルチャー講師
②タロット・西洋占星学・手相・風水
③メールか電話でお申込み下さい。
HP「ルビータロットカフェ」で検索
☎090（1674）9823　新宿区

ローズ千《チ》心《コ》

〈広島〉

①日本占術協会・認定占術士・神秘学研究所マリンカの部屋所属・金星の集い会員
②手相・西洋占星術・タロットカード
③要予約（メール）
〒730-0011 広島市中区基町十一-五
和光紙屋町ビル1F　るみなりえ（内）
✉bitonmama1963@yahoo.co.jp

わそうび

〈東京〉

①日本占術協会・認定占術士・日本易推命学会・自由ヶ丘開運学院修了
②易・姓名判断・タロット・四柱推命・気学・風水・手相・人相・筆跡・算命学
③自由ヶ丘エンジェルガーデン出演
☎03（5701）3239　1号館
☎090（6004 2）0764　予約中

❼月○東８・17（a.m.11〜p.m.1〜3）気力、体力の充実で活動意欲が湧く。吉。

❾月○北東11・20（a.m.9〜11）人との絆を大切にして引き立てと開運を掴む。吉。

　○南東11・29（a.m.9〜11、a.m.5〜7）上司、親類縁者の関係が円滑に。吉。

⓫月○北東24（a.m.5〜7）工夫次第で新展開の道が広がる。吉。

⓬月○北東３（a.m.5〜7）家庭の円満、家族の和を保つ喜びを。吉。

八白土星生まれ

❶月○北東６・15（a.m.9〜11〜p.m.1）営業成績の確実上昇と順調な運びに。吉。

❸月○北東７・16・25（a.m.5〜7、a.m.9〜11）家族と絆の深まり、喜びを得る。吉。

❹月○北東３（a.m.5〜7、a.m.9〜11）仕事の業績手応えを掴み、実現の運び。吉。

　○北東11（a.m.9〜11〜p.m.1）知識欲が躍進へのステップに繋がる期待。大吉。

　○南東11（a.m.9〜11、a.m.5〜7）信用評価の高まりに活動域が広がる。大吉。

　○南西11（a.m.9〜11、a.m.5〜7）地位、業績の向上へ基礎を固め発展願う。大吉。

❻月○南東11・20（p.m.5〜7、p.m.1〜3）仲間の信頼を得て実力発揮で励む。吉。

　○南西11・20（p.m.5〜7、p.m.3〜5）消化器、皮膚炎症の治癒に効果得る。吉。

❼月○南西８・17（a.m.11〜p.m.1、p.m.3〜5）希望の就活への足掛かりに役立つ。吉。

❽月○南東23（p.m.1〜3、a.m.9〜11）周囲の仲立ちで良縁に嬉しい成果。吉。

❾月○南東１（p.m.1〜3、a.m.9〜11）技術、勤務の向上を目指し前進を図る。吉。

❿月○北東９・18（a.m.5〜7、a.m.9〜11〜p.m.1）年長者の引き立て新規発展。吉。

⓬月○北東13（a.m.11〜p.m.1）希望達成への歩みに堅固な意志を持つ。吉。

　○北東29（a.m.5〜7、a.m.9〜11）経済観念の意識が投資運用に臨む。吉。

九紫火星生まれ

❶月○東６・15（p.m.3〜5、a.m.11〜p.m.1〜3）交友関係の広がり支援も良好。吉。

❷月○南東10・19（a.m.9〜11、p.m.3〜5）業績向上と収入増の期待に喜び。吉。

❹月○北11（a.m.9〜11、p.m.3〜5）次期ステップへ準備と基礎作りに実力を。大吉。

　○南東11（a.m.9〜11、p.m.1〜3）営業発展、収入安定に明るい兆し得る。大吉。

❼月○南東８・17（a.m.11〜p.m.1、a.m.7〜9）知人、親類からの物質的な援助が。吉。

❽月○北14・23（p.m.1〜3〜5〜7）勤労意欲が高まり自信と気力アップ。吉。

❾月○北１（p.m.1〜3〜5〜7）家族の絆が深まり、未婚者に縁談の喜び。吉。

　○北11・20・29（a.m.9〜11、a.m.7〜9）独立開業、事業計画に成果。吉。

❿月○北18（a.m.5〜7）同僚、部下との協力、結束で目標に臨む。吉。

⓫月○北東24（a.m.5～7）金銭の活用術で物質面が豊かになり安定を得る。吉。

　○南15・24（a.m.7～9、p.m.3～5）公私共に充実感の喜び、精神が豊かに。吉。

⓬月○北東３（a.m.5～7）問題事の整理、清算に道筋をつける。吉。

　○南３（a.m.7～9、p.m.3～5）血圧、持病の予防に役立ち、体力維持。吉。

　○北13・22（p.m.3～5）子孫繁栄と家庭の安泰を願う。吉。

　○北29（p.m.5～7、a.m.9～11）金運はサイドビジネスが助け船に。吉。

　○北東13（a.m.11～p.m.1）不動産関係が有利に進展、足掛かりを。吉。

　○北東29（a.m.5～7、a.m.7～9～11）若者からの刺激を受けて活性化へ。吉。

六白金星生まれ

❶月○南６・15（p.m.3～5、a.m.9～11～p.m.1）努力の成果が実る一歩に。吉。

❷月○北10・19・28（p.m.3～5）目下と相互の信頼関係が深まる。吉。

❸月○南７・16（a.m.5～7、a.m.9～11～p.m.1）学業、仕事運のスキルアップ。吉。

❹月○南３（a.m.5～7、a.m.9～11～p.m.1）新規改革が有利な展開に期待を。吉。

　○北11（a.m.9～11、p.m.1～3～5）家族と平穏な日々と安定の喜びを願う。大吉。

　○南東11（a.m.9～11、a.m.7～9）仕事の拡大、人気と良縁の流れを得る。大吉。

　○南11（a.m.9～11～p.m.1、p.m.3～5）周囲の引き立て、諸事成功の糸口。大吉。

❺月○南東７・16・25（p.m.1～3～5、a.m.9～11）人材に恵まれ結果が良好。吉。

❼月○南東８・17（p.m.5～7、a.m.11～p.m.1～3）改革、改善の流れを掴む。吉。

❽月○南東23（p.m.1～3、a.m.11～p.m.1）予期せぬ朗報に進展の道筋と取り組み。吉。

❾月○南東１（p.m.1～3、a.m.11～p.m.1）綿密な計画と実行で吉運を招く。吉。

　○南11・20・29（a.m.9～11～p.m.1）良縁、交際に知人の協力で喜びを。吉。

❿月○北18（a.m.5～7～9）部下や親子関係に幸福感を味わう。吉。

　○南９・18（a.m.5～7、a.m.9～11～p.m.1）健康管理とスタミナづくり。吉。

⓫月○北15・24（a.m.5～7、p.m.5～7）人の和が円滑に、信用度も高まる。吉。

⓬月○北３（a.m.5～7、p.m.5～7）苦境からの脱出、進出で開運の道を広げる。吉。

七赤金星生まれ

❶月○南６・15（p.m.3～5、a.m.11～p.m.1）トラブル悩みが解消、前途に希望。吉。

❷月○北東10・19・28（a.m.5～7）穏やかな日々と安泰を願う。吉。

❹月○北東11（a.m.9～11）動産、不動産の問題の進展が図れる期待あり。大吉。

　○南東11（a.m.9～11、a.m.7～9）確実な歩みで将来への足場を作る道筋を。大吉。

❺月○南東７・16・25（p.m.1～3～5、a.m.9～11）諸事、知己の協力や支援を得る。吉。

⑩月○南西９・18（a.m.9〜11〜p.m.1）目下の協力で営業が堅実に進展、成果が。吉。

⑫月○南西13・22（p.m.3〜5、a.m.11〜p.m.1）胃腸が丈夫に、体力の回復に。吉。

○南西29（a.m.5〜7、a.m.9〜11）状況の変化を上手に活用、開運に道筋を。吉。

五黄土星生まれ

❶月○北６・15（p.m.3〜5、a.m.7〜9〜11）業績アップを目指す将来に期待を。吉。

○北東６・15（a.m.9〜11〜p.m.1）身近な人との信頼関係が良好に。吉。

❷月○北東10・19・28（p.m.5〜7）貯蓄に対する経済観念を養う。吉。

○南10・19・28（p.m.1〜3〜5）前向きな発想、現状の転換、向上を目指す。吉。

❸月○北16・25（a.m.5〜7、a.m.9〜11）交際範囲の広がりで人脈を得る。吉。

○北東７・16・25（a.m.5〜7〜9〜11）仕事、家庭の改革に臨む決断力。吉。

○南７・16（a.m.5〜7〜9、a.m.11〜p.m.1）能力を認められて評価を得る。吉。

❹月○北３（a.m.5〜7、a.m.9〜11）家族の和と団欒の楽しさ、喜び安泰。吉。

○北東３（a.m.5〜7〜9〜11）関節痛に良い効果得て改善に役立つ。吉。

○南３（a.m.5〜7〜9、a.m.11〜p.m.1）指導的な立場で実力の発揮を。吉。

○北11（a.m.9〜11、p.m.3〜5）発想、企画を生み出す閃きに自信が湧く。大吉。

○北東11（a.m.9〜11〜p.m.1）知的センスが開花し新境地を開く一歩に。大吉。

○南11（a.m.9〜11〜p.m.1〜3）目上の後押し、実力発揮で自己に自信。大吉。

○南西11（a.m.9〜11）周囲の引き立て、飛躍に繋がる手応えを掴む。大吉。

❺月○北７・16・25（p.m.1〜3〜5）副業での思わぬ臨時収入を得る。吉。

○南７・16・25（p.m.1〜3〜5）粘りと不屈の精神を養い進み成果上げる。吉。

❻月○北３（p.m.1〜3〜5）腎系統、足腰の冷え症対策に良い効果が。吉。

○南３（p.m.1〜3〜5）頭脳が冴え、積極策で挑戦、実行の勇気が生まれる。吉。

○南東11・20（a.m.11〜p.m.1〜3〜5）プラス思考で目標への歩みに自信。吉。

○南西11・20（a.m.7〜9、p.m.3〜5）社交性への積極的意欲が出る。吉。

❼月○南東８・17（a.m.11〜p.m.1、p.m.3〜5）礼儀正しさで対人関係の円滑。吉。

○南西８・17（a.m.11〜p.m.1、p.m.3〜5）目標達成への協力者を得る。吉。

❽月○南東23（p.m.1〜3〜5、a.m.11〜p.m.1）交際面に活気、人脈の幅が拡充。吉。

❾月○南東１（p.m.1〜3〜5、a.m.11〜p.m.1）積み重ねの業績が評価受け実行に。吉。

○南東11・29（a.m.9〜11、a.m.7〜9）海外活動、遠方取引、希望を叶える。吉。

○南11・20・29（a.m.9〜11、p.m.1〜3）専門分野の努力が実を結ぶ。吉。

❿月○北18（a.m.5〜7、p.m.9〜11）夫婦の円満、家族の絆で悩みも解消。吉。

○北東９・18（a.m.5〜7〜9〜11）前向き行動で諸事活動の糸口を掴む。吉。

❹月○北3(a.m.5～7)年下との協力体制で仕事の流れが順調に運ぶ。吉。
○北東3(a.m.5～7、a.m.9～11)体力がつき諸事活動も進展の兆し得る。吉。
○南3(a.m.5～7～9)地位の昇進へ飛躍の足掛かりの糸口を掴む。吉。
○北11(a.m.9～11、a.m.7～9)身内の理解で精神的な癒しが喜びに。大吉。
○北東11(a.m.9～11～p.m.1)資金面の融通と収入増に期待が高まる。大吉。
○南11(a.m.9～11～p.m.1～3)臨む勇気は信念の強さで弾みがつく。大吉。
○南西11(a.m.9～11)才能開花で新規分野へ進出の意欲が生まれる。大吉。
❺月○北7・16・25(p.m.1～3～5～7)労を惜しまず精神を培う。吉。
○南7・16・25(p.m.1～3～5～7)投資事、先見の明で有利に運ぶ。吉。
❻月○北3(p.m.1～3～5～7)体質の改善、血行の促進に効果あり。吉。
○南3(p.m.1～3～5～7)有言実行が今後の活路を開く道筋になる。吉。
○南西11・20(p.m.5～7、p.m.3～5)学業、研究の成果に喜びを得る。吉。
❼月○南西8・17(p.m.3～5、a.m.11～p.m.1)経営面での資金の運用が有利に。吉。
❿月○北東9・18(a.m.5～7、a.m.9～11～p.m.1)日々の活気と充実を図る。吉。
⓫月○南15・24(a.m.5～7～9)個性と特技、才能が認められる。吉。
⓬月○南3(a.m.5～7～9)目的の達成にチャンスと期待あり。吉。
○北13・22(p.m.3～5～7)職場の安定が気持ちに余裕と心のゆとりに。吉。
○北29(a.m.5～7)思慮深さが増し、信望を得る喜びが。吉。
○北東13(p.m.3～5、a.m.11～p.m.1)社交性が生かされ協力を得る。吉。
○北東29(a.m.5～7、a.m.9～11)後継者問題の悩み解消に役立つ。吉。

三碧木星生まれ

❸月○南西7・16・25(a.m.5～7、a.m.11～p.m.1)勤労意欲、恋愛の成就に。吉。
❹月○南西3(a.m.5～7、a.m.11～p.m.1)将来の目標に向け基礎を固める。吉。
○南西11(a.m.9～11～p.m.1)宣伝活動の効果大で進出が有利に進む。大吉。
❾月○南西20・29(a.m.9～11、p.m.3～5)仕事の能率、生産力の倍増に期待。吉。
⓬月○南西13・21(p.m.3～5～7、a.m.9～11)営業の発展、知人の援助あり。吉。
○南西29(a.m.5～7、a.m.11～p.m.1)体力、気力の若返りで健康維持。吉。

四緑木星生まれ

❸月○南西7・16・25(a.m.5～7、a.m.9～11)交友関係から仕事、取引が順調。吉。
❹月○南西3(a.m.5～7、a.m.9～11)家族の理解、愛情で気持ち安らぎ活力漲る。吉。
○南西11(a.m.9～11～p.m.1、p.m.3～5)改革断行と目的達成への躍進に。大吉。

開運吉方位

久保田恵都予

開運を図る手段として用いられる方法に「祐《ゆう》気《き》吉方取り」があります。

実践方法としては、清新な気を受けながらの森林浴、山野の散策、神社仏閣の参拝や観光旅行、温泉巡りなどです。年、月、日の重なる日を調べて(自宅を基点に)各人の九星の吉方になる方位を決め、時間帯を選びます。

一般的に活用される祐気取りの作法としては「お水取り」があり、有意義な結果を得られると思います。採水は神社の御神水、湧水、井戸水が良く、その場で飲み、また容器にいただき持ち帰り、翌日から毎朝8日間、続けて飲みます。日帰りの場合は目的地に2時間は留まり十分に気を受け入れる、温泉入浴もお勧めです。同じ日取りに複数の方位が生じる場合は各方位の意味を参考にしてください。

※お水取りは、吉方位の日と吉方の時間を併せて行うこと。

※第1の時間が取れない場合は第2、第3の時間を用いる。

注意：土《ど》剋《こく》水《すい》で水が濁るのでお水取りは避ける。

令和6年の土用期間は1月18日～2月3日、4月16日～5月4日、
7月19日～8月6日、10月20日～11月6日。

一白水星生まれ

❹月○北東11(a.m.9～11、a.m.5～7)諸事順調を願う開運の方位。大吉。
○南11(a.m.9～11、a.m.7～9)構想の実現に向けて始動して取り組む。大吉。

❺月○南7・16・25(p.m.1～3～5、a.m.7～9)上長の力添えで評価を受ける。吉。

❻月○南3(p.m.1～3～5、a.m.7～9)血圧、心臓の抑制に効果を得る。吉。
○北東11・20(p.m.5～7)新規の挑戦に意欲を高める。吉。

❽月○南14・23(p.m.1～3、a.m.7～9)方針転換で目的達成のチャンス。吉。

❾月○南1(p.m.1～3、a.m.7～9)頭脳明晰、探求心や知識欲が旺盛になる。吉。

二黒土星生まれ

❶月○北東6・15(a.m.9～11～p.m.1)打開策への手掛かりを掴む。吉。

❷月○南10・19・28(p.m.1～3～5)自信を持って取り組む意欲が出る。吉。

❸月○北16・25(a.m.5～7)仲間や家族との絆が豊かに生まれる親愛の心。吉。
○北東7・16・25(a.m.5～7、a.m.9～11)先を見据える思考力が向上する。吉。
○南7・16(a.m.5～7～9)上昇志向が漲り、気力の充実感を味わう。吉。

一般社団法人 日本占術協会 事務局

電　話.03-5225-0595
FAX.03-5225-0596

〒162-0822　東京都新宿区下宮比町 2-28　飯田橋ハイタウン 403 号

日本占術協会ホームページ http://www.uranai-japan.com/

令和6年 東西《とうざい》開運暦《かいうんれき》

令和5年8月10日　第1刷発行

著　者　日本占術協会
発行者　日高裕明

発　行　株式会社ハート出版
〒171-0014
東京都豊島区池袋 3-9-23
TEL.03-3590-6077
FAX.03-3590-6078

ISBN978-4-8024-0159-3　C0076

[印刷]ディグ　[製本]栄久堂